Volvo 300 Serien
Gör-det-själv-handbok

Colin Brown

(3041-304-10AC3)

Modeller som behandlas

Alla Volvo 340, 343 & 345 modeller; 1397 cc & 1721 cc
Alla Volvo 360 modeller; 1986 cc

Modeller konverterade för gasdrift behandlas ej

© Haynes Group Limited 1999

En bok i **Haynes serie Gör-det-själv-handböcker**

ISBN 978 0 85733 713 9

Haynes Group Limited
Haynes North America, Inc

www.haynes.com

Ansvarsfriskrivning

Det finns risker i samband med fordonsreparationer. Förmågan att utföra reparationer beror på individuell skicklighet, erfarenhet och lämpliga verktyg. Enskilda personer bör handla med vederbörlig omsorg samt inse och ta på sig risken som utförandet av bilreparationer medför.

Syftet med den här handboken är att tillhandahålla omfattande, användbar och lättillgänglig information om fordonsreparationer för att hjälpa dig få ut mesta möjliga av ditt fordon. Den här handboken kan dock inte ersätta en professionell certifierad tekniker eller mekaniker. Det finns risker i samband med fordonsreparationer.

Den här reparationshandboken är framtagen av en tredje part och är inte kopplad till någon enskild fordonstillverkare. Om det finns några tveksamheter eller avvikelser mellan den här handboken och ägarhandboken eller fabriksservicehandboken, se fabriksservicehandboken eller ta hjälp av en professionell certifierad tekniker eller mekaniker.

Även om vi har utarbetat denna handbok med stor omsorg och alla ansträngningar har gjorts för att se till att informationen i denna handbok är korrekt, kan varken utgivaren eller författaren ta ansvar för förlust, materiella skador eller personskador som orsakats av eventuell felaktig eller utelämnad information.

Inledande avsnitt

Presentation av Volvo 300 Serien

Lite om denna bok

Säkerheten främst!

Rutinmässigt underhåll

Verktyg och arbetsutrymmen

Felsökning

Reparationer och översyn

Motor och tillhörande system

Transmission

Bromsar

Fjädring och styrning

Kaross och detaljer

Elsystem

Information om senare modeller

Kopplingsscheman

Register

Presentation av Volvo 300 Serien

Volvo 343 tredörrars kombikupé är byggd med sedvanligt Volvokunnande och inkluderar många säkerhetsdetaljer, t ex krockbalkar i dörrarna. De första modellerna levererades bara med variomatic automatväxellåda (steglöst variabel remtransmission), vilken ärvts från Volvo modell 66. Konventionell växellåda infördes i september 1978 och bestod av en baktill monterad manuell växellåda, sammanbyggd med slutväxeln.

EN 345 femdörrars kombikupé introducerades i januari 1980.

Modellerna döptes om till 340 DL och GL 1982, och samtidigt introducerades också 360-serien med en 2 liters motor och momentrör mellan motor och växellåda. Toppmodellen GLE introducerades 1983 och den fick konventionellt bagageutrymme. Den kunde fås med antingen förgasare eller bränsleinsprutning.

I maj 1985 döptes 360 GLS om till GL och i augusti samma år introducerades 1,7 liter 340 GL och GLE.

Både 340 och 360 modellerna har återkommande uppdaterats med modern teknik i linje med Volvos rykte för säkerhet och tillförlitlighet.

Volvo 340 GL kombikupé

Volvo 360 GLE sedan

Lite om denna bok

Målsättning

Målsättningen med denna handbok är att hjälpa dig att få ut mesta möjliga av din bil och den kan göra det på många sätt. Den kan hjälpa dig att avgöra vilka arbeten som måste utföras (även om du väljer att utföra dem på en verkstad), ge information om rutinmässigt underhåll och service, samt visa hur man logiskt felsöker eventuella defekter.

Vi hoppas emellertid att du använder handboken som hjälp vid eget reparationsarbete. Enkla arbeten kan ibland utföras snabbare på egen hand än om du bokar tid på verkstad och åker dit två gånger för att lämna och hämta bilen. Kanske det allra viktigaste är de pengar du kan spara genom att undvika verkstadens arbets- och driftskostnader.

Handboken har teckningar och beskrivningar av de olika komponenterna, för att man lättare skall kunna förstå deras funktioner. Arbetsmomenten är fotograferade och de beskrivs steg för steg så att även en nybörjare ska kunna utföra arbetet.

Handbokens uppläggning

Handboken är uppdelad i 11 kapitel vilka vart och ett behandlar en viss funktion i bilen. Kapitlen är sedan uppdelade i avsnitt, numrerade med enkla siffror (t ex 5), och avsnitten i punkter med ordningsnummer som följer avsnittets siffra (5.1, 5.2, 5.3 etc).

Boken är rikligt illustrerad, speciellt i sådana avsnitt där ett arbete måste utföras i flera steg. Det finns två typer av illustrationer, figurer och fotografier. Figurerna är numrerade i den ordning de kommer, d v s fig. 6.4 är den fjärde teckningen/illustrationen i kap 6. Fotografierna har samma nummer (antingen individuellt eller i sammanhörande grupper) som avsnittet/punkten de tillhör.

Det finns en alfabetisk innehållsförteckning sist i boken, såväl som en förteckning över kapitlen i början av boken. Varje kapitel har också en egen innehållsförteckning.

Anvisningar om höger (vänster) på bilen utgår ifrån en person som sitter i förarsätet och tittar framåt.

Om inget annat anges lossas muttrar och skruvar genom vridning moturs och dras åt genom vridning medurs.

Bilfabrikanterna ändrar kontinuerligt specifikationer och rekommendationer, och när sådant tillkännages tas de med i handboken vid första lämpliga tillfälle.

Trots att stor omsorg är nedlagd för att garantera att informationen i denna handbok är riktig, kan författare och utgivare inte åtaga sig något ansvar för förlust, skada e dyl orsakad av fel eller utebliven information i handboken.

Projektbilar

Bilarna som användes vid framtagandet av denna bok och som visas på många av fotografierna, har varit en tidig Volvo 343, en 360 GLEi, en 360 GLS med B200 motor, samt en 340 GL med B172-motor.

Säkerheten främst!

Professionella mekaniker är tränade att arbeta på ett säkert sätt. Hur entusiastisk du än kan vara att komma igång med ett arbete, ta tid på dig att försäkra dig om att det kan ske utan risk. Ett ögonblicks ouppmärksamhet eller åsidosättandet av viktiga försiktighetsåtgärder kan snabbt leda till en olycka.

Olyckor kan inträffa på många sätt. Följande punkter gör inte anspråk på en fullständig lista över de faror som kan uppstå, men den är avsedd att göra dig medveten om de risker som finns och få dig att tänka på säkerheten i allt arbete du utför på ditt fordon.

Vad man bör och inte bör göra

Vistas aldrig under ett fordon som stöds av enbart domkraft. Använd alltid extra stöd, t ex pallbockar, säkert placerade under en del av bilen som du vet inte kommer att ge vika.

Lossa aldrig muttrar eller skruvar som sitter hårt (t ex hjulmuttrar) när fordonet står på en domkraft, det kan glida av.

Starta aldrig motorn utan att först försäkra dig om att växellådan är i läge neutral (eller 'Park') och att handbromsen är åtdragen.

Ta aldrig av kylarlocket hastigt då kylaren är varm – täck det först med en trasa och släpp ut trycket gradvis; i annat fall kan du skålla dig på ångan.

Tappa inte av olja innan du är säker på att den har svalnat tillräckligt – du kan bränna dig.

Vidrör aldrig någon del av motor, avgassystem eller katalysator utan att först försäkra dig om att den är tillräckligt sval.

Se till att bromsvätska eller frostskydd aldrig kommer i kontakt med lackeringen.

Sug aldrig upp giftiga vätskor som bränsle, bromsvätska eller frostskydd med munnen, och torka alltid av det som fastnar på huden.

Andas inte in damm – det kan vara hälsovådligt (se asbest här nedan).

Torka alltid upp smörjmedel som kommit på golvet – så fort som möjligt innan någon hunnit halka i det.

Använd aldrig nycklar, hylsor eller andra verktyg som passar dåligt – de kan slinta och orsaka skada.

Försök aldrig lyfta en komponent som kan vara tyngre än du orkar – skaffa hjälp.

Jäkta inte för att få ett arbete klart och ta inte okända genvägar.

Tillåt aldrig barn eller djur att vistas i eller runt ett fordon utan tillsyn.

Använd alltid skyddsglasögon när du använder verktyg som borrmaskiner, slipmaskiner, slagverktyg etc, samt även när du arbetar under fordonet.

Använd en skyddskräm för händerna innan du sätter igång med ett smutsigt arbete – den skyddar huden mot infektion och gör att smutsen är lättare att avlägsna efteråt; se dock till att händerna inte blir hala. Observera att långvarig kontakt med använd motorolja kan vara hälsovådlig.

Se till att inte löst sittande kläder (ärmar, slips etc) eller långt hår kommer i vägen för rörliga delar. Ta alltid av ringar, klocka etc innan du börjar arbeta på ett fordon – speciellt med det elektriska systemet.

Se till att alla lyftverktyg som används har tillräcklig kapacitet för det arbete som skall utföras.

Håll alltid rent – det är alltför lätt att snubbla över föremål som ligger utspridda.

Se till att någon regelbundet kontrollerar att allt står väl till när du arbetar ensam på ett fordon.

Utför allt arbete i logisk ordning och kontrollera att allt är korrekt ihopsatt och åtdraget efteråt.

Kom ihåg att fordonets säkerhet påverkar både dig själv och andra. Om du är tveksam om något, sök hjälp från en specialist. Om du trots allt skulle råka skada dig, ta omedelbart kontakt med en läkare.

Asbest

Vissa typer av friktionsmaterial, isolering, tätning och andra produkter – t ex bromsbelägg, kopplingsbelägg, momentomvandlare eller packningar – kan innehålla asbest. *Största försiktighet måste vidtagas för att undvika inandning av damm från sådana produkter – det kan vara mycket skadligt. Om du är tveksam, betrakta produkten som om den innehöll asbest.*

Eld

Tänk alltid på att bensin är mycket eldfarligt. Rök aldrig och använd aldrig öppen låga när du arbetar på fordonet. Men faran är inte över i och med det. En gnista orsakad av kortslutning, genom att två metallytor kommer i kontakt med varandra, genom vårdslös användning av verktyg eller t o m från statisk elektricitet från kropp eller kläder, kan under vissa förutsättningar antända bränsleångor, vilka i ett begränsat utrymme är mycket explosiva.

Koppla alltid loss batteriets jordkabel före arbete på någon del av bränsle- eller elsystem och se till att du aldrig spiller bränsle på en varm motor eller på avgassystemet.

En brandsläckare lämplig för bränder i bränsle- eller elsystem bör alltid finnas till hands på arbetsplatsen. Försök aldrig släcka bränsle- eller elektriska bränder med vatten.

Observera: *Texten i denna bok skall aldrig tolkas så att den rekommenderar användning av öppen eld, svetsaggregat eller liknande.*

Ångor

Vissa ångor är mycket giftiga och kan vid inandning snabbt orsaka medvetslöshet och i värsta fall dödsfall. Bensinångor hör till denna kategori, såväl som ångor från vissa lösningsmedel (t ex trikloretylen). All hantering av sådana lättflyktiga vätskor skall ske i väl ventilerade utrymmen.

Vid användning av rengöringsmedel och lösningsmedel, läs instruktionerna noggrant. Använd aldrig produkter från kärl som saknar beteckning – de kan avge giftiga ångor.

Kör aldrig motorn i ett stängt utrymme som t ex ett garage. Avgaser från fordonet innehåller koloxid är mycket giftiga. Om du måste köra motorn, gör det i fria luften eller ha åtminstone bakänden på fordonet utanför arbetsplatsen. Om du har tillgång till en inspektionsgrop, tappa aldrig av eller fyll på bränsle och kör aldrig motorn då bilen står över gropen. Gaserna, vilka är tyngre än luft, kommer att samlas i gropen och kan då innebära livsfara.

Batteri

Orsaka aldrig gnistor eller använd öppen låga nära ett batteri. Normalt avger batteriet små mängder vätgas som är mycket explosiva.

Koppla alltid loss batteriets jordkabel innan något arbete på bränsle- eller elsystem påbörjas. Om möjligt, lossa alltid påfyllningspluggar eller lock då batteriet laddas från batteriladdare. Ladda aldrig med för hög ström eftersom batteriet kan explodera.

Iakttag största försiktighet vid påfyllning av vätska eller då du bär ett batteri. Elektrolyten, som är en syra, är även om den är utspädd mycket frätande och får inte komma i kontakt med ögon eller hud.

Om du någon gång skulle vara tvungen att blanda elektrolyt själv, se till att syran tillförs vattnet sakta, aldrig tvärtom. Använd gummihandskar och skyddsglasögon.

När du använder startkablar från ett annat batteri eller startanordning, koppla kablarna i följande ordning om fordonet är minusjordat: Koppla först en kabel mellan den positiva anslutningen på bägge batterierna. Koppla sedan den andra kabeln till hjälpbatteriets minuspol och sedan till en god jordpunkt på fordonet som skall startas, minst 45 cm från batteriet om möjligt. Kontrollera att inga händer eller kablar är i vägen för rörliga detaljer och att fordonen inte vidrör varandra. Lossa kablarna i omvänd ordning.

Nätansluten utrustning

När du använder ett elektriskt verktyg, arbetslampa e dyl, kontrollera att den är riktigt ansluten och, där så erfordras, till ett skyddsjordat uttag. Använd aldrig sådana verktyg under fuktiga förhållanden och se till att inte gnistor eller hetta åstadkoms i närheten av bränsle eller bränsleångor. Kontrollera också att verktygen uppfyller gällande säkerhetskrav.

Tändsystem – högspänning

Man kan få en mycket kraftig stöt om man vidrör vissa delar av tändsystemet, t ex tändkablarna, när motorn är igång eller dras runt. Detta gäller speciellt då komponenterna är fuktiga eller isoleringen defekt. Ett elektroniskt tändsystem arbetar med ännu högre spänningar och kan vara livsfarligt.

Dimensioner, vikter och volymer

Dimensioner

Längd:
Modeller fram till 1981	4 200 mm
1982	4 235 mm

1982 till 1989:
Kombikupé	4 300 mm
Sedan	4 415 mm

Modeller fr o m 1989:
Kombikupé	4 380 mm
Sedan	4 450 mm
Bredd	1 660 mm

Höjd (olastad):

340-serien:
Modeller fram till 1984	1 440 mm
Fr o m 1984	1 430 mm

360-serien:

Förgasare:
Modeller fram till 1982	1 450 mm
1982 och 1983	1 440 mm
Fr o m 1984	1 430 mm

Bränsleinsprutning:
1983 års modeller	1 423 mm
1984 års modeller	1 430 mm
Fr o m 1985	1 420 mm

Hjulbas:
340-serien (utom 1,7 liter)	2 395 mm
360-serien och 1,7 liter	2 400 mm

Spårvidd (fram):

340-serien:
Modeller fram till 1980	1 350 mm
Fr o m 1980	1 370 mm
360-serien	1 380 mm

Spårvidd (bak):

340-serien:
Modeller fram till 1980	1 380 mm
Fr o m 1980	1 400 mm
360-serien	1 405 mm

Vändcirkel (kant till kant):
340-serien (utom 1,7 liter)	9,20 m
360-serien och 1,7 liter	9,35 m

Volymer

Motorolja – byte av olja och filter:
1,4 liters modeller	4,0 liter
1,7 liters modeller	5,0 liter
2,0 liters modeller	4,5 liter

Volym mellan mätstickans MIN och MAX markeringar
1,4 och 2,0 liters modeller	1,0 liter
1,7 liters modeller	1,5 liter

Kylsystem (inklusive expansionskärl):
B14 (fram till 1989)	5,2 liter
B14 (fr o m 1989)	6,5 liter
B172	8,0 liter

B19:
Modeller fram till 1982	8,0 liter
Fr o m 1982	7,0 liter
B200	7,0 liter

Automatväxellåda:
Primärlåda	0,55 liter
Sekundärlåda	1,0 liter

Manuell växellåda (total):

Fyrväxlad:
Fram till 1984	2,1 liter
Fr o m 1984	2,35 liter

Femväxlad:
Plugg baktill	2,7 liter

Plugg framtill:
Fram till 1985	3,5 liter
1985 till 1989	3,0 liter
Fr o m 1989	2,8 liter

Slutväxel:

B14:
Fram till 1982	1,45 liter
Fr o m 1982	1,35 liter
B172	1,35 liter

B19 och B200:
Fyrväxlad	1,5 liter
Femväxlad	1,35 liter

Bränsletank:
340-serien	45 liter
360-serien	57 liter

Vikter

	3-dörrars	4-dörrars	5-dörrars
Körklar:			
B14 automat:			
Fram till 1984	980 kg	–	1 005 kg
1984 till 1986	976 kg	940 kg	996 kg
Fr o m 1986	987 kg	–	1 011 kg
B14 manuell:			
Fram till 1984	955 kg	–	980 kg
1984 till 1986	952 kg	957 kg	972 kg
Fr o m 1986	960 kg	–	985 kg
B172	983 kg	–	1 002 kg
B19 och B200 (förgasare)	1 076 kg	1 075 kg	1 095 kg
B19 och B200 (bränsleinsprutning)	1 100 kg	1 093 kg)	1 119 kg
Totalvikt:			
B14 automat	1 450 kg		
B14 manuell	1 420 kg		
B172	1 480 kg		
B19 och B200	1 540 kg		
Släpvagnsvikt (max):			
B14 automat	900 kg		
B14 manuell	1 000 kg		
B172	1 000 kg		
B19 och B200	1 200 kg		
Taklast (max):			
B14 automat	45 kg		
B14 manuell	50 kg		
B172	50 kg		
B19 och B200	60 kg		

Lyftpunkter och bogsering

Vid hjulbyte, ta ut reservhjul och verktyg från motorrum eller bagageutrymme. Kontrollera att handbromsen är åtdragen, lägg i läge P (automatväxellåda) eller 1:an (manuell växellåda). Det finns två lyftpunkter på varje sida. Ställ bilen på fast, jämn mark, ta fram domkraften och passa in lyftplattan i domkraftsfästet. Hissa upp domkraften tills den vidrör marken. På tidigare modeller, demontera navkapsel eller mutterhylsorna.

Lossa hjulmuttrarna ett halvt varv. Fortsätt lyfta tills hjulet går fritt från marken, demontera sedan hjulmuttrarna och ta bort hjulet. På senare modeller, demontera navkapseln.

Montera reservhjulet i omvänd ordning. På senare modeller – kom ihåg att montera kapseln innan muttrarna.

Vid användning av garagedomkraft, placera den under någon av de fyra lyftpunkterna, under bakre motorbalken eller mitt på röret för De Dion-axeln.

Bogseröglor är placerade till höger under främre och bakre stötfångarna; använd inte dessa för lyftning av bilen. Då bilen bogseras, välj läge N (automatväxellåda) eller neutral (manuell växellåda). Kom ihåg att när motorn är avstängd krävs betydligt högre pedalkraft vid bromsning, eftersom bromsservon inte fungerar.

Reservhjulets placering (340-modeller)

Reservhjulets placering (360-modeller)

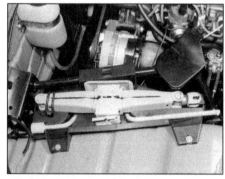
Verktygssats, reservhjulet borttaget (340-modeller)

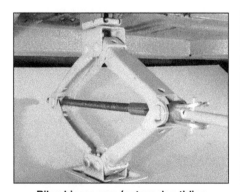
Bilen hissas upp (notera den tidiga domkraften av saxtyp)

Främre bogserögla

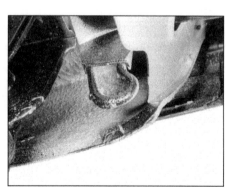
Bakre bogserögla

Reservdelar och identifikationsnummer

Inköp av reservdelar

Reservdelar kan erhållas från många källor, t ex Volvoverkstäder, andra verkstäder, tillbehörsaffärer och specialfirmor. Vårt råd beträffande reservdelar är följande.

Auktoriserade Volvoverkstäder – Detta är den bästa källan för reservdelar och kan vara det enda ställe där vissa delar är tillgängliga (t ex topplock, växellådsdetaljer, emblem och klädseldetaljer). Det är också det enda ställe där du skall köpa reservdelar om fordonet har giltig garanti, då icke originaldetaljer kan påverka garantins giltighet. För att rätt del skall kunna levereras är det nödvändigt att uppge chassinummer och motor- eller växellådsnummer. Ta om möjligt med den gamla delen. Kom ihåg att vissa detaljer kan fås som utbyte, vilket är billigare än att köpa nya detaljer. Det är naturligtvis förståndigt att gå till Volvohandlare eftersom de är bäst utrustade att tillfredsställa dina behov.

Övriga verkstäder och tillbehörsaffärer – Dessa är i allmänhet bra leverantörer av material som behövs för rutinmässigt underhåll (tändstift, glödlampor, drivremmar, oljor och fetter etc). De säljer också andra tillbehör, har ofta längre öppethållande, lägre priser och kan ofta hittas på närmare håll.

Specialfirmor – Bra specialfirmor lagerhåller viktiga detaljer med hög omsättning, t ex kopplingsdetaljer, kolvar, ventiler, avgassystem och bromsdetaljer. Ofta erbjuds också såväl nya som utbytesdetaljer, vilket kan spara en hel del pengar.

Identifikationsnummer

Även om enskilda delar och ibland hela aggregat passar ett antal modeller, är det riskabelt att anta att de är identiska bara för att de ser likadana ut. Skillnader kan vara svåra att se och därför krävs tillverkningsnummer. Se till att bilen och/eller detaljen kan identifieras via lämpligt identifikationsnummer när delar anskaffas.

Motornumret på B14-modeller finns på en plåt monterad på vänster sida av motorn ovanför oljefiltret. På B19- och B200-modeller är det instansat i motorblocket ovanför fördelaren, på B172-modeller bredvid oljestickan.

Chassinumret är stansat på höger sida av torpedväggen, bakom säkringsdosan i motorrummet.

ID-numret är placerat på främre tvärbalken framtill i motorrummet.

Serviceinformation återfinns under låset på förardörren.

Motornumrets placering

ID-numrets placering

Allmänna reparationsanvisningar

När service-, reparationsarbeten eller renovering av detaljer utförs, är det viktigt att observera följande instruktioner. Detta för att reparationen ska kunna utföras så effektivt och fackmannamässigt som möjligt.

Tätningsytor och packningar

När en packning används mellan två ytor, se till att den byts vid ihopsättning. Montera den torrt om inte annat anges. Se till att ytorna är rena och torra och att gammal packning är helt borttagen. Vid rengöring av en tätningsyta, använd ett verktyg som inte skadar ytan, och ta bort grader och ojämnheter med bryne eller en fin fil.

Se till att gängade hål rengörs med borste och håll dem fria från tätningsmedel då sådant används (om inte annat anges).

Se till att alla öppningar, kanaler och rör är fria och blås igenom dem, helst med tryckluft.

Oljetätningar

När en oljetätning demonteras, antingen för sig eller som en del av en enhet, bör den bytas.

Den mycket fina tätningsläppen skadas lätt och kan inte täta om ytan den vidrör inte är helt ren och fri från grader, spår och gropar. Om tätningsytan inte kan återställas bör komponenten bytas. Skydda tätningsläppen från ytor och kanter som kan skada den under montering. Använd tejp eller en konisk hylsa där så är möjligt. Smörj tätningsläppen med olja före montering, och för dubbla tätningsläppar, fyll utrymmet mellan läpparna med fett.

Om inte annat anges måste tätningarna monteras med tätningsläppen mot smörjmedlet.

Använd en rörformad dorn eller ett trästycke av lämplig storlek för att montera tätningen. Om hållaren är försedd med skuldra, driv tätningen mot den. Om hållaren saknar skuldra bör tätningen monteras så att den går jäms med hållarens yta.

Skruvgängor och infästningar

Se till att alla gängade bottenhål är helt fria från olja, fett, vatten eller andra vätskor innan bulten eller pinnbulten monteras. I annat fall kan huset spricka p g a den hydrauleffekt som uppstår när skruven skruvas i.

När en kronmutter monteras, dra den till angivet moment när sådant finns, dra sedan vidare tills nästa urtag för saxpinnen passar för hålet. Lossa aldrig en mutter för passning av saxpinne om inte detta anges. Vid kontroll av åtdragningsmoment på mutter eller bult, lossa den cirka ett kvarts varv och dra sedan åt den till angivet moment.

Låsmuttrar, låsbleck och brickor

Alla fästelement som roterar mot en komponent eller ett hus under åtdragningen skall alltid ha en bricka mellan sig och komponenten.

Fjäder- och låsbrickor bör alltid bytas när de används på kritiska komponenter såsom lageröverfall.

Låsbleck som viks över mutter eller bult ska alltid bytas.

Självlåsande muttrar kan återanvändas vid mindre viktiga detaljer, under förutsättning att ett motstånd känns då låsdelen går över skruvgängan.

Saxpinnar måste alltid bytas och rätt storlek i förhållande till hålet måste användas.

Specialverktyg

Vissa arbeten i denna handbok förutsätter användning av specialverktyg, som en press, 2- eller 3-bent avdragare, fjäderkompressor etc. När så är möjligt beskrivs och visas lämpliga lättåtkomliga alternativ till tillverkarens specialverktyg. I vissa fall är inga alternativ möjliga, och det har varit nödvändigt att använda tillverkarens verktyg. Detta har gjorts med tanke på säkerhet såväl som på resultatet av reparationen. Om du inte är mycket skicklig och har stora kunskaper om det moment som beskrivs, försök aldrig använda annat än specialverktyg när sådant anges i anvisningarna. Det föreligger inte bara risk för kroppsskada utan kostbara skador kan också uppstå på komponenterna.

Rutinmässigt underhåll

Beträffande ändringar och information om senare modeller, se Supplement i slutet av boken

Underhåll är väsentligt för att garantera säkerheten och önskvärt för att erhålla bästa prestanda och ekonomi från bilen. Under åren har behovet av regelbunden smörjning minskat, men dock inte helt eliminerats. Detta har medfört att en del bilägare tror att eftersom inga åtgärder krävs, finns detaljerna inte längre, eller att de håller i evighet. Detta är dock inte fallet; det är mycket viktigt att regelbundet utföra en så omfattande översyn som möjligt, för att man på så vis ska kunna upptäcka eventuella defekter på ett tidigt stadium, innan de utvecklas till omfattande fel och medför dyra reparationer.

Följande underhållsschema och intervall är enbart rekommendationer. Om fordonet används under krävande förhållanden, eller till största delen vid tät trafik med mycket start/stopp-körning, kan intervallerna behöva förkortas.

Var 400 km eller varje vecka – vilket som först inträffar

Allmänt

Kontrollera spolvätskenivån, fyll på vid behov. Tillsätt rengöringsmedel, samt frostskyddsmedel under den kalla årstiden.

Motor (kapitel 1)

Kontrollera oljenivån

Kylsystem (kapitel 2)

Kontrollera kylvätskenivån

Bromssystem (kapitel 7)

Kontrollera bromsvätskenivån

Styrning och fjädring (kapitel 8)

Kontrollera däcktrycken
Kontrollera däcken beträffande slitage, sprickor eller andra skador

Elsystem (kapitel 10)

Kontrollera all belysning, signalhorn och övriga elektriska detaljer
Kontrollera batterianslutningarna
Kontrollera batteriets elektrolytnivå

Var 10 000 km eller var 6:e månad – vilket som först inträffar

Motor (kapitel 1)

Byt motorolja och filter
Kontrollera ventilspel (B14-modeller)

Kylsystem (kapitel 2)

Kontrollera frostskydd

Bränsle och avgassystem (kapitel 3)

Kontrollera chokefunktion (förgasarmodeller)
Kontrollera CO-halt och tomgångsvarv
Kontrollera varmstartventilen (B200K)

Tändsystem (kapitel 4)

Byt tändstift
Byt brytarspetsar (konventionellt tändsystem)
Kontrollera tändläge (konventionellt tändsystem)

Transmission (kapitel 6)

Kontrollera remskivans gap (automat)
Kontrollera växellåda och slutväxel beträffande läckage

Elsystem (kapitel 10)

Kontrollera generator beträffande rengöring och fastsättning

Var 20 000 km eller var 12:e månad – vilket som först inträffar

Tillägg till 10 000 km service

Motor (kapitel 1)

Kontrollera beträffande läckage och rengöring

Kylsystem (kapitel 2)

Kontrollera generatorremmens spänning (B14-, B19- och B200-modeller)
Kontrollera slangar beträffande läckage

Bränsle- och avgassystem (kapitel 3)

Kontrollera avgassystemet beträffande läckage och fastsättning
Kontrollera bränsleledningar beträffande läckage och fastsättning
Kontrollera förgasaroljan i dämpklockan (B19A-modeller)
Kontrollera bränslefilter beträffande igensättning (förgasarmodeller)

Tändsystem (kapitel 4)

Smörj fördelaren (i förekommande fall)

Koppling (kapitel 5)

Kontrollera beträffande slitage och justering
Smörj pedalleden

Transmission (kapitel 6)

Kontrollera oljenivå
Kontrollera beträffande läckage
Kontrollera kardanaxel, stödlager och knutar beträffande slitage och skador
Kontrollera vakuummikrokontakten (automatväxellåda)

Bromssystem (kapitel 7)

Kontrollera bromsservons funktion
Byt servofilter
Kontrollera handbromsens justering
Kontrollera belägg beträffande slitage
Kontrollera slangar och ledningar beträffande läckage och fastsättning

Fjädring och styrning (kapitel 8)

Kontrollera styrväxel beträffande slitage, skador och läckage
Kontrollera fjädringen beträffande slitage, skador och läckage
Kontrollera muttrar och skruvar beträffande åtdragning

Kaross och detaljer (kapitel 9)

Smörj alla gångjärn
Kontrollera rostskydd och lack

Elsystem (kapitel 10)

Kontrollera batteriets syravikt

Var 40 000 km eller vart annat år – vilket som först inträffar

Tillägg till 20 000 km service

Motor (kapitel 1)

Rengör vevhusventilationens slangar
Kontrollera ventilspel (B19- och B200-modeller)

Kylsystem (kapitel 2)

Byt kylvätska

Bränsle- och avgassystem (kapitel 3)

Byt luftfilter
Byt bränslefilter

Transmission (kapitel 6)

Byt olja (automatväxellåda)
Kontrollera kardanknutar beträffande slitage

Bromssystem (kapitel 7)

Byt bromsvätska

Fjädring och styrning (kapitel 8)

Kontrollera och justera framhjulslager

Var 80 000 km eller vart 4:e år – vilket som först inträffar

Tillägg till 40 000 km service

Motor (kapitel 1)

Kontrollera ventilspel (B172-modeller)
Byt kamrem (B172-, B19- och B200-modeller)

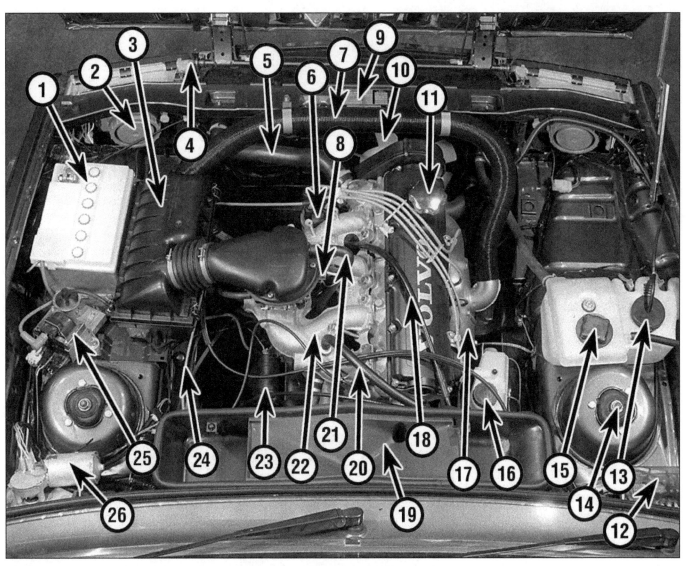

Motorrum (360 GLS med B200 motor)

1 Batteri
2 Strålkastarlock
3 Luftrenare
4 Huvgångjärn
5 Övre kylarslang
6 Fördelarlock
7 Luftrenarens varmluftskanal
8 Tomgångssolenoid
9 ID-nummerplåt

10 Kylfläkt
11 Lock, oljepåfyllning
12 Säkringsdosa och relän
13 Spolarbehållare
14 Övre infästning, främre fjäderben
15 Lock, expansionskärl (påfyllning av kylvätska)
16 Lock, bromsvätskebehållare
17 Avgasgrenrör och värmesköld

18 Kopplingsvajer
19 Luftintag
20 Vakuumslang, bromsservo
21 Vevhusventilationsslang
22 Insugningsgrenrör
23 Startmotor
24 Chokevajer
25 Renix elektronisk styrenhet
26 Vindrutetorkarmotor

Motorrum (340 GL 1,7 liter)

1 Luftintag
2 Vakuumventil, återcirkulation
3 Vindrutetorkarmotor
4 Fjädertorn
5 Fläktmotor
6 Renix elektronisk styrenhet
7 Kylarslang
8 Generator
9 Fläktrem
10 Vattenpump
11 Kamremskåpa
12 Remskiva, vevaxel
13 Elkylfläkt
14 Bränslefilter
15 Batteri
16 Bränslepump
17 Förgasare
18 Expansionskärl
19 Bromsvätskebehållare
20 Bromsservo
21 Säkringsdosa
22 Fördelare
23 Kamkåpa
24 Lock, oljepåfyllning
25 Oljefilter
26 Tändkablar

Bakvagn sedd underifrån (360 GLEi)

1 Momentrör och kardanaxel
2 Mellanrör
3 Påfyllningsplugg, växellåda
4 Bladfjäder
5 Handbromsvajer
6 5:ans växelhus
7 Växellådsfäste
8 Drivaxel
9 De Dion-axel
10 Bromsledning
11 Bakre ljuddämpare
12 Bakre rör
13 Slutväxel
14 Stötdämparinfästning
15 Bränsletank
16 Växellådshus
17 Avtappningsplugg, växellåda
18 Bränslefilter
19 Tvärbalk/värmesköld med bränslepump

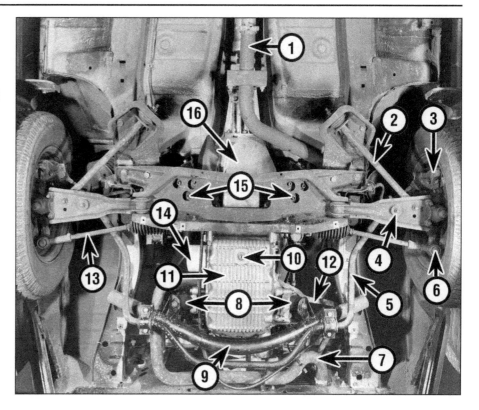

Framvagn sedd underifrån (340 GL 1,7 liter)

1 Avgasrör
2 Reaktionsstag
3 Bromsok
4 Fästskruv, krängningshämmarstag
5 Krängningshämmarstag
6 Styrled
7 Kylarslang
8 Främre motorfäste
9 Främre motorbalk
10 Avtappningsplugg, motorolja
11 Oljetråg
12 Motorns jordkabel
13 Styrstag
14 Oljefilter
15 Bakre motorfäste
16 Kopplingskåpa

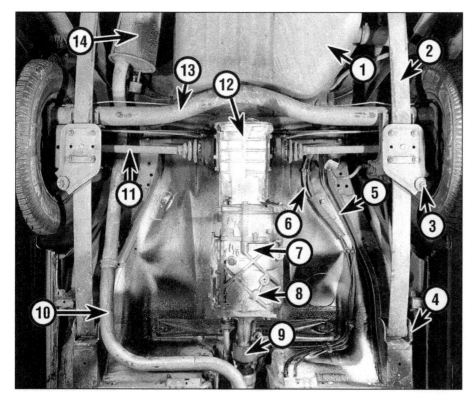

Bakvagn sedd underifrån (340 GL 1,7 liter)

1 Bränsletank
2 Bladfjäder
3 Undre stötdämparinfästning
4 Främre fjäderfäste
5 Bromsledningar
6 Bränsleledningar
7 Växellåda
8 Avtappningsplugg, växellåda
9 Kardanaxel
10 Avgasrör
11 Drivaxel
12 Slutväxel
13 De Dion-axel
14 Ljuddämpare

Rekommenderade smörjmedel och vätskor

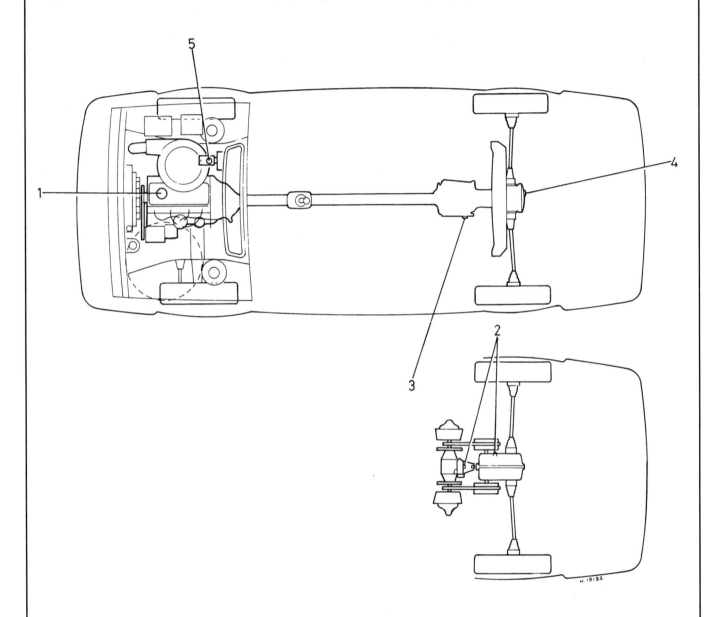

Detalj eller system	Smörjmedel typ/specifikation
Motor (1)	Multigrade motorolja, viskositet SAE 10W/30 eller 15W/40, – API SF
Transmission:	
Automat (2)	ATF typ A, suffix A, eller F, eller Dextron
Manuell (3)	ATF typ A, suffix A
Slutväxel (4)	Hypoidolja, viskositet SAE 90, API GL5
Bromssystem (5)	Bromsvätska, DOT 4
Förgasare, dämpklocka (B19A-modeller)	Automatväxelolja
Servostyrning	ATF typ A, suffix A

Verktyg och arbetsutrymmen

Introduktion

Ett urval av goda verktyg är väsentligt för den som överväger underhålls- och reparationsarbeten på ett fordon. För den som saknar sådana kommer inköp av dessa att bli en betydande utgift, som dock uppvägs till en del av vinsten med eget arbete. Om verktygen som anskaffas uppfyller grundläggande säkerhets- och kvalitetskrav kommer dessa att hålla i många år och visa sig vara en värdefull investering. För att hjälpa bilägaren att välja de verktyg som krävs, har vi sammanställt tre sortiment under följande rubriker: *Underhålls- och mindre reparationsarbeten*, *Reparation och renovering*, samt *Special*. Nybörjaren bör starta med det första sortimentet och begränsa sig till mindre arbeten på fordonet. Allt eftersom erfarenhet och självförtroende växer, kan man sedan prova svårare uppgifter och köpa fler verktyg när och om det behövs.

Underhålls- och mindre reparationsarbeten

Verktygen i den här listan kan anses vara ett minimum av vad som behövs för att utföra rutinmässigt underhåll, service- och mindre reparationsarbeten. Vi rekommenderar att man köper U-ringnycklar (ena änden öppen, den andra sluten), även om de är dyrare än enbart öppna nycklar, eftersom man då får båda sorternas fördelar.

U-ringnycklar – 10, 11, 12, 13, 14 och 17 mm
Skiftnyckel – 9"
Nyckel för avtappningspluggar till motor/växellåda
Tändstiftsnyckel (med gummiinlägg)
Verktyg för justering av tändstiftens elektrodavstånd
Bladmått (sats)
Bromsjusteringsnyckel
Nyckel för bromsluftningsnipplar
Skruvmejsel – 4" x ¹/₄" dia (spårmejsel)
Skruvmejsel - 4" x ¹/₄" dia (stjärnmejsel)
Kombinationstång - 6"
Bågfil (liten)
Däckpump
Däcktrycksmätare
Smörjspruta
Oljekanna
Fin slipduk (1 ark)
Stålborste (liten)
Tratt (medelstor)

Reparation och renovering

Dessa verktyg är ovärderliga för alla som tar itu med större reparationsarbeten på motorfordon och de tillkommer till verktygen som angivits för *Underhålls- och mindre reparationsarbeten*. Denna lista inkluderar en grundläggande sats hylsor. Dessa kan vara dyra, men de kan också visa sig vara ovärderliga då de är så användbara – särskilt om olika drivenheter inkluderas i satsen. Vi rekommenderar hylsor för halvtums fyrkant, då dessa kan användas med de flesta momentnycklar. Om du inte har råd med en hylssats, kan de billigare ringnycklarna användas.

Verktygen i denna lista kan ibland behöva kompletteras med verktyg från listan för Specialverktyg.

Hylsor (eller ringnycklar), dimensioner enligt föregående lista
Spärrskaft (för användning med hylsor)
Förlängning, 10" (för användning med hylsor)
Universalknut (för användning med hylsor)
Momentnyckel (för användning med hylsor)
Självlåsande tång – 8"
Kulhammare
Klubba med mjukt anslag (plast eller gummi)
Skruvmejsel – 6" x ⁵/₁₆" dia (spårmejsel)
Skruvmejsel – 2" x ⁵/₁₆" dia (fyrkantig spårmejsel)
Skruvmejsel – 1 ¹/₂" x dia ¹/₄" (stjärnskruv)
Skruvmejsel – 3" x ¹/₈" dia (isolerad)
Tång – sidavbitare
Spetstång
Spårringstång (invändig och utvändig)
Huggmejsel – 1/2"
Ritspets
Skrapa
Körnare
Purr
Bågfil
Ventilslipningsverktyg
Stålskala/linjal
Insexnycklar
12-kantnycklar (splines)
Diverse filar
Stålborste (stor)
Pallbockar
Domkraft (garagedomkraft eller stabil pelarmodell)

Specialverktyg

Verktygen i denna lista är sådana som inte används regelbundet, är dyra i inköp, eller vilka måste användas enligt tillverkarens anvisningar. Inköp av dessa verktyg är inte ekonomiskt försvarbart om inte svårare mekaniska arbeten utförs med viss regelbundenhet. Du kan också överväga att gå samman med någon vän (eller gå med i en motorklubb) och göra ett gemensamt inköp, hyra eller låna verktyg om så är möjligt.

Listan tar endast upp verktyg och mätinstrument som är allmänt tillgängliga och inte sådana som tillverkas av bilfabrikanter speciellt för auktoriserade återförsäljare. Ibland nämns dock sådana verktyg i texten. I allmänhet anges en alternativ metod för att utföra arbetet utan tillverkarens specialverktyg, men ibland finns helt enkelt inga alternativ. När så är fallet, då verktyget inte kan köpas eller lånas, har du inget annat val än att lämna bilen till en auktoriserad verkstad.

Ventilfjädertång
Kolvringskompressor
Kulledsavdragare
Universalavdragare
Slagskruvmejsel
Mikrometer och/eller skjutmått
Indikatorklocka
Stroboskoplampa
Varvräknare
Multimeter
Kompressionsprovare
Lyftblock
Garagedomkraft
Arbetslampa med skarvsladd

Inköp av verktyg

När det gäller inköp av verktyg är det i regel bättre att vända sig till en specialist, som har ett större sortiment än t ex tillbehörsaffärer och bensinmackar. Tillbehörsaffärer och andra försäljningsställen kan emellertid erbjuda utmärkta verktyg till låga priser, så det kan löna sig att söka.

Det finns gott om bra verktyg till låga priser, men se till att verktygen uppfyller elementära krav på funktion och säkerhet. Fråga gärna någon kunnig person om råd före inköpet.

Vård och underhåll av verktyg

När du skaffat ett antal verktyg är det nödvändigt att hålla dessa rena och i fullgott skick. Efter användning, torka alltid bort smuts, fett och metallpartiklar med en ren, torr trasa innan verktygen läggs undan. Låt dem inte ligga framme sedan de använts. En enkel upphängningsanordning på väggen för t ex skruvmejslar och tänger är en god idé. Förvara alla skruvnycklar och hylsor i en metallåda. Mätinstrument av alla slag måste förvaras väl skyddade mot skador och rostangrepp.

Lägg ned lite omsorg på de verktyg som används. Anslag på hammare kommer att få märken och skruvmejslar slits i spetsen efter någon tids användning. En slipduk eller en fil kan då återställa verktygen till fullt användbart skick.

Arbetsutrymmen

När man diskuterar verktyg får man inte glömma själva arbetsplatsen. Ska någonting annat än rent rutinunderhåll utföras, måste man skaffa en lämplig arbetsplats.

Ibland är man tvungen att lyfta ur en motor eller andra större detaljer utan tillgång till garage eller verkstad, och när så är fallet skall alla reparationer på enheten utföras under tak.

När så är möjligt skall all isärtagning ske på en ren, plan arbetsyta, t ex en arbetsbänk med lämplig arbetshöjd.

En riktig arbetsbänk behöver ett skruvstycke; ett kraftigt skruvstycke med en öppning på 100 mm är lämpligt för de flesta arbeten. Som tidigare påpekats är torra förvaringsutrymmen för verktyg, smörjmedel, rengöringsmedel och bättringsfärg (som också måste förvaras frostfritt) viktiga.

Ett annat verktyg som kan behövas och som har mycket stort användningsområde rent allmänt, är en elektrisk borrmaskin med en kapacitet på minst 8 mm. En borrmaskin och ett bra sortiment spiralborrar är oumbärliga vid montering av tillbehör som speglar och backljus.

Sist men inte minst, se till att du har tillgång till gamla tidningar och rena, luddfria trasor och försök hålla arbetsplatsen så ren som möjligt.

Felsökning

Inledning

Den bilägare som sköter sitt underhåll enligt rekommendationerna bör inte behöva använda det här avsnittet i boken särskilt ofta. Modern komponentkvalitet är så god, att förutsatt att detaljer utsatta för slitage eller åldring kontrolleras och byts vid angivna tidpunkter, uppstår plötsliga fel mycket sällan. Fel uppstår oftast under en längre tidsperiod. Större mekaniska fel i synnerhet, föregås i regel av typiska varningar i hundratals eller t o m tusentals kilometer. De komponenter som ibland går sönder utan varning är oftast små och lätta att ha med sig i bilen.

All felsökning inleds med att man bestämmer sig för var man skall börja. Ibland är det helt självklart, medan det vid andra tillfällen kan det krävas lite detektivarbete. Den bilägare som gör justeringar och utbyten av detaljer på måfå kan mycket väl ha lagat felet (eller tagit bort symptomen), men om felet återkommer är han inte klokare, och han kan ha använt mer tid och pengar än nödvändigt. Att lugnt och logiskt ta sig an problemet kommer att visa sig vara långt mer tillfredsställande i längden. Ta alltid med alla varningssignaler i beräkningen och allt onormalt som kan ha noterats innan felet uppstod – kraftförlust, höga eller låga mätarvisningar, ovanliga ljud eller lukter etc. Kom ihåg att trasiga säkringar eller defekta tändstift bara behöver vara symptom på något annat fel.

Sidorna som här följer är tänkta som hjälp vid de tillfällen då bilen inte startar, eller går sönder på vägen. Det finns också felsökningsavsnitt i slutet av varje kapitel som bör konsulteras om de första kontrollerna visar sig resultatlösa. Vad felet än kan vara gäller vissa grundprinciper. Dessa är:

Definiera felet. Här rör det sig helt enkelt om att vara säker på vad symptomen är innan man börjar arbeta. Detta är speciellt viktigt om man undersöker ett fel för någon annans räkning och om denne kanske inte beskrivit felet riktigt.

Förbise inte det självklara. Om fordonet t ex inte vill starta, finns det bränsle i tanken? (lita inte på någons ord i detta speciella fall och inte heller på bränslemätaren!) Om felet är elektriskt, kontrollera beträffande lösa eller trasiga ledningar innan du tar fram testutrustningen.

Eliminera felet, inte symptomet. Att byta ett urladdat batteri mot ett fulladdat kan lösa problemen för stunden, men om någonting annat egentligen utgör problemet kommer samma sak att hända med det nya batteriet. På samma sätt hjälper det att byta ut oljiga tändstift mot en omgång nya, men kom ihåg

att orsaken (om det helt enkelt inte berodde på felaktiga tändstift) måste fastställas och åtgärdas.

Ta ingenting för givet. Tänk speciellt på att även en ny detalj kan vara felaktig (speciellt om den har skramlat runt i bagageutrymmet i månader) och bortse inte från att felsöka detaljer bara för att de är nya eller har bytts ut nyligen. När du till slut har hittat ett besvärligt fel kommer du att inse att alla indikationer fanns där från början.

Elektriska fel

Elektriska fel kan vara mer förbryllande än mekaniska, men de lämpar sig likväl för logisk felsökning om man förstår detaljernas funktion. Elsystemet i en bil arbetar under väldigt ogynnsamma förhållanden – värme, vibration och kemisk påverkan – och det första man bör söka efter är defekta eller korroderade anslutningar och trasiga eller skavda ledningar, speciellt där ledningarna går genom hål i karossen och utsätts för vibration.

Alla fordon med metallkaross som tillverkas idag har en anslutning till batteriet jordad, d v s ansluten till karossen och i nästan alla moderna fordon är det den negativa (–) polen. Elektriska komponenter – motorer, lamphållare etc – är också anslutna till jord, antingen genom en ledning eller direkt genom sin infästning. Elektrisk ström flyter genom

komponenten och sedan tillbaka till batteriet via karossen. Om komponenten sitter löst eller är korroderad, eller god förbindelse med batteriet saknas, är strömkretsen inte komplett och fel uppstår. Motor och/eller växellåda är också anslutna till jord med hjälp av ledningar till kaross eller andra infästningar. Om dessa ledningar är lösa eller saknas kan felaktig funktion på startmotor, generator och tändsystem uppstå.

Under förutsättning att jordkretsen är tillfredsställande, beror elektriska fel antingen på komponenten eller felaktigheter i strömförsörjningen. Enskilda komponenter behandlas i kapitel 10. Om matarledningar är avslitna eller trasiga invändigt medför detta avbrott. Det enklaste sättet att kontrollera detta är att koppla förbi en misstänkt ledning temporärt, med en annan ledning som har en krokodilklämma eller annan lämplig anslutning i varje ände. Man kan också använda en 12V testlampa och kontrollera att batterispänning finns i olika punkter längs ledningen, och på så vis upptäcka ett eventuellt avbrott.

Om en oisolerad del av en ledning vidrör kaross eller någon annan jordad del av metall, tar strömmen den kortaste vägen tillbaka till batteriet; detta kallas kortslutning. I bästa fall orsakar kortslutning endast att en säkring går, men den kan också orsaka att isoleringen fattar eld (och möjligen orsaka ytterligare

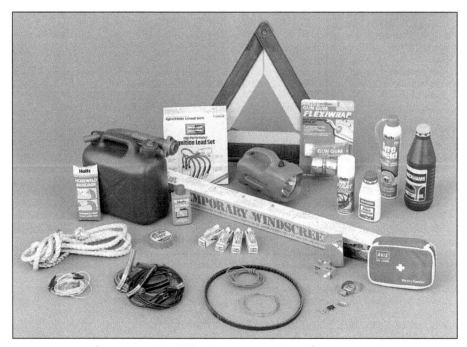

Några reservdelar i bilen kan bespara dig en lång promenad

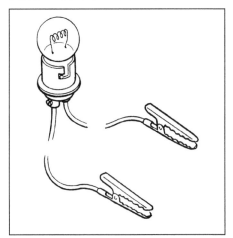

En enkel testlampa är användbar för att fastställa mindre elektriska fel

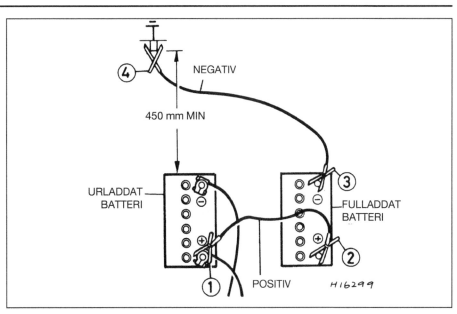

Anslutning av startkablar för minusjordade fordon – anslut kablarna i den ordning bilden visar

kortslutning) eller t o m brand. Det är därför olämpligt att koppla förbi en säkring som går sönder upprepade gånger med metallfolie eller kabel.

Reservdelar och verktygssats

De flesta fordon är bara utrustade med verktyg för hjulbyte; verktygssatsen för underhåll och mindre reparationer, samt en hammare, är förmodligen tillräckligt för de reparationer som de flesta bilförare kan tänkas försöka sig på vid vägkanten. Förutom dessa verktyg kan det vara bra att ha med en del detaljer som kan bytas utan större besvär. Erfarenhet och utrymme kan ändra nedanstående lista, men följande reservdelar kan göra att du inte behöver kalla på assistans:

Tändstift, rena och rätt justerade
Tändkabel och anslutning – tillräckligt lång för att nå tändstiftet längst bort från fördelaren
Fördelarrotor, kondensator och brytarkontakter (där sådana används)
Fläktrem (-mar)
Reservsäkringar
En omgång av de viktigaste glödlamporna
Kylartätningsmedel och slangförband
Avgasrörsförband
Eltejp
Järntråd
Elkabel
Fick- eller inspektionslampa (kan även användas som testlampa)
Startkablar
Bogserlina
Kontaktspray
En liter motorolja
En oöppnad förpackning bromsolja
Slangklämmor

Om reservbränsle finns i bilen bör den förvaras i ett kärl avsett för detta ändamål för att minimera risk för läckage och andra skador. Första förband och en varningstriangel är obligatoriskt och måste finnas i bilen.

Vid färd utomlands kan det vara bra att ha extra reservdelar, även om du inte kan montera dem själv – de kan bespara dig väntetid. Följande detaljer kan vara bra att ha:

Kopplings- och gasvajrar
Topplockspackning

Generatorkol
Reparationssats till bränslepump
Ventilkägla till däcken
Någon motororganisation kan ge anvisningar om tillgång till bränsle etc i främmande länder.

Motorn startar inte

Motor går inte runt när startmotorn kopplas in

Urladdat batteri (ladda, använd startkablar eller bogsera)
Dålig anslutning vid batterikabelskor
Batteriets jordkabel till chassi defekt
Motorns jordkabel lös eller bruten
Startmotorns (eller solenoidens), kablar lösa eller brutna
Växelväljaren för automatlåda i fel läge eller spärrkontakt defekt
Tändningslås/startkontakt defekt
Större mekaniskt fel (skärning)
Fel i startmotor eller solenoid (se kapitel 10)

Startmotorn drar runt motorn för sakta

Dålig batterikapacitet (ladda, använd startkablar eller bogsera)
Dålig anslutning vid batterikabelskor
Batteriets jordkabel till chassi defekt
Motorns jordkabel lös eller bruten
Startmotorns (eller solenoidens), kablar lösa eller brutna
Fel i startmotor (se kapitel 10)

Startmotor går runt utan att motorn rör sig

Urladdat batteri
Startmotordrev kärvar på axeln
Skadade eller slitna kuggar på startkrans
Skruvar till startmotorinfästning lösa

Motor går runt men startar inte

Fuktiga eller smutsiga tändkablar och fördelarlock (kör runt motorn och kontrollera att gnista finns) – prova med fuktdrivande medel
Smutsiga eller feljusterade brytarkontakter (brytarsystem)

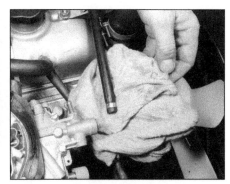

Kontroll av tändgnista med isolerad tång och metallstång i kabelanslutningen

Kontroll av bränsletillförsel när startmotorn är igång

Inget bränsle i tanken (kontrollera att bränsle kommer till förgasaren)

För mycket choke (varm motor) eller för lite choke (kall motor)

Beläggning på tändstift eller fel elektrodavstånd (demontera och justera eller byt)

Andra fel på tändsystemet (se kapitel 4)

Andra fel på bränslesystemet (se kapitel 3)

Dålig kompression (se kapitel 1)

Större mekaniskt fel (t ex kamaxeldrivning)

Motorn tänder men startar inte

För lite choke (kall motor)

Luftläckage vid förgasare eller insugningsgrenrör

Bränslebrist (se kapitel 3)

Förkopplingsmotstånd defekt, eller annat fel på tändsystemet (se kapitel 4)

Motorn stannar och kan inte startas igen

Motorn stannar plötsligt – tändningsfel

Lågspänningskabel lös eller bortkopplad

Fukt på tändkablar eller fördelarlock (efter körning över vattensamling)

Spole eller kondensator defekt (kontrollera beträffande gnista)

Andra fel på tändsystemet (se kapitel 4)

Motorn misständer innan den stannar – fel på bränslesystemet

Tom bränsletank

Defekt bränslepump eller igensatt filter (kontrollera bränsletillförsel)

Tankventilation blockerad (ett markant undertryck märks när tanklocket tas bort)

Flottörhusventil kärvar

Förgasarmunstycken igensatta (smuts i bränslet)

Andra fel på bränslesystemet (se kapitel 3)

Motorn stannar – andra orsaker

Kraftig överhettning

Större mekaniskt fel (t ex kamaxeldrivning)

Motorn blir för varm

Tändningslampan tänds

Dåligt spänd eller trasig fläktrem – spänn eller byt (kapitel 2)

Tändningslampan tänds inte

Kylvätskeförlust genom internt eller externt läckage (se kapitel 2)

Defekt termostat

Låg oljenivå

Bromsarna ligger på

Kylaren igensatt, internt eller externt

Elkylfläkt fungerar inte

Kylvätskekanaler i motorn igensatta

Tändläge felaktigt eller fel på förställnings-mekanismen

För mager blandning

Observera: *Fyll inte på kallt vatten i en överhettad motor. Detta kan orsaka omfattande skador*

Lågt oljetryck

Mätaren visar lågt tryck eller varningslampan tänds när motorn går

Låg oljenivå eller fel oljekvalitet

Defekt mätare eller tryckgivare

Kabel till givare kortsluten till gods

Motorn överhettad

Oljefilter igensatt eller överströmnings-ventilen defekt

Tryckregulatorventilen defekt

Sil eller sugledning igensatt

Oljepumpen sliten eller den sitter löst i infästningarna

Slitna ram- eller vevlager

Observera: *Lågt oljetryck vid tomgång på en motor som gått långt är inte nödvändigtvis anledning till oro. Plötslig förlust av oljetryck*

är betydligt värre. Kontrollera under alla omständigheter tryckgivaren innan motorn döms ut.

Missljud från motorn

För tidig tändning (spikning) vid acceleration

Bränsle med felaktigt oktantal

Fel tändläge

Fördelare defekt eller sliten

Sliten eller feljusterad förgasare

Kraftig koksbeläggning i motorn

Visslande eller väsande ljud

Läckande vakuumslang

Läckande förgasare eller grenrörspackning

Läckage vid topplockspackning

Lätt knackning eller skrammel

Fel ventilspel

Sliten ventilmekanism

Sliten kamkedja eller -rem

Brusten kolvring (tickande ljud)

Motorn glödtänder

För högt tomgångsvarv

Defekt tomgångs-/bränsleavstängnings-solenoid

Koksbildning i cylindern vilket orsakar självantändning

Knackning eller slag

Roterande delar slår i (t ex fläktblad)

Sliten fläktrem

Defekt hjälpaggregat (generator, vatten-pump etc)

Slitna vevlager (regelbunden, kraftig knackning, eventuellt mindre under belastning)

Slitna ramlager (dovt malande eller knackande, möjligen tilltagande under belastning)

Kolvslammer (mest vid kall motor)

Kapitel 1 Motor

Beträffande ändringar och information om senare modeller, se Supplement i slutet av boken

Innehåll

Specifikationer

B 14-motor

Allmänt

Typ	Fyrcylindrig radmotor, toppventiler
Cylindervolym	1397 cc
Cylinderdiameter	76 mm
Slaglängd	77 mm
Tändföljd	1 - 3 - 4 - 2 (Nr 1 närmast svänghjul)
Kompressionsförhållande:	
B14.0E	9,5:1
Alla övriga motorer	9,25:1
Kompressionstryck (ny)	1128 kPa
Max skillnad i kompressionstryck mellan två cylindrar	49 kPa

Topplock

Material	Lättmetall
Ventilsätesvinkel:	
Insug:	
B14.1E och B14.2E upp till chassinr 671999	30°
Alla övriga motorer	45°
Avgas	45°
Max skevhet:	
Hörn till hörn	0,05 mm
Tvärled	0,05 mm
Min höjd efter bearbetning:	
B14.0	72,30 mm
Alla övriga motorer	72,05 mm

Ventiler

Spel i styrning:	
Insug	0,010 till 0,054 mm
Avgas	0,069 till 0,084 mm
Ventilfjäder, fri längd	
Upp till chassinr 671999	42,2 mm
Fr o m chassinr 672000	46,9 mm

Ventilspel	Insug	Avgas
Kall	0,15 mm	0,20 mm
Varm	0,20 mm	0,25 mm

Kamaxel

Axialspel	0,05 till 0,10 mm
Lagertapp, diameter	37,925 till 37,950 mm

Ventiltider (vid 1,0 mm lyfthöjd):	Tidigare kamaxel	Senare kamaxel
Insug öppnar	4° EÖDP	0° 30' EÖDP
Insug stänger	39° EUDP	36° EUDP
Avgas öppnar	42° FUDP	44° FUDP
Avgas stänger	3° 30' EÖDP	0° 30' EÖDP

Ventillyftare

Spel i block	0,013 till 0,047 mm

Cylinderfoder och kolvar

Foderhöjd över motorblock (utan O-ringar)	0,02 till 0,09 mm
Max skillnad i foderhöjd	0,04 mm
Kolvringar	2 kompressionsringar, 1 oljeskrapring
Ändgap:	
Övre kompressionsring	0,30 till 0,45 mm
Nedre kompressionsring	0,25 till 0,40 mm
Oljeskrapring:	
U-flex typ	Noll
Goetze typ	0,25 till 0,40 mm
Kolvringar, spel i kolvringspår:	
Övre kompressionsring	0,030 till 0,058 mm
Nedre kompressionsring	0,024 till 0,050 mm
Oljeskrapring:	
U-flex typ	0,025 till 0,070 mm
Goetze typ	0,025 till 0,052 mm
Max viktskillnad mellan kolvar	2,0 g
Genomsnittligt spel, kolv/foder	0,045 till 0,065 mm

Kolvbultar

Spel i kolv	0,006 till 0,012 mm
Spel i vevstake	Presspassning

Vevstakar

Axialspel på vevaxel	0,31 till 0,57 mm
Max viktskillnad mellan vevstakar	2,0 g

Vevaxel

Axialspel	0,05 till 0,23 mm
Ramlagerspel	0,032 till 0,074 mm
Vevlagerspel	0,032 till 0,065 mm
Tryckbrickor, tjocklek:	
Standard	2,80 mm
Överdimension	2,95 mm

Smörjsystem

Olja/specifikation	Se *Rekommenderade smörjmedel och vätskor*
Volym (inkl filter)	4,0 liter
Oljepump:	
Typ	Kugghjul
Drev axialspel	0,020 till 0,086 mm
Drev radialspel	0,095 till 0,222 mm
Regulatorfjäder, fri längd	46,0 mm
Oljetryck vid tomgång	98 till 147 kPa

Åtdragningsmoment

	Nm
Topplock:	
Steg 1	27
Steg 2	60
Ramlagerskruvar	60
Vevlagermuttrar	42
Svänghjul	47
Kamaxeldrev, skruv	30
Vevaxelns remskiva, skruv	75
Oljetrågsskruvar	8
Vipparmsbock, skruvar	16
Kedjesträckare, skruvar	10
Motorfästen:	
Främre till motor	26
Främre till balk	44
Bakre till motor	19
Bakre till balk	44
Oljepump	8
Avtappningsplugg (olja)	22
Oljetryckskontakt	22
Transmissionskåpa, skruvar	10
Kamaxelfläns, skruvar	10

B19-motor

Allmänt

Typ	Fyrcylindrig radmotor, enkel överliggande kamaxel
Beteckning:	
Med förgasare	B19A
Med bränsleinsprutning	B19E
Cylindervolym	1986 cc
Cylinderdiameter	88,9 mm
Slaglängd	80,0 mm
Tändföljd	1 - 3 - 4 - 2 (Nr 1 närmast kylare)
Kompressionsförhållande:	
Fram till 1982	9,25:1
Fr o m 1982	10,0:1
Kompressionstryck (ny):	
Fram till 1982	883 till 1079 kPa
Fr o m 1982	1079 till 1226 kPa
Max skillnad mellan cylindrar	192 kPa

Topplock

Material	Lättmetall
Ventilsätesvinkel	45°
Max skevhet:	
Hörn till hörn	0,50 mm
Tvärled	0,25 mm
Min höjd efter bearbetning	145,6 mm

Ventiler

	Kontroll	Justering
Spel i styrning	0,15 mm	
Ventilfjäder, fri längd	45,0 mm	
Ventilspel (insug och avgas):	**Kontroll**	**Justering**
Kall	0,30 till 0,40 mm	0,35 till 0,40 mm
Varm	0,35 till 0,45 mm	0,40 till 0,45 mm

Kamaxel

Axialspel	0,1 till 0,4 mm
Lagertapp, diameter	29,050 till 29,070 mm
Max radialspel	0,15 mm
Ventiltider (0,5 mm ventilspel):	
L kamaxel	Insug öppnar 15° FÖDP
A kamaxel	Insug öppnar 22° FÖDP

Ventiltryckare

Spel i topplock	0,030 till 0,075 mm
Justerbricka, spel i tryckare	0,009 till 0,064 mm
Justerbricka, tillgängliga tjocklekar	3,30 till 4,50 mm i steg om 0,05 mm

Aggregataxel

Axialspel	0,20 till 0,46 mm
Lagertapp, diameter:	
Främre	46,975 till 47,0 mm
Mittre	43,025 till 43,05 mm
Bakre	42,925 till 42,95 mm
Max radialspel	0,020 till 0,075 mm

Motorblock

Cylinderdiameter:	
Standard (märkning C)	88,90 till 88,91 mm
Standard (märkning D)	88,91 till 88,92 mm
Standard (märkning E)	88,92 till 88,93 mm
Standard (märkning G)	88,94 till 88,95 mm
Överdimension 1	89,29 till 89,30 mm
Överdimension 2	89,67 till 89,68 mm

Kolvar

Max viktskillnad mellan 2 kolvar	12,0 g
Kolvringar, spel i kolvringspår:	
Övre och nedre kompressionsring	0,040 till 0,072 mm
Oljeskrapring	0,030 till 0,062 mm
Ändgap:	
Övre kompressionsring	0,35 till 0,65 mm
Nedre kompressionsring	0,35 till 0,55 mm
Oljeskrapring	0,25 till 0,60 mm

Kolvbultar

Diameter:	
Standard	24,0 mm
Överdimension	24,05 mm
Spel i kolv	Skjutpassning
Spel i vevstake	Noggrant löpande passning

Vevaxel

Max ovalitet	0,05 mm
Max axialspel	0,25 mm
Ramlagerspel	0,028 till 0,083 mm

Ramlagertapp:
Max ovalitet	0,07 mm
Max konicitet	0,05 mm
Diameter (standard)	63,451 till 63,464 mm
Diameter underdimension	Två, i steg om 0,254 mm

Vevtapp:
Max ovalitet	0,05 mm
Max konicitet	0,05 mm
Diameter (standard)	53,87 till 54,0 mm)
Diameter underdimension	Två, i steg om 0,254 mm

Vevstakar

Vevlager
Axialspel på vevaxel	0,15 till 0,35 mm
Radialspel	0,024 till 0,070 mm
Max viktskillnad mellan 2 vevstakar	10 g

Svänghjul

Max axialkast	0,05 mm mätt vid diameter 150,0 mm

Smörjsystem

Olja/specifikation	Se *Rekommenderade smörjmedel och vätskor*
Volym (inkl filter)	4,5 liter

Oljepump:
Typ	Drev
Drev, axialspel	0,02 till 0,12 mm
Drev, radialspel	0,02 till 0,09 mm
Drev, kuggspel	0,15 till 0,35 mm
Drivaxel, lagerspel	0,024 till 0,049 mm
Aggregataxel, lagerspel	0,013 till 0,037 mm
Regulatorventilfjäder, fri längd	39,2 mm

Åtdragningsmoment

	Nm
Ramlageröverfall	110

Vevlageröverfall:
I bruk	64
Nya	71
Svänghjul	71
Kamaxeldrev	50
Aggregataxeldrev	50
Kamaxellager	20
Vevaxeldrev (centrumskruv)	165

Motorfästen:
Självlåsande	56
Övriga	49

Topplockskruvar:

Insex:
Steg 1	60
Steg 2	110

Sexkant:
Steg 1	20
Steg 2	60
Steg 3	Dra ytterligare 90°

B200-motor

Som B19 motor med följande undantag:

Allmänt

Beteckning:
Med förgasare	B200K
Med bränsleinsprutning	B200E

Kompressionsförhållande:
B200K 624, B200E 628	10,0:1
B200K 928, B200E 938	9,2:1

Kompressionstryck (ny):
B200K	883 till 1 079 kPa
B200E	1 079 till 1 226 kPa

Kamaxel

Axialspel	0,2 till 0,5 mm
Ventiltider (vid 0,7 mm ventilspel):	
L kamaxel (B200K)	Insug öppnar 10° FÖDP
A kamaxel (B200E)	Insug öppnar 13° FÖDP

Motorblock

Cylinderdiameter:	
Överdimension 1	89,29 mm
Överdimension 2	89,67 mm

Kolvar

Max viktskillnad mellan 2 kolvar	16 g
Kolvringar, spel i kolvringspår:	
Övre kompressionsring	0,060 till 0,092 mm
Nedre kompressionsring	0,030 till 0,062 mm
Oljeskrapring	0,020 till 0,055 mm
Ändgap:	
Övre kompressionsring	0,30 till 0,50 mm
Nedre kompressionsring	0,30 till 0,55 mm
Oljeskrapring	0,25 till 0,50 mm

Kolvbultar

Diameter:	
Standard	23,0 mm
Överdimension	23,05 mm

Vevaxel

Max ovalitet	0,025 mm
Max axialspel	0,080 till 0,270 mm
Ramlagerspel	0,025 till 0,072 mm
Ramlagertapp:	
Max ovalitet	0,005 mm
Max konicitet	0,005 mm
Diameter (standard)	54,87 till 55,0 mm
Diameter underdimension	Två, i steg om 0,25 mm
Vevtapp:	
Max ovalitet	0,005 mm
Max konicitet	0,005 mm
Diameter (standard)	48,984 till 49,005 mm
Diameter underdimension	Två, i steg om 0,25 mm

Vevstakar

Vevlager	
Axialspel på vevaxel	0,15 till 0,45 mm
Radialspel	0,023 till 0,067 mm
Max viktskillnad mellan 2 vevstakar	20 g

Svänghjul

Max axialkast	0,02 mm mätt vid diameter 100,0 mm

Smörjsystem

Oljepump:	
Lagerspel, drivaxel	0,032 till 0,070 mm
Lagerspel, mellanaxel	0,014 till 0,043 mm

Åtdragningsmoment

	Nm
Ramlageröverfall:	
Steg 1	20
Steg 2	Dra ytterligare 90°
Kamdrev (centrumskruv):	
Steg 1	60
Steg 2	Dra ytterligare 60°

B172-motor

Allmänt

Typ	Fyrcylindrig radmotor, enkel överliggande kamaxel
Beteckning	B172K
Cylinderdiameter	81 mm
Slaglängd	83,5 mm
Cylindervolym	1721 cc

Allmänt (forts)
Kompressionsförhållande 10:1
Tändföljd . . . . 1 - 3 - 4 - 2 (Nr 1 närmast svänghjul)
Kompressionstryck (ny) . . . . 883 kPa
Max skillnad mellan cylindrar . . . . 193 kPa

Topplock
Ventilsätesvinkel:
  Insug . . . . 30°
  Avgas . . . . 45°
Max skevhet:
  Hörn till hörn . . . . 0,05 mm
  Tvärled . . . . 0,05 mm
Höjd . . . . 169,5 ± 0,2 mm

Ventiler
Ventilfjäder fri längd . . . . 44,9 mm

Ventilspel (kall):	Kontroll	Justering
Insug	0,15 till 0,25 mm	0,20 mm
Avgas	0,35 till 0,45 mm	0,40 mm

Kamaxel
Axialspel . . . . 0,05 till 0,13 mm
Max lager radialspel . . . . 0,05 till 0,15 mm
Ventiltider:
  Insug (vid 0,4 mm ventilspel):
    Öppnar . . . . 4° FÖDP
    Stänger . . . . 40° EUDP
  Avgas (vid 0,5 mm ventilspel):
    Öppnar . . . . 40° FUDP
    Stänger . . . . 4° EÖDP

Ventiltryckare
Diameter . . . . 35,0 mm
Ventilspel . . . . 0,025 till 0,075 mm
Justerbricka tillgänglig tjocklek . . . . 3,25 till 4,50 mm i steg om 0,05 mm

Aggregataxel
Axialspel . . . . 0,07 till 0,15 mm
Lagerbussning diameter:
  Inre . . . . 39,5 mm
  Yttre . . . . 40,5 mm

Kolvar
Kolvringar, spel i kolvringspår:
  Övre kompressionsring . . . . 0,060 till 0,090 mm
  Nedre kompressionsring . . . . 0,040 till 0,070 mm
  Oljeskrapring . . . . 0,020 till 0,055 mm
Ändgap:
  Övre kompressionsring . . . . 0,30 till 0,45 mm
  Nedre kompressionsring . . . . 0,25 till 0,40 mm
  Oljeskrapring . . . . 0,25 till 0,40 mm

Kolvbultar
Diameter . . . . 21,0 mm
Spel i kolv . . . . Noggrant löpande passning
Spel i vevstake . . . . Presspassning

Vevaxel
Max axialspel . . . . 0,07 till 0,23 mm
Ramlagerspel . . . . 0,01 ± 0,01 mm

Vevaxel (forts)

Ramlagertapp:

Max ovalitet	0,0025 mm ca
Max konicitet	0,005 mm
Diameter (standard)	54,8 ± 0,005 mm
Diameter underdimension	54,55 ± 0,005 mm

Vevtapp:

Max ovalitet	0,0 till 0,0025 mm
Max konicitet	0,005 mm
Diameter (standard)	48,0 + 0,02 mm
Diameter underdimension	47,75 + 0,02 mm

Vevstakar

Vevlager

Axialspel på vevaxel	0,22 till 0,40 mm
Radial spel	0,01 ± 0,01 mm

Svänghjul

Max axialkast	0,07 mm mätt vid diameter 80 mm

Smörjsystem

Olja/specifikation	Se *Rekommenderade smörjmedel och vätskor*
Volym (inkl filter)	5,0 liter

Åtdragningsmoment

	Nm
Kamremspännare, mutter	50
Brytskiva, skruv	28
Vevaxelremskiva skruv	95
Kamremskåpa skruvar	10
Kamdrev, skruv	50
Kamaxellager, skruvar (M8)	20
Kamaxellager, bakre skruvar (M6)	10
Ramlageröverfall, skruvar	63
Vevlageröverfall, skruvar	48
Aggregataxeldrev, skruv	50
Svänghjul, skruvar	53
Insug- och avgasgrenrör, muttrar	20
Ventilkåpa, muttrar	5
Avtappningsplugg i oljetråg	13
Motorfästen muttrar (främre)	52
Motorfästen muttrar (bakre	47
Motorfästen till motorblock, skruvar	20
Oljetråg, skruvar	13
Oljepump, fästskruvar	23
Oljepumpslock, skruvar	12
Vattenpumphus, skruvar	12
Oljetryckskontakt	25

Topplock, skruvar:

Steg 1	30
Steg 2	70
Steg 3 (efter 3 minuter – se text)	20
Steg 4	Dra ytterligare 123 ± 2°

DEL A: B14-MOTOR

1 Allmän beskrivning

Motorn är en fyrcylindrig radmotor med toppventiler (se foto). Vevaxeln har fem ramlager, det mittre ramlagret har tryckbrickor för att kontrollera vevaxelns axialspel. Utbytbara våta cylinderfoder används.

Kamaxeln drivs av en kedja från vevaxeln, den styrs av fyra lager. Kedjesträckaren arbetar med en fjäder. De snedställda ventilerna manövreras av vipparmar på en vipparmsaxel. Topplocket är gjutet i lättmetall.

Ett delvis slutet vevhusventilationssystem används, vevhusgaserna sugs från ventilkåpan via luftrenaren till insugningsröret. Smörjning sker med en oljepump av drevtyp, driven av kamaxeln och placerad i vevhuset. Motoroljan leds via ett externt fullflödesfilter till motorns huvudoljekanal, sedan till vevaxel, kamaxel

och vipparmsaggregat. En tryckavlastningsventil finns i kretsen.

Motorn har i stort sett varit oförändrad genom åren, sånär som på några mindre ändringar. De olika versionernas introduktionsår är som följer.

Fram till 1979: B14.0E
Från och med 1979 till 1981: B14.1E
Från och med 1981 till 1982: B14.2E
Från och med 1982 till 1984: B14.3E
Från och med 1984: B14.4E

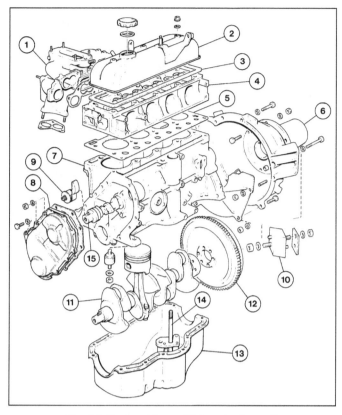

Fig. 1.1 Sprängskiss av B14-motor (avsn 1)

1 Insugnings- och avgasgrenrör
2 Ventilkåpa
3 Packning
4 Topplock
5 Topplockspackning
6 Kopplingskåpa
7 Motorblock
8 Transmissionskåpa
9 Kedjesträckare
10 Motorfäste
11 Vevaxel och kolv
12 Svänghjul
13 Oljetråg
14 Oljepump
15 Kamaxel

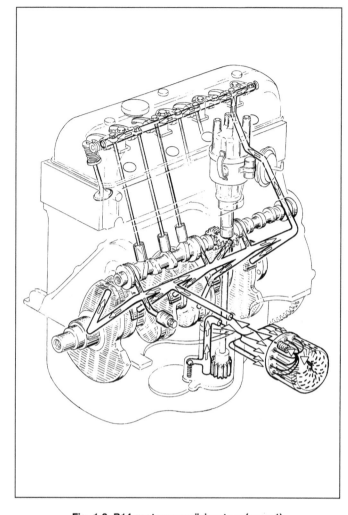

Fig. 1.2 B14-motorns smörjsystem (avsn 1)

2 Rutinmässigt underhåll

Vid de intervaller som anges i avsnittet Rutinmässigt underhåll i början av boken, utför följande arbeten.

2.1 Påfyllning av motorolja

Smörjning
1 Kontrollera oljenivån (se foto).
2 Byt motorolja och filter.

Vevhusventilationssystem
3 Kontrollera om systemet är blockerat, rengör slangar och ventil vid behov.

Ventiler
4 Kontrollera ventilspel.
5 Spänn/byt kamrem (B19, B200, B172).

Allmänt
6 Kontrollera motorn beträffande läckage, rengör motor och motorrum.

3 Större arbeten med motorn kvar i bilen

Följande arbeten kan utföras utan att motorn behöver demonteras:
a) Demontering av och arbeten på topplock
b) Demontering av oljetråg
c) Demontering av foder och

kolvar/vevstakar (genom översidan på blocket)
d) Demontering av transmissionskåpa, kedja och drev
e) Demontering av oljepump
f) Byte av motorupphängningar
g) Demontering av svänghjul
h) Byte av vevaxelns bakre tätning

4 Större arbeten, möjliga endast sedan motorn demonterats

Följande arbeten kan endast utföras sedan motorn demonterats:
a) Demontering av kamaxel och lyftare
b) Demontering av ramlager

5 Motor – demontering

1 Ta bort huven enligt beskrivning i kapitel 9.
2 Lossa batteriets negativa anslutning.
3 Demontera reservhjul, tappa av kylsystemet enligt beskrivning i kapitel 2.
4 Tappa av motorolja, ta bort skydds-

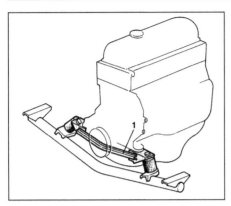

Fig. 1.3 Främre motorfäste (1) på B14-
motor fr o m 1985 (avsn 5)

5.7A Främre motorfäste (tidigt utförande)

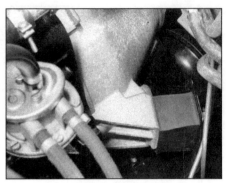

5.7B Bakre motorfäste

panelerna. Från och med 1985 är skyddspanelen i ett stycke, liknande den på B172-motorer.

5 Demontera kylaren enligt beskrivning i kapitel 2.

6 Lossa främre avgasröret från grenrör och kopplingskåpa, bind upp det så det är ur vägen.

7 Lossa och ta bort muttrarna från främre och bakre fäste (se foto). Från och med 1985 är det främre fästet annorlunda, detta visas i fig. 1.3.

8 Lossa motorns jordledning (se foto), lossa sedan kablarna från startmotor samt vakuumstyrventilens kontakt där sådan förekommer (se foto).

9 Lossa vakuumslangar, kylarslangar, samt slang till luftfilter, inklusive kopplings-cylinderslang på modeller med automatlåda.

10 Lossa ledningar till generator, oljetrycksgivare (se foto), kylvätsketempgivare och spole.

11 Lossa gas och chokevajrar, sedan bränsleledningar från bränslepumpen. Plugga dessa så att inte smuts kommer in.

12 Demontera luftrenare enligt beskrivning i kapitel 3.

13 Demontera vindrutespolarbehållare.

14 På modeller med manuell växellåda, lossa klämskruven som håller kardanaxeln till kopplingsaxeln. Lossa också kopplingsvajer (se kapitel 5).

15 Anslut kedjor eller lyftstroppar ordentligt till motorn, använd lämpligt lyftverktyg, lyft motorn från infästningarna. För sedan motorn

framåt så att kardanaxeln lossnar; se till att axeln stannar kvar i växellådan.

16 Sväng motorn medurs (sett uppifrån), lyft den sedan sakta ur motorrummet, kontrollera samtidigt att alla anslutningar är lossade.

17 Då tråget befinner sig högt nog, dra lyftanordningen framåt och sänk ner motorn på arbetsbänken.

6 Motor, isärtagning – allmänt

1 Det är bäst att montera motorn i en motorbock, men om sådan inte är tillgänglig, använd en stark bänk i lämplig arbetshöjd. I nödfall kan motorn tas isär på golvet.

2 Under isärtagningen måste största varsamhet iakttas så delarna ej blir smutsiga. För att underlätta detta, rengör motorn noggrant på utsidan från all ansamlad smuts och olja.

3 Ett bra avfettningsmedel underlättar arbetet. Lägg på avfettningsmedel och låt stå en stund, rengör sedan med en kraftig vattenstråle. Om smutslagret är tjockt och sitter hårt, arbeta in avfettningsmedlet med en styv borste.

4 Torka till slut utsidan på motorn med en trasa, när den sedan är helt ren kan arbetet börja. När motorn tas isär, rengör alla delar i fotogen.

5 Sänk aldrig ner delar med oljekanaler i fotogen (t ex vevaxeln). För att rengöra dessa delar, torka av dem med en trasa fuktad med

rengöringsmedel. Oljekanaler kan rengöras med tråd. Är tryckluft tillgänglig, kan alla delar blåsas torra och oljevägarna blåsas fria för säkerhets skull.

6 Återanvändning av gamla packningar är dålig ekonomi. För att undvika risk för problem sedan motorn satts samman, *använd alltid nya packningar.*

7 Kasta inte bort de gamla packningarna – om man inte kan hitta lämplig ersättning, får den gamla packningen duga som mall. Häng upp packningar då de demonteras.

8 Vid isärtagning av motorn är det bäst att arbeta uppifrån och nedåt. Då det är dags för vevaxeln att tas bort, kan motorn vändas på sidan och allt arbete utföras i detta läge.

9 Då så är möjligt, sätt tillbaka muttrarna, skruvar och brickor löst där de tidigare suttit. Man undviker då att de kommer bort eller blandas samman. Kan de inte sättas tillbaka, förvara dem så att det klart framgår vart de ska sitta.

7 Aggregat – demontering

1 Med motorn demonterad från bilen, kan de utvändiga aggregaten demonteras.

2 Följande ordning föreslås; detaljerad beskrivning finns i respektive kapitel i boken.

   a) Generator (kapitel 10)
   b) Koppling (kapitel 5)
   c) Grenrör och förgasare (kapitel 3)

5.8A Motorns jordledning (vid pilen)

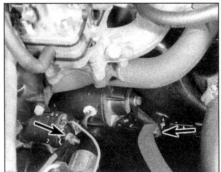

5.8B Motorns jordledning samt
startmotorledning (vid pilarna)

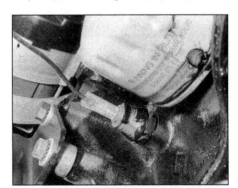

5.10 Oljetrycksgivarens kontakt

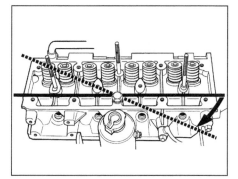

Fig. 1.4 Låt topplocket vridas runt skruv nr 1 så att packningen släpper (avsn 8)

8.2 Vipparmsaggregat

8.3 Demontering av stötstång

d) Motorfästen
e) Oljefilter (se avsnitt 11)
f) Fördelare och tändstift (kapitel 4)
g) Bränslepump (kapitel 3)
h) Vattenpump och termostat (kapitel 2)
i) Startmotor (kapitel 10)
j) Tändspole (kapitel 4)

8 Topplock – demontering

Notera: *Om cylinderfodren rör sig när topplocket demonteras, måste fodren tas bort helt (avsnitt 14) så att nya tätningar kan monteras.*

1 När topplocket tas bort med motorn på plats i bilen, utför först följande arbeten:
a) Lossa batteriets negativa anslutning. Demontera reservhjulet
b) Tappa av kylsystemet
c) Demontera grenrör komplett med förgasare
d) Lossa tändkablarna
e) Lossa kabeln till tempgivaren
f) Demontera drivrem, fläkt samt remskiva
g) Lossa alla slangar

2 Lossa ventilkåpans skruvar, ta bort kåpan och packningen. Lossa skruvar och muttrar, lyft av vipparmsaggregatet (se foto).
3 Demontera stötstängerna, håll ordning på dem så de kan sättas tillbaka på samma plats (se foto).

4 Lossa alla topplocksskruvar i motsatt ordning mot fig. 1.20. Demontera alla skruvar utom nr 1 (närmast fördelaren), vilken får sitta kvar i kontakt med topplocket sedan den lossats.
5 Använd en koppar- eller träklubba, knacka på sidan av topplocket i varje ände så att det vrider sig runt skruv nr 1 (fig. 1.4). Detta bryter kontakten mellan topplock, packning och foder, vilket förhindrar att fodren för sig.
6 Ta bort skruv nr 1. Lyft bort topplocket och ta vara på packningen (se foto). Se till att inte fodren kommer ur läge, låt inte fragment av packningen komma ned i kanaler för olja eller kylvätska.
7 Observera: *Vevaxeln får inte vridas då topplocket är borttaget, fodret kan rubbas. Om vevaxeln måste vridas (om kolvtopparna ska rengöras), använd skruvar med lämpliga brickor för att hålla fodren på plats (fig. 1.5).*

9 Topplock – isärtagning

1 Lossa låsringarna från vipparmsaxelns ändar, ta sedan bort fjädrar, vipparmar samt lagerbockar. Håll ordning på dem så att de kan sättas tillbaka på samma plats.
2 Demontera ventilerna. Tryck ihop fjädrarna i tur och ordning med en fjäderkompressor tills

de två knastren kan tas bort (se foto). Lossa fjäderkompressorn och ta bort fjäder, fjädersäte och tryckbricka (se foto).
3 Om övre fjädersätet inte vill släppa taget då fjäderkompressorn dras ihop, använd inte större kraft, knacka istället försiktigt upptill på övre fjädersätet med en mjuk hammare. Håll samtidigt fjäderkompressorn på plats med en hand så att den inte hoppar av.
4 Det är mycket viktigt att man håller ordning på ventilerna, utom om de är så slitna att de måste bytas. Numrera dem framifrån topplocket; avgasventilerna får då nummer 1, 6, 4, 5 och 8, insugsventilerna 2, 3, 6 och 7.
5 Ventilfjädrar och knaster ska också bevaras i den ordning de suttit monterade, då detaljer för avgas- och insugsventiler är olika.

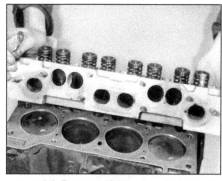

8.6 Demontering av topplock

Fig. 1.5 Hållare för cylinderfoder – vid pilarna (avsn 8)

9.2A Hoptryckning av ventilfjäder

9.2B Demontering av fjäder och fjädersäte

9.6 Demontering av ventil

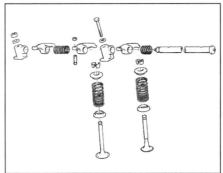

Fig. 1.6 Vipparmsaxel och ventildetaljer (avsn 9)

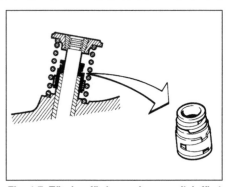

Fig. 1.7 Tätning för insugningsventil, införd fr o m 1979 (avsn 9)

6 Vänd på topplocket och tryck ut ventilerna (se foto).
7 På modeller fr o m 1979, ta bort tätningarna från insugsventilernas styrningar.

10 Oljetråg – demontering

1 Om tråget ska demonteras med motorn på plats i bilen, utför först följande arbeten:
   a) Demontera skyddspanelerna
   b) Demontera främre krängningshämmare från tvärbalken

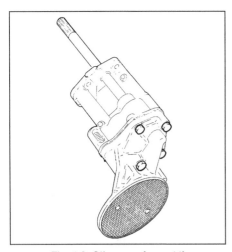

Fig. 1.8 Oljepump (avsn 11)

   c) Lossa rattaxel från styrväxel, ta sedan bort fästskruvarna och dra styrväxeln nedåt
2 Tappa av motoroljan.
3 Lossa och ta bort alla skruvar, ta ner tråget från motorn.
4 Sitter tråget fast, för en trubbig kniv längs packningen för att lossa det.

11 Oljepump och oljefilter – demontering

Om oljepumpen ska demonteras med motorn i bilen, ta först bort tråget enligt beskrivning i avsnitt 10.
1 Lossa och ta bort fästskruvarna, ta ner pumpen från locket, lossa samtidigt axeln från drivanordningen (se foto).
2 Oljefiltret skruvas enkelt bort; placera en lämplig behållare för att fånga upp oljespill (se foto). Sitter filtret hårt fast, använd lämpligt verktyg.
3 Filtret ska inte återanvändas.
4 Under 1984 ändrades filtergängan från tumgänga (3/4") till metrisk (M20). Se till att rätt filter anskaffas.
5 Vissa motorer i detta tidsintervall, har en adapter (tumgänga till metrisk) skruvad i blocket. Lossa denna tillsammans med filtret, ta bort den från filtret och skruva tillbaka den på blocket, använd låsvätska.
6 Montering av nytt oljefilter beskrivs i avsnitt 36.

12 Transmissionskåpa, kamdrev och -kedja – demontering

1 Om transmissionskåpa, drev och kedja demonteras med motorn i bilen, utför först följande arbeten:
   a) Demontera kylaren (kapitel 2)
   b) Demontera fläkt/generatorrem (kapitel 2)
   c) Demontera tråget (avsnitt 10)
2 Lossa och ta bort skruven för vevaxelns remskiva (se foto). Använd en bredbladig skruvmejsel för att hålla fast svänghjulet. Om motorn är på plats i bilen, måste man först ta bort startmotorn (kapitel 10). Ta bort remskivan, om så krävs med en brytspak på varje sida.
3 Lossa och ta bort transmissionskåpans skruvar, ta bort kåpa och packning.
4 Använd en insexnyckel, lossa fästskruven och ta bort spännanordningen. Notera hur fjäder och tryckkuts är monterade.
5 Vrid motorn tills inställningsmärkena på kamdrev och vevaxeldrev står mitt emot varandra, cylinder nr 1 (vid svänghjulet) och nr 4 befinner sig nu i övre läge. Om topplocket är demonterat måste fodren hållas stilla, annars rubbas de ur sitt läge och tätningarna måste bytas. Använd skruvar med lämpliga brickor, skruvade i blocket för att hålla fodren på plats.
6 Böj undan låsblecket, lossa sedan kamdrevets skruv.
7 Ta bort kamdrevet, haka loss kamkedjan från vevaxeln.

11.1 Oljepump

11.2 Oljefilter

12.2 Remskiva och fästskruv på vevaxeln

Fig. 1.10 Kamkedja med drev och inställningsmärken (avsn 12)

8 Om vevaxeldrevet måste monteras, använd lämplig avdragare, se till att inte gängorna i vevaxeln skadas. Ta bort Woodruffkilen från vevaxeln då drevet är borta.

13 Kamaxel och lyftare – demontering

1 Använd en trästav för att ta bort drevet ur strömfördelaröppningen (se foto).
2 Ta bort lyftarna upptill på motorblocket, håll ordning på dem så att de kan sättas tillbaka på samma plats (se foto).
3 Skruva loss och ta bort kamaxelflänsens skruvar, dra sedan försiktigt ut kamaxeln, se till att de fyra lagren inte skadas av nockarna då de passerar igenom dem.

13.1 Demontering av fördelardrivning

Fig. 1.11 Demontering av kamaxel (avsn 13)

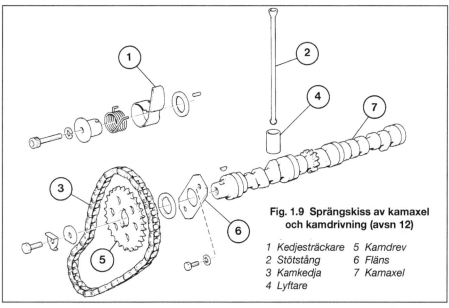

Fig. 1.9 Sprängskiss av kamaxel och kamdrivning (avsn 12)

1 Kedjesträckare 5 Kamdrev
2 Stötstång 6 Fläns
3 Kamkedja 7 Kamaxel
4 Lyftare

14 Foder och kolvar/vevstakar – demontering

1 Om motorn är på plats i bilen, utför följande arbeten.
  a) Demontera topplocket (avsnitt 8)
  b) Demontera tråget (avsnitt 10)
2 Vrid vevaxeln så att vevsläng nr 1 (närmast svänghjulet) är i sitt understa läge. Om vevstakarna och överfallen inte redan är

13.2 Demontering av ventillyftare

14.3 Demontering av vevlageröverfall

märkta, märk dem med körnslag på sidan som är vänd från kamaxeln (höger sida i bilen). Märk både överfall och stake i förhållande till den cylinder de sitter i, börja med nr 1 vid svänghjulet.
3 Lossa och ta bort vevstaksmuttrarna och ta bort överfallen komplett med lagerskålar. Håll ordning på överfallen, de måste sitta på samma plats vid monteringen (se foto).
4 Demontera kramporna för fodren om sådana används, dra ut kolv och foder tillsammans uppåt ur blocket (se foto). Märk fodren med maskeringstejp så att de kan sättas tillbaka på samma plats.
5 Demontera kolvarna från fodren.

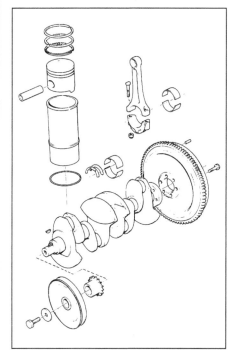

Fig. 1.12 Vevaxel med foder/kolv (avsn 14)

14.4 Demontering av kolv och foder

Fig. 1.13 Demontering av bakre
vevaxeltätning (avsn 16)

17.2A Ramlageröverfall med lagerskål

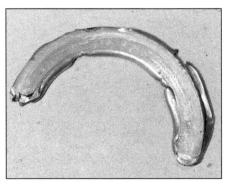

17.2B Hårt sliten tryckbricka

17.4 Demontering av lagerskål

15 Svänghjul – demontering

1 Om motorn är på plats i bilen, demontera kopplingen enligt beskrivning i kapitel 5.
2 Håll fast svänghjulet, använd en bredbladig skruvmejsel i startkransen. Alternativt, om tråget har tagits bort, placera ett trästycke mellan vevsläng och block.
3 Märk svänghjulet i förhållande till vevaxeln, lossa sedan skruvarna och ta bort svänghjulet.

16 Vevaxel, bakre tätning – byte

1 Demontera svänghjulet (avsnitt 15)
2 Rengör området runt vevaxeltätningen, använd sedan en skruvmejsel, bryt loss tätningen.
3 Torka rent tätningens läge. Doppa den nya tätningen i ren motorolja och för den försiktigt på plats på vevaxeländen med hjälp av ett lämpligt metallrör. Se till att tätningens öppna ände är vänd inåt, den andra änden ska gå jäms med blocket. Om den ursprungliga tätningen har slitit ett spår i vevaxeln, se avsnitt 29, punkt 8.
4 Montera svänghjulet (avsnitt 30).

17 Vevaxel och ramlager – demontering

1 Om ramlageröverfallen inte redan är numrerade, märk dem med körnslag på sidan

vänd från kamaxeln (höger sida i bilen). Märk dem från cylinder 1, närmast svänghjulet.
2 Lossa och ta bort skruvarna, ta bort överfallen komplett med lagerskålar (se foto). Notera tryckbrickornas placering på ömse sidor om mittre ramlagret (se foto).
3 Lyft försiktigt vevaxeln från vevhuset.
4 Ta bort lagerskålarna från vevhuset, märk dem så att de kan sättas tillbaka på samma plats (se foto).
5 Demontera vevaxelns bakre tätning, använd den inte på nytt.

18 Vevhusventilation – beskrivning och underhåll

Vevhusventilationssystemets slangar visas i fig. 1.14 och 1.15. Slangen till grenröret innehåller en kalibrerad strypning.

När motorn går på tomgång eller under dellast, för det höga undertrycket i insugningsröret vevaxelgaser (uppblandade med luft från förgasaren) genom strypningen in i förbränningsrummen. Under full gas och full belastning förs vevhusgaserna genom förgasaren.

Systemet försäkrar att det alltid finns vakuum i vevhuset, det hindrar onödigt tryck som kan orsaka förorening av oljan, utsläpp av gaser samt oljeläckage.

Ventilationssystemets slangar bör demonteras enligt de intervaller som anges i Rutinmässigt underhåll i början av boken, samt rengöras med lämpligt rengöringsmedel.

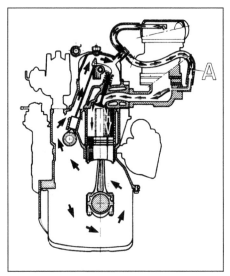

Fig. 1.14 Vevhusventilation – vid
tomgång/dellast (avsn 18)

A Strypning

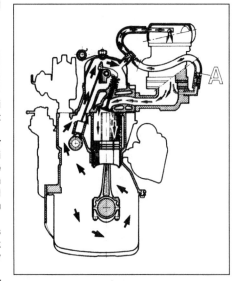

Fig. 1.15 Vevhusventilation – vid fullast
(avsn 18)

A Strypning

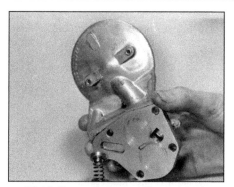

20.1A Demontering av oljepumplock

20.1B Tryckavlastningsventilens kula, säte och fjäder

20.1C Ventilfjäder och säte

19 Kontroll och renovering – allmänt

Med motorn helt isärtagen, rengör alla detaljer och kontrollera beträffande slitage. Varje detalj bör kontrolleras och, där så erfordras, bytas eller renoveras enligt följande beskrivning.

20 Oljepump – kontroll och renovering

1 Demontera oljepumplocket (fyra skruvar), ta bort tryckavlastningsventilens kula, fjäder och säte (se foto).
2 Ta bort dreven och axeln.
3 Rengör detaljerna och kontrollera beträffande slitage, byt slitna delar.
4 Sätt axel och drev på plats, kontrollera sedan axialspelet mellan drev och pumphus. Om detta överstiger specifikationen måste dreven bytas. Använd en linjal och bladmått vid kontroll (se foto).
5 Tryckregulatorventilen kan inte justeras, men det är möjligt, efter lång körsträcka, att fjädern blir slak (kontrollera fri längd enligt specifikation).
6 Montera locket och dra åt skruvarna.

21 Vevaxel och ramlager – kontroll och renovering

1 Kontrollera lagerytorna på vevaxeln beträffande repor eller spår. Använd en mikrometer, mät varje lagertapp beträffande ovalitet och konicitet. Då dessa överstiger 0,0025 mm, måste vevaxeln slipas om och lager av underdimension monteras.
2 Volvoverkstaden kan avgöra om vevaxeln

kan slipas om och de kan också leverera rätt lager.
3 Monterade ska lagren ha ett radialspel enligt specifikationerna, men detta kan endast kontrolleras med ett specialverktyg. Man kan dock oftast förutsätta att spelen är riktiga om arbetet utförs av en kompetent fackman.
4 Om lagerytorna inte är slitna, kontrollera ram- och vevlagerskålar beträffande slitage, byt dem vid behov.

22 Foder och vevhus – kontroll och renovering

1 Kontrollera fodren beträffande konicitet, ovalitet, repor och spår. Om en kant påträffas upptill i loppet på trycksidan, är loppen slitna. Detta kan man få en god uppfattning om redan innan motorn tas isär, då topplocket är avtaget. Hög oljeförbrukning i förening med blå rök från avgasröret är ett säkert tecken på slitna lopp och kolvringar.
2 Mät cylinderdiametern just under slitkanten med mikrometer, jämför med den undre delen av loppet som inte slits så mycket. Om skillnaden överstiger 0,20 mm måste nya kolvar och foder monteras.
3 Fodren ska också kontrolleras beträffande sprickor.
4 Om loppen endast är något slitna, kan speciella oljeringar och kolvar monteras, vilka återställer kompressionen och minskar oljeförbrukningen. Flera olika typer är tillgängliga, tillverkarens instruktioner rörande montering måste följas noggrant.

20.4 Kontroll av oljepumpens axialspel

5 Om nya kolvar och ringar monterats i orginalloppen, måste den glansiga ytan brytas med fint slippapper så att de nya ringarna kan slitas in ordentligt.

Kontroll av fodrens utstick

7 Sätt fodren på plats i blocket utan O-ringar. Håll fast dem med skruvar och brickor.
8 Använd en linjal och bladmått, eller helst en mätklocka. Mät fodrens utstick över blockets yta. Föreskrivna värden finns i avsnittets specifikationer.
9 Byt plats på nya foder om det behövs för att minska skillnaden i utstick. För stort utstick kan orsakas av smuts i fodersätet.
10 Om föreskrivet utstick inte kan erhållas, anlita en Volvoverkstad eller annan specialist. Nya foder eller ett nytt block kan krävas. För stort eller för litet utstick kan orsaka att topplockspackningen går sönder och/eller att O-ringarna blir otäta.

23 Kolvar/vevstakar – kontroll och renovering

1 Kontroll av vevlagren beskrivs i avsnitt 21.
2 Om nya kolvar monteras, demonteras kolvbultarna bäst av Volvoverkstad eftersom de sitter med presspassning. En press och speciella verktyg krävs för att operationen ska gå bra.

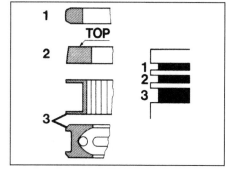

Fig. 1.17 Genomskärning av kolvringar (avsn 23)

1 Övre kompressionsring
2 Nedre kompressionsring
3 Oljeskrapring (övre bild – U-flex, undre bild – Goetz)

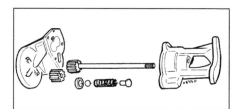

Fig. 1.16 Oljepumpens delar (avsn 20)

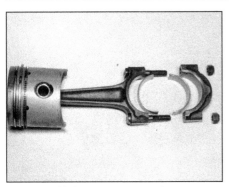

23.3 Kolv och vevstake

3 Korrekt ihopsatt måste pilen på kolvtoppen peka bakåt (mot svänghjulet) när vevstakarna har normalt läge (se foto).
4 Om nya kolvringar monteras på de gamla kolvarna, ta bort de gamla ringarna genom att bända isär och vrida loss dem. Man kan använda två eller tre gamla bladmått så att inte ringarna halkar ner i de övre liggande ringspåren.
5 Montera nya ringar omvänt, se till att följande uppfylls.
a) Den övre kompressionsringen måste vara fasad så att kanten inte träffar på slitagekanten i loppet
b) Ringgap och spel i kolven måste vara enligt specifikationer
c) Förskjut ringgapen så att de inte hamnar i linje
d) Den andra kompressionsringen är fasad och måste installeras med märkningen uppåt

24 Kamaxel och lyftare – kontroll och renovering

1 Kontrollera kamaxelns lagerytor, nockar samt drev beträffande slitage och skador. Montera tillfälligt kamdrevet, märkena vända utåt, dra åt skruven till rätt moment.
2 Montera tillfälligt drevet framtill på vevaxeln (inställningsmärken utåt), och dra skruven till rätt moment.

Fig. 1.18 Kontroll av kamaxelns axialspel (A) med bladmått (avsn 24)

3 Använd ett bladmått, kontrollera att axialspelet är enligt specifikationen; i annat fall måste flänsen bytas med hjälp av en press för demontering och montering.
4 Demontering av kamaxellagren överlåts bäst åt Volvoverkstad eller annan specialist.
5 Kontrollera lyftarna beträffande slitage, byt vid behov.

25 Kamdrev och -kedja – kontroll och renovering

1 Kontrollera drevet på kamaxeln samt vevaxeldrevet, byt dem om de är slitna.
2 Kontrollera kedjesträckaren. Om gummikutsen är sliten eller har hårdnat måste den bytas.
3 Kontrollera kamkedjan. Om den har varit i bruk länge eller har stort spel, byt den.

26 Svänghjul – kontroll och renovering

1 Kontrollera svänghjulets yta; om den är repig eller skadad bör svänghjulet bytas eller bearbetas.
2 Använd lämplig metalldon, driv ut styrlagret ur svänghjulet och kontrollera beträffande slitage eller kärvning. Byt det vid behov, sätt det på plats i svänghjulet.
3 Kontrollera kuggarna i startdrevet. Om bitar har gått bort eller de är slitna, måste kransen bytas. Är så fallet, spräck den med en huggmejsel och ta bort den. *Var försiktig så att du undviker skador från eventuella flisor.*
4 Värm den nya kransen till den angivna temperaturen (vanligen ca 200°C) i en elektrisk ugn, för sedan snabbt kransen till svänghjulet och sätt den på plats, så att kuggarna är vända mot motorn.
5 Låt kransen svalna, kyl den inte.

27 Topplock – sotning, ventilslipning samt renovering

1 På grund av de förbättrade bränslen och oljor som använts på senare år, behöver detta arbete vanligen utföras endast efter lång

Fig. 1.19 Kamaxelflänsen pressas av (avsn 24)

körsträcka. Blir motorn dock orkeslös eller börjar knacka, men inställningen i övrigt är rätt, kan det vara nödvändigt att sota och slipa ventilerna.
2 Demontera topplocket, använd en trubbig skrapa för att ta bort koksrester från förbränningsrum och kanaler. Använd en stålborste för att rengöra tätningsytan. Torka den sedan med en trasa med fotogen. Rengör olje- och kylkanaler med en liten plastborste eller liknande.
3 Rengör på liknande sätt övre sidan på cylinderblocket. Är motorn på plats i bilen, se noga till att inte koksrester faller ned i cylindrarna. Rengör överdelen på kolvarna då de är i övre läge, men täck för olje- och kylvätskekanaler. Det är en god ide att trycka in lite fett mellan kolv och foderkant så att inte koksrester kommer ner i loppet; torka bort fettet och den koks som fastnat då rengöringen är slutförd. För att hindra koksbildning på kolvtopparna kan de poleras.
4 Kontrollera topplocket beträffande skevhet med hjälp av linjal och bladmått. Om skevheten är större än angivet, måste det planas av en specialist.
5 Kontrollera ventilskallarna beträffande gropbildning och brännskador, speciellt på avgasventilerna. Kontrollera också ventilsätena. Om ventiler och säten bara är lätt skadade kan slipning räcka, först med grov, sedan fin pasta.
6 Då skadorna är större, måste ventilerna bytas samt bearbetas av en specialist.
7 Vid inslipning av ventiler, stryk på ett tunt lager grov slippasta på tätningsytan. Med hjälp av ett verktyg med sugkopp, slipa sedan ventilen mot ventilsätet genom att vicka verktyget fram och tillbaka mellan händerna. Lyft emellanåt ventilen från sätet och vrid den något. När en matt yta syns jämnt runt kanten på ventil och säte, torka av pastan och upprepa processen med fin pasta. En mjuk fjäder placerad under ventilskallen underlättar arbetet. Då en jämn matt ring syns runt ventilsäte och ventiltätning är operationen avslutad.
8 Ta bort alla rester av slippastan, använd tryckluft, om sådan är tillgänglig, för att rengöra kanaler och ventilstyrningar.
9 Är ventilstyrningarna slitna (vilket visar sig genom att ventilen vickar), måste nya styrningar monteras av en specialist.
10 Kontrollera ventilfjädrarnas fria längd; är någon kortare än angivet måste alla bytas.
11 Kontrollera vipparmsaxel och vipparmar beträffande slitage, byt dem vid behov. Se till att inte tryckändarna på vipparmarna är slitna.

28 Motor, ihopsättning – allmänt

1 För att garantera max livslängd hos en renoverad motor, måste inte bara allt vara korrekt sammansatt, varje detalj måste också vara absolut ren. Alla oljekanaler måste vara rena och utan hinder.
2 Fjäder- och låsbrickor måste alltid monteras

29.2 Mittre ramlager med plats för tryckbrickor

29.3 Vevaxel på plats i vevhuset

29.5 Åtdragning av ramlagerskruvar

där så är avsett, alla lager och lagerytor måste vara smorda vid sammansättningen.

3 Innan arbetet påbörjas, byt alla skadade skruvar och skaffa en ny packningssats, främre och bakre tätningar till vevaxeln samt nytt oljefilter.

4 När så är möjligt, dra alla skruvar och muttrar till angivet moment med en momentnyckel.

29 Vevaxel och ramlager – installation

1 Rengör baksidan på lagerskålarna samt lagerlägena i block och överfall.

2 Lagerhalvorna med oljehål monteras i motorblocket, de utan hål i överfallen. Montera tryckbrickor vid mittre ramlagret, använd lite fett för att hålla dem på plats (se foto).

3 Smörj lagren rikligt, sänk sedan försiktigt vevaxeln på plats (se foto).

4 Kontrollera att tryckbrickorna vid mittre ramlagret har smörjspåren vända mot vevslängen. Sätt överfallen på plats.

5 Installera övriga ramlageröverfall på den plats de ska sitta, dra skruvarna jämnt till angivet moment (se foto).

6 Vrid vevaxeln och kontrollera att den snurrar fritt.

7 Kontrollera vevaxelns axialspel med en mätklocka eller bladmått (se foto). Om nya tryckbrickor har monterats, måste spelet

jämföras med uppgifterna i specifikationen. Om de gamla brickorna används och spelet är för stort, måste nya tryckbrickor monteras (de finns i ett antal överdimensioner).

8 Smörj in bakre tätningen med motorolja in- och utvändigt, sätt den försiktigt på plats över bakre lagerytan med hjälp av ett metallrör, se till att den öppna delen är vänd inåt. Yttre änden ska gå jäms med motorblocket (se foto). Volvo använder en speciell dorn vid montering av tätningen till rätt djup. Om vevaxeln är sliten där packboxen tätar, ska den nya tätningen monteras 1–1,5 mm grundare. För att göra detta måste naturligtvis den speciella dornen användas.

30 Svänghjul – installation

1 Rengör svänghjul och infästning på vevaxeln, montera sedan svänghjulet och se till att passmärkena överensstämmer.

2 Stryk lite låsvätska på gängorna, dra åt skruvarna till angivet moment. Håll fast svänghjulet med en bredbladig skruvmejsel i startkransen (se foto).

3 Om motorn är på plats i bilen, montera kopplingen enligt beskrivning i kapitel 5.

Observera: *B14-modeller med Renix elektronisk tändning har ett modifierat svänghjul med ett extra drev, med 40 kuggar runt periferin. Detta ger information om*

motorvarv och ÖDP. Se till att rätt svänghjul används.

31 Foder och kolvar/vevstakar – installation

1 Smörj cylinderlopp och kolvringar med motorolja.

2 Montera en ringkompressor på kolv nr 1, ställ fodret upp och ner på en bänk, montera kolven i fodret så att den är ca 25 mm från överkant (se foto).

3 Montera O-ringen i botten på fodret.

4 Rengör vevlagerskålarna samt vevstake och överfall. Tryck i skålarna i stake och överfall.

5 Vrid vevaxeln så att vevsläng nr 1 (vid svänghjul) är vid sitt undre läge, för sedan in

29.7 Kontroll av vevaxelns axialspel

29.8 Montering av bakre vevaxeltätning

30.2 Åtdragning av svänghjulets skruvar

31.2 Montering av kolv i foder

31.9 Åtdragning av vevlagermuttrar

33.3 Kontroll av inställningsmärken med stålskala

33.4 Då kedjan spänns flyttar sig märkena något

kolv och foder i blocket, se till att fodret är vänt så att pilen på kolvtoppen pekar mot svänghjulet.
6 Spänn fast fodret, smörj sedan vevlagertappen med motorolja.
7 Använd ett hammarskaft, knacka ner kolven i fodret, styr samtidigt vevstaken över vevlagertappen. Se till att lagerskålarna inte rubbas.
8 Montera överfall komplett med lager, se till att passmärkena på vevstake och överfall överensstämmer och är på rätt sida om motorn. Detta ordnas automatiskt om kolv och vevstake satts ihop riktigt och fodret och kolven vänds rätt.
9 Montera muttrarna på vevstaken, dra dem till angivet moment (se foto).
10 Vrid vevaxeln för att se att lagret rör sig fritt, upprepa sedan proceduren för de övriga tre cylindrarna.
11 Om motorn är på plats i bilen, montera tråget (avsnitt 34) samt topplocket (avsnitt 35).

32 Kamaxel och lyftare – installation

1 Smörj kamaxellagren med motorolja, för försiktigt in kamaxeln framifrån i motorblocket.
2 Sätt flänsskruvarna på plats, dra dem till angivet moment och kontrollera sedan att kamaxeln roterar fritt.
3 Smörj lyftarna och sätt dem på plats. Om de gamla lyftarna används, se till att de hamnar i rätt hål.

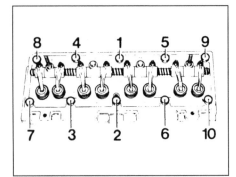

Fig. 1.20 Ordningsföljd vid åtdragning topplocksskruvar (avsn 35)

33 Transmissionskåpa, kamdrev och -kedja – installation

1 Om vevaxelns drev har tagits bort, sätt Woodruffkilen på plats och sedan drevet, se till att inställningsmärket är vänt framåt. Vrid vevaxeln tills kolv nr 1 är i sitt övre läge.
2 Montera tillfälligt kamaxeldrevet och vrid dreven tills passmärkena överensstämmer, de ska ligga i linje med axlarnas centrum. Ta sedan bort kamaxeldrevet.
3 Montera kamkedjan på kamdrevet, lägg sedan kedjan över vevaxeldrevet, håll kamdrevet ungefär där det ska sitta med inställningsmärkena i linje (se foto).
4 Lägg kedjan på plats på vevaxeldrevet och montera kamaxeldrevet. Kontrollera att inställningsmärkena fortfarande stämmer Observera: När kedjan spänns kommer inställningsmärkena att flyttas (se foto).
5 Montera kamaxeldrevets skruv med nytt låsbleck, dra den till angivet moment och bänd låsbleckets flikar över skruvskallen.
6 Montera kedjesträckaren och placera fjäderändarna i block och tryckplatta. Dra fast skruven med en insexsnyckel.
7 Demontera tätningen i transmissionskåpan, knacka en ny på plats med en lämplig rörbit. Stryk motorolja på tätningsläpparna och sätt sedan transmissionskåpan på plats. Använd ny packning, dra bara åt skruvarna med fingrarna än så länge.
8 Montera vevaxelns remskiva, dra åt två motstående skruvar i transmissionskåpan. Ta

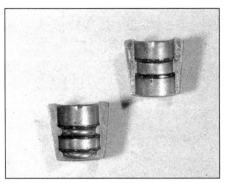

35.3 Ventilknaster för avgas (till vänster) och insug (till höger)

bort remskivan och dra alla skruvar till angivet moment.
9 Montera vevaxelns remskiva igen, dra fästskruven till angivet moment.
10 Då motorn är på plats i bilen, montera tråget (avsnitt 34), drivrem (kapitel 2) samt kylare (kapitel 2).

34 Oljepump och oljetråg – installation

1 Montera oljepumpen på motorblocket, dra skruvarna till angivet moment; notera att ingen packning används mellan pump och block.
2 Sätt gummistyckena på plats i transmissionskåpan och spåren i bakre ramlageröverfallen.
3 Smörj korkpackningarna sparsamt, placera dem på motorblocket, se till att ändarna täcker läpparna på gummistyckena.
4 Stryk tätningsmedel på trågets tätningsyta, sätt det mot motorblocket samt dra skruvarna i tur och ordning diagonalt till angivet moment.
5 Om motorn är på plats i bilen, utför momenten angivna i avsnitt 10 i omvänd ordning.

35 Topplock – ihopsättning och installation

1 På modeller från och med 1979, montera de speciella tätningarna på insugningsventilernas styrningar. På alla modeller, montera ventilerna där de tidigare suttit, eller om nya används, där de slipats samman med sätet. Smörj först ventilspindlarna.
2 Börja med ventil nr 1, montera tryckbrickan på topplocket, sedan ventilfjäder och hållare. Notera att fjädern ska vändas så att den sida där fjädervarven är tätare kommer mot topplocket.
3 Tryck ihop ventilfjädern och sätt knastren på plats. Notera att knastren skiljer sig för insug- och avgasventiler (se foto). De senare har två rundade ansatser. Avlasta fjädertrycket och upprepa proceduren för övriga ventiler.
4 Då alla ventiler är på plats, placera topplockdt plant på bänken, använd en hammare och ett trästycke, knacka sedan på varje ventilspindel så att komponenterna sätter sig.

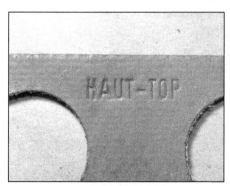

35.6 Märkning på topplockspackning

35.7 Åtdragning av topplocksskruvar

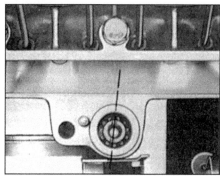

Fig. 1.21 Rätt läge på fördelardrivningen med kolv nr 1 vid ÖDP på kompressionsslaget (avsn 35)

5 Smörj vipparmsaxeln, montera sedan fjädrar, vipparmar och lagerbockar i rätt ordning, avsluta med låsbrickan. Kontrollera att skruvhålen i bockarna står mot uttagen i vipparmsaxeln.

6 Demontera kramporna som håller cylinderfodren, om sådana används, se till att tätningsytorna på motorblock och topplock är helt rena. Placera ny packning på blocket, med orden "HAUT-TOP" uppåt (se foto). Använd inte tätningsmedel.

7 Sänk topplocket på plats, sätt i skruvarna, dra dem till angivet moment i den ordning som fig. 1.20 visar (se foto). Observera de två steg som anges i avsnittets specifikationer.

8 Montera stötstängerna där de tidigare suttit.

9 Sätt vipparmsaggregatet på plats på topplocket; se till att justerskruvarnas kulor kommer på plats i stötstängerna. Använd nya fjäderbrickor (den konvexa sidan överst), muttrar samt skruvar. Dra till angivet moment.

10 Justera ventilspelen enligt beskrivning i avsnitt 38, se specifikationer för kall motor.

11 Använd en ringnyckel på remskivans skruv, vrid vevaxeln tills cylinder nr 1 (vid svänghjulet) är i övre läge på kompressionsslaget. Detta läge kan fastställas genom att man lägger ett finger över tändstiftshålet i cylinder nr 1 och vrider vevaxeln tills man kan känna kompressionen; fortsätt vrida vevaxeln tills kolven är i övre läge. Använd en skruvmejsel genom tändstiftshålet för att känna kolvens rörelse, men se till att inte skada kolvtopp eller tändstiftsgängor.

12 Utan att röra vevaxeln, sätt strömfördelaren på plats så att drevet går i ingrepp med drevet på kamaxeln. Se till att den överensstämmer med läget i fig. 1.21. Det större segmentet på drevet måste vara vänt mot svänghjulet.

13 Montera ventilkåpan med ny packning, dra åt muttrarna.

14 Om topplocket monterats med motorn i bilen, utför arbetena enligt avsnitt 8 i omvänd ordning, se kapitel 2 beträffande justering av drivrem samt påfyllning av kylvätska. Se avsnitt 39 för anvisningar rörande start av motor samt efterdragning av topplocksskruvar.

36 Aggregat – installation

1 Montering sker omvänt mot vad som beskrivits i avsnitt 7 i detta kapitel, men oljefiltret bör också bytas.

2 Montera det nya filtret, rengör först tätningsytorna på lock och filter, smörj filterpackningen försiktigt med motorolja. Skruva in filtret tills det vidrör blocket, dra sedan ytterligare ett halvt varv *för hand*.

37 Motor – installation

1 Installation sker i omvänd ordning mot beskrivningen i avsnitt 5, följande tillkommande punkter bör dock noteras.
- a) Smörj kopplingens utgående splines innan de förs samman med kardanaxeln
- b) Justera gas- och chokevajrar enligt beskrivning i kapitel 3
- c) Lufta kylsystemet enligt beskrivning i kapitel 2
- d) Fyll på motorolja
- e) På modeller med manuell växellåda, justera kopplingsvajern enligt beskrivning i kapitel 5

38 Ventilspel – justering

1 Om motorn är på plats i bilen, ta bort luftrenaren och lossa anslutningar samt ventilationsslang från ventilkåpan. Lossa värmeslangen från klamman (där sådan förekommer).

2 Lossa muttrarna och ta bort ventilkåpa och packning. Notera klamman för bränsleledningen på den bakre muttern.

3 Numrera ventilerna 1–8 framifrån och bakåt. Använd en ringnyckel på vevaxelremskivans skruv, vrid motorn medurs tills ventil nr 8 är helt öppen (det vill säga fjädern hoptryckt).

4 För in ett bladmått av rätt tjocklek för avgasventiler (se specifikationer) mellan vipparm och ventilspindel på ventil nr 1. Bladmåttet skall passa styvt. Om justering erfordras, lossa låsmuttern och vrid

38.4 Justering av ventilspel

justerskruven tills spelet är riktigt. Håll justerskruven stilla och dra åt låsmuttern (se foto). Kontrollera justeringen, upprepa sedan proceduren för övriga ventiler i följande ordning:

Ventil öppen	Ventil som justeras
Nr 8 avgas	Nr 1 avgas
Nr 6 insug	Nr 3 insug
Nr 4 avgas	Nr 5 avgas
Nr 7 insug	Nr 2 insug
Nr 1 avgas	Nr 8 avgas
Nr 3 insug	Nr 6 insug
Nr 5 avgas	Nr 4 avgas
Nr 2 insug	Nr 7 insug

5 Montera ventilkåpa och packning.

6 Om motorn är på plats i bilen, montera gaslänkage, ventilationsslang, kylarslang (där sådan förekommer) samt luftrenare.

39 Motor – justering efter renovering

1 Kontrollera att allt är riktigt anslutet samt att inga trasor eller verktyg lämnats kvar runt motorn.

2 Vrid tomgångsskruven ett halvt varv inåt för att öka tomgångsvarvet (se kapitel 3). Detta krävs på grund av att den renoverade motorn går något kärvare.

3 Dra ut choken helt, lägg växellådan i friläge, starta motorn. Detta kan ta något längre tid än vanligt eftersom bränslepump och förgasare är tomma.

4 Så snart motorn startar, skjut in choken tills motorn går på snabb tomgång. Kontrollera

40.1 Oljeseparator för vevhusventilationen på motorblocket

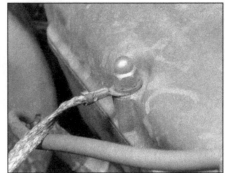

43.5 Jordledning på ventilkåpan

43.28 Motorfäste sett underifrån

motorn beträffande läckage, speciellt kyl-vätskeslangar, oljefilter och bränslean-slutningar.

5 Kör motorn tills bilen får normal arbets-temperatur.

6 Stäng av motorn och låt den kallna ca 2,5 timme. Ta bort ventilkåpan, se fig. 1.20, lossa skruv 1 ca 90° och dra åt den till angivet moment enligt steg 2. Gör om proceduren för övriga topplocksskruvar i rätt ordning. Sätt tillbaka ventilkåpan.

7 Starta motorn och justera tomgångsvarvet enligt beskrivning i kapitel 3.

8 Då motorn fått nya komponenter, bör varvtalet begränsas de första 800 km. Efter denna körsträcka bör oljan bytas, topp-locksskruvarna kontrolleras beträffande åtdragning, samt ventilerna justeras.

DEL B: B19- OCH B200-MOTORER

40 Allmän beskrivning och rutinmässigt underhåll

B19A- och B19E-motorerna introducerades 1981 i vad som nu kallas 360-modellen.

Båda är fyrcylindriga, 1986 CC motorer; A betecknar förgasarmodell och E modell med bränsleinsprutning. B19-motorerna ersattes 1985 av B200K (förgasare) samt B200E (bränsleinsprutning). Båda typerna av motorer är i grunden desamma, B200-serien har några mindre ändringar jämfört med B19.

Motorn är en fyrcylindrig radmotor med enkel överliggande kamaxel. Vevaxeln har fem ramlager, axialspelet tas upp av flänsar på bakre ramlagret. Topplocket är av typ "cross flow".

Kamaxeln drivs av en tandrem från vevaxeln, remmen driver även aggregataxeln. Kamaxeln stöds av fem lager.

Aggregataxeln är placerad på vänster sida i motorn och löper i tre lager. Den driver strömfördelare, oljepump samt, på förgasarmotorer, bränslepumpen.

Motorblocket är av gjutjärn, topplocket av aluminium.

De vertikalt ställda ventilerna manövreras av tryckare lagrade direkt i toppen, justeringen

utgörs av justerbrickor i kontakt med kamaxeln. Oljetätningar är monterade på styrningarna för insugningsventilerna.

Smörjning sker med hjälp av en drevpump placerad i drevhuset, driven av aggregataxeln. Pumpen suger olja från tråget, vilken, via ett fullflödesfilter, pumpas till vevaxel, kamaxel och aggregataxel. Filtret innehåller en överströmningsventil som öppnar då filtret blir igensatt. Pumpen innehåller en tryck-avlastningsventil för att förebygga för höga tryck.

Vevhusventilationen består av en oljeseparator på motorblocket, med en slang ansluten till insugningssystemet (se foto).

Motorfästena på tidiga modeller är av typ gummikudde, men från och med 1984 är de hydrauliska, fyllda med glykol.

Observera: *Huvudsakligen refereras i denna del till B19-motorn, men där proceduren för B200-motorn avviker nämnvärt, påpekas detta i texten.*

Rutinmässigt underhåll

Se avsnitt 2.

41 Större arbeten med motorn kvar i bilen

Följande arbeten kan utföras med motorn kvar i bilen:
a) Demontering och översyn av topplock
b) Demontering av kamaxel
c) Demontering av oljetråg
d) Demontering av oljepump
e) Demontering av kolvar och vevstakar
f) Demontering av kamrem
g) Demontering av aggregataxel, sedan kylaren demonterats
h) Byte av motorfästen
i) Demontering av koppling och svänghjul
j) Byte av oljetätningar för vevaxel, kamaxel och aggregataxel

42 Större arbeten, möjliga endast sedan motorn demonterats

Följande arbeten kan endast utföras sedan motorn demonterats:
a) Demontering av vevaxel
b) Byte av ramlager

43 Motor – demontering

1 Lossa batteriets negativa anslutning. Demontera drivrem för kylfläkt enligt anvisning i kapitel 2.

2 Lossa främre avgasrörets upphängning vid kopplingshus och avgasgrenrör.

3 Demontera kylaren, lossa och ta bort luftkanalen för insugningsluft från främre tvärbalken.

4 Lossa och ta bort fläktkåpan.

5 Lossa följande kablar:

Spänningsregulatorns anslutning
Jordledning från kamkåpan (se foto)
Motorkablage
Tändkabel från centrum på strömfördelarlocket

6 Lossa jordledningen på vänster sida på motorblocket.

7 Lossa startmotorns anslutning.

8 Lossa kylarslangarna.

9 Lossa luftslang från förgasare eller gasspjällhus (modeller med bränslein-sprutning).

10 Lossa vevhusventilationens slang från motorblocket.

11 Lossa bromsservoslangen från insug-ningsröret.

12 På förgasarmodeller, lossa bränsleslangen från bränslepumpen, lossa också gas- och chokevajrar.

13 På bränsleinsprutade modeller, lossa anslutningen och ta bort slangen från bränslefiltret på bränslefördelaren. Täck öppningarna med tejp så att inte smuts kommer in. Lossa också gasvajern.

14 Vid behov, demontera luftrenaren så att mer arbetsutrymme erhålls.

15 Dra åt handbromsen, hissa upp framänden på bilen, stöd den på pallbockar.

16 Demontera stänkplåtarna.

17 Lossa främre skyddet för kopplingshuset.

18 Lossa kopplingsvajern från frikopplings-armen samt kopplingshuset.

19 Lossa fästet från främre avgasröret.

20 Lossa muttrarna och ta ner framröret från grenröret. Bind upp röret åt sidan. Ta bort packningen.

45.1 Motorfäste sett uppifrån

46.2 Avtappningsplugg för motorolja

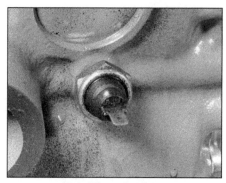

46.4 Oljetrycksgivare

21 Demontera startmotorn enligt anvisning i kapitel 10.
22 Lossa och ta bort de undre skruvarna som håller kopplingshuset till motorn.
23 Lossa muttern för det hydrauliska motorfästet från tvärbalken.
24 Lossa och ta bort främre tvärbalken.
25 Sänk ner framänden på marken.
26 Fäst lämplig lyftanordning i motorn, avlasta vikten.
27 Lossa motorfästenas nedre muttrar.
28 Lossa motorinfästningens armar från motorblocket, ta bort dem från fästena (se foto).
29 Använd en garagedomkraft och en träbit, stöd främre delen av kardanröret.
30 Lossa och ta bort de övre skruvarna som håller kopplingshuset till motorn.
31 För motorn framåt tills kopplingen går fritt från axel och hus, lyft sedan motorn från motorrummet; se till att inte kringliggande detaljer skadas. Då motorn kommit högt nog, dra lyftanordningen framåt och sänk ner motorn på en arbetsbänk.

44 Motor – isärtagning (allmänt)

Se avsnitt 6.

45 Aggregat – demontering

1 Med motorn demonterad från bilen kan tillsatsaggregaten nu demonteras innan motorn tas isär. Turordningen nedan behöver inte nödvändigtvis följas.
   a) Insug- och avgasgrenrör (kapitel 3)
   b) Bränslepump (förgasarmotor) (kapitel 3)
   c) Bränsleinsprutningens detaljer (kapitel 3)
   d) Generator och fäste (kapitel 10)
   e) Motorfästen från chassit, om det behövs (se foto)

46 Motor – isärtagning

1 Lossa givaren för tändläge (17 mm ringnyckel) där sådan förekommer.
2 Lossa röret för oljestickan från motorblocket, ta bort det från tråget. Tappa av motoroljan (se foto).
3 Demontera remskivan från vattenpumpen.
4 Lossa ledningen och ta bort oljetrycksgivaren (se foto).
5 Demontera oljefiltret (se foto)
6 Demontera strömfördelaren (se foto).
7 Demontera kamremskåpan.
8 Ta loss kylvätskeröret till värmeaggregatet, demontera sedan vattenpumpen. Demontera

termostathuset, termostaten samt lyftöglan (se foto).
9 Lossa remspännarens mutter och slacka remmen genom att trycka rullen bakåt mot fjädertrycket. Lås fjädern genom att föra in en 3 mm pinne (t ex borr) i hålet i tryckpinnen. Demontera kamremmen.
10 Demontera mutter och bricka till remspännarens rulle.
11 Se till att kamaxeln inte rör sig (t ex genom en stång genom ett av hålen), demontera kamdrevets mutter. Drev och styrplåtar kan nu tas loss för hand.
12 Demontera de sex skruvarna som håller vevaxelns remskiva, ta bort remskivan. Ta bort

46.5 Oljefilter

46.6 Demontering av fördelare

46.8A Demontering av värmerör från vattenpumpen

46.8B Termostathus och lyftögla

46.13 Demontering av vevaxeldrev

46.15 Bakre kamremskåpa och fästskruv

46.16 Demontering av lock och oljepumpdrev

centrumskruven framtill på vevaxeln och sedan det främre navet.

13 Demontera vevaxeldrevet och stryrplåten. Använd avdragare vid behov (se foto).

14 Ta bort skruvar och drev från aggregataxeln.

15 Ta bort kabelstammen och baksidan av remkåpan. Demontera den främre tätningsflänsen och pressa ut tätningen (se foto).

16 Demontera locket till oljepumpdrivningen och ta ut drivaxeln. Demontera aggregataxeln, se till att axeln inte skadar lagren i motorblocket (se foto).

17 Demontera kamkåpa och packning. Ta bort skruvarna för topplocket, i motsatt ordning i förhållande till fig. 1.34, med en insexnyckel. Ta bort topplocket.

18 Lossa skruvarna som håller kopplingen till svänghjulet, lite grand i taget. Lossa dem jämnt så att inte kopplingskåpan deformeras. Markera kopplingens läge i förhållande till svänghjulet, så att den kan sättas tillbaka på samma sätt, och ta bort kopplingsenheten. Demontera låsringen som håller styrlagret, ta sedan bort bricka och lager (se foto).

19 Hindra svänghjulet att vrida sig, ta sedan bort de åtta fästskruvarna (se foto). Ta bort svänghjulet. Se till att inte tändlägesgivaren trycks in, om motorn har Renix tändsystem.

20 Demontera förstärkningen. Ta bort bakre tätningsflänsen och tryck ut tätningen.

21 Demontera tråget. Ta bort oljepumpen och O-ringarna från blocket samt från röret, där sådana är monterade (se foto).

22 Kontrollera märkningen på vevstakar och överfall, märk kolvarna på samma sätt så att de kan sättas tillbaka på rätt plats. De fem ramlageröverfallen är märkta 1–5, med nr 1 framtill. Vid demontering av lagerskålarna, märk även dem så att de kan sättas tillbaka där de tidigare suttit, om de inte ska bytas.

23 Demontera kolvar och vevstakar genom att först ta bort lageröverfallen. Tryck sedan vevstakar och kolvar ut ur cylindern uppåt, stöd kolvarna då de går fria. Se till att inte skada kolvarna då de tas bort.

24 Demontera ramlageröverfallen och ta bort vevaxeln. Demontera lagerskålarna från motorblock och överfall (se foto).

46.18A Demontering av koppling

46.18B Styrlager och låsring

46.19 Svänghjulets fästskruvar

46.21 Demontering av oljepump

46.24A Vevaxeln lyfts bort

46.24B Demontering av ramlagerskålar

Fig. 1.22 Topplock och kamdrivning (avsn 47)

1 Skruv
2 Yttre styrplåt
3 Kamdrev
4 Inre styrplåt
5 Kil
6 Oljetätning
7 Lageröverfall
8 Kamaxel
9 Muttrar
10 Topplocksskruv
11 Justerbricka
12 Tryckare
13 Knaster
14 Fjädersäte
15 Fjäder
16 Gummiring

17 Tätning för insugningsventil
18 Fjädersäte
19 Tändstift
20 Topplock
21 Ventiler
22 Ventilsäten
23 Packning
24 Främre gavel
25 Remkåpa (bakre)
26 Oljetätning
27 Aggregataxeldrev
28 Kamrem
29 Vevaxeldrev
30 Remkåpa (främre)
31 Remspännare

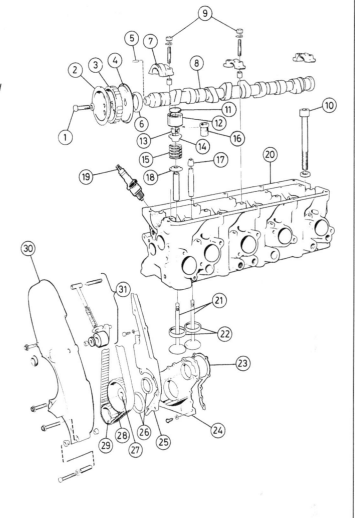

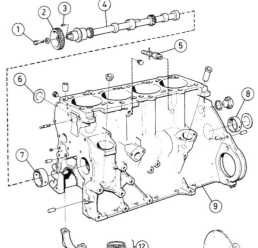

Fig. 1.23 Motorblock och vevaxel (avsn 47)

1 Skruv
2 Aggregataxeldrev
3 Kil
4 Aggregataxel
5 Avtappningsplugg
6 Frysbricka
7 Främre lager
8 Bakre lager
9 Motorblock
10 Skruv
11 Ramlageröverfall
12 Kolvringar
13 Kolv
14 Låsring
15 Kolvbult
16 Vevstake
17 Kolvbultslager
18 Övre vevlagerskål
19 Undre vevlagerskål
20 Vevlageröverfall
21 Mutter

22 Övre lagerskål, bakre
   ramlager
23 Undre lagerskål, bakre
   ramlager
24 Packning
25 Bakre gavel
26 Oljetätning
27 Styrlager
28 Svänghjul
29 Skruv
30 Inre styrplåt
31 Vevaxeldrev (senare
   utförande)
32 Yttre styrplåt
33 Skruv
34 Kil
35 Vevaxeldrev (tidigare
   utförande)
36 Nav
37 Remskivor

47.3 Demontering av ventiltryckare

47.5A Sammantryckning av ventilfjäder med hemmagjort verktyg

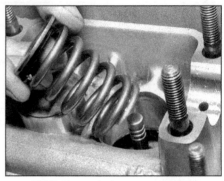

47.5B Demontering av ventilfjäder

47 Topplock och kamaxel – isärtagning

1 Demontera tändstiften samt, på bränsle-insprutade motorer, insprutarna.
2 Kontrollera märkningen på vevaxelns lagerbockar, de är numrerade 1–5 framifrån. Lossa muttrarna jämnt och växelvis tills fjädertrycket på kamaxeln avlastats, ta sedan bort överfallen och kamaxeln. Demontera främre tätningen samt den halvmånformade gummitätningen baktill på toppen.
3 Lyft ut ventiltryckarna och justerbrickorna, ta bort gummiringarna. Märk tryckarna så att de kan sättas tillbaks på samma plats (se foto).
4 Rengör cylinderväggarna från olja och annan smuts, sota förbränningsrum och ventilskallar med en skrapa eller en roterande stålborste.
5 Använd lämplig ventilfjäderkompressor, tryck ihop fjädrarna så att knastren kan tas bort. Avlasta trycket på fjädern, ta bort övre fjädersätet, fjäder samt det undre fjädersätet. Tryck ventilspindeln genom ventilstyrningen och ta bort ventilen. Om ventilen kärvar i styrningen, kan detta bero på att den övre delen på spindeln har koksbeläggning. Rengör den i så fall. Demontera tätningarna från styrningarna på insugsventilerna (se foto).
6 Håll ordning på ventilerna vart efter de tas bort och förvara dem tillsammans med fjädrar, fjädersäten och tryckare.
Observera: *På B200-motorer finns det en plasttätning baktill på topplocket. Denna tätning kan brytas ut med en skruvmejsel och monteras med en plan don av lämplig storlek. Tätningen ska sitta jäms med ytan på topplocket.*

48 Kontroll och renovering – allmänt

Med motorn helt isärtagen, rengör alla detaljer och kontrollera den beträffande slitage. Varje del bör kontrolleras och, vid behov, bytas eller renoveras enligt beskrivning i följande avsnitt.

49 Oljepump – kontroll och renovering

1 Lossa skruvarna och ta bort lock och sil från pumphuset, ta sedan bort styrning, fjäder och tryckkolv. Kontrollera att dreven är märkta beträffande monteringsläge, ta sedan bort dem.
2 Rengör detaljerna i fotogen, torka torrt. Använd tryckluft och blås rent oljekanaler.
3 Kontrollera drev och hus beträffande skador. Kontrollera locket beträffande slitage. Montera dreven och kontrollera kuggspelet, detta bör överensstämma med det specificerade. Kontrollera axialspelet enligt fig. 1.27, även detta bör vara enligt specifikationerna. Kontrollera beträffande

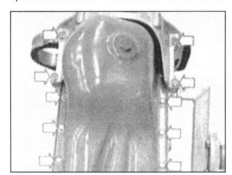

Fig. 1.24 Skruvar för tråg och förstärkning – vid pilarna (avsn 49)

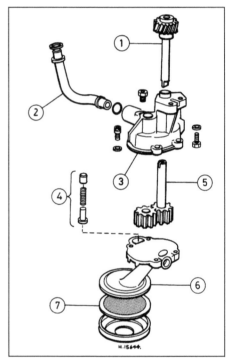

Fig. 1.25 Sprängskiss av oljepump (avsn 49)

1 Pinjongdrev   5 Drev
2 Matarrör   6 Lock
3 Hus   7 Sil
4 Tryckreduceringsventil

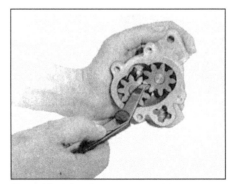

Fig. 1.26 Kontroll av kuggspel för oljepump (avsn 49)

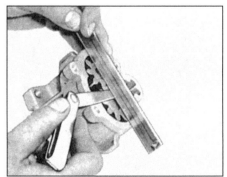

Fig. 1.27 Kontroll av axialspel för oljepump (avsn 49)

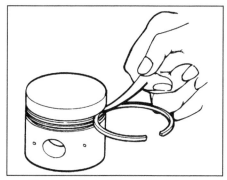

Fig. 1.28 Kontroll av spel i ringspår (avsn 51)

Fig. 1.29 Genomskärning av kolvringar (avsn 51)

52.1 Urtaget i kolvtoppen måste vara vänt framåt

slitage genom att montera det drivande pumphjulet; det ska rotera fritt utan sidospel. I annat fall måste pumpen bytas.

4 Kontrollera den fria längden för avlastningsventilens fjäder, jämför med specifikationen. Byt vid behov.

5 Montera oljepumpen i omvänd ordning. Fyll den till sist med olja genom att sänka ner sugledningen i ren motorolja och vrida runt dreven genom att sätta i drivaxeln och rotera den medurs. Byt tätningsringar i varje ände på tilloppsledningen.

50 Vevaxel och lager – kontroll och renovering

1 Se avsnitt 21. Notera att dessa motorer har andra toleranser (se specifikationer).

2 Kontrollera lagerskålarna beträffande tecken på slitage, repor och gropbildning. Lagerytorna ska ha en matt grå färg. Om kopparfärgade områden finns, är det ett tecken på att lagren är slitna. Vitmetallen är pläterad på ett underlag av koppar.

51 Kolvar och kolvringar – kontroll och renovering

1 Om de gamla kolvarna används, ta försiktigt bort kolvringarna och rengör dem noggrant. Var speciellt noggrann med kolvringsspåren. Repa inte det jämförelsevis mjuka materialet i kolven. Kolvringarna kan demonteras om man för ut en ände och för in en tunn metallbit, till exempel ett gammalt bladmått (ca 0,5 mm tjockt), mellan ring och kolv. För bladmåttet runt kolven och dämed försiktigt ringen ur spåret.

2 Om nya ringar ska monteras på gamla kolvar, bör den översta ringen ha en ansats så att den går fri från eventuell slitagekant i cylindern. Om en vanlig ny ring monteras, kommer den annars att slå i denna kant och gå sönder eftersom den inte är sliten på samma sätt som den gamla.

3 Innan ringarna monteras på kolvarna, sätt dem på plats i cylinderloppet vid undre gränsen för kolven och kontrollera ändgapet, se specifikationer. För att ringarna ska komma vinkelrätt mot loppet, tryck i dem med hjälp av en kolv.

4 Kontrollera kolvringarnas passning i kolvringsspåret genom att rulla dem runt kolven. Mät med ett bladmått.

5 Vid montering av kolvringar, se till att de kommer i rätt spår, som fig. 1.29 visar. Förskjut ringgapen 120°.

52 Kolvbultar – kontroll och renovering

1 Kolvbultarna hålls på plats i kolvarna av låsringar, och kan enkelt tryckas ur kolven vid demontering. Då kolv och kolvbult skiljs åt, märk dem tillsammans så att kolvbulten kan sättas tillbaka i samma kolv och vänd åt samma håll. Kolvarna har ett urtag på toppen som alltid måste vara vänt framåt (se foto).

2 Kolvbultens passning i vevstaken ska vara sådan att den kan tryckas på plats med ett lätt tumtryck, den får däremot inte ha något spel. Den ska passa i kolven så att den kan tryckas dit för hand, med bara lite motstånd. Om hålet för kolvbulten är slitet i kolven, måste kolvbult med överdimension monteras. Då måste hålen brotchas till rätt dimension.

3 Om bussningen i vevstaken är sliten, kan den pressas ut och en ny monteras. Den nya bussningen måste brotchas till rätt storlek.

53 Aggregataxel – kontroll och renovering

1 Kontrollera drivning för strömfördelare och oljepump beträffande flagning eller andra skador. Kontrollera kammen för bränslepumpen beträffande slitage.

2 Montera axeln i lagren. Om det finns märkbart spel mellan axel och lagringar, måste lagringarna bytas. Detta är ett arbete för en specialist, eftersom de tre lagren måste brotchas samtidigt.

54 Cylinderlopp och vevhus – kontroll och renovering

1 Utförs enligt beskrivning i avsnitt 22, men denna motor har inga cylinderfoder. Om loppen är slitna måste de borras om till överdimension av en specialist.

55 Kamaxel och ventiltryckare – kontroll och renovering

1 Om det är märkbart spel mellan kamaxel och lager, eller om lagren har skadats, måste topplocket bytas eftersom lagren är bearbetade direkt i locket. Mycket små repor på kamaxeln kan försiktigt bearbetas med mycket fint slippapper eller ett oljebryne. Yttersta noggrannhet måste iakttas så att kamnockarna är släta.

2 Undersök tryckarna beträffande repor eller skador. Placera dem i topplocket och kontrollera att de rör sig fritt utan märkbart sidospel.

3 Kontrollera justerbrickorna och byt dem om de är de slitna.

56 Topplock – sotning, ventilslipning och renovering

Arbetet beskrivs i avsnitt 27, men informationen om vipparmar gäller inte. Använd specifikationerna för B19- eller B200-motorer, vilket som gäller.

57 Svänghjul – kontroll och renovering

1 Undersök ytan på svänghjulet; är den repad eller skadad bör svänghjulet bytas eller bearbetas.

2 Undersök kuggarna på startkransen, byt startkransen om de har flagnat eller är mycket slitna. Detta görs genom att man borrar genom startkransen och sedan spräcker den med en huggmejsel. Startkransen kan sedan tas bort.

3 Värm den nya ringen till 230∞C i en ugn, sätt den sedan snabbt på plats (den fasade kanten först).

4 Låt startkransen kallna av sig själv, kyl inte.

Notera: *Från och med 1984 har svänghjulet modifierats för användning av Renix elektroniskt tändsystem. Se till att använda rätt svänghjul.*

58 Motor, ihopsättning – allmänt

Se avsnitt 28.

59.3 Bakre ramlager

59.8 Åtdragning av ramlageröverfallets skruvar

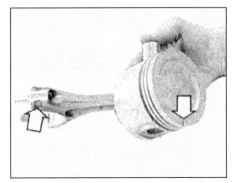

Fig. 1.30 Korrekt läge på kolv/vevstake – vid pilarna (avsn 60)

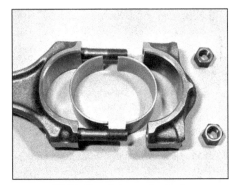

60.1A Vevstakens storände

60.1B Märkning på vevstake och överfall

59 Vevaxel – montering

1 Se till att vevhuset är helt rent och att alla oljekanaler är fria. Spruta in olja i kanalerna på flera ställen med oljekanna eller flaska: detta tjänar både till att kontrollera att kanalerna är fria samt att olja finns tillgänglig vid starten. Gör på samma sätt med vevaxeln, det är speciellt viktigt att få så mycket olja som möjligt i vevaxelns kanaler.
2 Avlägsna varje form av skyddsvax från de nya lagerskålarna.
3 Torka rent lagersätena i vevhuset och sätt lagerskålarna på plats. Det bakre lagret har tryckflänsar. Notera att lagerhalvorna har styrningar som ska passa i spåret i huset, de kan bara monteras på ett sätt. Om de gamla lagren återanvänds, se till att sätta tillbaka dem där de tidigare suttit (se foto).
4 Olja in lagren rikligt, placera vevaxeln i dem, se till att vevaxeln är vänd rätt.
5 Torka rent överfallen och montera lagren i dem, håll ordning på överfallen.
6 Olja lagertapparna på vevaxeln rikligt och sätt överfallen på plats, se till att de är rätt vända. Ytorna mellan överfall och block måste vara helt rena, annars kommer inte överfallen riktigt på plats. Då överfallen monterats, sätt ett par nya skruvar i hålen och dra åt dem med fingrarna. Se till att lagren sitter på rätt plats och är rätt vända.
7 Då alla överfallen monterats och dragits åt med fingrarna, kontrollera att vevaxeln roterar fritt utan att hugga. Om inte så är fallet, är

något fel; gå inte vidare innan orsaken lokaliserats. Det mest troliga är smuts på eller under lagerskålarna.
8 Dra åt skruvarna jämnt till angivet moment och kontrollera att vevaxeln roterar fritt (se foto).
9 Använd ett bladmått mellan vevaxelns fläns och bakre lager, kontrollera att axialspelet överensstämmer med specifikationen.

60 Kolvar och vevstakar – montering

1 Med kolvar och vevstakar ihopsatta, kontrollera att märkningarna är enligt fig. 1.30 (se foto).
2 Olja in cylinderlopp och kolvar.
3 Torka rent lagerlägen i vevstakar och överfall, montera lagerhalvorna med styrningarna i respektive spår.
4 För in kolvarna i cylindrarna uppifrån, använd en anordning enligt fotografiet för att trycka ihop ringarna (se foto). Har man inte ett riktigt verktyg kan man lätt tillverka något som duger. Vi har använt en stor slangklamma. Vad som än används, se till att inte kolvar och ringar skrapas. Knacka försiktigt kolven igenom ringkompressorn in i cylindern. Kontrollera att varje kolv är i rätt lopp och att kolven är vänd så att uttaget pekar framåt. Då kolven är på plats, smörj vevtappen och för försiktigt vevstaken över den.
5 Montera vevlageröverfallet, dra åt muttrarna jämnt till angivet moment (se foto). Kontrollera att vevaxeln rör sig fritt.

60.4 Ringkompressor vid montering av kolv

60.5A Montera vevlageröverfallet . . .

60.5B . . . dra åt muttrarna

62.4 Montering av bakre tätningsfläns

62.5 Packningen skärs av

63.1 Montering av aggregataxel

6 Upprepa proceduren för övriga cylindrar.

Tillägg för B200-motorer:

Vevstakslagrens skruvar på B200 motorer kan återanvändas om deras längd inte överstiger 55,5 mm.

61 Oljepump – montering

1 Montera nya tätningsringar i ändarna på matarröret. Se till att röret är rätt draget mellan vevhus och pump. Montera pumpens fästskruvar.

62 Bakre tätningsfläns – montering

1 Pressa in en ny tätning i flänsen.
2 Rengör ytan på blocket, använd lite fett och sätt fast packningen.
3 Smörj in tätningsläpparna på tätningsringen, samt motsvarande del på vevaxeln med fett.
4 Montera flänsen, se till att tätningsläppen inte skadas av kanten på vevaxeln eller deformeras så att fjädern kommer ur läge (se foto).
5 Skär av utstickande delar på packningen med en kniv (se foto).

63 Aggregataxel och främre tätningsfläns – montering

1 Olja in aggregataxelns lagertappar. Montera axeln i blocket, se till att dreven inte skadar lagerbussningarna (se foto).
2 Tryck in en ny tätning i den främre tätningsflänsen.
3 Rengör ytorna på block och fläns, montera ny packning och sedan flänsen (se foto).
4 Skär av utstickande delar av packningen, montera bakre delen av remkåpa samt kabelhärva (se foto).

64 Oljetråg – demontering och montering

1 Om tråget ska demonteras med motorn på plats i bilen, utför först följande arbeten:

63.3 Montering av främre tätningsfläns

63.4 Montering av bakre remkåpa

65.1A Montering av vattenpump

65.1B O-ring upptill på vattenpumpen

a) Dra åt handbromsen, hissa upp framänden på bilen och stöd den på pallbockar
b) Demontera stänkplåtarna
c) Demontera oljestickans rör, dra ut röret ur tråget
d) Lossa motorinfästningarnas undre mutter från tvärbalken
e) Lossa och ta bort främre tvärbalken
f) Tappa av motoroljan i lämplig behållare
g) Lossa och demontera tråget, ta bort packningen

2 Om motorn är demonterad från bilen, beskrivs demontering av tråget i samband med isärtagning av motorn (avsnitt 46).
3 Kontrollera att tråget är helt rent och att alla spår av gammal packning tagits bort från

tätningsflänsen. Montera ny packning på vevhuset, märkningen vänd nedåt och mot startmotorn.
4 Montera tråget och dra åt skruvarna jämnt.
5 Om motorn är på plats i bilen, montera resten i omvänd ordning.

65 Vattenpump – montering

1 Vattenpumpen är helt enkelt skruvad på motorblocket, packning krävs även om det inte finns något vattenutlopp från pumpen till blocket. En tätningsring är placerad i spåret upptill på pumpen och trycks ihop mot topplocket under monteringen (se foto).

66.3 Åtdragning av svänghjulets skruvar

66.5 Märkning på lamellcentrum

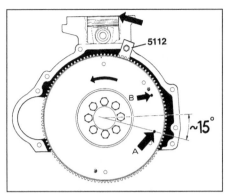

Fig. 1.31 Svänghjulets korrekta läge på vevaxeln (avsn 66)

A Stift   B Stift

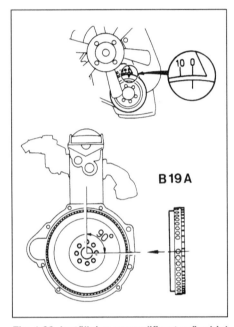

Fig. 1.32 Inställning av modifierat svänghjul för Renix tändsystem (avsn 66)

2 Montering av vattenpump då topplocket är demonterat, som bilderna visar, är något enklare än att montera den med locket på plats. Detta eftersom man måste trycka upp pumpen mot locket för att tätningen ska bli tillfredsställande då skruvarna sätts på plats. Detta måste naturligtvis göras om pumpen av någon anledning tagits bort, men inte topplocket.

66 Svänghjul och koppling – montering

1 Vrid vevaxeln så att cylinder nr 1 är vid ÖDP (övre dödpunkt).
2 Sätt svänghjulet på vevaxeln så att stift A är ca 15° från horisontalplanet och pekar mot startmotorn som fig. 1.31 visar. Notera att det finns två stift, A och B.
3 Montera fästskruvarna, dra dem till angivet moment (se foto).
4 Montera stödlager (fettinpackat), bricka och låsring. Montera förstärkningen.

5 Montera lamellcentrum och tryckplatta, dra lätt åt skruvarna (se foto).
6 Styr upp lamellcentrumet mot stödlagret. Detta görs bäst genom användning av axeln från kopplingshuset. Om detta inte går, använd en styrning med samma diameter som splinesen i lamellcentrumet, samt en styrtapp som passar i lagret.
7 Då lamellcentrumet sitter rätt, dra åt kopplingen växelvis och diagonalt.

Tillägg för motorer med Renix elektroniska tändsystem

8 För att åstadkomma rätt tändläge på motorer med Renix elektroniska tändning, måste svänghjulet monteras enligt följande.
9 Vrid vevaxeln så att cylinder nr 1 är vid ÖDP genom att ställa märkena på remskivan mot 0-märket på skalan.
10 Sätt upp svänghjulet mot vevaxeln så att det första hålet efter ett av de två glesare placerade gapen mellan hålen står 90° i förhållande till motorns lodlinje (se fig. 1.32).
11 Montera och dra åt svänghjulets skruvar enligt tidigare beskrivning, kontrollera sedan att svänghjulet är korrekt monterat enligt följande:
12 Vrid motorn 90° från ÖDP, då det första hålet efter ett stort gap ska befinna sig rakt under givaren för tändläget.

67 Topplock och kamaxel – ihopsättning

1 Montera nya spindeltätningar på insugningsventilernas styrningar (se foto).
2 Om inte några delar demonterats, montera ventilerna, fjädrarna och tryckarna där de tidigare suttit. Olja in ventilspindlarna innan de förs in i styrningarna (se foto). Sätt det undre fjädersätet på plats, sedan fjäder och övre säte. Tryck ihop fjädern med lämpligt verktyg, sätt knastren på plats i uttaget på ventilspindeln och avlasta fjädern. Montera nya gummiringar (se foto).
3 Olja lagren för kamaxeln, samt överfallen, kamaxelns lager samt tryckare. Montera tryckarna och justerbrickorna (se foto).
4 Placera kamaxeln i topplocket med den främre styrningen uppåt.

67.1 Montering av ventilspindeltätning på styrning

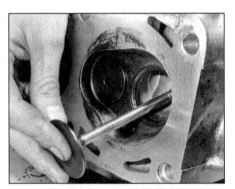

67.2A Montering av ventil

67.2B Ventilknaster på plats

67.2C Gummiringen ovanpå knastret

67.3 Montering av justerbrickor

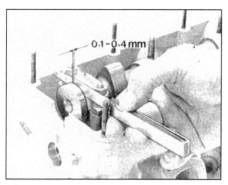

Fig. 1.33 Kontroll av kamaxelns axialspel (avsn 67)

5 Stryk tätningsmedel på den främre lagerbocken där den tätar mot topplocket. Montera överfallen, med märkningarna vända enligt tidigare beskrivning, samt muttrar. Dra ner muttrarna jämnt och växelvis så att ventilfjädrarna trycks ihop och belastar kammen jämnt. Dra åt muttrarna till angivet moment, kontrollera sedan kamaxelns axialspel.
6 Innan montering av kamaxelns tätning, stryk

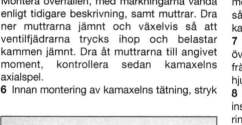

68.4 Montering av topplock

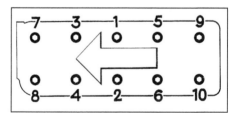

Fig. 1.34 Ordning för åtdragning av topplocksskruvar (avsn 68)

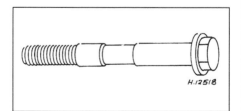

Fig. 1.35 Topplocksskruvar med ansats (avsn 68)

lite fett vid gummiläppen och motsvarande yta på kamaxeln. Se till att tätningen inte skadas mot kanten på kamaxeln. Montera tätningen så att den nöter mot ett nytt ställe på kamaxeln.
7 Montera bakre styrplåt, kamhjul med spåret över medbringarstiftet i kamaxeln, sedan den främre styrplåten, bricka och skruv. Håll fast hjulet och dra skruven till rätt moment.
8 Montera tändstiften samt, på bränsleinsprutade motorer, insprutare. Använd nya O-ringar.

68 Topplock och kamaxel – montering

1 Kontrollera att kolv nr 1 är vid ÖDP och att kamnockarna för ettans cylinder pekar snett uppåt.
2 Kontrollera att tätningsytorna på motorblock och topplock är helt rena. Se också till att all smuts, fett o dyl tas bort ur hålen för topplocksskruvarna i både lock och block, använd tryckluft. Detta är särskilt viktigt eftersom ett av skruvhålen i topplocket (nr 3 i åtdragningsordning – se fig. 1.34) är en del av oljekanalen till kamaxeln. Använd alltid ny topplockspackning, eftersom den gamla packningen är ihoptryckt och inte längre kan täta. Använd inte fett eller packningsmassa på packningen.
3 Placera topplockspackningen på blocket

69.1 Montering av aggregataxeldrev

med rätt sida upp så att alla hål överensstämmer.
4 Lägg topplocket på plats, se till att alla skruvhålen kommer i linje (se foto). Rengör alla skruvarna, särskilt skruven för hål nr 3 i åtdragningsordningen (se fig. 1.34), sätt dem på plats.
5 Dra sedan åt topplocksskruvarna enligt anvisningarna, i den följd som fig. 1.34 visar. Dra skruvarna till angivet moment.

Tillägg för B200-motorer:

6 På B200-motorer har skruvarna en klenare mittsektion. Om denna del visar tecken till midja eller vridning på någon av skruvarna, måste alla bytas.
7 Topplocksskruvarna bör bytas under alla omständigheter om de använts 5 gånger.

69 Vevaxel- och aggregataxeldrev – montering

1 Montera drevet på aggregataxeln, se till att axeln inte vrider sig. Sätt i skruven och dra till rätt moment (se foto).
2 Montera styrplåten på vevaxeln, sedan drevet, främre navet samt skruven. Dra skruven till rätt moment, håll samtidigt vevaxeln stilla genom att blockera svänghjulet. Där sådant förekommer, måste uttag för kilspår vara vänt mot motorblocket.

Fig. 1.36 Åtdragning av skruv i vevaxelns framände (avsn 69)

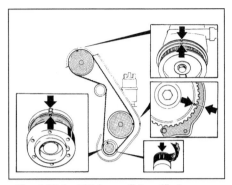

Fig. 1.37 Inställningsmärken för kamrem och drev (avsn 70)

70.7 Inställningsmärken

70.9 Remspännare

70 Kamrem – demontering och montering

1 Om kamremmen ska demonteras med motorn i bilen, utför först följande arbeten:
 a) Se berört kapitel/avsnitt samt ta bort förvärmningsslang för förgasare eller insugningskanal, viskoskoppling för fläkt samt drivrem (-mar)
 b) Ta bort övre delen på kamremskåpan, vrid motorn så att märkningen på vevaxelns remskiva står mot ÖDP-märket
 c) På B200K-motorer, ta bort de två klämmorna för förvärmningsslangen, sedan (på alla typer) de två skruvarna som håller skölden
 d) Ta bort de sex skruvarna från vevaxelns remskiva, ta bort remskivan, ta sedan bort skruvarna och den undre delen av kåpan
 e) Lossa skruvarna som håller remspännaren och ta bort remmen

2 Om motorn är demonterad från bilen, beskrivs demontering av kamrem som en del av isärtagning av motorn (avsnitt 46).
3 Montera remspännare och låsmutter. Dra åt muttern och ta bort stiftet (som användes vid demonteringen).
4 Rotera vevaxeln så att märkena överensstämmer (fig. 1.37).
5 Vrid aggregataxeln så att märkena överensstämmer (fig. 1.37).

6 Lägg kamkåpan på plats och rotera kamaxeln så att märkena överensstämmer (fig. 1.37).
7 Montera kamremmen på kamaxeldrevet. Se till att remmen är i god kondition och ren, utan spår av olja eller fett. Nya remmar har färgmärkning. Sätt de dubbla linjerna på remmen mot märket på vevaxeln; nästa märkning ska stå mitt för märkningen på aggregataxeldrevet och den tredje ska stå vid märkning för kamaxeldrev (se foto).
8 Sträck remmen och sätt den på plats över kamdrev och remspännare. Använd inga verktyg, då detta kan skada remmen.
9 Lossa remspännarens mutter så att fjädertrycket spänner remmen, dra åt muttern (se foto).
10 Vrid motorn medurs och kontrollera att märkningarna överensstämmer. Lossa remspännarens mutter på nytt och dra sedan åt den.
11 Montera remskivan på vevaxeln och dra åt skruvarna.
12 Montera remkåpan.
13 Om motorn är på plats i bilen, montera resten i omvänd ordning.

71 Ventilspel – justering

1 Ta bort kamkåpan och vrid motorn så att cylinder nr 1 är i läge för tändning (båda kamnockarna för ettans cylinder pekar snett uppåt, tändmärket på vevaxelns remskiva står

mot märket för 0°). Vrid alltid vevaxeln med hjälp av skruven.
2 Mät ventilspelen med ett bladmått (se foto). Jämför värdet med det som anges i specifikationerna. Justera endast då värdet är utanför toleransen.
3 Vid justering, vrid tryckaren så att spåren står vinkelrätt mot kamaxeln. Placera Volvos verktyg 5022 som fig. 1.38 visar, tryck ner tryckarna så att justerbrickan kan tas bort.
4 Ta bort brickan och montera en med rätt tjocklek. Justerbrickorna är tillgängliga i olika tjocklekar och tjockleken är märkt på ena sidan. Olja in brickan innan montering och placera den med märkningen nedåt. Ta bort verktyget som håller ned tryckaren.
5 Vrid motorn så att cylinder nr 3 kommer i tändläge, upprepa sedan proceduren beskriven för cylinder nr 1. Gör sedan på samma sätt för cylinder nr 4 respektive cylinder nr 2.
6 Om Volvos verktyg för nedtryckning av ventiltryckarna inte är tillgängligt, kan man vrida motorn så att kamnocken trycker ner tryckaren. Placera sedan en kil som håller tryckaren nedtryckt då kamaxeln vrids till kontrolläge och brickan kan tas bort (se foto).
7 Montera den halvmånformade gummi-tätningen baktill på topplocket. Lägg packningen på plats. Olja in kamaxeln och montera kamkåpan. Sätt tändlägesgivaren på plats (där sådan förekommer – Renix tändsystem) på kamkåpan med en av muttrarna (se foto).

71.2 Kontroll av ventilspel

71.6 Nedtryckning av tryckare med en stålstång vid byte av justerbricka

Fig. 1.38 Volvo verktyg 5022 för ventiltryckare (avsn 71)

71.7A Kamkåpspackning

71.7B Tändlägesgivare

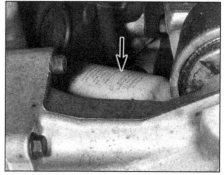
74.1 Oljefiltret sett underifrån (vid pilen)

72 Strömfördelare – montering

Se kapitel 4.

73 Bränslepump (förgasarmotor) – montering

Se kapitel 3.

74 Oljefilter – montering

1 Vid montering av oljefilter, stryk lite olja på gummitätningen. Skruva in filtret för hand tills det just vidrör blocket, vrid ytterligare ett halvt varv. Dra inte för mycket (se foto).

75 Aggregat – montering

1 Montering sker i omvänd ordning mot demonteringen.
2 Montera termostathus samt insugnings- och avgasgrenrör, tillsammans med lyftöglor. Vid montering av avgasgrenrör, använd alltid nya packningar och vänd dem så att märkningen pekar utåt. Centrera grenröret runt undre skruven för cylinder nr 1 och montera brickorna så att märkningen ut/out pekar utåt. Montera lyftöglan vid cylinder nr 3. Dra åt muttrarna (se foto).
3 Vid montering av generator, spänn remmen enligt beskrivning i kapitel 2.
4 Vid montering av kallstartventil (bränsle-insprutning), glöm inte att ansluta jord-ledningen på en av fästskruvarna.
5 Vid montering av vattenpump till värmerör, montera alltid nya gummitätningar.

76 Motor – montering

1 Montering sker omvänt mot demontering, men innan motorfästena dras fast, mät avståndet mellan remskiva och fästhål eller balkar på varje sida. Till höger ska avståndet vara 1 till 3 mm större än på vänster sida (se fig. 1.39). Justera kopplingsvajern enligt

beskrivning i avsnitt 5. Fyll på motorolja samt kylvätska.

77 Motor – justering efter renovering

1 Se avsnitt 39.
2 Om insexskruvar används till topplocket, dra åt dem till angivet moment enligt specifikationerna med den metod som beskrivs i avsnitt 39. När sexkantskruvar används, behöver dessa inte efterdras.

DEL C: B172-MOTOR

78 Allmän beskrivning och rutinmässigt underhåll

B172K är en fyrcylindrig radmotor med överliggande kamaxel. Topplocket är i lättmetall, kamaxeln löper i fem lager bearbetade direkt i topplocket. Kamaxeln drivs från vevaxeln med en kamrem, den trycker direkt på ventilerna utan stötstänger. Ventilspel justeras med justerbrickor i tryckarna.
Bränslepump och fördelare är placerade i topplocket och drivs av kamaxeln. Motorblocket är av gjutjärn, vevaxeln löper i

75.2 Avgasgrenrör och lyftögla

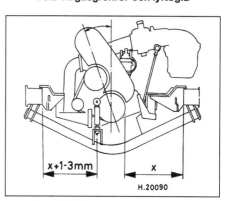
Fig. 1.39 Motorns läge (avsn 76)

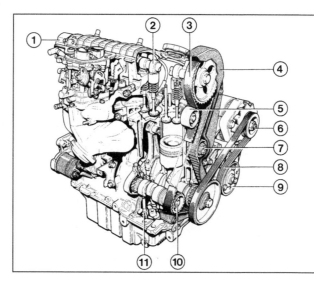

Fig. 1.40
Genomskärning av
B172-motor (avsn 78)

1 Fördelare
2 Kamaxel
3 Kamrem
4 Remkåpa
5 Brytskiva
6 Generator
7 Spännrulle
8 Kilrem
9 Vattenpump
10 Aggregataxel
11 Oljepump

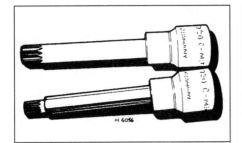

Fig. 1.41 Typisk tolvtandstapp (avsn 81)

fem lager och har lagerskålar av vitmetall. Cylinderloppet är bearbetat direkt i blocket och kan inte bytas. En del av vattenpumpen, som drivs av generatorremmen, är bearbetad i blocket. Vevaxelns främre tätning är placerad i ett hus som kan lossas från blocket. Den bakre tätningen är mer konventionell. Oljepumpen, skruvad till undersidan på blocket, drivs av en aggregataxel som i sin tur drivs av kamremmen. Kolvar och vevstakar är av lättmetall och kolvtopparna är även förbränningsrum. Detta betyder att topplocket inte har några förbränningsrum utan är helt plant på undersidan. Denna konstruktion ger en mer effektiv förbränning.

Rutinmässigt underhåll

Se avsnitt 2.

79 Större arbeten med motorn kvar i bilen

Följande arbeten kan utföras med motorn på plats i bilen:
a) Demontering och montering av kamrem
b) Demontering och montering av kamaxel
c) Demontering och montering av topplock
d) Demontering och montering av oljetråg
e) Demontering och montering av oljepump
f) Demontering och montering av vevstakar och kolvar
g) Demontering och montering av aggregataxel
h) Demontering och montering av motorfästen

81.7 Jordledning på motorblocket

i) Demontering och montering av svänghjul
j) Demontering och montering av vevaxelns bakre tätning

80 Större arbeten, möjliga endast sedan motorn demonterats

Följande arbeten kan endast utföras med motorn demonterad från bilen.
a) Demontering och montering av vevaxel samt ramlager

81 Motor – demontering

Allmänna anvisningar

Motorn demonteras komplett med kopplingshus. Två lyftöglor finns monterade på motorn; se till att lyftstropp och ok som används är i god kondition och tål motorns tyngd. Innan arbetet påbörjas, kontrollera att reservdelar samt erforderliga packningar kan anskaffas. Skruvar med tolvtandskallar används på motorn, så lämpliga verktyg måste finnas tillgängliga. Vid anvisningar på demontering av motoraggregat, se motsvarande kapitel i boken.
1 Demontera batteriet (kapitel 10).
2 Demontera huven (kapitel 9).
3 Demontera stänkplåtarna, tappa av kylvätskan genom att lossa undre kylarslangen. Tappa av motoroljan.
4 Lossa avgasrörsfästet från kopplingshuset, lossa klamman som håller främre röret till

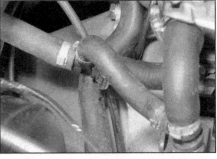

81.13 Anslutning för värmeslangar

grenröret (kapitel 2).
5 Lossa kardanaxeln (kapitel 6)
6 Lossa kopplingsvajern (kapitel 5).
7 Lossa motorns jordledning (se foto).
8 Demontera muttrarna från främre och bakre motorfästen.
9 Lossa kylvätskerörets fäste.
10 Ta bort de två undre skruvarna från den elektriska kylfläkten.
11 Demontera luftfilter samt luftkanaler (kapitel 3).
12 Lossa kylvätskeslangen från termostathuset, lossa röret från fästet.
13 Lossa de två värmeslangarna från motorn, bind dem åt sidan (se foto).
14 Lossa bränslematnings- och returledningar från bränslepumpen (kapitel 3).
15 Lossa gas- och chokevajrar (kapitel 3).
16 Lossa de två övre skruvarna för kylfläkten, lossa elanslutningen, ta bort fläkt och fäste (kapitel 2).
17 Lossa vakuumslangen från bromsservon (se foto).
18 Lossa kablarna från fästet på startmotorn (se foto).
19 Lossa kylvätskeslangen från expansionskärlet vid T-stycket.
20 Lossa följande elektriska anslutningar.
Startmotorn (kapitel 10)
Kylvätsketempgivaren i topplocket (se foto)
Tomgångssolenoid på förgasaren (kapitel 3)
Generator (kapitel 10)
Oljetryckskontakten på motorblocket (se foto)
Anslutningen på tändningens elektriska styrenhet som går till hastighetsgivaren (se foto)

81.17 Anslutning, bromsservoslang

81.18 Startmotorns kabelklamma (vid pilen)

81.20A Lossa anslutningarna för tempgivare . . .

81.20B ... oljetrycksgivare ...

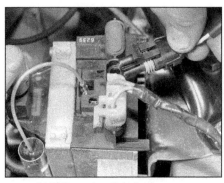

81.20C ... hastighetsgivare ...

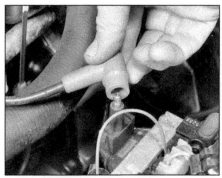

81.20D ... och tändkabeln

Tändkabeln på tändningens elektriska styrenhet (se foto)

21 Anslut lyftanordningen, använd lämplig lyftstropp i motorns lyftöglor. Gör i ordning en lämplig yta att ställa motorn på. Vid behov kan motorns vikt ytterligare reduceras genom att detaljer som generator, förgasare, och avgasgrenrör demonteras. Motorn måste lyftas ur i en viss vinkel, med framänden högre än bakänden. Kontrollera runt om att inga anslutningar lämnats kvar. För att förhindra skador är det bäst att ta bort skruven från bränslefiltret på framramen och binda det åt sidan.

22 Avlasta motorns vikt, se till att motorfästena släpper då motorn lyfts. Se till att motorn inte svänger framåt mot kylaren. Det kan vara nödvändigt att vrida motorn lite på sidan, speciellt om generatorn fortfarande är monterad (se foto).

23 Då motorn går fritt från motorrummet, för över den till arbetsbänken och sänk den på plats i upprätt ställning, stöd den med träklossar.

82 Motor, isärtagning – allmänt

Se anvisningar i avsnitt 6.

83 Aggregat – demontering

1 Med motorn demonterad från bilen, kan tillsatsaggregaten demonteras innan isärtagning påbörjas.

2 Följande ordning föreslås, detaljerad beskrivning ges i respektive kapitel/avsnitt.

 a) Generator och drivrem (kapitel 10)
 b) Kopplingsenhet, men se notering om inställningsmärken i avsnitt 84 (se foto)
 c) Insugnings- och avgasgrenrör, komplett med förgasare (kapitel 3)
 d) Motorfästen
 e) Oljefilter (avsnitt 126)
 f) Tändstift, fördelarlock och rotor (kapitel 4)
 g) Bränslepump (kapitel 3)
 h) Vattenpump och termostathus (kapitel 2)
 i) Kylvätskerör (se foto)
 j) Aggregatfästen (se foton)

81.22 Lyft motorn ut ur motorrummet

83.2A Skruv för kopplingskåpan lossas

83.2B Kylvätskerörets främre anslutning ...

83.2C ... och den bakre med fäste

83.2D Demontering av fästet för gasvajerns brytskiva ...

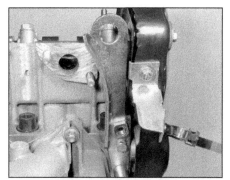

83.2E ... och främre lyftöglan

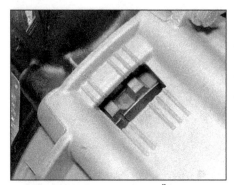

84.3A Passa in svänghjulets ÖDP-märke, som på bilden, mot kopplingskåpan . . .

84.3B . . . eller mot upphöjningen på motorblocket (vid pilen)

84.4A Lossa pluggen på vänster sida av motorblocket . . .

84.4B . . . och för in en 8 mm stång för att låsa svänghjulet vid ÖDP

84 Kamrem –
demontering och kontroll

1 Om arbetet utförs med motorn i bilen, lossa först batteriets negativa anslutning, ta sedan bort drivrem för generator/vattenpump (avsnitt 2).

2 Ta bort gummipluggen från inspektionshålet upptill i kopplingskåpan, ta sedan bort tändstiften (kapitel 4). Använd rena trasor att plugga tändstiftshålen med så att inte smuts kommer in .

3 Använd en nyckel på vevaxelremskivans skruv, vrid vevaxeln medurs (sett framifrån) tills cylinder nr 1 (vid svänghjulet) hamnar i ÖDP-läget på kompressionsslaget. Vrid tills inställningsmärkena vid svänghjulet står mitt

för märket för ÖDP, ta sedan bort oljepåfyllningslocket och kontrollera att ventilerna till cylinder nr 4 är öppna (kamnockarna pekar snett nedåt). Om nockarna pekar uppåt, vrid motorn framåt ett helt varv tills märkena åter stämmer. Om kopplingskåpan har tagits bort, måste märket på svänghjulet ställas in mot upphöjningen i motorblocket (se foto).

4 Lossa pluggen på vänster bakre sida av motorblocket, bredvid infästningen för oljestickans rör. För in en 8 mm metallstång (t ex en borr eller en skruv) i hålet och i uttaget i vevaxeln som utmärker ÖDP. Flytta vevaxeln fram och tillbaka för att kontrollera att den låsts fast (se foto). Kontrollera att svänghjulsmärkena står **exakt** mot ÖDP-märket, så att inte stången har äntrat något av balanseringshålen.

5 Lossa de fyra skruvarna och ta bort kamremskåpan (se foto).

6 Blockera vevaxeln, antingen genom att lägga in ettan eller backen och dra åt handbromsen, eller med hjälp av en skruvmejsel enligt beskrivning i avsnitt 94. Med vevaxeln blockerad, lossa vevaxelns skruv för remskivan, ta bort remskivan. **Observera:** *Lita inte på att metallstången i vevaxeln ska räcka som blockering då skruven lossas (och dras åt); den kan skjuvas av – använd endast rekommenderad metod.*

7 Med vevaxeln fortfarande vid ÖDP, styrd av metallstången, kontrollera (som referens) att kamdrevets inställningsmärken står mitt för uttaget i kåpan, samt att uttaget i

vevaxeldrevets inre styrplåt står i läge kl 6 (se foto 121.5A–5C); bry dig inte om märkena på aggregataxeldrevet. Märkena tvärs över kamremmen kan ignoreras i detta läge, kontrollera däremot att pilar finns som utmärker kamremmens rörelseriktning; om sådana saknas, gör egna.

8 Lossa spännarens låsmutter och flytta spännanordningen så att remmen avlastas, dra sedan åt muttern (se foto). Ta bort remmen från dreven, börja med aggregataxeln.

9 Kontrollera remmen beträffande tecken på ojämnt slitage, skiktning, sprickor (speciellt vid roten av kuggarna) eller oljeskador, byt vid minsta tveksamhet. Remmen måste annars bytas vid intervaller angivna i Rutinmässigt underhåll. Kontrollera dreven beträffande slitage eller skador, kontrollera att spännanordning och brytskivor rör sig fritt på lagringarna; byt skadade eller slitna detaljer.

85 Topplock – demontering

Arbetet beskrivs för motor som är demonterad. Om topplocket demonteras från motor i bilen, utför följande arbeten.
a) Tappa av kylsystemet
b) Lossa batteriet
c) Demontera generatorns drivrem
d) Demontera insugnings- och avgasgrenrör, komplett med förgasare
e) Demontera bränslepumpen från

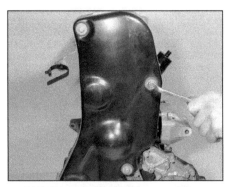

84.5 Demontering av kamremskåpan

84.8 Remspännaren (vid pilen)

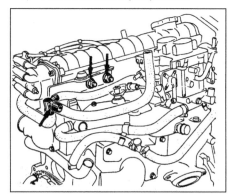

Fig. 1.42 Vevhusventilationsslangar och fästen på topplocket (avsn 85)

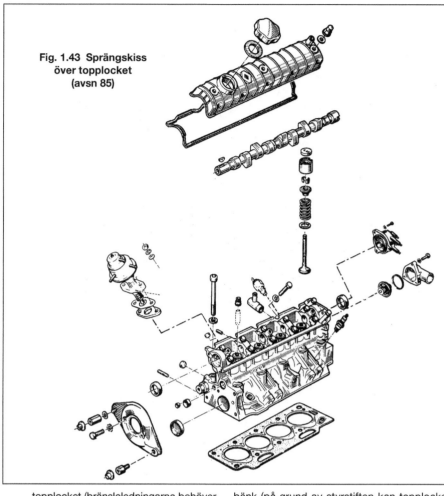

Fig. 1.43 Sprängskiss
över topplocket
(avsn 85)

85.2 Demontering av topplocksskruv

86.2 Woodruffkil och spår (vid pilarna)

topplocket (bränsleledningarna behöver inte lossas)

f) Demontera fördelarlock och rotor
g) Lossa kylslangarna
h) Lossa slangar för vevhusventilationen
i) Lossa kabeln till kylvätsketempgivaren
j) Lossa tändkablarna

1 Demontera kamremmen enligt beskrivning i avsnitt 84.

2 Demontera topplocksskruvarna i motsatt ordning mot fig. 1.52 (se foto).

3 Knacka försiktigt runt topplocket med en plastklubba så att det lossnar, lyft sedan topplocket från blocket, placera det på en

bänk (på grund av styrstiften kan topplocket inte lossas genom vridning).

86 Kamaxel och ventiltryckare – demontering

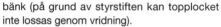

1 Om motorn är på plats i bilen, utför först följande arbeten:

a) Demontera kamremmen
b) Demontera fördelarlocket
c) Demontera kamkåpan
d) Demontera bränslepumpen

2 Lossa skruven som håller kamdrevet, ta bort

hylsan. Kamaxeln kan hindras rotera med hjälp av en tång mellan kamnockarna, eller genom att man lägger en gammal rem runt drevet, klämmer fast remmen och håller i den ordentligt. Med drevet demonterat, kontrollera om Woodruffkilen kan ramla ut ur spåret, ta i sådana fall bort den och förvara den på ett säkert ställe (se foto).

3 Lossa skruvarna som håller bakre kamremskåpan till topplocket, ta sedan bort kåpan (se foto).

4 Numrera kamlagren 1–5, nummer 1 närmast svänghjulet. Märk dem också med en pil som pekar mot svänghjulet, så att det kan vändas rätt.

5 Lossa successivt lagerbockarnas skruvar. När alla är fria från fjädertryck, ta bort dem från lagerbockarna (se foto).

86.3A Demontering av bakre kåpa . . .

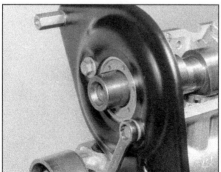

86.3B . . . och skruvarna

86.5 Lossa kamlagerskruvarna

86.6 Demontering av kamaxel

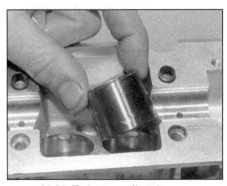

86.7A Ta bort ventiltryckarna

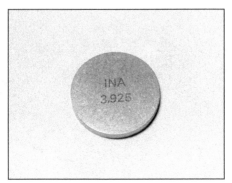

86.7B Undersidan på justerbrickan, märkt med tjockleken

86.7C Undersidan på en ventiltryckare

87.1A Fjäderkompressor

6 Ta bort lagerbockarna, sedan kamaxeln komplett med tätningar från topplocket (se foto).
7 Ta bort ventiltryckarna, komplett med justerbrickor, från loppen. Placera tryckarna på en kartongbit, numrerad 1–8, där nr 1 är närmast svänghjulet. Det är praktiskt att skriva upp justerbrickans tjocklek på kartongbiten bredvid varje tryckare, om justerbrickorna råkar blandas samman. Justerbrickans tjocklek är angiven på undersidan (se foto).

87 Topplock – isärtagning

1 Använd en fjäderkompressor, tryck ihop fjädrarna i tur och ordning tills knastren kan tas bort. Avlasta fjädern och ta bort övre fjädersäte, fjäder och undre fjädersäte (se foto).
2 Om övre fjädersätet inte vill släppa när fjäderkompressorn trycker på den, knacka försiktigt på verktyget med en lätt hammare, rakt ovanför sätet. Detta får den att släppa taget.
3 Ta bort oljetätningen upptill på ventil-styrningen, och sedan ventilen genom förbränningsrummet.
4 Det är viktigt att man håller ordning på ventilerna om de inte är så mycket slitna att de måste bytas. Ska de användas igen, placera dem i en bit kartong med åtta hål numrerade 1–8 i förhållande till den plats där de suttit. Notera att ventil nr 1 är närmast svänghjulet.

5 Vid behov kan termostaten demonteras enligt beskrivning i kapitel 2.

88 Oljetråg – demontering (motorn demonterad)

1 Vänd motorblocket upp och ner (här förutsätts att topplocket tagits bort för renovering).
2 Demontera trågets fästskruvar.
3 Använd en plastklubba och knacka loss tråget, ta sedan bort det.
4 Rengör alla tätningsytor från tätningsmedel, kontrollera dessutom ytorna beträffande skador.
5 Små repor kan putsas bort med fin slipduk, men allvarligare skador medför att komponenterna måste bytas, om tätningsmedlet inte är tillräckligt.

89 Oljetråg – demontering (motorn i bilen)

1 Tappa av motoroljan och demontera stänkplåtarna.
2 Placera en lyftanordning ovanför motorn, koppla en lyftstropp till främre lyftöglan.
3 Demontera muttrarna från de främre motorfästena, höj framänden på motorn så långt det går.
4 Se kapitel 8, lossa styrväxelhuset från bakre motorbalken, dra sedan undan styrväxeln.
5 Demontera svänghjulets skydd (se foto).

87.1B Ett knaster tas bort med magnet

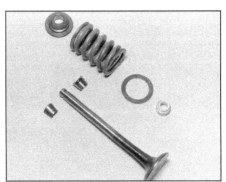

87.1C Ventil och detaljer

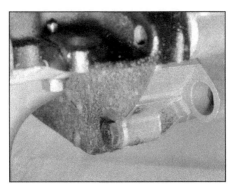

89.5 Svänghjulets skyddsplåt

90.1 Oljepumpens fästskruvar (vid pilarna)

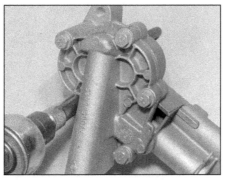

91.1 Demontering av pumplocksskruvar

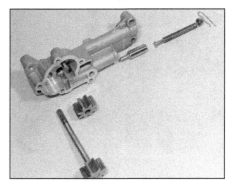

91.3 Detaljer från oljepumpen

6 Demontera de fyra skruvarna från motorns tvärbalk.
7 Demontera höger motorfäste.
8 Demontera tråget enligt beskrivning i avsnitt 88.

90 Oljepump – demontering

1 När tråget är borttaget, enligt beskrivning i avsnitt 88 eller 89, ta bort de fyra skruvarna från pumpen samt sedan pumpen från blocket (se foto).

91 Oljepump – kontroll och renovering

1 Lossa fästskruvarna och ta bort pumplocket (se foto).
2 Ta bort dreven och drevaxeln.
3 Lossa låsbrickan, ta bort tryckreducerings-ventilens fjäderlåsning, fjäder, fjädersäte och tryckkolv (se foto).
4 Rengör detaljerna och kontrollera noggrant drev, pumphus och tryckstång beträffande tecken på skador eller slitage. Byt pump vid behov.

5 Om detaljerna fortfarande är användbara, sätt ihop detaljerna i omvänd ordning, fyll pumpen med olja och sätt tillbaka locket (se foto).

92 Vevaxelns frontplåt – demontering

1 Om motorn är på plats i bilen, demontera först kamremmen och oljetråget.
2 Använd en avdragare, eller två lämpliga brytspakar, för att demontera vevaxelns drev. Ta vara på Woodruffkilen och förvara den tillsammans med drevet.

91.5A Sätt dreven på plats . . .

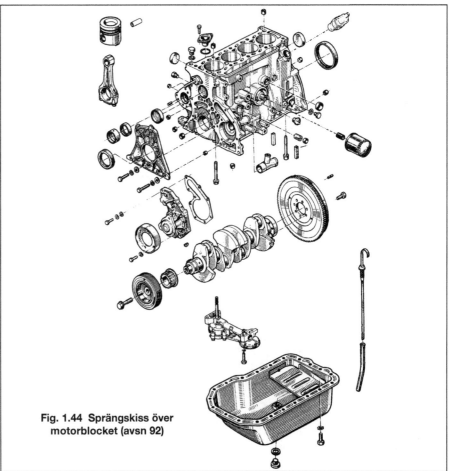

Fig. 1.44 Sprängskiss över motorblocket (avsn 92)

91.5B . . . och tryckreduceringsventilen

92.3 Frontplåtens skruvar (ta inte bort skruvarna vid pilarna)

93.3A Demontering av mutter för vevlager . . .

93.3B . . . sedan överfallet

93.4 En kolv tas ut ur loppet

94.3 Demontering av svänghjulsskruvar

3 Lossa skruvarna som håller frontplåten till motorblocket, ta sedan bort plåten (se foto). De två skruvarna som utmärks med pilar i fotot behöver inte tas bort.
4 Notera de två styrstiften i de nedre skruvhålen.

93 Kolvar och vevstakar – demontering

1 Om motorn är kvar i bilen, utför först följande arbeten:
a) Demontera oljepumpen
b) Demontera topplocket (behövs inte om endast vevlager ska demonteras)
c) Demontera tråget. Tillvägagångssätt beskrivs i avsnitt 89. Detta kräver att motorn lyfts med någon sort lyftanordning i främre lyftöglan. Motorn måste sedan stödjas underifrån så att topplocket kan tas bort (vilket innebär att lyftanordningen måste avlägsnas). Det förefaller vara bättre att demontera motorn om arbeten med kolvar/vevstakar ska utföras.
2 Vrid vevaxeln så att vevlagret för ettans cylinder (närmast svänghjulet) är i sitt understa läge. Använd en körnare, märk överfall och stake på sidan som är vänd mot aggregataxeln, så att märkningen motsvarar den cylinder de är monterade i.
3 Lossa och ta bort skruvarna i vevlagret (se foto), ta bort överfallet komplett med lagerskål (se foto). Om endast lagren kräver åtgärd,

tryck upp vevstaken så att den går fri från vevslängen, ta sedan bort övre lagerhalvan. Förvara lagerskålar och överfall tillsammans, i rätt ordning om de ska monteras igen.
4 Tryck upp vevstaken och ta upp kolv och stake ur motorblocket (se foto).
5 Gör på samma sätt för övriga tre cylindrar.

94 Svänghjul – demontering

1 Om motorn är kvar i bilen, demontera kardanaxel, kopplingskåpa och koppling.
2 Hindra att svänghjulet vrider sig genom att skruva en skruv i ett av hålen för kopplingskåpan, eller spärra svänghjulet med en bredbladig skruvmejsel.
3 Demontera svänghjulets skruvar (se foto), lyft bort svänghjulet.

95 Vevaxel och ramlager – demontering

1 Överfallen bör ha en ingjuten märkning, märk i annat fall överfallen med en dorn, på samma sätt som för vevlagren.
2 Lossa och ta bort skruvarna för ramlagren, notera att en insexnyckel krävs för lager nr 1 (se foto). Ta bort överfall och de nedre lagerhalvorna.
3 Lyft försiktigt vevaxeln från vevhuset (se foto).
4 Demontera tryckbrickorna på ömse sidor

95.2 Ramlager nr 1 lossas

95.3 Vevaxeln lyfts bort

95.4A Ta bort tryckbrickorna (vid pilen) . . .

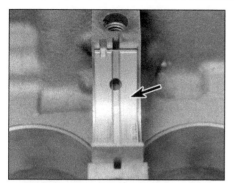

95.4B ... och lagerskålarna (vid pilen)

96.4 Bakre vevaxeltätning korrekt monterad

97.6 Montering av främre vevaxeltätning

98.2 Demontering av vevaxelns styrlager

98.3 Montering av vevaxelns styrlager

99.2A Främre, vänster motorfäste ...

om lager nr 2 (se foto), ta sedan bort de övre lagerhalvorna från vevhuset. Placera lagren vid det överfall de tillhör (se foto).

96 Vevaxel, bakre tätning – demontering och montering

Om motorn är kvar i bilen måste kardanaxeln demonteras, sedan kopplingshus och koppling.
1 Demontera svänghjulet enligt beskrivning i avsnitt 94.
2 Bryt ut den gamla tätningen med en skruvmejsel, se till att tätningsytorna på vevaxel eller motorblock inte skadas.
3 Smörj in den nya tätningen med fett.
4 Montera den nya tätningen, använd ett lämpligt rörformat verktyg; tätningen ska gå jäms med flänsen på motorblocket (se foto).

97 Vevaxel, främre tätning – demontering och montering

1 Om motorn är kvar i bilen, demontera generatorns drivrem samt kamremmen.
2 Demontera vevaxelns remskiva.
3 Demontera vevaxeldrevet (bägge dessa arbeten beskrivs i avsnitt 92).
4 Sitter drevet fast hårt, använd avdragare, ta vara på Woodruffkilen.
5 Bryt ut den gamla tätningen med en skruvmejsel, se till att inte skada tätningsytor på axel eller i motorblock. Rengör vevaxel och tätningsläge.
6 Smörj in den nya tätningen med fett, pressa den på plats med ett lämpligt rörformat verktyg (se foto). Om motorns frontplatta demonterats, kan tätningen demonteras i plattan innan den sätts tillbaka.

98 Vevaxel, styrlager – demontering och montering

1 Om motorn är kvar i bilen måste kardanaxel, kopplingshus och koppling demonteras.
2 Använd en tunn invändig avdragare, dra sedan bort lagret från vevaxeln (se foto).
3 Använd lämpligt verktyg, t ex en hylsa, knacka lagret på plats i vevaxeln så långt det går (se foto).

99 Motorfästen – allmänt

1 Motorn stöds av fyra gjutna infästningar av lättmetall, två framtill och två baktill.
2 Dessa är skruvade till motorblocket samt till främre tvärbalk och den bakre motorbalken (se foto).

99.2B ... och höger motorfäste

99.2C Bakre vänster motorfäste ...

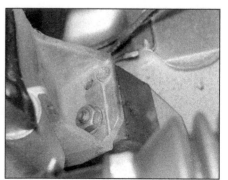

99.2D ... och höger fäste

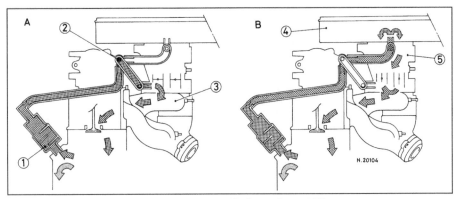

Fig. 1.45 Vevhusventilationen (avsn 100)

A Högt undertryck i insugningsgrenrör
B Lågt undertryck i insugningsgrenrör
1 Oljeseparator
2 Kalibrerat munstycke
3 Insugningsgrenrör
4 Luftfilter
5 Förgasare

3 Mellan infästningar och balkar finns gummikuddar som tar upp vibrationer.
4 Då motorfästena lossas vid demontering av motor, ta bort muttrarna som håller gummikuddarna till fästena. De gjutna infästningarna kan demonteras sedan motorn lyfts bort.
5 Kontrollera gummikuddarna beträffande skador eller förorening av olja eller fett, eftersom detta påverkar deras funktion. Byt vid behov.

100 Vevhusventilation – allmän beskrivning

1 Vevhuset har ett slutet ventilationssystem så att gaserna dras tillbaka in i insugningsröret istället för att släppas ut i atmosfären. De förbränns och går sedan ut via avgassystemet.
2 En oljeseparator är monterad upptill på vevhuset (se foto). Gaserna går igenom denna, sedan via en slang till antingen luftfiltret eller insugningsröret, beroende på motorns driftsförhållande. Vid tomgång och låga varvtal leds gaserna till insugningsröret, vid full gas till luftfiltret.
3 Detta åstadkoms genom ett kalibrerat munstycke, vilket känner av insugningsrörets vakuum och leder gaserna så som erfordras.

4 Oljeseparatorn är limmad mot motorblocket. Skulle byte krävas, anlita en Volvoverkstad.

101 Aggregataxel – demontering, kontroll och montering

1 Om motorn är kvar i bilen, demontera först kamrem och stänkplåtar.
2 Håll fast aggregataxeln med hjälp av en öppen nyckel på drevet, lossa sedan centrumskruven (se foto).
3 Demontera drevet med en tvåbent avdragare om det sitter hårt. Oljetätningen kan demonteras och monteras i detta läge om man bryter ut den med ett vasst verktyg. Olja sedan in den nya tätningen och knacka den på plats med en lämplig hylsa (se foto).
4 Demontera de fyra skruvarna från kåpan (se foto) och ta bort denna.
5 Demontera de två skruvarna från styrplåten (se foto) och ta bort plåten.
6 Dra ut aggregataxeln (se foto).
7 Demontera de två skruvarna från plasttätningens hus upptill, lyft sedan bort huset (se foto).
8 Ta bort oljepumpens drivaxel, använd en magnet, eller en skruv i den gängade änden (se foto).
9 Rengör detaljerna (se foto) i bensin, och kontrollera dem beträffande slitage, sprickor eller flisor som lossnat från kuggarna.
10 Om lagren i motorblocket ser slitna ut, anlita en Volvoverkstad som kan hjälpa till med råd eller byte (se foto).
11 Montera i omvänd ordning, smörj in alla

100.2 Vevhusventilationens oljeseparator

101.2 Skruven till aggregataxeldrevet

101.3 Montering av ny oljetätning

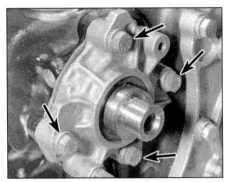

101.4 Demontera de fyra skruvarna (vid pilarna)

101.5 Styrplåt med skruvar (vid pilarna)

101.6 Ta bort aggregataxeln

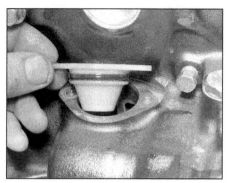

101.7 Lyft bort tätningshuset . . .

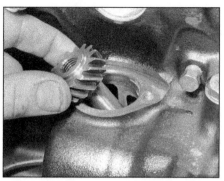

101.8 . . . och drivaxeln

101.9 Aggregataxelns delar

delar rikligt med motorolja. Använd nya plasttätningar i huset och lämpligt tätningsmedel vid täckplåtens tätningsyta (se foto).

12 Dra alla skruvar till angivet moment, glöm inte Woodruffkilen i änden på axeln; håll fast axeln med en öppen nyckel då drevets skruv dras åt (se foto).

102 Kontroll och renovering – allmänt

Med motorn helt isärtagen, rengör alla detaljer och kontrollera dem beträffande slitage. Varje del bör kontrolleras och, där så erfordras, bytas eller åtgärdas enligt följande beskrivning. Byt ram- och vevlager

rutinmässigt om du inte vet att de har tjänstgjort under kort tid och är i perfekt skick.

103 Vevaxel och ramlager – kontroll och renovering

1 Med vevaxel och vevhus grundligt rengjorda, kontrollera lagerytorna på vevaxeln beträffande repor och spår. Kontrollera lagertapparnas ovalitet med hjälp av mikrometer. Överskrids gällande toleranser, måste vevaxeln slipas och underdimensionslager monteras.
2 Slipning av vevaxel sköts bäst av en fackman, som också kan leverera lämpliga ram- och vevlager.
3 Lägg tillfälligt vevaxeln på plats i blocket,

montera tryckbrickorna på ömse sidor om överfall nr 2, kontrollera sedan axialspelet. Använd antingen en indikatorklocka eller bladmått (se foto). Om toleranserna överskrids, måste tjockare tryckbrickor anskaffas och monteras.

104 Motorblock och vevhus – kontroll och renovering

1 Cylinderloppen måste kontrolleras beträffande konicitet, ovalitet, repor och spår. Starta genom att inspektera övre delen av loppen; om dessa är slitna, kommer en kant att finnas som markerar vändpunkten för övre kolvringen. Är slitaget stort, har motorn med all säkerhet haft hög oljeförbrukning som medför blå rök ur avgasröret.
2 Använd om möjligt en cylinderindikator för att mäta loppens diameter just under vändkanten och jämföra det med diametern undertill i loppet, där slitaget inte är stort. Om skillnaden är mer än 0,152 mm, måste loppen normalt borras och överdimensionskolvar monteras.
3 Man kan dock, om slitaget inte överskrider 0,203 mm, montera speciella oljeringar och kolvar, vilka återställer kompressionen och minskar oljeförbrukningen.
4 Om nya kolvar och ringar monteras i de gamla cylinderloppen, är det viktigt att ytan bryts med fint slippapper så att ringarna kan slitas in ordentligt.

101.10 Lagerbussningarna i blocket

101.11 Montering av täckplåt

101.12 Åtdragning av drevets skruv

103.3A Mätning med indikatorklocka . . .

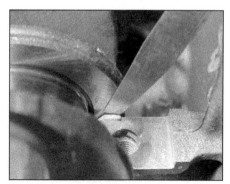

103.3B . . . och bladmått vid kontroll av axialspel

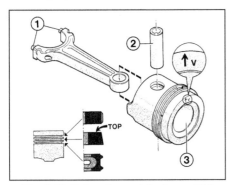

Fig. 1.46 Kolv och vevstake (avsn 105)

1 Vevstakens styrstift   3 Skål i kolvtopp
2 Kolvbult
Infälld bild visar kolvringar i genomskärning

5 Undersök vevhus och motorblock grundligt beträffande sprickor och skador, använd en bit tråd för att kontrollera att oljekanaler och kylvätskekanaler inte är igensatta.

105 Kolvar och vevstakar – kontroll och renovering

1 Arbetet tillgår på samma sätt som tidigare beskrivits i avsnitten 23 till 51, använd specifikationer för B172-motorn samt ytterligare information här nedan.
2 Kolvar märkta med siffrorna 1, 2 eller 3, eller bokstäverna A, B eller C, är för cylinderdiameter 81,0 mm; siffrorna 4, 5 eller 6, eller U, V eller W är för cylinderdiameter 81,25 mm. Man behöver vid omborrning inte bry sig så mycket om dessa markeringar, eftersom företaget som borrar levererar kolvar och kolvringar som passar.
3 Pilen i kolvtoppen (se foto) ska peka mot svänghjulet, och detsamma gäller styrklackarna på vevstaken, vilka är förskjutna åt en sida.

106 Kamaxel och ventiltryckare – kontroll och renovering

1 Kontrollera kamaxelns lagertappar och nockar beträffande slitage, kanter, gropbildning eller repor. Byt den kamaxel som har sådana skador.
2 Demontera tätningarna från kamaxelns

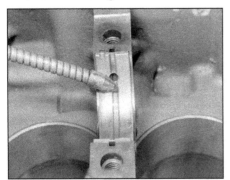

111.4 Olja in lagerskålarna när de är på plats

105.3 Märkning på kolvtoppen

ändar, smörj in nya tätningar och för dem på kamaxeln, den öppna änden inåt. Om kamaxeln inte omedelbart monteras, förvara den så att inte tätningarna belastas av tyngden.
3 Kontrollera lagerbockar och lagerytor i topplocket beträffande slitage, repor, spår eller gropbildning. Finns svårare sådana skador, konsultera en fackman. Lagren är bearbetade direkt i locket och inte kan borras om.
4 Kontrollera tryckarna beträffande repor, gropbildning etc, justerbrickorna beträffande slitage. Visst slitage är acceptabelt och helt normalt.

107 Vevaxelns frontplåt – kontroll och renovering

1 Kontrollera plåten beträffande tecken på skevhet eller skadade gängor. Om den kan användas, rengör från tätningsmassa och knacka ut tätningen med en lämplig rörbit.

108 Svänghjul – kontroll och renovering

1 Kontrollera svänghjulet beträffande repor på kopplingssidan, samt startkransens kuggar beträffande slitage och skador. Om kopplingsytan är repig, kan svänghjulet bearbetas tills det blir plant, byte rekommenderas dock. Om startkransen är sliten eller skadad kan den bytas separat, men

111.6 Montering av tryckbricka

detta är bäst att överlåta åt en fackman. Den temperatur som krävs vid montering av startkransen är kritisk och om inte arbetet utförs på rätt sätt. kan kuggarna anlöpas och förstöras.

109 Topplock – sotning och kontroll

1 Se avsnitt 56 beträffande allmänna anvisningar, använd specifikationerna för B172-motorn.
2 Topplocket kan inte planas, eftersom ventilerna då riskerar att slå i kolvarna.

110 Motor, ihopsättning – allmänt

Se avsnitt 28.

111 Vevaxel och ramlager – montering

1 Innan montering av vevaxel eller ramlager måste man bestämma tjockleken på tätningarna vid ramlager nr 1. Lägg därför vevaxeln på plats utan tätningar, sätt i de två skruvarna. Ta fram en borr eller lämplig stång för att kontrollera packningens dimension. Mät tätningsspåret. Om spåret är mindre än 5 mm, krävs en 5,10 mm tjock tätning. Om spåret är mer än 5 mm krävs 5,3 mm tätning. Anskaffa rätt tätning och fortsätt som följer.
2 Rengör baksidan på lagerskålarna samt lagersätena i block och överfall.
3 Tryck lagerskålarna utan oljehål på plats i överfallen, se till att styrningen går i spåret.
4 Tryck lagerskålarna med oljehål på plats i motorblocket (se foto).
5 Om de gamla lagren används måste de sättas tillbaka där de tidigare suttit.
6 Använd lite fett för att fästa tryckbrickorna på ömse sidor om ramlager nr 2, oljespåren på tryckbrickorna ska vara vända utåt (se foto).
7 Smörj tätningsläpparna på den nya bakre tätningen, sätt den försiktigt på plats på vevaxeln. Läpparna är ömtåliga, var försiktig. Se till att den öppna änden är vänd mot motorn (se foto).
8 Smörj lagren rikligt i cylinderblocket och lägg vevaxeln på plats.

111.7 Vevaxeltätning på plats

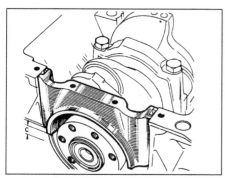

Fig. 1.47 Överfall nr 1 monterat, innan tätningsmedel fyllts på (avsn 111)

c = 10,00 mm (ca)

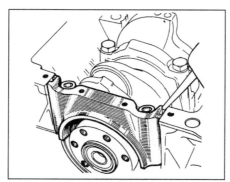

Fig. 1.48 Tätningsmedel fylls i sidospåren för överfall nr 1 (avsn 111)

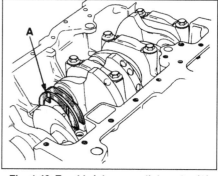

Fig. 1.49 Tryckbrickornas oljekanaler (A) vänds utåt (avsn 111)

9 Montera överfallen, utom nr 1, enligt tidigare numrering så att styrningen på lagerskålarna befinner sig på samma sida (se foto). Montera skruvarna och dra åt dem med fingrarna.

10 Kontrollera att spåren i ramlager nr 1 och deras motsvarande ytor på vevhuset är helt rena och torra.

11 Montera överfallet i blocket så att ca 10 mm fattas innan det bottnar (d v s inte helt nedtryckt).

12 Tryck i tätningsmassa (finns hos Volvo) i sidospåren, se till att de kommer ända ner till tätningsytan mot blocket.

13 Sätt i och dra skruvarna till angivet moment, ta sedan bort överflödigt tätnings-medel.

14 Lägg oljetätningen så att den går jäms med överfall och block, dra sedan övriga skruvar till angivet moment. Kontrollera att vevaxeln rör sig fritt.

15 Kontrollera vevaxelns axialspel, med bladmått, mellan tryckbrickorna och flänsen på vevaxeln. Om nya tryckbrickor används, borde spelet överensstämma med specifikationen. Om de gamla brickorna används och spelet är för stort, måste nya brickor anskaffas. Dessa finns i ett antal överdimensioner.

112 Kolvar och vevstakar – montering

1 Rengör baksidan på lagerskålarna och lagerlägen i vevstake och överfall. Om nya

111.9A Olja in lagertapparna . . .

lager monteras, kontrollera att skyddsfettet tvättas av ordentligt.

2 Sätt lagren på plats i vevstakar och överfall och smörj dem rikligt.

3 Montera en ringkompressor på kolv nr 1, för sedan in kolv och vevstake i loppet. Med ettans vevsläng i undre läge, tryck kolven försiktigt in i cylindern med träskaftet på en hammare, styr samtidigt vevstaken mot vevslängen (se foto). Se till att märkningen V på kolvtoppen, eller pilen, är vänd mot svänghjulet.

4 Montera rätt överfall enligt tidigare märkning, dra muttrarna till angivet moment.

5 Kontrollera att vevaxeln rör sig fritt.

6 Upprepa proceduren i punkterna 3–5 för cylinder nr 4. Vrid sedan vevaxeln ett halvt varv

111.9B . . . innan överfallen monteras

och gör på samma sätt för cylinder nr 2 och 3.

7 Om motorn är kvar i bilen, montera oljepump, tråg och topplock.

113 Vevaxelns frontplåt – montering

1 Stryk ett lager CAF 4/60 THIXO pasta på plåtens tätningsytor.

2 Om tätningen redan monterats, smörj läpparna, sätt sedan plåten på motorblocket (se foto). **Notera:** *Det halvmånformade uttaget undertill i plåten är en oljekanal och får inte blockeras av tätningsmedel.*

3 Dra åt skruvarna diagonalt.

4 Om tätningen inte monterats, montera den nu enligt anvisning i avsnitt 97.

112.3 Montering av kolv med ringkompressor

113.2 Montering av frontplåt . . .

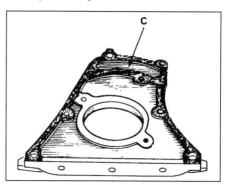

Fig. 1.50 Lägg tätningsmedel på frontplåten. Se till att oljekanalen (C) är fri (avsn 113)

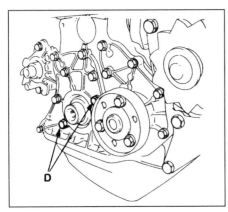

Fig. 1.51 Lägg tätningsmedel på gängorna
för dessa två skruvar (D) (avsn 113)

115.2A Lägg tätningspasta på tråget . . .

115.2B . . . dra åt skruvarna

113.6 . . . och vevaxeldrev

5 Om de två skruvarna på ömse sidor om vevaxeln har demonterats, stryk tätningsmedel på gängorna innan montering.
6 Montera vevaxeldrev, glöm inte Woodruff-kilen (se foto).

114 Oljepump – montering

1 Sätt oljepumpen på plats, med axeln i ingrepp med drevet (se foto).
2 Sätt tillbaka skruvarna, dra dem ordentligt.
3 Om motorn är kvar i bilen, montera tråget.

115 Oljetråg – montering

1 Kontrollera att tätningsytorna på tråg och vevhus är rena och torra.
2 Lägg en sträng CAF 4/60 THIXO pasta på trågets tätningsyta, placera det i rätt läge. Sätt tillbaka skruvarna, dra dem diagonalt (se foto).

116 Svänghjul – montering

1 Rengör passningsytorna på svänghjul och vevaxel och montera sedan svänghjulet, se till att tidigare gjorda passmärken stämmer.
2 Lägg lite låsvätska på skruvgängorna, dra åt skruvarna diagonalt till angivet moment (se foto).
3 Svänghjulet kan endast monteras på ett

114.1 Montering av oljepump

sätt, eftersom skruvhålen är förskjutna.
Notera: *För att undvika att ventilerna slår i kolvarna bör svänghjulet monteras innan topplocket, eller efter det att kamremmen monterats.*

117 Motorblock – kontroll vid montering av aggregat

1 Med oljetråget monterat, kontrollera att avtappningspluggen är på plats, med ny bricka.
2 Vänd motorn upprätt, stöd den på träklossar.
3 Om detta inte redan gjorts, montera aggregataxeln.
4 Har motorfästena samt generatorfästet tagits bort, montera dessa (se foto).
5 Montera vattenpumpen enligt anvisning i kapitel 2.
6 Montera remspännaren (se foto). Om så inte redan gjorts, montera först drev på vevaxel och aggregataxel.
7 Montera oljetryckskontakten (se foto), använd ny bricka.
8 Montera oljefiltret enligt anvisning i avsnitt 126.

118 Topplock – ihopsättning

1 Använd lämplig rörbit för att montera tätningarna på insugningsventilernas styrningar (se foto).

116.2 Använd låsvätska på svänghjulets skruvar

117.4 Generatorfäste

117.6 Montering av remspännare

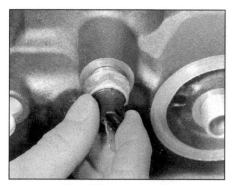

117.7 Oljetryckskontakt

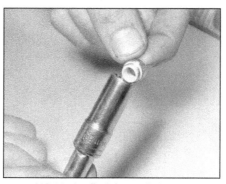

118.1A Användning av hylsa . . .

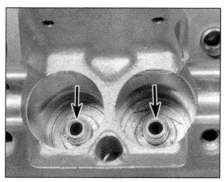

118.1B . . . för att montera tätningarna (vid pilarna)

2 Smörj ventilspindlarna, sätt ventilerna på plats där de tidigare suttit. Om nya ventiler monteras, sätt dem där de slipats in (se foto).
3 Börja med ventil nr 1, montera undre fjädersäte, ventilfjäder och övre säte (se foto).
4 Tryck ihop ventilfjädern och sätt knastren på plats i uttaget på ventilspindeln. Avlasta fjäderkompressorn, gör om proceduren för övriga ventiler.
5 Med alla ventiler monterade, lägg topplocket på sidan, knacka på alla ventilspindlar med en plasthammare så att detaljerna sätter sig.
6 Om motorn är kvar i bilen, montera tryckare, kamaxel, bränslepump, bränslefilter, grenrör samt termostat.

118.2 Montering av ventil . . .

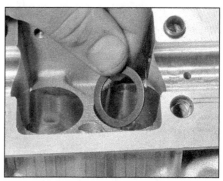

118.3A . . . fjädersäte . . .

119 Kamaxel och ventiltryckare – montering

1 Smörj tryckarna, sätt dem på plats där de tidigare suttit. Se till att justerbricka av rätt tjocklek är monterad.
2 Smörj kamaxellagren (se foto), lägg kamaxeln på plats. Placera oljetätningarna så att de går jäms med topplockets yta, sätt tillbaka lageröverfallen. Kontrollera att lagren sitter på samma ställe som tidigare, samt är rätt vända (se foto).
3 Stryk låsvätska på låsgängorna, dra skruvarna till angivet moment (se foto).
4 Montera kamaxeldrevets bakre kåpa på cylinderlocket, sätt fast med skruven.

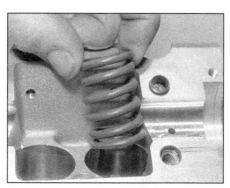

118.3B . . . och fjäder

119.2A Olja in lagren . . .

119.2B . . . innan kamaxel och överfall monteras . . .

119.3 . . . och skruvarna dras åt

119.5 Åtdragning av kamdrevets skruv

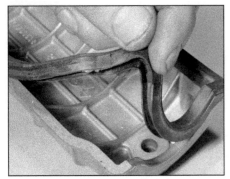

119.6A Montera ny tätning . . .

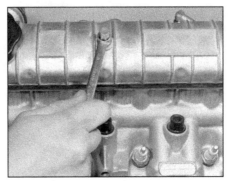

119.6B . . . innan kåpan monteras

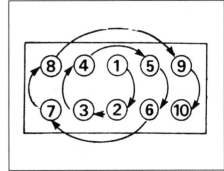

Fig. 1.52 Ordning för åtdragning av topplocksskruvar (avsn 120)

5 Sätt Woodruffkilen i spåret, montera kamdrev och fästskruv. Hindra på samma sätt som vid demontering kamaxeln att vrida sig, dra åt fästskruven till angivet moment (se foto).
6 Om motorn är kvar i bilen, montera bränslepump, kamrem och fördelarlock, kontrollera sedan ventilspelen innan kamkåpan monteras (se foto).

120 Topplock – montering

1 Kontrollera att tätningsytorna på topplock och motorblock är helt rena, kontrollera även att gängorna är rena och torra så att skruvarna lätt kan skruvas i och ur.
2 Vrid vevaxeln så att kolv nr 1 är vid ÖDP. Håll kvar vevaxeln i detta läge med en metallstång i spåret i motorblocket.
3 Lägg en ny topplockspackning på motorblocket, styrd av stiften. Använd inget tätningsmedel (se foto).
4 Vrid kamaxeln så att märket på främre sidan på drevet står mitt för märket på bakre plåten.
5 Lägg topplocket på plats, så att styrtapparna får fäste (se foto).
6 Smörj lätt gängorna på topplocksskruvarna samt underdelen på skruvskallarna med ren motorolja, sätt skruvarna på plats och dra åt med fingrarna.
7 Dra åt skruvarna i den ordning fig. 1.52 visar, enligt anvisningarna för första steget i specifikationerna. Dra till momentet för andra steget i samma ordning.

8 Vänta tre minuter, lossa sedan alla skruvar helt. Dra åt dem igen enligt steg tre, fortfarande i samma ordning.
9 Slutgiltig åtdragning görs med vinkelmätning. Gör en skiva med två linjer, 123° från varandra, gör ett hål i mitten där linjerna korsar varandra. Börja med skruv nr 1, för hylsa och förlängning genom hålet i pappskivan. Placera första linjen på skivan i linje med dragskaftet. Håll i skivan, dra åt skruven tills dragskaftet står mitt för det andra strecket. Gör på samma sätt med återstående skruvar i samma ordning som tidigare (se foto).
10 Montera kamrem, kontrollera ventilspelen. Om motorn är kvar i bilen, sätt tillbaka vajrar och övrig utrustning, i omvänd ordning mot avsnitt 85, lägg dock följande på minnet:
  a) Dra åt skruvarna för främre avgasröret
  b) Justera choke- och gasvajrar enligt beskrivning i kapitel 3
  c) Justera remspänningen enligt beskrivning i kapitel 2
  d) Fyll på kylsystemet enligt beskrivning i kapitel 2

121 Kamrem – montering

Notera: *Då kamremmen är borttagen, rör inte kamaxeln mer än vad som behövs för att få passmärkena att stämma, ventilerna kan annars slå i kolvarna.*
1 Kontrollera att vevaxeln står vid ÖDP-

märket, samt är låst med metallstång i spåret.
2 Kontrollera att kamdrevets inställningsmärke står mot spåret i plåten samt att uttaget i vevaxeldrevets inre styrplåt är i läge kl 6; bry dig inte om märkena för aggregataxeln. Kontrollera att spännanordningen är säkrad i slackat läge.
3 Kamremmen bör ha två märken, samt två pilar som visar normal rotationsriktning. Remmen ska monteras så att de två märkena står exakt vid märkena på dreven; de två pilarna befinner sig då vanligtvis halvvägs mellan aggregataxeldrev och brytskiva.
4 Se till att banden kommer på rätt ställe, samt att pilarna pekar åt rätt håll, montera sedan remmen enligt följande. Börja med vevaxeldrevet, för sedan remmen över aggregataxeldrevet, spännrullen, kamaxeldrevet samt sist brytskivan.
5 Spänn remmen tillfälligt genom att lossa spännarens låsmutter. Ett grovt mått på remspänningen är att den ska kunna vridas 90° mellan tummen och pekfingret halvvägs mellan aggregataxeldrev och brytskiva. Dra åt spännarens låsmutter, kontrollera att inställningsmärkena fortfarande stämmer (se foto).
6 Ta bort låsstången.
7 Sätt tillbaka vevaxelns remskiva och fästskruv. Håll fast vevaxeln på samma sätt som vid demontering, dra sedan åt skruven för remskivan till angivet moment.
8 Använd en nyckel på remskiveskruven och vrid motorn framåt (medurs) två hela varv. Ställ sedan vevaxeln vid läge ÖDP igen, på

120.3 Lägg en ny topplockspackning på blocket

120.5 Montering av topplock

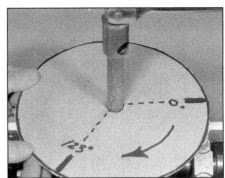

120.9 Pappskiva märkt för vinkeldragning

121.5A Placera det första märket på remmen mot urtaget i vevaxeldrevet ...

121.5B ... det andra märket mot märket på kamdrevet

121.5C Pilar som visar remmens normala rotationsriktning

kompressionsslaget, och sätt tillbaka lås-stången (avsnitt 84, punkterna 3 och 4).

9 Kontrollera nu att inställningsmärkena fortfarande står rätt; bry dig inte om märkningarna på remmen – dessa fyller en funktion endast vid monteringen. Om inställningsmärkena inte står helt rätt med remmen rätt spänd, måste remmen tas bort och sättas tillbaka på nytt.

10 Remspänningen måste nu justeras riktigt. Volvo använder specialverktyg, en mätare med detaljnummer 5197 eller 998 8500, men om dessa verktyg inte är tillgängliga, ger följande anvisning tillräcklig remspänning för att bilen ska kunna köras till en Volvoverkstad och justeras på rätt sätt. **Notera:** *Om remmen kuggar över eller går av då motorn är igång, kan stor skada orsakas. Använd inställnings-verktyg enligt rekommendationer.*

11 För justering av remspänning utan specialverktyg, använd antingen vridning av remmen som beskrivits i punkt 5 ovan, eller spänn remmen så att den går att böja 7,5 mm med måttligt tryck halvvägs mellan aggregataxeldrev och brytskiva.

12 Då remmen har rätt spänning, håll spännrullen och dra åt låsmuttern till angivet moment. Om remspänningen ändras avsevärt, gör om proceduren i punkterna 8 och 9 ovan. Ta bort lásstången, sätt tillbaka täckpluggen.

13 Sätt tillbaka kamremskåpan, tändstiften samt gummipluggen i uttaget på kopplingskåpan. Montera drivrem för generator/vattenpump, spänn den enligt anvisning i kapitel 2, anslut batteriet.

14 Glöm inte, där så behövs, att kontrollera kamremspänningen med riktigt verktyg.

122 Aggregat – montering

Montera alla aggregat som demonterats tidigare (se avsnitt 83).

123 Motor – montering

1 Montering av motorn sker i omvänd ordning mot avsnitt 81, lägg märke till följande.
a) Dra åt alla skruvar/muttrar till angivet moment

b) Fyll kylsystemet (kapitel 2)
c) Fyll på rekommenderad motorolja
d) Justera choke- och gasvajrar (kapitel 3)
e) Om detta inte redan gjorts, kontrollera och justera ventilspel enligt beskrivning i avsnitt 124
f) Kontrollera och justera kopplingsvajer (kapitel 5)

124 Ventilspel – kontroll och justering

1 Ventilspelen ska kontrolleras och vid behov justeras vid de intervaller som anges i Rutinmässigt underhåll i början av boken.
2 Ventilspelen kontrolleras med motorn kall.
3 Demontera luftfilter samt kamkåpa.
4 Vrid motorn med en nyckel på vevaxelskruven så att kamnockarna för cylinder nr 1 (närmast svänghjulet) pekar snett uppåt och inte är i kontakt med tryckaren.
5 Kontrollera spelet mellan kamnock och justerbricka, jämför med specifikationerna.
6 Justering sker genom byte av justerbricka till tjockare eller tunnare, vilket som erfordras.
7 Vid demontering av justerbrickan ska tryckaren vridas så att spåret pekar något inåt.
8 Volvo använder ett specialverktyg för att föra ner tryckaren så att brickan kan tas bort, men om verktyget inte är tillgängligt kan man använda en bredbladig skruvmejsel. Detta måste göras med försiktighet, eftersom skruvmejseln endast får vidröra kanten på tryckaren så att brickan kan tas bort, förmodligen behövs två personer.

124.10 Justerbricka bryts loss från tryckaren

9 Innan tryckaren förs ner, se till att kolven i berörd cylinder inte står i topp, ventilen kan då slå i kolven.
10 Tryck ner tryckaren, ta bort justerbrickan (se foto). Brickans tjocklek är märkt på undersidan, erforderlig tjocklek kan därför beräknas.
11 Smörj in den nya brickan med motorolja och montera den på samma sätt som den vid demonteringen, se till att märkningen är vänd nedåt. Kontrollera på nytt ventilspelet.
12 Gör på samma sätt med övriga ventiler. Ventilerna numreras 1–8 från svänghjulet; nummer 1, 3, 6 och 8 är avgasventiler, 2, 4, 5, och 7 är insugningsventiler.
13 Montera sedan kamkåpan, använd ny packning, montera sedan luftrenaren.

125 Motorolja – byte

1 Motoroljan ska bytas vid de intervaller som anges i Rutinmässigt underhåll i början av boken.
2 Oljenivån bör även kontrolleras vid de intervaller som anges i avsnittet Rutinmässigt underhåll i början av kapitlet.
3 Oljenivån kontrolleras med kall motor och bilen stående plant.
4 Dra ut oljestickan på vänster sida av motorn, torka rent med en trasa eller papper, sätt sedan tillbaka stickan så långt det går. Ta på nytt bort stickan och kontrollera oljenivån (se foto).
5 Nivån ska ligga mellan stickans två märken.

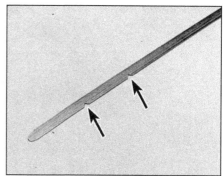

125.4 Märken på oljestickan för hög och låg nivå (vid pilarna)

125.6 Demontering av avtappningsplugg

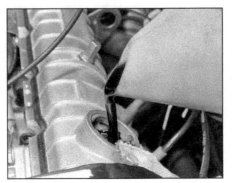

125.8 Påfyllning av motorolja

126.4 Montering av oljefilter

6 Vid byte av motorolja, vilket bäst sker med motorn varm för att underlätta avtappningen, ta bort avtappningspluggen i oljetråget och låt all olja rinna ut i lämplig behållare (se foto).

7 Montera ny bricka på avtappningspluggen, sätt tillbaka den i tråget, dra åt till angivet moment.

8 Fyll på ny motorolja (se avsnittets specifikationer beträffande volym), genom påfyllningshålet i kamkåpan upptill på motorn (se foto).

126 Oljefilter –
demontering och montering

1 Oljefiltret är placerat på höger sida om motorblocket.

2 Filtret ska bytas vid de intervaller som anges i Rutinmässigt underhåll i början av boken, det sker vanligen i samband med oljebyte.

3 Lossa filtret med en filternyckel om det sitter hårt.

4 Stryk lite olja på det nya filtrets tätningsring, skruva det på plats för hand (se foto).

5 Om filtret byts utan oljebyte, måste ca 0,5 liter motorolja fyllas på, då denna mängd ryms i filtret.

6 Kör igång motorn och låt den gå tills den får normal arbetstemperatur, kontrollera beträffande läckage.

DEL D: ALLA MOTORER

127 Kompressionsprov

1 Om man misstänker att cylinderlopp, kolvringar eller ventiler och ventilstyrningar är slitna, kan ett kompressionsprov bekräfta förekomsten av något av detta. Särskild vikt ska läggas vid skillnaden mellan kompression i cylindrarna, hellre än vid den absoluta nivån.

2 Ta ett kompressionsprov enligt anvisningar från instrumenttillverkaren.

3 Demontera tändstiften.

4 Motorn ska ha normal arbetstemperatur.

5 Sätt kompressionsprovaren i tändstiftshålen på cylinder nr 1, låt någon köra runt motorn med startmotorn och helt öppet gasspjäll. Notera det uppmätta trycket, gör på samma sätt för övriga cylindrar. Kompressionstrycken finns angivna i specifikationerna.

6 Notera batteriets kondition, koksavlagringar i motorn samt olika testinstrument kan påverka provet.

7 Efter avslutat prov, sätt tändstiften samt tändkablarna på plats.

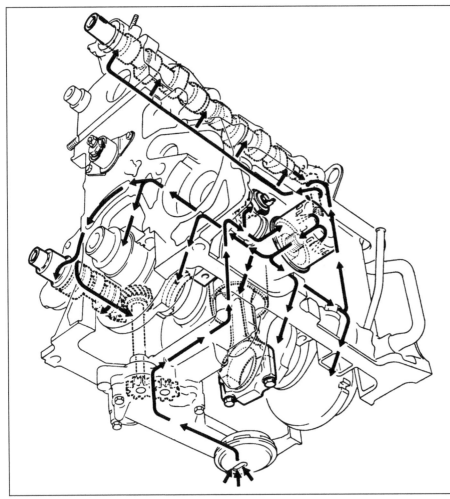

Fig. 1.53 Smörjsystemet (avsn 126)

Felsökning – motor

Motorn startar inte

Urladdat batteri
Lösa batterikabelskor
Lösa anslutningar eller avbrott i tändsystemets kablar
Fukt på tändstift, fördelarlock eller tändkablar
Felaktiga tändstiftsgap
Sprickor i fördelarlock eller rotor
Annat fel på tändsystemet
Smuts eller vatten i förgasaren
Bränsletanken tom
Defekt bränslepump
Annat fel i bränslesystemet
Defekt startmotor
Dålig kompression

Ojämn tomgång

Luftläckage vid insugningsgrenrör
Läckage vid topplockspackning
Slitna vipparmar, sliten kamkedja eller -rem, drev eller kedjehjul
Slitna kamnockar
Defekt bränslepump
Felaktiga ventilspel
Lösa slangar till vevhusventilationen
Förgasaren feljusterad
Ojämn kompression

Motorstopp

Förgasaren feljusterad
Luftläckage vid insugningsrör
Felaktigt tändläge

Motorn misständer

Tändstift slitna eller har fel elektrodavstånd
Smuts eller vatten i förgasaren
Förgasaren feljusterad
Bränd ventil
Läckage vid topplockspackning
Fördelarlock spräckt
Felaktiga ventilspel
Ojämn kompression
Förgasaren sliten

Hög oljeförbrukning

Slitna kolvar, cylinderlopp eller kolvringar
Ventilstyrningar och spindeltätningar slitna
Oljeläckage från ventilkåpa, kamkåpa, packningar eller oljetätningar

Motorn baktänder

Förgasaren feljusterad
Felaktigt tändläge
Felaktiga ventilspel
Luftläckage vid insugningsrör
Kärvande ventil

Motorn glödtänder

Koksbeläggningar som orsakar självantändning
För högt tomgångsvarv
Defekt elektriskt tomgångsmunstycke

Noteringar

Kapitel 2 Kylsystem

Innehåll

Specifikationer

System typ .... Slutet, med expansionskärl, termostat, vattenpump och antingen konventionell fläkt, viskoskoppling eller termostatstyrd elfläkt

Termostat

Typ .... Vax
Börjar öppna:
B14 .... 86 till 89°C eller 89 till 92°C
B172 .... 89°C
B19 .... 91 till 93°C
B200 .... 86 till 88°C eller 91 till 93°C
Helt öppen vid temperatur:
B14 .... 100 eller 105°C
B172 .... 101°C
B19 .... 102°C
B200 .... 97 eller 102°C

Kylare

Typ .... Tvåradig

Expansionskärl

Lock öppnar:
B200 .... 65 till 85 kPa
Alla övriga modeller .... 75 kPa

Volym

B14:
Fram till 1980 .... 5,5 liter
Fr o m 1980 .... 5,2 liter
B172 .... 8,0 liter
B19:
Fram till 1982 .... 8,0 liter
Fr o m 1982 .... 7,0 liter
B200 .... 7,0 liter

Åtdragningsmoment   Nm

B14-modeller
Termokontakt i kylare 18
Vattenpumplock 8
Vattenpumphus 8
Vattenpump på topplock 8
Kylare, fästskruvar 20
Vattenpump, remskiva 21
Vattenpump, remskiva med extra fläkt 15

B19- och B200-modeller (där de skiljer sig från ovan)
Viskoskoppling, skruvar och muttrar 9
Termostathus 10

B172-modeller (där de skiljer sig från ovan)
Vattenpump, skruvar 12
Termostathus 9
Tempgivare i topplock 20

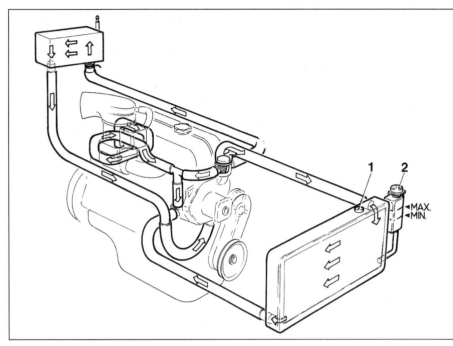

Fig. 2.1 Kylsystem (B14-modeller fram till 1982) (avsn 1)

1 Plugg   2 Expansionskärlets lock

1 Allmän beskrivning

Kylsystemet består av en framtill monterad kylare, kylfläkt, termostat och vattenpump. Systemet tryckregleras av en ventil i expansionskärlets lock.

Fläkt och vattenpump drivs av en kilrem från vevaxeln, remmen driver även generatorn. Kylvätskan används även till värmeaggregatet samt till förvärmning av insugningsröret.

Vattenpumpen suger avkylt vatten från kylarens undre del och pumpar det genom kylkanalerna i topplock och motorblock för avkylning av motorn. När motorn är kall är

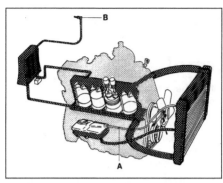

Fig. 2.2 Kylsystem (B19-och B200-modeller, samt B14 fr o m 1982) (avsn 1)

A Ventilationsrör   B Avluftningsskruv

termostaten stängd och vattnet kan inte passera till kylaren, utan slussas tillbaka genom motorn. Detta ger snabb uppvärmning, och så snart temperaturen når termostatens öppningstemperatur, släpper termostaten fram vatten till kylaren. Vattnet kyls under inverkan av luftströmmen genom kylaren, som förstärks med kylfläkten. Motortemperaturen hålls därmed på optimal nivå.

En termoelektrisk givare i motorblocket sänder information om temperaturen till ett mätinstrument i bilen.

Expansionskärlet låter kylvätskan expandera då den är varm och ser till att systemet alltid är fullt.

2 Rutinmässigt underhåll

Vid de intervaller som anges i Rutinmässigt underhåll i början av boken, utför följande:

Kylvätska

1 Kontrollera kylvätskenivån, fyll på vid behov. Om vätska ofta behöver fyllas på, kontrollera systemet beträffande läckage (avsnitt 4 och 5).
2 Kylvätskan bör bytas på hösten vart annat år. Detta på grund av att de rosthindrande tillsatserna börjar förlora sin effektivitet efter denna tid (avsnitten 3, 4 och 5).

Allmänt

3 Kontrollera med jämna mellanrum alla kylslangar beträffande åldring och läckage, byt vid behov. Detta är speciellt viktigt inför vintern.

3 Kylsystem – avtappning och spolning

1 Kylvätskan bör helst tappas av när motorn är kall. Om detta inte är möjligt, lägg en trasa över locket på expansionskärlet, vrid det sakta moturs. Låt trycket utjämnas, ta sedan bort locket helt (se foto).
2 Om kylvätskan skall sparas för fyllning igen, ställ en lämplig behållare under undre kylarslangen.

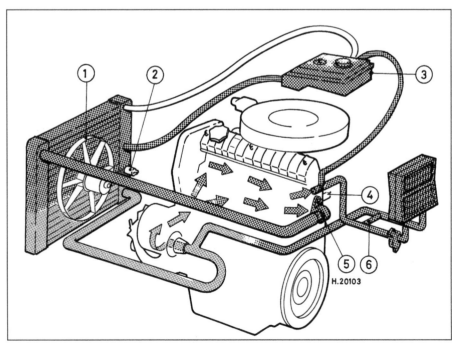

Fig. 2.3 Kylsystem (B17-modeller) (avsn 1)

1 Fläkt	*3 Expansionskärl*	*5 Termostat*
2 Kontakt	*4 Givare*	*6 Överströmning*

3.1 Lock för expansionskärl

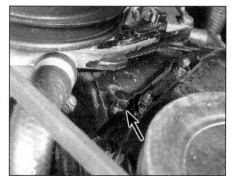

3.4 Avtappningsplugg på motorblock under vattenpumpen

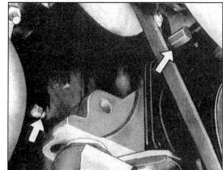

Fig. 2.4 Avtappningsplugg på motorblock (tidiga B14-modeller) (avsn 3)

3 Lossa den undre kylarslangen, ta bort pluggen på kylaren, ställ värmereglaget i läge max värme.

4 Lossa avtappningspluggen (-arna) på höger sida om motorblocket under avgasgrenröret (endast tidiga modeller), samt framtill under vattenpumpen (se foto). B172-modeller har ingen avtappningsplugg på motorblocket, så undre kylarslangen måste lossas. Detta kan även göras på övriga modeller för att snabba på processen.

5 Om kylvätskan är rostig eller har mörkbrun färg, bör kylare och motorblockets kanaler spolas rena med en slang vid anslutningen för övre kylarslangen. **Notera:** Se till att motorblocket har kallnat innan kallt vatten spolas igenom, annars kan sprickor uppstå.

6 Om, efter rimlig tid, vattnet från motorblocket fortfarande inte är rent, kan kylaren spolas med ett lämpligt rengöringsmedel. Regelbundet byte av kylvätska minskar behovet för spolning.

7 Fyll systemet enligt anvisning i avsnitt 4.

4 Kylsystem – påfyllning

B14-modeller (fram till 1982)

1 Sätt tillbaka och dra åt avtappningspluggarna och anslut undre kylarslangen till kylaren. Kontrollera att värmereglagen är i läge max värme.

2 Fyll kylvätska enligt föreskriven blandning

(se nästa avsnitt) i kylaren, tills nivån är i underkant av påfyllningshålet.

3 Fyll expansionskärlet med kylvätska till max nivå, sätt sedan tillbaka locket.

4 Starta motorn och låt den gå på snabb tomgång tills den når normal arbetstemperatur och termostaten öppnas.

5 Med motorn på tomgång, lossa ventilationsskruven (där sådan finns) på trevägsanslutningen framtill på motorn, låt innesluten luft strömma ut. Dra åt skruven när inga luftbubblor syns.

6 Anslut en bit plastslang från värmeaggregatets ventilationsskruv (se foto) till öppningen i kylaren. Låt motorn gå på snabb tomgång, lossa skruven och låt luften strömma ut, dra åt skruven när inga mer bubblor syns. Ta bort slangen.

7 Stanna motorn och fyll kylaren full, sätt sedan tillbaka locket.

8 Ta bort påfyllningslocket på expansionskärlet, fyll till max nivå. Sätt sedan tillbaka locket.

B14- (fr o m 1982), B172-, B19- samt B200-modeller

9 Dessa modeller har självluftande expansionskärl, det finns inte heller någon påfyllningsmöjlighet i kylaren. Avtappning sker på samma sätt som för tidigare modeller.

10 Fyll systemet till maxmärket på expansionskärlet (se foto). Låt motorn gå tills den har normal arbetstemperatur, termostaten ska då öppna. Kontrollera expansionskärlet;

då vätskan som strömmar in i kärlet inte innehåller luftbubblor, stanna motorn och låt den kallna innan kylvätska fylls till maxmärket.

5 Kylvätska – byte

1 Kylvätskan bör bytas vart annat år så att frostskydd och rostskydd behåller sin effektivitet.

2 Innan ny kylvätska fylls på, kontrollera alla slanganslutningar, kontrollera helst också topplockets åtdragning (se kapitel 1).

3 Blanda kylvätskan i en separat behållare, fyll systemet enligt anvisning i avsnitt 4.

4 Vid användning av Volvo kylvätska typ C, ska blandningsförhållandet vara en del kylvätska till två delar vatten. Om annat frostskydd används, följ tillverkarens anvisningar.

6 Kylare – demontering, kontroll, rengöring och montering

B14 modeller (fram till 1983)

1 Tappa av kylsystemet enligt beskrivning i avsnitt 3.

2 Lossa batteriets negativa anslutning.

3 Ta bort reservhjulet från motorrummet.

4 Demontera skruvar och brickor som håller undre delen av fläktkåpan vid kylaren.

4.6 Ventilationsskruv för värmesystem (tidiga modeller)

4.10A Fyllning av systemet via expansionskärlet . . .

4.10B . . . till maxmärket

6.6 Slang mellan expansionskärl och kylare (vid pilen)

6.9 Kylarens övre fästskruv (vid pilen) (B14-modeller fram till 1983)

6.22 Kylarens undre slang och ventilationsslang på B19- och B200-modeller (vid pilarna)

5 Demontera kylarens undre fästskruvar, brickor, hylsor samt gummiinfästningar.
6 Lossa expansionskärlets slang från kylarens högra sida (se foto), samt från undersidan.
7 Demontera skruvar och brickor som håller övre delen av fläktkåpan, häng kåpan över fläkten.
8 Lossa övre kylarslangen från kylaren.
9 Demontera kylarens övre fästskruv, brickor samt gummiinfästningar, stöd samtidigt kylaren (se foto). Lyft kylaren från motorrummet, se till att inte cellerna skadas mot fläktbladen. Låt inte kylvätska komma på karossen, eftersom färgen kan skadas.
10 Vid behov, demontera skruvar och klammor och ta bort expansionskärlet.

6.24 Kylarens undre fästskruv och fäste på B19- och B200-modeller

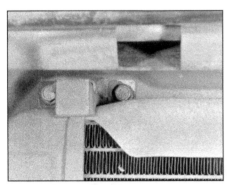

6.28 Övre fäste och skruvar på B172-modeller

11 Kylarreparationer överlåts bäst till en specialist, men mindre läckage kan åtgärdas med vissa kemiska produkter.
12 Rengör kylarpaketet. Ta bort flugor och löv med en mjuk borste eller en slang.
13 Skölj kylaren enligt beskrivning i avsnitt 3. Kontrollera slangar och slangklammor beträffande skador, byt dem vid behov.
14 Montering sker i omvänd ordning, men notera även följande.
 a) Dra åt alla slangklammor, kontrollera att de är i rätt läge
 b) Kontrollera expansionskärlets lock beträffande skador, byt vid behov

B14-modeller (från och med 1983)
15 Lossa kablarna från termokontakten.
16 Ta bort de undre fästskruvarna från kylaren samt de undre skruvarna för fläkten.
17 Lossa undre kylarslangen, de två slangarna från expansionskärlet samt den övre kylarslangen.
18 Lossa kylarens övre infästning, ta bort de övre skruvarna, placera fläkten på främre tvärbalken.

19 Lyft kylaren uppåt ut ur motorrummet.
20 Se tidigare beskrivning beträffande rengöring och reparation.

B19- och B200-modeller
21 Demontera grill och främre stötfångare enligt beskrivning i kapitel 9.
22 Lossa övre och undre kylslangar samt den lilla ventilationsslangen (se foto).
23 Lossa kablarna till termokontakten (om sådan finns).
24 Demontera kylarens undre skruvar och fäste, sedan den övre vänstra skruven, de högre skruvarna och fästena (se foto).
25 Ta bort kylaren framåt, dra ut underdelen och för den sedan nedåt.
26 Rengöring och reparation sker enligt beskrivning för B14-modellen.
27 Montering sker i omvänd ordning, men stryk vaselin på gummiinfästningarna.

B172-modeller
28 Arbetet sker enligt beskrivning för B19-modellen, förutom att främre stötfångaren inte behöver tas bort (se foto).

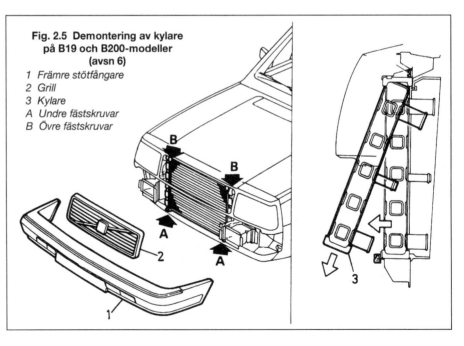

Fig. 2.5 Demontering av kylare på B19 och B200-modeller (avsn 6)
1 Främre stötfångare
2 Grill
3 Kylare
A Undre fästskruvar
B Övre fästskruvar

7.4 Termostaten, placerad i kylarslangen på B14-modellerna

7.10 Termostathus och termostat på B19- och B200-modellerna

7.12 Termostathus på B172-modellerna

7 Termostat – demontering, kontroll och montering

B14-modeller

1 En defekt termostat kan orsaka överhettning eller långsam uppvärmning av motorn, den kan också påverka värmeanläggningens effektivitet.

2 Tappa av kylsystemet enligt avsnitt 3, men bara så mycket att vätskenivån är under vattenpumpen.

3 Lossa klamman och slangen upptill på vattenpumpen.

4 Lossa klamman som håller termostaten i slangen, ta sedan bort termostaten (se foto).

5 Vid kontroll av termostat, häng termostaten i ett snöre i ett kärl med kallt vatten, värm sedan vattnet. Använd en termometer för att kontrollera vid vilken temperatur termostaten öppnar, jämför med specifikationen.

6 Ta upp termostaten och låt den kallna; då den kallnat helt måste ventilen vara helt stängd.

7 Montering sker i omvänd ordning, men se till att klamman är på plats över termostaten så den inte kan röra sig. Fyll på kylsystemet enligt beskrivning i avsnitt 4.

B19- och B200-modeller

8 Termostaten visas i fig. 2.7. Notera växelfunktionen då kylvätskan tillåts flyta genom slangen som är ansluten upptill på termostathuset till kylaren. Cirkulationen till vattenpumpen stängs av en tunga i botten på termostaten. För att systemet ska fungera tillfredsställande får denna tunga inte böja sig eller vridas vid demontering eller montering av termostaten.

9 Vid byte av defekt termostat, sänk kylvätskenivån i motorn genom att delvis tappa av kylvätskan. Samla upp vätskan i en ren behållare så att den kan användas igen.

10 Ta bort muttrarna som håller termostathus och lyftögla. Ta bort termostathuset och sedan termostaten (se foto).

11 Rengör kontaktytorna på topplock och hus. Montera ny termostat, i samma läge, med ny packning. Montera hus och lyftögla. Fyll på kylsystemet genom expansionskärlet.

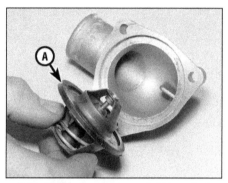

7.14 Montering av termostat i huset på B172-motor. (A – tätningsring)

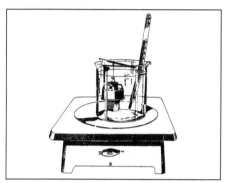

Fig. 2.6 Kontroll av termostat (avsn 7)

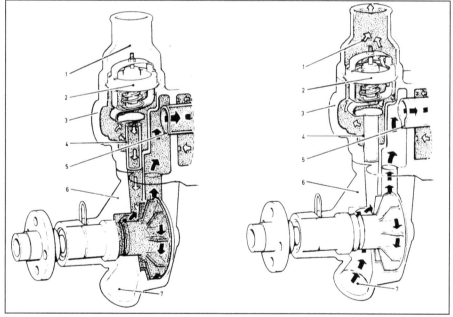

Fig. 2.7 Termostatens funktion på B19 och B200 modeller – stängd (till vänster) och öppen (till höger) (avsn 7)

1 Till kylare (övre del)	3 Topplock	5 Fördelningsrör	7 Från kylare
2 Termostat	4 Överströmningskanal	6 Vattenpump	(undre del)

B172-modeller

12 Termostaten sitter i ett hus baktill på motorblocket (se foto).

13 Demontera slangen, lossa de tre fästskruvarna, ta bort hus och termostat.

14 Vid montering, se till att gummitätningen runt termostaten är i god kondition, byt vid behov (se foto).

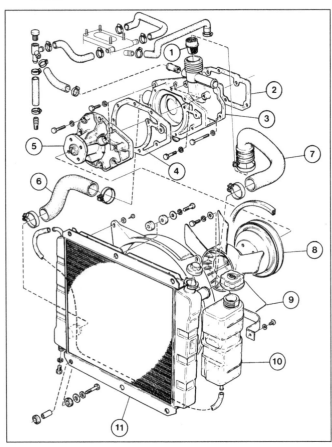

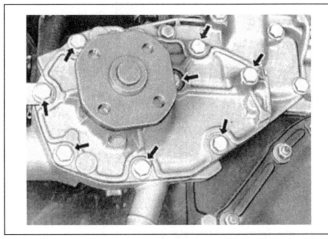

Fig. 2.9 Pumplock och skruvar – vid pilarna (tidiga B14-modeller) (avsn 8)

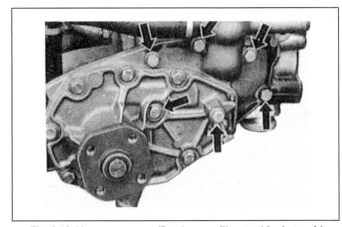

Fig. 2.8 Kylare och vattenpump (tidiga B14-modeller) (avsn 8)

1 Termostat	5 Vattenpump	9 Fläkt
2 Packning	6 Undre slang	10 Expansionskärl
3 Vattenpumphus	7 Övre slang	11 Kylare
4 Packning	8 Remskiva	

Fig. 2.10 Vattenpumpens fästskruvar till motorblocket – vid pilarna (tidiga B14-modeller) (avsn 8)

8 Vattenpump – demontering och montering

B14-modeller (fram till 1982)

1 Lossa batteriets negativa anslutning, tappa av kylvätskan.

2 Demontera kylaren enligt beskrivning i avsnitt 6, ta bort fläkthuset.

3 Lossa generatorns fäst- och justerskruvar, tryck generatorn mot motorn; drivremmen kan nu tas bort från vattenpumpens remskiva.

4 Lossa fläktens fästskruvar, ta bort fläkt och remskiva från vattenpumpflänsen. Notera placeringen av distansringen. **Notera:** *På tidiga modeller hade skruvarna låsbrickor och planbrickor under skruvskallarna. På senare modeller, som är kortare, används vågbrickor. De längre skruvarna som tidigare användes, kan inte monteras tillsammans med vågbrickor, eftersom bultarna kan ta i pumphuset.*

5 Lossa klammorna och ta bort slangarna från vattenpumpen (se foto).

6 Endast pumplocket behöver bytas. Lossa och ta bort lockets skruvar jämnt och diagonalt, lossa sedan försiktigt locket från infästningen. Ta bort packningen.

8.5 Vattenpump och slangar på tidiga B14-modeller

8.7 Vattenpumpen på tidiga B14-modeller

7 Om hela pumpen demonteras, lossa och ta bort skruvarna som visas i fig. 2.10, ta sedan bort enheten från topplocket (se foto).

8 Ta bort alla spår av packning från vattenpump och/eller topplock, se till att tätningsytorna inte skadas.

9 Montering sker i omvänd ordning, notera dock följande:

a) Montera alltid nya packningar

b) Dra åt alla muttrar och skruvar till angivet moment, diagonalt där så är möjligt

c) Där slangklammor som kräver specialverktyg förekommer, byt dem mot konventionella slangklammor

d) Justera drivremmen enligt beskrivning i avsnitt 9

e) Fyll kylsystemet enligt anvisning i avsnitt 4

f) Kör igång motorn och kontrollera beträffande läckage

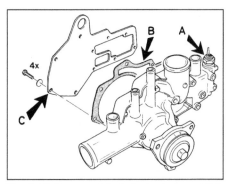

Fig. 2.11 Pump och bakstycke (senare B14-modeller) (avsn 8)

A Givare   B Packning   C Bakstycke

8.22 Remskivan hindras rotera, B172-modeller

8.23 Demontering av fästskruvar på B172-modeller

B14-modeller (fr o m 1982)

10 Arbetet går till på samma sätt, vattenpumpen är dock av annan konstruktion.
11 Packningen mellan pumphus och infästning ska monteras torrt, bakstyckets skruvar ska inte dras till rätt moment innan pumpen är på plats på blocket.

B19- och B200-modeller

12 Demontera kylaren enligt beskrivning i avsnitt 6.
13 Lossa generatorns infästnings- och justerskruvar, skjut generatorn mot motorn och ta bort drivremmarna.
14 Lossa fläkt och remskiva, demontera främre delen av remkåpan.
15 Lossa övre skruven för motorns hydrauldämparinfästning, lossa även fästets övre skruvar. Ta bort bussningarna och för fästet åt sidan.
16 Lossa kylarslang och returrör. Lossa pumpens fästskruvar, ta bort pumpen.
17 Ta bort packningsrester på motorblocket, rengör också kontaktytan för gummiringen på topplocket. Montera ny tätningsring på pumpen, se till att rätt ring används. Olika tjocklekar på ringen är tillgängliga för att kompensera för topplockspackningens tjocklek.
18 Montera ny packning på motorblocket, stryk på lite fett så att den sitter på plats. Tryck

pumpen uppåt mot topplocket och sätt i skruvarna. Montera ny gummiring på vattenreturröret, montera röret och skruvarna. Anslut undre kylarslangen.
19 Resten av monteringen sker omvänt mot demonteringen. Spänn drivremmarna enligt anvisning i avsnitt 9.

B172-modeller

20 Lossa batteriets positiva anslutning, ta bort motorns stänkplåt undertill, tappa av kylvätskan genom att lossa undre kylarslangen.
21 Lossa generatorns justerskruvar, tryck generatorn in mot motorn, ta bort drivrem för vattenpump/generator.
22 För in ett lämpligt verktyg genom ett av hålen i vattenpumpens drivfläns, så att den inte vrider sig när remskivans skruvar lossas (se foto).
23 Demontera remskivan, lossa sedan skruvarna som håller pumphuset mot motorblocket (se foto).
24 Vattenpumpen är en sluten enhet och kan inte repareras, är den defekt måste den bytas.
25 Rengör tätningsytorna på block och pump. Montera en ny packning (torrt) (se foto), montera pumpen (se foto) och dra åt skruvarna till angivet moment.
26 Resten av monteringen sker i omvänd ordning.

9 Drivrem – byte och justering

B14-modeller

1 Vid byte av drivrem, lossa först generatorns fäst- och justerskruvar. Tryck in enheten mot motorn, ta bort remmen från vevaxel, generator och fläkt och lyft sedan remmen över fläktbladen.
2 Montering sker i omvänd ordning, men spänningen justeras enligt följande.
Notera: *Felaktig remspänning kan medföra slitage på lager för generator och vattenpump, eller otillräcklig laddning och kylning som följd.*
3 Kontrollera spänningen genom att trycka in övre delen av remmen med tummen halvvägs mellan remskivorna (se foto); remmen ska gå att trycka in 10 mm.
4 För justering, lossa först generatorns fäst- och justerskruvar. Flytta generatorn så mycket att rätt spänning erhålls, dra sedan åt skruvarna. Var försiktig om en brytspak används på generatorn, se till att den endast hålls mot kanten av främre gaveln.

B19- och B200-modeller

5 Arbetet går till på samma sätt som för B14-

8.25A Montera ny packning torrt . . .

8.25B . . . sedan pumphuset

9.3 Kontroll av remspänning på B14-modeller

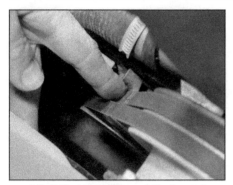

9.5 B19- och B200-modeller har två remmar

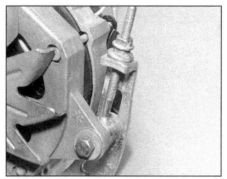

9.6 Generatorns justerskruv på B172-modellerna

9.9 Drivrem monterad runt remskivorna på B172-modellerna

10.3A Kylvätsketempgivare på B14-modellerna . . .

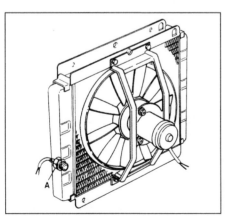

10.3B . . . och på B172-modellerna

modeller, men två drivremmar används (se foto).

B172-modeller

6 Lossa generatorns fästskruvar, slacka sedan remspänningen med justerskruven så mycket att remmen kan tas bort (se foto).
7 Remmen ska bytas om spåren i den är slitna eller skadade, om det finns gummiavlagringar nedtill i spåren, om korden är synlig någonstans, eller om olja eller fett kommit på den.
8 Innan en använd rem monteras, rengör spåren noga.
9 Montera remmen över vevaxelns remskiva, vattenpumpens och sedan generatorns remskiva (se foto).
10 Spänn remmen genom att skruva ner justerskruven tills remmen kan vridas just 90° med måttlig kraft mellan tumme och pekfinger, halvvägs på den längsta fria delen. Är remmen för hårt spänd, kan ett surrande ljud höras då motorn är igång. Remspänningen bör kontrolleras med motorn kall. **Notera:** *Ett specialverktyg för justering av remmen är tillgängligt från Volvo.*
11 Dra till slut åt generatorns fästskruvar.

10 Kylvätsketempgivare – demontering, kontroll och montering

1 Kylvätsketempgivaren är en halvledare som varierar resistansen med temperaturen. Variationer i resistansen orsakar ändringar i

strömmen som sänds genom givaren, vilket påverkar tempmätaren.
2 Givaren kan kontrolleras om den tas bort och placeras i hett vatten, med ledningarna fortfarande anslutna. Kontrollera sedan tempmätaren.
3 Vid demontering av givaren, lossa de elektriska anslutningarna, skruva sedan bort dem från motorblocket (se foto).
4 Montera i omvänd ordning, men använd ny tätningsbricka samt, om mycket kylvätska förlorats, fyll systemet enligt beskrivning i avsnitt 4.

11 Elektrisk kylfläkt med termotidkontakt – demontering och montering

1 En elektrisk kylfläkt styrd av en termotidkontakt förekommer på B172-modellerna samt på B14-modellerna från och med 1983.
2 Fläkten är monterad i en ram fastskruvad baktill på kylaren. Termotidkontakten är fastskruvad i kylaren, fläktmotorn och kontakten är elektriskt förbundna.
3 Normalt är fläkten avstängd tills temperaturen når en förinställd nivå, då termotidkontakten slår på fläktmotorn, vilket ökar flödet förbi kylaren och därmed kyleffekten.
4 Vid demontering av fläkten, lossa först ledningarna till kontakten.
5 Demontera de fyra skruvarna som håller

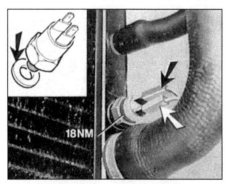

Fig. 2.13 Termokontaktens ledningar och tätningsbricka (vid pilarna) (avsn 11)

11.5 Kylarslangens undre klamma och fäste

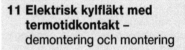

Fig. 2.12 Elkylfläkt – B14-modellerna fr o m 1984 (avsn 11)

A Termokontakt

11.7 Fästskruvar för kylfläkt/fästram

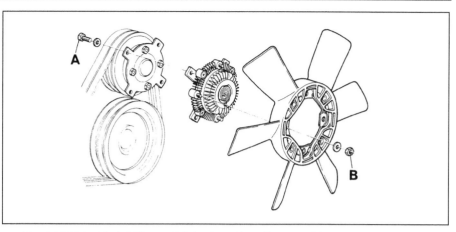

Fig. 2.14 Delar för kylfläkt med viskoskoppling – B19- och B200-modeller (avsn 12)

A Skruv   B Mutter

12.2 Kylfläkt med viskoskoppling på B19- och B200-modeller

12 Kylfläkt med viskoskoppling (B19 och B200) – demontering och montering

1 B19-modeller tillverkade från och med 1984 och alla B200-modeller har en temperaturkänslig fläktkoppling.
2 Viskoskopplingen är monterad mellan fläkten och vattenpumpens remskiva och demontering och montering framgår av fig. 2.14 (se foto).
3 Funktionen är i princip den, att om fläkten är kall, befinner sig vätskan i navets centrum och mycket liten drivkraft mellan remskiva och fläkt förekommer. När temperaturen på luftströmmen stiger, värms centrumet upp och en bimetallfjäder i kopplingen manövrerar en ventil, som låter allt mer vätska passera till den yttre delen av kopplingen. Därigenom ökar drivkraft mellan fläkt och remskiva. Fläkten är därför endast i fullt bruk då den bäst behövs, d v s då motorn är varm. Detta reducerar bränsleförbrukningen genom minskad last och fläkten går tystare.
4 Viskoskopplingen är en sluten enhet och kan inte repareras, den måste bytas om den inte fungerar.

ramen till kylaren (på vissa modeller kan det vara nödvändigt att flytta undre kylarslangen något för att komma åt skruvarna (se foto), men det kan göras utan att slangen lossas).
6 Lyft fläkt och ram bort från motorrummet.
7 Fläktbladet kan tas bort från motorns drivaxel om låsbrickan avlägsnas. Motorn hålls i ramen med skruvar (se foto).
8 Tidkontakten kan man helt enkelt skruva ut ur kylaren, den kan kontrolleras som tidigare beskrivits för kylvätsketempgivare i avsnitt 10. Använd ny tätningsbricka vid monteringen.
9 Montering av fläkten sker i omvänd ordning.

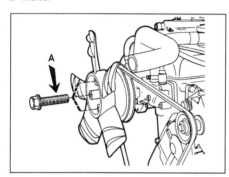

Fig. 2.15 Extra kylfläkt för dragning av husvagn (avsn 13)

A Tre skruvar

13 Extra kylfläkt för dragning av husvagn – endast vissa modeller

1 Tillverkaren rekommenderar montering av extra kylfläkt om bilen används för dragning av husvagn, speciellt i bergig terräng.
2 Denna extra kylfläkt monteras på vattenpumpens remskiva, vilket visas i fig. 2.15. Detta gäller endast vissa modeller, därför bör en Volvoverkstad konsulteras om detta är en önskvärd lösning.

Felsökning – kylsystem

Överhettning

Låg kylvätskenivå
Defekt termostat
Dålig remspänning
Igensatt kylare
Felaktigt tändläge
Igensatt kylsystem
Läckande topplockspackning
Defekt lock på expansionskärl
Felaktig inställning på förgasare
Defekt termokontakt för fläkt

Låg kylvätsketemperatur eller långsam uppvärmning

Defekt termostat

Kylvätskeförlust

Defekt lock till expansionskärl
Sprucken slang
Läckande topplockspackning
Sliten vattenpump
Kylarläckage

Noteringar

Kapitel 3 Bränsle- och avgassystem

Beträffande ändringar och information om senare modeller, se Supplement i slutet av boken

Innehåll

Specifikationer

B14-modeller

Allmänt

Tankvolym:
Total	45 liter
Reserv	5 liter

Bränslepump:
Typ	Mekanisk
Matningstryck	16 till 26 kPa
Oktantal	96 RON

Weber förgasare

Typ	Tvåports fallförgasare
Beteckning	Weber 32 DIR

Tomgångsvarv:
B14.0	750 rpm
B14.1/2/3/4:	
Manuell växellåda	900 ± 50 rpm
Automatväxellåda	800 ± 50 rpm

CO-halt vid tomgång:
B14.0	1,5 till 4,0%
B14.1/2/3/4	1,5 till 3,0%

Inställningar (fram till 1982):

93-100 och 95-100	Första steget	Andra steget
Halsring	24	24
Huvudmunstycke (bränsle)	110 till 115	132 till 135
Huvudmunstycke (luft)	135 till 155	155 till 175
Emulsionsrör	F20	F6
Tomgångsmunstycke (bränsle)	42 till 48	47 till 53
Tomgångsmunstycke (luft)	125 till 145	65 till 75
Accelerationspump, munstycke	60	–
Mekanisk chokespjällöppning	3,5 till 4,5 mm	3,5 till 4,5 mm
Pneumatisk chokespjällöppning	5,5 till 6,5 mm	5,5 till 6,5 mm
Gasspjällöppning (med full choke)	0,85 till 0,95 mm	
Flottörnål	1,75 mm	
Flottörhöjd (med packning)	7 mm	

Alla övriga förgasare

	Första steget	Andra steget
Halsring	23	24
Huvudmunstycke (bränsle)	125 till 130[1]	117 till 123
Huvudmunstycke (luft)	170 till 190	125 till 145
Emulsionsrör	F53	F6
Tomgångsmunstycke (bränsle)	44 till 50	55 till 65[2]
Tomgångsmunstycke (luft)	105 till 125	–
Accelerationspump, munstycke	50	–
Mekanisk chokespjällöppning	3,5 till 4,5 mm	3,5 till 4,5 mm
Pneumatisk chokespjällöppning	4,0 till 5,0[3] mm	4,0 till 5,0[3] mm
Gasspjällöppning (med full choke)	0,85 till 0,95 mm	
Flottörnål	1,75 mm	
Flottörhöjd (med packning)	7 mm	

1 Förgasare 84-100: 127-133
2 Förgasare 74-100, 83-100 och 85-100:0
3 Förgasare 85-100:5,5 till 6,5 mm

Inställningar (fr o m 1982):

93-101 och 95-101

	Första steget	Andra steget
Halsring	24	24
Huvudmunstycke (bränsle)	110 till 115	132 till 135
Huvudmunstycke (luft)	145 till 165[4]	–
Emulsionsrör	F20	F6
Tomgångsmunstycke (bränsle)	47 till 53	0
Tomgångsmunstycke (luft)	125 till 145	65 till 75
Accelerationspump, munstycke	45	45
Mekanisk chokespjällöppning	3,5 till 4,5 mm	3,5 till 4,5 mm
Pneumatisk chokespjällöppning	5,5 till 6,5 mm	5,5 till 6,5 mm
Gasspjällöppning (med full choke)	0,85 till 0,95 mm	–
Flottörnål	1,75 mm	
Flottörhöjd (med packning)	7 mm	

4 Förgasare 95-101: 135 till 155

104-100, 105-100, 109 (med bränsleavstängning) och 110 (utan bränsleavstängning)

	Första steget	Andra steget
Halsring	23	24
Huvudmunstycke (bränsle)	120 till 125[5]	135 till 140
Huvudmunstycke (luft)	180 till 200	180 till 200
Emulsionsrör	F20	F20
Tomgångsmunstycke (bränsle)	47 till 53	47 till 53
Tomgångsmunstycke (luft)	130 till 140	65 till 75
Accelerationspump, munstycke	45	45
Mekanisk chokespjällöppning	3,5 till 4,5 mm	–
Pneumatisk chokespjällöppning	5,5 till 6,5 mm	–
Gasspjällöppning (med full choke)	0,85 till 0,95 mm	–
Flottörnål	1,75 mm	
Flottörhöjd (med packning)	7 mm	

5 Förgasare 105-100 och 110: 122 till 127

100 och 110

	Första steget	Andra steget
Halsring	23	24
Huvudmunstycke (bränsle)	115 till 120	135 till 140
Huvudmunstycke (luft)	185 till 195	185 till 195
Emulsionsrör	F20	F20
Tomgångsmunstycke (bränsle)	50	50
Tomgångsmunstycke (luft)	135	70
Accelerationspump, munstycke	45	–
Mekanisk chokespjällöppning	3,5 till 4,5 mm	–
Pneumatisk chokespjällöppning	5,5 till 6,5 mm	
Gasspjällöppning (med full choke)	–	–
Flottörnål	1,75 mm	
Flottörhöjd (med packning)	7 mm	

Solex förgasare

Typ	Enports fallförgasare
Beteckning	32-SEIA REN
Tomgångsvarv:	
Manuell växellåda	900 ± 50 rpm
Automatväxellåda	800 ± 50 rpm
CO-halt vid tomgång:	1,5 till 3,0%

Inställningar:

796

Halsring	24 asymmetrisk
Huvudmunstycke (bränsle)	125,5 till 130,5
Huvudmunstycke (luft)	150 till 160
Emulsionsrör	X16
Tomgångsmunstycke	42 till 48
Accelerationspump, munstycke	35
Mekanisk chokespjällöppning	4,0 till 5,0 mm
Gasspjällöppning (med full choke)	0,8 mm
Flottörnål	1,5 mm
Flottörhöjd	22,7 mm
Ventilationsventil, flottörhusöppning	3,0 till 4,0 mm

814 och 828

Halsring	24 symmetrisk
Huvudmunstycke (bränsle)	120 till 125
Huvudmunstycke (luft)	160 till 170
Emulsionsrör	X17
Tomgångsmunstycke	40 till 46
Accelerationspump, munstycke	35
Mekanisk chokespjällöppning	4,0 till 5,0 mm
Gasspjällöppning (med full choke)	0,8 mm
Flottörnål	1,5 mm
Flottörhöjd	22,7[6] mm
Ventilationsventil, flottörhusöppning	3,0 till 4,0 mm

6 Förgasare 828: 22,5 mm

B 172-modeller

Allmänt

Tankvolym:

Total	45 liter
Reserv	5 liter

Bränslepump:

Typ	Sofabex M8736
Matningstryck	16 till 28 kPa
Oktantal	98 RON

Solex förgasare

Typ	Tvåports fallförgasare
Beteckning	28-34 CISAC Z-10
Tomgångsvarv	900 ± 50 rpm
CO-halt vid tomgång	0,5 till 2,0%

Inställningar:	Första steget	Andra steget
Halsring	20	26
Huvudmunstycke (bränsle)	95	120
Huvudmunstycke (luft)	185	145
Emulsionsrör	22761	22762
Tomgångsmunstycke (bränsle)	40	40
Tomgångsmunstycke (luft)	160	70
Accelerationspump, munstycke	–	46
Accelerationspump, lager	202	
Pneumatisk chokespjällöppning	3,5 mm	
Gasspjällöppning (med full choke)	2,0 mm	
Flottörnål	1,8 mm	
Vikt, flottör	6 g	
Flottörhöjd (med packning)	33,8 mm	
Ventilationsventil, flottörhusöppning	2,0 till 3,0 mm	

B19A förgasarmodeller

Allmänt

Tankvolym:

Total	57 liter
Reserv	5 liter

Bränslepump:

Typ	Mekanisk
Matningstryck	15 till 27 kPa
Oktantal	98 RON

Zenith förgasare

Typ	Enports horisontalförgasare
Beteckning	175 CD -2SE
Tomgångsvarv	900 ± 50 rpm
CO-halt vid tomgång:	
Motorer 568, 854, 902, 906, 982 och 984	1,5 till 3,0%
Motorer 552, 566, 658 och 660	1,0 till 2,5%
Inställningar:	
Dämpkolv, axialspel	1,0 till 1,8 mm
Nål	B1FG (B2BG)
Snabbtomgång	1 250 till 1 350 rpm (med färdbelysningen tänd)
Nålventil	2 mm
Flottörnivå:	
Övre	15 till 17 mm
Undre	9 till 13 mm
Spjällarm, spel	0,5 mm
Temperaturkompensator	60L
Reglerområde, termostatluftventil	20 till 30°C
Dämpklocka, oljespecifikation	Se *Rekommenderade smörjmedel och vätskor*

B200K förgasarmodeller

Allmänt

Tankvolym:	
Total	57 liter
Reserv	5 liter
Bränslepump:	
Typ	Mekanisk
Matningstryck	15 till 27 kPa
Oktantal	98 RON

Solex förgasare

	Första steget	Andra steget
Typ	Tvåports fallförgasare	
Beteckning	34-34 CISAC	
Tomgångsvarv	900 rpm	
CO-halt vid tomgång	1,0 till 2,5%	
Inställningar:	**Första steget**	**Andra steget**
Halsring	15	27
Huvudmunstycke (bränsle)	120	115
Huvudmunstycke (luft)	145	130
Emulsionsrör	ZN	ZC
Tomgångsmunstycke (bränsle)	41	60
Tomgångsmunstycke (luft)	100	100
Accelerationspump, munstycke	60	
Flottörnål	21 mm	
Flottörhöjd (med packning)	33,8 mm	

B19E- och B200E-modeller med bränsleinsprutning

Allmänt

Tankvolym:	
Total	57 liter
Reserv	5 liter
Bränslepump:	
Typ	Elektrisk
Ström	6,5A
Kapacitet	120 liter/timme vid 20°C
Oktantal	98 RON

Bosch LE-Jetronic bränsleinsprutning

Tomgångsvarv	900 ± 50 rpm
CO-halt vid tomgång	0,5 till 2,0%
Tillsatsluftslid:	
Resistans	40 till 60 ohm
Helt öppen vid	-30°C
Helt stängd vid	70°C
Kallstartinsprutare, insprutningstid	7 sekunder vid -20°C till 0 sekunder vid 35°C
Insprutare, resistans	15 till 17,5 ohm vid 20°C, 17 till 19 ohm vid 80°C
Insprutningstryck:	
Matningstryck	245 kPa
Returtryck	226 till 235 kPa
Termostatluftventil, reglerområde	25 till 35°C

Alla modeller

Åtdragningsmoment

	Nm
Insugningsrör till avgasgrenrör:	
Bult	10 till 18
Skruv	15 till 20
Mutter	15 till 20
Grenrör till topplock:	
B172-modeller	18
Alla övriga modeller	15 till 20
Förgasare	15 till 20
Bränslepump:	
B14:	
Äldre utförande	15 till 20
Nytt utförande	10
B19 och B200	20

1 Allmän beskrivning

Bränslesystemet består av bränsletank (monterad bak), bränslepump (mekanisk eller elektrisk), och förgasare eller bränsleinsprutningssystem.

Alla modeller har ett luftfiltreringssystem med pappersfilter av engångstyp. På tidigare modeller har valet av kall eller varm luft skett manuellt, men fr o m 1978 regleras detta av en termostatstyrd ventil.

Avgassystemet består av tre sektioner – främre rör, mellansektion och ljuddämpare, bakre rör samt dämpare/slutrör. På tidigare modeller är avgasgrenröret vänt framåt och avgasröret böjt bakåt, men fr o m 1981 är avgasgrenröret vänt bakåt och det främre röret är rakt.

Innan något arbete på bränslesystemet påbörjas, vidta alla nödvändiga säkerhetsåtgärder och läs noga avsnittet Säkerheten främst i början av boken.

Kontrollera noga att alla behövliga reservdelar finns tillgängliga, innan något arbete påbörjas. Hos de flesta återförsäljare/verkstäder finns förgasare som komplett reservdel, inklusive de tätningar, packningar etc som behövs.

Observera att det t o m 1986 års modeller inte förekommer några motorer som går på blyfri bensin. Bränsle med rekommenderat oktantal ska användas. Samtliga 1987 års modeller går på blyad och blyfri bensin.

2 Rutinmässigt underhåll

Följande serviceåtgärder ska utföras vid de intervaller som anges i avsnittet Rutinmässigt underhåll i början av boken:

Luftfilter

1 Byt ut filtret.

Förgasare

2 Kontrollera dämpklockans oljenivå (B19A-modeller).
3 Kontrollera chokefunktion och snabbtomgång.

Bränslefilter

4 Kontrollera beträffande igensättning, byt filter vid behov.

Avgassystem

5 Kontrollera täthet, kondition och säkerhet.

Allmänt

6 Kontrollera CO-halt och tomgångsvarvtal.
7 Kontrollera bränsleledningar beträffande läckage.

3 Luftfilter och luftrenare – demontering och montering

B14-modeller (fram till 1981)

1 För att byta filter, lyft spolvätskebehållaren och koppla loss slangen. (På tidigare modeller innebär detta att locket tas av.)
2 Märk alla ventilations- och vakuumslangar innan de lossas, så att de kan anslutas rätt.
3 Lossa slangarna för varm- och kalluftintag.
4 Demontera skruvarna som håller filterhuset och ta loss detta.
5 Demontera vingmuttern, locket och luftfiltret.

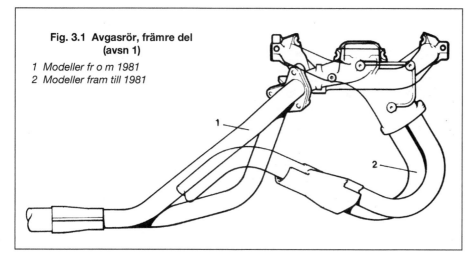

Fig. 3.1 Avgasrör, främre del (avsn 1)

1 Modeller fr o m 1981
2 Modeller fram till 1981

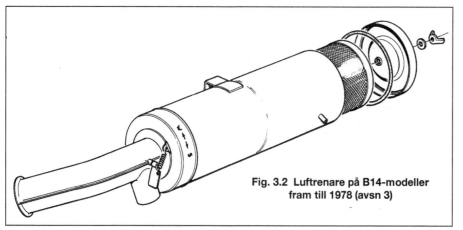

Fig. 3.2 Luftrenare på B14-modeller fram till 1978 (avsn 3)

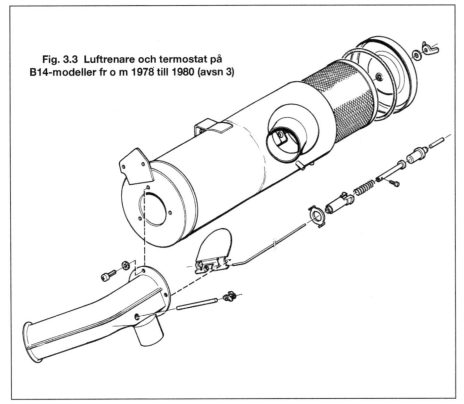

Fig. 3.3 Luftrenare och termostat på
B14-modeller fr o m 1978 till 1980 (avsn 3)

Fig. 3.4 Luftrenarens fästskruvar på B14-
modeller fram till 1981 (avsn 3)

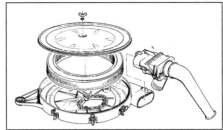

Fig. 3.5 Luftrenare på B14-modeller fr o m
1981 (avsn 3)

6 Montera i omvänd ordning och kontrollera att O-ringen är rätt placerad under locket.

B14-modeller (fr o m 1981, Weber förgasare)

7 Demontera muttern som sitter mitt på luftrenarhuset, demontera locket och lyft ut filtret (se foto).
8 För att demontera filterhuset, demontera de tre skruvarna som håller filterhuset till förgasaren (det kan finnas ytterligare en skruv till ett yttre fäste på sidan av huset), lyft huset och koppla loss ventilationsslangarna innan huset demonteras.
9 Montera i omvänd ordning.

B14-modeller (fr o m 1981, Solex förgasare)

10 Tillvägagångssättet är i stort sett detsamma som för Weber-förgasaren, men huset är bara fäst med två skruvar. På automatväxlade modeller, lossa slangen till elektromagnetventilen. Om arbete ska utföras på förgasaren, demontera även luftfilterfästet som är fastskruvat vid förgasaren.
11 Montera i omvänd ordning, kontrollera bara att pilarna kommer mitt för varandra (se foto).

B19- och B200-modeller

12 Lossa klammorna och lyft av locket (se foto). Lossa vid behov slangen för luftintag (se foto).
13 För att demontera hela filterhuset, lyft huset uppåt från gummifästena. Det kan

3.7 Demontering av luftfilter på B14-
modeller (fr o m 1981)

3.11 Passmärken för luftrenarens lock –
B14-modeller

3.12A Fästklamma för luftrenarens lock på
B19-modeller

3.12B Demontering av luftfilter på B200K-
modeller

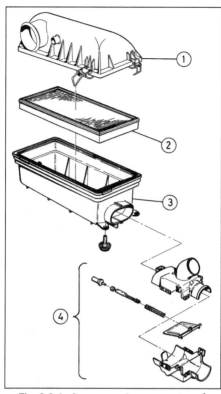

Fig. 3.6 Luftrenarens komponenter på
B19A- och B200K-modeller (avsn 3)

1 Kåpa   3 Hus
2 Filter   4 Termostatventil

3.12C Luftfilter på B19-modeller

3.12D Slang för luftintag på förgasaren på
B200K-modeller

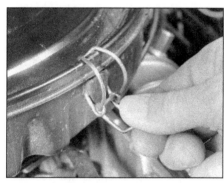

3.15A Lossa klamman . . .

3.15B . . . skruva loss muttern . . .

3.15C . . . och lyft ur filtret

3.18A Koppla loss kalluftslangen . . .

3.18B . . . och varmluftslangen

3.19 Luftrenarhusets fästmuttrar (vid
pilarna)

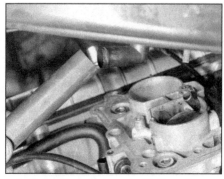

3.20 Bortkoppling av ventilationsslang

3.21 Demontering av skruven på
termostatventilen

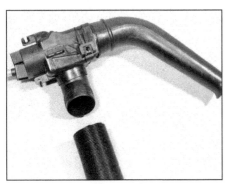

4.1A Termostatventiler på B14-modeller fr o m 1981

4.1B Ventilhuset med termostaten synlig

4.2 Värmestos på avgasgrenröret (modeller fr o m 1981)

hända att några av gummifästena följer med huset. Montera dem på rätt plats.

14 Montera i omvänd ordning.

B172-modeller

15 Vid byte av luftfilter, lossa klammorna (se foto), demontera muttern som sitter mitt på luftrenarens lock (se foto), demontera locket och lyft ut luftfiltret (se foto).

16 Montera i omvänd ordning.

17 För att demontera hela luftrenarenheten, demontera filtret enligt beskrivning i punkt 15.

18 Demontera kall- och varmluftslangarna (se foto).

19 Demontera de tre muttrarna som håller luftrenaren vid förgasaren (se foto).

20 Lyft filterhuset och lossa ventilations-slangarna (se foto) innan luftrenaren lyfts ur.

21 Lossa skruven (se foto) för att demontera termostatventilen från huset.

22 Anvisningar för kontroll av termostat-ventilen ges i avsnitt 4.

23 Montera i omvänd ordning.

4 Luftrenarens termostatventil – beskrivning och kontroll

1 B14-modellerna fram till 1978 är försedda med ett spjäll som ställs manuellt i läge sommar eller vinter. På B14-modeller fr o m 1978 är spjället termostatreglerat. På alla modeller fr o m 1981 är spjället inte reglerbart (se foto, B14-modell).

2 Kall luft tas in i filtret vid motor-rumstemperatur, medan varm luft tas från området vid avgasgrenröret (se foto).

3 Termostatventilen är placerad på luft-renarens filtersida och den aktiveras av den temperatur som luften till förgasaren har. Om temperaturen är lägre än 15°C (1978 års modeller) eller 20°C (1979 och 1980 års modeller) stängs tillförseln av kall luft, och när temperaturen är högre än 25°C (1978 års modeller) eller 35°C (1979 och 1980 års modeller) stängs tillförseln av varmluft. Spjället regleras automatiskt mellan dessa två gränsvärden så att den luft som tillförs motorn hela tiden håller en lämplig temperatur.

4 För provning av termostatventilen, demontera först filtret enligt beskrivning i avsnitt 3.

5 Kontrollera spjällets läge efter demontering av enheten från luftrenaren.

6 Använd termometer och t ex en hårtork. Värm luften vid termostaten. Vid en temperatur av 25°C (1978 års modeller) eller 35°C (1979 och 1980 års modeller) ska spjället stänga av varmlufttillförseln helt. Kyl luften och kontrollera att kallufttillförseln stängs av vid 15°C (1978 års modeller) eller 20°C (1979 och 1980 års modeller).

7 Om justering erfordras, lossa skruven och ändra spjällets läge.

8 Om termostaten är felaktig, demontera den

tillsammans med fjäder och distanser och ersätt den med en ny.

9 Ihopsättning av luftrenaren görs i omvänd ordning.

5 Bränslepump (förgasarmodeller) – demontering, montering, översyn

1 Flera typer av bränslepumpar förekommer på de olika modellerna, men alla har samma funktionsprincip och de serviceåtgärder som beskrivs gäller samtliga typer (se foto).

2 Bränslepumpen kan kontrolleras enligt följande: Lossa utloppsledningen vid förgasaren, ta loss tändspolens hög-spänningskabel och dra runt motorn med startmotorn.

3 Om bränsle då regelbundet sprutar ut, kan man utgå från att pumpen är funktionsduglig. I annat fall måste pumpen bytas ut. Pumpens matningstryck kan kontrolleras genom att man ansluter en tryckmätare till pumpens utlopp via ett T-stycke och låter motorn gå. Se specifikationer beträffande bränslepumpens matningstryck.

4 För att demontera pumpen, lossa inlopps-, utlopps- och returledningar (där sådana förekommer).

5 Demontera muttrarna som håller pumpen vid cylinderblocket och ta loss pumpen och isolerplattan.

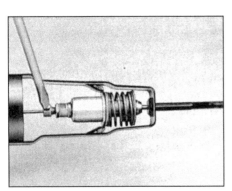

Fig. 3.7 Termostatventilens justerskruv på B14-modeller fr o m 1978 till 1980 (avsn 4)

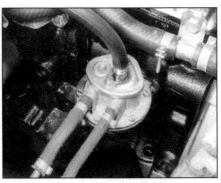

5.1A Bränslepump med utloppsledning (överst) och inlopps- och returledningar

5.1B Demontering av bränslepump på B19A- och B200K-modeller

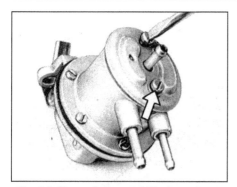

Fig. 3.8 Demontering av bränslepumpens lock (B14-modeller) (avsn 5)

Fig. 3.9 Bränslepumpens filter och fjäder (B14-modeller) (avsn 5)

5.8A Demontera bränslepumpens fästmuttrar på B172-modeller . . .

5.8C Bränslefilter på B172-modeller

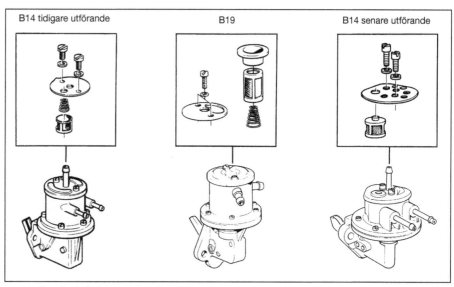

B14 tidigare utförande   B19   B14 senare utförande

Fig. 3.10 Skillnader i utförande mellan olika bränslepumpar och filter (avsn 5)

6 Torka upp den olja som rinner ut vid demontering av plattan. Ta bort alla packningsrester från tätningsytorna.

7 Om oljeläckage förekommit vid isolerplattan, bör man på B14-modeller montera en stålfläns och på B19-modeller en aluminiumfläns.

8 Filtret i bränslepumpen kan bytas; demontera först det yttre, sedan det inre locket (se fig. 3.8). **Notera:** *Bränslepumpen på B172-modellerna kan inte tas isär, utan ska vid*

5.8B . . . och ta loss pumpen

behov bytas som en komplett enhet. På B172-modeller finns dessutom ett separat filter, monterat i motorrummets främre del (se foto). Detta filter ska bytas vid de intervaller som anges i avsnittet Rutinmässigt underhåll. Kontroll av filtret görs enligt punkt 11

9 Montering av pumpen görs i omvänd ordning, men använd nya packningar till isolerplattan.

10 Om bränsletrycket vid kontroll visat sig vara för högt, kan man på B14-modellerna sänka trycket genom att montera extra packningar under flänsen. På övriga modeller ska bränslepumpen bytas ut.

11 Om trycket är för lågt, kontrollera först, innan pumpen byts ut, att filtret inte är igensatt och att det inte finns kinkar på bränsle-ledningarna.

12 Bränsleslangarna är anslutna antingen med skruvklammor eller engångsklammor av klämtyp.

13 När denna typ av klamma används, kom ihåg att trä klamman över slangen innan slangen monteras (se foto).

14 B200K-modellerna är utrustade med en bränsletryckregulator (se foto). Om problem uppstår när det gäller bränsletrycket, byt ut regulatorn innan byte av bränslepump görs.

5.13 Montering av slangklammor

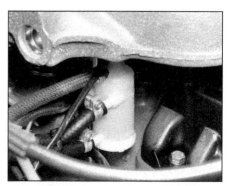

5.14 Bränsletryckregulator på B200K-modellen

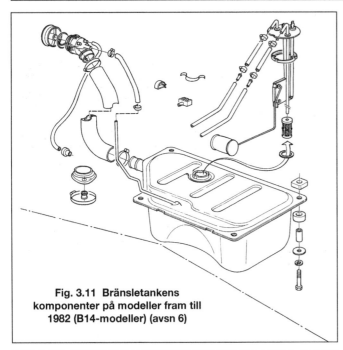

Fig. 3.11 Bränsletankens
komponenter på modeller fram till
1982 (B14-modeller) (avsn 6)

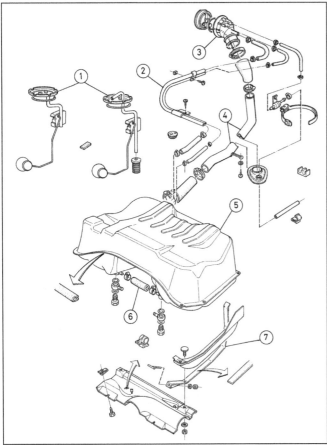

Fig. 3.12 Bränsletankens komponenter på B19A- and B200K-
modeller (avsn 6)

1 Nivågivare (2 typer)   5 Bränsletank
2 Ventilationsslangar   6 Förbindelseslang
3 Påfyllningsöppning   7 Fästband
4 Påfyllningsslang

6.13 Skvallerrör, klamrat på tanken

6.21 Bränsletankens påfyllningsslangar i bagageutrymmet på
B19-modeller

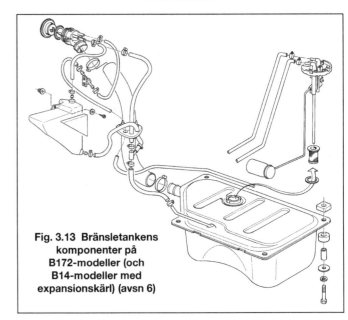

Fig. 3.13 Bränsletankens
komponenter på
B172-modeller (och
B14-modeller med
expansionskärl) (avsn 6)

6.23 Klammer för handbromsens vajer på
bränsletankens undersida

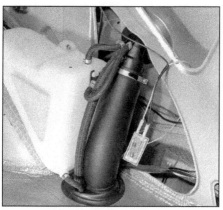

6.40 Bränsletankens påfyllningsslang och
expansionskärl (bilden visar B172-
modellen)

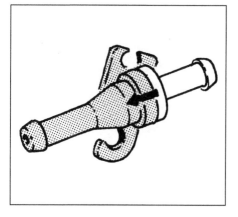

Fig. 3.14 Pilens placering på backventilen
(avsn 6)

6 Bränsletank –
demontering och montering

B14-modeller

1 Hissa upp bakvagnen och stöd den på
pallbockar.
2 Ta av bränsletanklocket och töm tanken
med hjälp av en lämplig slang.

Modeller fram till 1979

3 Öppna bakluckan och demontera hyllan.
4 Skjut baksätet framåt och demontera den
mittre klädseln på höger sida.
5 Demontera luckan till bakljuset på höger
sida.
6 Ta loss gångjärnet från baksätets ryggstöd
på höger sida.
7 Lossa batteriets negativa anslutning.
8 Lossa kablarna till bagageutrymmes-
belysningen.
9 Demontera sidoklädseln på höger sida.

Alla modeller fram till 1982

10 Ta loss ventilationsslangen från tanken.
Fr o m 1979 års modeller är slangen fäst vid
bränsletankens fläns med klammor.
11 Flytta mattan åt sidan och demontera
locket till bränslenivågivaren.
12 Lossa kablarna från nivågivaren, ta sedan
loss slangarna för bränsletillförsel och
returledning.
13 Lossa påfyllningsslangen vid tanken. På
modeller från 1979, lossa skvallerröret från
bränsletanken (se foto).
14 Lossa fästskruvarna och sänk tanken.
Demontera vid behov gummifästen och
bränslenivågivare.
15 Om bränsletanken läcker, ska den
repareras av en specialist eller bytas; *utför
aldrig själv något lödnings- eller svetsnings-
arbete på bränsletanken.*
16 Föroreningar eller vatten i tanken kan
sköljas bort med bränsle i omgångar. Om man
måste skaka tanken kraftigt för att få bort
avlagringar, ska man först demontera

bränslenivågivaren enligt beskrivning i
avsnitt 7.
17 Montera i omvänd ordning.

Modeller fr o m 1982

18 Från 1982 ingår ett expansionskärl i
bränslesystemet enligt den beskrivning som
ges nedan för B172-modellerna. När en ny
bränsletank monteras, kan det hända att
påfyllningsslangarna är för långa och de måste
då kortas av till lämplig längd.

B19-modeller

19 Bränsletanken på dessa modeller är av
sadeltyp, och grenslar över växellådan. Mellan
de båda sektionerna finns en slang. Tanken
demonteras enligt följande.
20 Demontera växellådan och slutväxeln
enligt beskrivning i kapitel 6.
21 Lossa slangen mellan de båda sektionerna
och tappa ur bränsle i en lämplig behållare. Ta
också loss påfyllningsslangen i bagage-
utrymmet (se foto).
22 Lyft upp baksätets sittdyna och peta loss
gummilocket, ta loss kabelkontakterna från
tankarmaturen. Lossa slangen och fäst upp
den på ena sidan om möjligt.
23 Ta loss handbromsvajern från klammorna
(se foto).
24 På bränsleinsprutade modeller, lossa
muttrarna och sänk tvärbalken. Notera
slangarnas placering innan de tas loss från
tanken.
25 Skruva loss värmeskölden från tankens
vänstra sida.
26 På förgasarmodeller: skruva loss och
demontera tvärbalken. Lägg märke till
slangarnas placering innan de tas loss från
tanken.
27 Ta loss slangen från tankens framsida.
28 Stöd bränsletanken med hjälp av en
garagedomkraft och ett trästycke, skruva
sedan loss muttrarna på framsidan av
fästbanden.
29 Haka loss fästbanden.

30 Sänk ned bränsletanken och dra fram den.
Demontera nivågivaren.
31 Om bränsletanken läcker, ska den
repareras av en specialist eller bytas; *utför
aldrig själv något lödnings- eller svetsnings-
arbete på bränsletanken.* Föroreningar eller
vatten i tanken kan sköljas bort med bränsle i
omgångar.
32 Montera i omvänd ordning.

B172-modeller (och B14-modeller med expansionskärl)

33 Avtappningsplugg saknas och kvar-
varande bränsle måste sugas ut genom
påfyllningsöppningen.
34 Se till att tanken blir åtkomlig på samma
sätt som enligt anvisningarna för B14-
modellerna, demontera sedan locket till
bränslenivågivaren, lossa bränsleslangar och
elektriska anslutningar.
35 Ta loss påfyllningsslang och skvallerrör
från tanken.
36 Ta loss ventilationsslangen från
klammorna som fäster den vid tanken.
37 Demontera de fyra återstående skruvarna
och sänk ned tanken.
38 Följ anvisningarna om reparation och
rengöring som tidigare givits för B14-
modellerna.
39 Montering sker i omvänd ordning.
40 För att demontera expansionskärlet: märk
först slangarna, förslagsvis med etiketter, och
ta sedan loss dem (se foto). Se noga till att det
inte finns bränsle kvar i tanken eller slangarna
innan detta görs.
41 Ta loss backventilen från expansions-
kärlet.
42 Demontera de självgängande skruvarna
och lyft undan expansionskärlet.
43 Demontera påfyllningsenheten genom att
trycka in klackarna som håller den mot
karossplåten och ta ut den.
44 Montera i omvänd ordning. Vid montering
av backventilen, se till att pilen på
backventilhuset pekar mot utloppsänden.

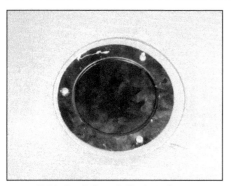

7.3A Lock över bränsletankens nivågivarens

7.3B Locket demonterat (bilden visar 360 GLE)

7.4 Lossa bränsleslangar och elektriska anslutningar

7 Bränslenivågivare – demontering och montering

1 Tillvägagångssättet är i stort sett detsamma på samtliga modeller.
2 Se kapitel 9 och demontera bakre sittdynan på sedanmodeller. På kombikupé, ta undan mattan i bagageutrymmet.
3 Demontera skruvarna och lyft av locket (se foto).
4 Lossa bränsleslangar och elektriska anslutningar (se foto).
5 På tidiga B14-modeller är nivågivaren fäst på tanken på en fjäderklamma. På övriga modeller måste givaren vridas moturs för att tas loss. Använd lämpligt verktyg för att knacka loss den. Demontera nivågivaren.
6 Kontrollera att flottören är i god kondition och rengör elanslutningarna.
7 Tvätta filtret i ren bensin (det sitter med skjutpassning i sugledningen).
8 Byt ut detaljer som verkar defekta. (På senare modeller måste nivågivaren bytas som en komplett enhet.)
9 Montera i omvänd ordning, använd nya tätningar och slangklammor.
10 Om motorn inte har gått bra p g a att det har funnits avlagringar i bränsletanken, snedfasa sugledningen till en vinkel av 45° innan filtret sätts tillbaka. Skjut på filtret helt så att det kommer i kontakt med rörets ände.

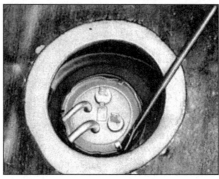

Fig. 3.15 Demontering av nivågivarens fästring (avsn 7)

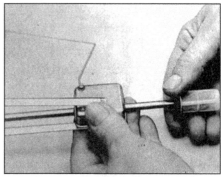

Fig. 3.16 Demontering av filtret från nivågivaren (avsn 7)

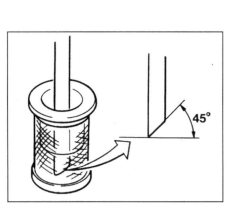

Fig. 3.17 Fasning av sugledningen till en vinkel av 45 grader (avsn 7)

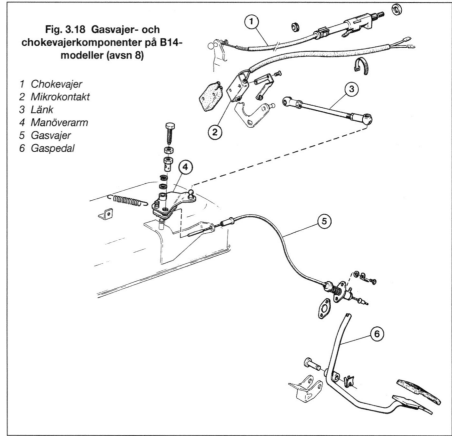

Fig. 3.18 Gasvajer- och chokevajerkomponenter på B14-modeller (avsn 8)

1 Chokevajer
2 Mikrokontakt
3 Länk
4 Manöverarm
5 Gasvajer
6 Gaspedal

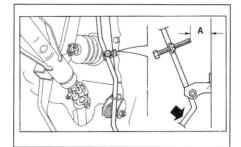

Fig. 3.19 Gaspedalens justerskruv (avsn 8)

B14-modeller: A = 35,5 mm
B172-, B19- och B200-modeller: A = 30,5 mm

Fig. 3.20 Montering av gasvajeränden på B14-modeller (avsn 9)

A Klämskruv   B Gasspjällarmens stopp

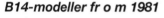

9.4 Gasvajer och manöverarmsfäste på en B14-modell

8 Gaspedal (alla modeller) – demontering och montering

1 Lossa gasvajern från pedalen.
2 Demontera klamman eller muttern som håller pedalen vid ledtappen, demontera tappen och ta loss pedalen.
3 Kontrollera ledtappen och bussningen. Detaljer som visar tecken på slitage ska bytas ut.
4 Montera i omvänd ordning. Smörj ledtappen med lite fett. Montera sedan gaspedalen enligt följande.
5 Tryck ned gaspedalen helt till stoppet.
6 Vrid justerskruven så att avståndet mellan skruvände och motorrumsvägg överens-

9.6 Gasvajerns genomföring i torpedväggen

stämmer med de mått som anges i fig. 3.19 och dra sedan fast låsmuttern.
7 Kontrollera att gasvajern inte påverkar pedalens inställda läge.

9 Gasvajer – demontering och montering

Generella åtgärder som gäller alla modeller
1 Kontrollera regelbundet att vajern är fritt rörlig i höljet. Smörj vajerns synliga delar med fett och dra vajern fram och tillbaka i höljet så att fettet sprider sig så mycket som möjligt.
2 Kontrollera att vajern inte har kinkar som kan göra att den fastnar och att den inte är skadad. Byt ut vajern vid behov.
3 Kontrollera att vajern löper så rakt som möjligt och att den går fri från andra detaljer, inte kommer i kläm eller utsätts för slitage.

B14-modellerfram till 1981

4 Lossa gasvajern från manöverarmsfästet på motorn genom att ta loss klämskruven och gummidetaljen (se foto).
5 Ta loss vajern vid gaspedalen.
6 Demontera skruvarna vid genomföringen i torpedväggen (se foto).
7 På automatväxlade modeller, lossa kickdownkontakten.
8 Dra in gasvajern i kupén.
9 Montering sker i omvänd ordning, men kontrollera dessutom följande:
   a) Kontrollera att gasspjällen ligger an mot

sina stopp både i öppet och stängt läge.
   b) På modeller med automatlåda, kontrollera att kickdown kopplas in när gasspjället är helt öppet.

B14-modeller fr o m 1981

10 Åtgärderna är desamma som beskrivits ovan för modeller fram till 1981, med den skillnaden att gasvajern inte ska dras in i kupén utan till motorrummet.

B19- och B200-modeller

11 Ta loss gasvajern från den fjäderbelastade trissan (B19E och B200E) (se foto) eller kamsegmentet (av plast) på B200K-modeller.
12 Övriga åtgärder är desamma som ovan för B14-modellerna.
13 Montera i omvänd ordning. Gör dessutom följande justeringar:

B19A-modeller

14 Lossa länken från förgasaren (se foto).
15 Justera gasvajern så att trissan precis nuddar stoppet.
16 Montera länken och justera dess längd så att kammen precis vidrör flänsen på gasspjällets axel.

B200K-modeller

17 Montera gasvajern på kamsegmentet och sätt fast klamman på justerenheten (se foto).

9.11 Fjäderbelastad trissa och vajerände B19E- och B200E-modeller

9.14 Länk mellan den fjäderbelastade trissan och förgasaren

9.17 Chokevajer (1) och gasvajer (2) på B200K-modeller

9.20 Gasvajerns anslutning till gaspedalen på B172-modeller

9.24 Gasspjällets stopp (vid pilen) på B172-modeller (förgasaren demonterad)

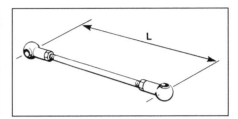

Fig. 3.21 Mått för justering av länkstången (avsn 10)

B14.E fram till motor nr 32248: L = 198–200 mm
B14.E fr o m motor nr 32249: L = 190–192 mm
B14.S fram till motor nr 9420. L = 198–200 mm
B14.S fr o m motor nr 9421: L = 190–192 mm
B 14.1E fr o m motor nr 10022. L = 184–186 mm
B14.1S: L = 184–186 mm
B172. L = 91 mm
B19: Se avsnitt 9

18 Vrid justerenheten så att kamsegmentet vilar mot sitt stopp och att vajern inte är spänd. **Notera:** *Chokereglaget måste vara helt intryckt när detta görs.*

B19E- och B200E-modeller

19 Tillvägagångssättet är detsamma som för B200K-modellerna förutom att vajern ska vara en aning sträckt när trissan vilar mot stoppet.

B172-modeller

20 Demontera klädseln under intrumentpanelen och ta bort saxpinnen som håller gaspedalvajern (se foto).
21 Demontera skruvarna från fästet i karossplåten.
22 Lossa vajern från manöverarmsfäste på

motorn och skjut in vajern genom torpedväggen.
23 Montera i omvänd ordning, justera sedan pedalen enligt beskrivning i avsnitt 8.
24 Avsluta med att kontrollera att gasspjället vilar mot sitt stopp i både helt öppet och stängt läge (se foto), samt att gaspedalen vilar mot sitt stopp och att gasvajern är lätt spänd.

10 Gaslänkage – justering

1 Länken som kopplar manöverarmen till förgasarens spjällarm sitter med kulledskopplingar som har snäppfattningar och trycks fast (se foto).
2 Justera länkens längd genom att lossa

låsmuttrarna i båda ändar. Vrid sedan länkstången så att måttet överensstämmer med dem som anges i fig. 3.21.
3 Avsluta med att dra låsmuttrarna och sedan kontrollera att gasvajer och gaspedal är rätt justerade.

11 Chokevajer – demontering och montering

B14-modeller

1 Lossa klammorna och ta loss vajer och vajerhylsa från förgasaren (se foto).
2 Lossa klamman och demontera vajern från fästet vid ventilkåpan.
3 Skruva loss chokereglagets knopp, ta ur tändningsnyckeln och ta bort den undre delen av rattstångskåpan.
4 Lossa kabelkontakten till chokevarningslampan.
5 Lossa muttern och ta loss vajern från fästet vid tändningslåset.
6 Dra in vajern i kupén.
7 Montera i omvänd ordning, men kontrollera att gummigenomföringen är i gott skick. Innan klamman dras fast ska vajern justeras så att det finns ett spel på 1,59 mm.

B19A- och B200K-modeller

8 Demontera vajern enligt ovanstående beskrivning, justera sedan enligt följande.
9 Skjut in vajern till armens vinkel och lås den i detta läge.
10 Skjut in chokereglaget helt och chokespjällarmen till fullt öppet läge. Lägg sedan fast chokevajerhylsan. På B200K-motorn måste man se till att förgasarens chokespjällarm är rätt placerad i plastspåret, i annat fall kan inte chokespjället återgå helt till tomgångsläge.

B172-modeller

11 Tillvägagångssättet är detsamma som beskrivits för B14-modellerna. Avsluta med att justera vajern enligt följande.
12 Fäst vajerns ögla på chokespjällets tapp (se foto).

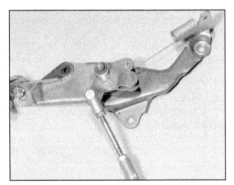

10.1A Gasreglagelänk och manöverarmsfäste på B172-modeller

10.1B Fastsättning av länkens kulled

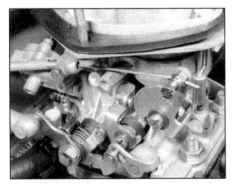

11.1 Förgasarens chokevajer – infästning på B14-modeller

11.12 Fäst chokevajeröglan på chokespjällets tapp

11.13 Chokevajerhylsans fästklips

13 Skjut tillbaka vajern och höljet så att vajern spänns och lås vajerhylsan med klipset (se foto).
14 Kontrollera att chokespjällets manöverarm träffar båda stoppen.

12 Weber och Solex SEIA REN förgasare – allmän beskrivning

Fram till 1982 utrustades B14-motorerna med olika versioner av Weber 32 DIR förgasare. När ekonomiversionen B14.3E introducerades 1982, hade den en Solex 32-SEIA REN 796 förgasare, som 1983 byttes mot en modifierad version av samma förgasare. Den nya 53kW B14.4E-motor som introducerades 1984, hade förgasare av typ Weber 32 DIR 104-100 eller 105-100.

Weber 32 DIR förgasare

Weber 32 DIR är en tvåports fallförgasare, med fasta munstycken och manuell choke. Under förgasaren finns en förvärmningsenhet, hotspot, som värms av motorns kylsystem. Den har till uppgift att förvärma luften innan den går in i motorn. Förvärmningsenheten är värmeisolerad från förgasare och grenrör.

När motorn går på tomgång, strömmar bränsle från flottörhuset genom pilot-munstycket till tomgångsskruven. Luft tillförs genom luftmunstycket, och det elektriskt styrda pilotmunstycket stänger bränsle-tillförseln till tomgångssystemet när strömmen till solenoiden bryts; detta motverkar tendenser till glödtändning. Vid ökat motor-varvtal öppnas överströmningskanalerna i tomgångskretsen och primärkretsens halsring tillför ökad mängd av bränsle och luft genom den sekundära halsringen.

När primärspjället har öppnats till ett förutbestämt läge, kommer ytterligare nedtryckning av gaspedalen även att påverka sekundärspjället i den andra porten, och då är förgasarens båda steg igång och levererar bränsle-luftblandning till motorn.

Accelerationspumpen av membrantyp tillför extra bränsle i båda portarna när gaspedalen trycks ned.

Förgasaren har också ett pneuamtiskt

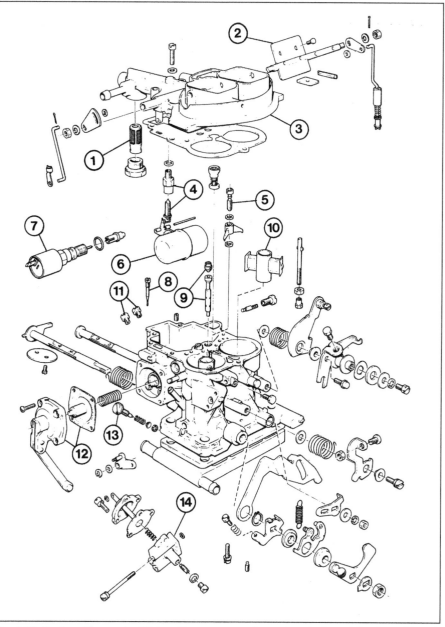

Fig. 3.22 Sprängskiss av den Weber-förgasare som är monterad på modeller fram till 1979 (avsn 12)

1 Filter
2 Chokespjäll
3 Lock
4 Nålventil
5 Accelerationspumpens munstycke
6 Flottör
7 Tomgångssolenoid
8 Reglerskruv, pumpmängd
9 Luftkorrektionsmunstycke och emulsionsrör
10 Halsring
11 Huvudmunstycken
12 Accelerationspump
13 Mängdskruv
14 Chokereglering, membranenhet

reglerat chokespjäll som öppnas automatiskt så snart motorn startat. Enheten är av membrantyp och påverkas av det vakuum som finns i förgasarhuset bakom gasspjällen.

Från och med 1984 har man upphört att använda det äldre konstanta CO-systemet, och för 1986 års modeller används ett system med automatisk bränsleavstängning, som stänger bränsletillförseln när motorn går på övervarv.

Solex 32-SEIA REN förgasare

Solex 32-SEIA REN förgasare är en enports fallförgasare med fasta munstycken, accelerationspump och manuell choke. Den har en tillskottsventil som träder i funktion vid full belastning. Ventilen påverkas av ett membran som öppnar den under de perioder då undertrycket i insugningsröret är lågt och motorn arbetar under full belastning.

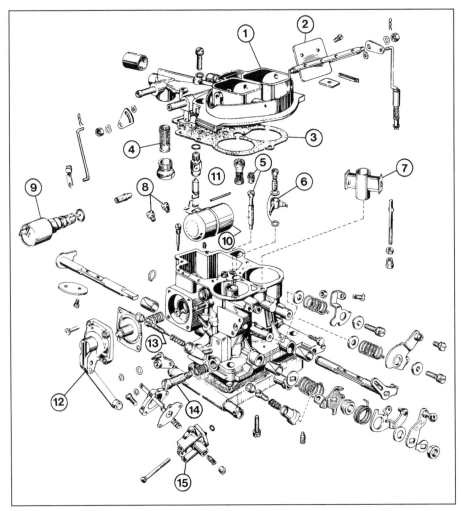

Fig. 3.23 Sprängskiss av den Weber-
förgasare som är monterad på modeller
fr o m 1979 (avsn 12)

1 Lock
2 Chokespjäll
3 Packning
4 Filter
5 Luftkorrektionsmunstycke och
emulsionsrör
6 Accelerationspumpens munstycke
7 Halsring
8 Huvudmunstycken
9 Tomgångssolenoid
10 Flottör
11 Nålventil
12 Accelerationspump
13 Blandningsskruv
14 Mängdskruv
15 Chokereglering, membranenhet

Fig. 3.24 Genomskärning av Weber-
förgasare (avsn 12)

1 Nålventilhus
2 Nålventil
3 Kalibrerat munstycke
4 Avluftning
5 Avluftningskanal
6 Kalibrerat munstycke
6A Kalibrerat munstycke
7 Halsringskanal
8 Luftkorrektionsmunstycke
9 Kalibrerat munstycke
10 Sekundär bränslekanal
11 Primär bränslekanal
12 Halsring
13 Förgasarhus
14 Gasspjällets manöverarm
15 Gasspjällaxel
16 Gasspjäll
17 Emulsionsrör
18 Blandningskammare
19 Huvudmunstycke
20 Flottörhus
21 Flottör
22 Flottörarm
23 Flottörens ledtapp

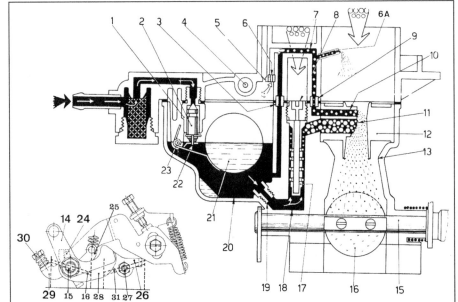

24 Medbringarklack
25 Klack
26 Manöverarm
27 Ledtapp

28 Arm
29 Arm
30 Mängdskruv
31 Gasspjäll

13.4 Justering av förgasarens mängdskruv – tomgångskompensation

Fig. 3.25 Blandningsskruv (1) och tomgångsskruv (2) – placering på Weber 32 DIR 104-100 förgasare (avsn 13)

14.1A Demontering av luftrenarhusets underdel från förgasaren (modeller fr o m 1981)

Förgasaren har ett konstant CO-system, som gör det möjligt att variera tomgångsvarvtalet ca 400 rpm från grundinställningen utan att avgasernas CO-halt påverkas nämnvärt. Grundinställningen av CO-halten görs vid fabriken, och justerskruven plomberas. Från och med 1984 års modeller finns kanalen för undertrycket under gasspjället för att den ska kunna anslutas till tändsystemet.

13 Weber förgasare – justering av tomgång

1 För att justeringen av förgasaren ska bli korrekt, måste tändläget vara rätt inställt och luftrenarens spak ställas i rätt läge (manuell inställning) respektive fungera riktigt (automatisk termostatstyrd funktion).
2 Anslut en varvräknare till motorn.
3 När motorn är kall, dra ut chokereglaget helt och starta motorn. Varvtalet ska då vara mellan 1 800 och 2 000 rpm. I annat fall måste förgasaren demonteras och justeras enligt beskrivning i avsnitt 15.
4 När motorn har kommit upp i normal arbetstemperatur ska tomgångsvarvtalet kontrolleras, se specifikationer beträffande rätt varvtal. Justera vid behov med tomgångsskruven. Från och med de senare modellerna 1978 är justerskruvarna för tomgångsvarvtal och blandningsförhållande plomberade, och en justerskruv för mängdreglering av tomgångsblandningen har tillkommit. Normalt går

tomgångsvarvtalet att justera med denna skruv (se foto). Om blandningsförhållandet måste justeras, kan plomberingarna brytas under förutsättning att detta inte bryter mot gällande föreskrifter.
5 Om motorn går ojämnt på tomgång, eller om CO-halten avviker från specifikationen, kan justering göras med blandningsskruven enligt följande. Motorn ska ha normal arbetstemperatur. Vrid blandningsskruven åt endera hållet tills den kommer till det läge där varvtalet är högst. Justera vid behov med tomgångsskruven.
Notera: *Från och med förgasare med modellnummer 32 DIR 104-100, används inte längre det konstanta CO-systemet. Justering av tomgångsvarvtalet görs på samma sätt som på Solex 32-SEIA REN, se fig. 3.25.*

14 Weber förgasare – demontering och montering

1 Demontera luftrenaren enligt anvisningar i avsnitt 3. På modeller fr o m 1981, demontera luftfiltret, skruva loss muttern och lyft bort luftrenarhuset från förgasaren (se foto).
2 På modeller fram till 1981, lossa vevhusventilationsslangen och ta bort luftslangen från förgasaren.
3 Lossa chokevajern och gasspjällets manöverlänk från förgasaren, ta sedan bort bränsle- och ventilationsslangar (se foto). På

14.1B Luftrenarens fäste (modeller fr o m 1981)

14.1C Slanganslutningar till luftrenarhuset (modeller fr o m 1981)

14.3A Chokevajern och gasspjällets manöverlänk

14.3B Ta loss gasspjällets manöverlänk

14.3C Ta loss bränsleslangen vid förgasaren

14.3D Ta loss vevhusventilationsslangen

14.3E Ta loss automatväxellådans vakuumslang

14.4 Vakuumslangens placering (vid pilen)

modell med automatväxellåda, lossa vakuum-slangen (se foto).
4 Dra loss vakuumslangen från fördelarens vakuumdosa vid förgasaren (se foto).
5 Lossa kabeln till bränsleavstängnings-solenoiden (se foto).
6 På tidigare modeller, lossa de två skruvarna och ta bort mikrokontakten.
7 Töm kylsystemet enligt beskrivning i kapitel 2, ta sedan loss slangarna från förgasarens hotspot.
8 Lossa de fyra muttrarna lite i taget och lyft ut förgasaren.
9 Lyft upp isolerplattan och rengör förgasarens och grenrörets anliggningsytor.
10 Montera i omvänd ordning. Observera följande:

a) Montera alltid nya packningar på isolerplattans båda sidor
b) Justera gasspjällänken så att det finns ett litet spel när gasspjället är i stängt läge. Kontrollera att spjällarmen på förgasaren är i helt öppet läge när gaspedalen är helt nedtryckt
c) Justera chokevajern så att manöverarmen är i helt tillbakaskjutet läge när chokereglaget är helt inskjutet. Kontrollera att chokespjällen är i stängt läge när chokereglaget är helt utdraget
d) När mikrokontakten monterats, justera den enligt beskrivning i kapitel 6 (endast tidigare modeller)
e) Fyll kylsystemet, se kapitel 2
f) Se till att gummitätningen är rätt

placerad på luftslangen
g) På manuella växellådor tillverkade fr o m mars 1980, se till att isolerplattans gummiplugg är i gott skick

15 Weber förgasare – isärtagning och ihopsättning

1 Rengör förgasaren utvändigt innan den tas isär.
2 Lossa fästskruvarna på förgasarens botten och demontera hotspot och isolerplatta.
3 Avlägsna alla packningsrester från isolerplatta, hotspot och förgasare. **Notera:** *Andra stegets spjällskruv är inställd vid fabrik och får inte ändras.*

14.5 Ta loss bränsleavstängnings-solenoidens kabelkontakt

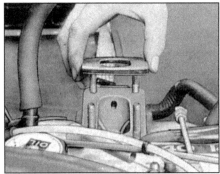

Fig. 3.26 Demontering av förgasarens isolerplatta (avsn 14)

Fig. 3.27 Demontering av filter vid bränsleinloppet (avsn 15)

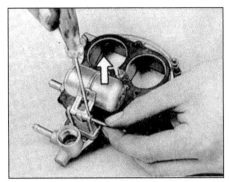

Fig. 3.28 Dra loss flottörens ledtapp (avsn 15)

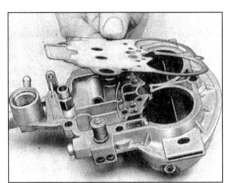

Fig. 3.29 Demontering av förgasarlockets packning (avsn 15)

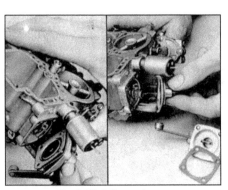

Fig. 3.30 Isärtagning av accelerationspumpen (avsn 15)

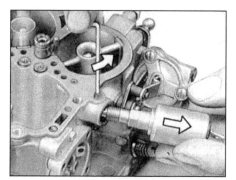

Fig. 3.31 Demontering av tomgångsmunstyckets bränsleavstängningssolenoid (avsn 15)

Fig. 3.32 Demontering av luftkorrektionsmunstycken och emulsionsrör (avsn 15)

Fig. 3.33 Demontering av huvudmunstycken (avsn 15)

Fig. 3.34 Chokeregleringens membranenhet (avsn 15)

4 Lossa sexkantskruven vid bränsleinloppet och demontera filtret.
5 Ta loss låsfjädern från den pneumatiska chokens länk och lossa den från armen. Lyft bort nylonbussningen och ta bort länken från manöverarmen.
6 Lossa lockets fästskruvar och lyft bort locket och flottören från förgasarhuset.
7 Dra ut ledtappen och ta loss flottören och nålventilen. Haka av nålventilen från flottören.
8 Ta bort packningen från locket.
9 Peta loss fjäderklammorna och demontera chokelänkar och brickor från locket. Håll reda på deras placeringar.
10 Lossa fästskruvarna lite i taget. Demontera accelerationspumpens lock, membran och fjäder.
11 Lossa lite på insexskruven, demontera sedan det elektriskt styrda pilotmunstycket. Lägg märke till den tätning som monterats på senare modeller.
12 Lossa skruvarna och demontera pilotmunstycket (tidigare modeller), båda luftkorrektionsmunstyckena, de två huvud-munstyckena, accelerationspumpmunstycket och emulsionsrören.
13 Skruva loss och ta bort mängdskruven och tätningen (tidigare modeller) eller mängd-skruven för tomgångskompensation (senare modeller).
14 Skruva loss skruvarna som håller chokens membranenhet, demontera låsringen och brickan och ta bort hela enheten från förgasarhuset.
15 Lossa de tre skruvarna som håller samman membranenheten och ta ut membran och membranfjäder. Märk upp de två hushalvorna så att de kan monteras i samma läge.
16 Ta ut de båda halsringarna från portarna. Var noga med att märka upp deras placering.

Fig. 3.35 Säkring av flottörens ledtapp (avsn 15)

17 Rengör alla komponenter och byt ut alla slitna delar. Nya packningar, membran etc finns som reparationssats.
18 Kontrollera flottörens täthet genom att skaka den ordentligt och lyssna om det har kommit in bränsle i den. Byt ut vid behov.
19 Börja ihopsättningen med att montera de två huvudmunstyckena i flottörhusets botten.
20 Montera de två emulsionsrören och luftkorrektionsmunstyckena.
21 Montera accelerationspumpmunstycket med tätningar och dra fast enheten i förgasarhuset.
22 Montera halsringarna i portarna, se noga till att de placeras i rätt steg.
23 Sätt ihop chokens membranenhet och dra ihop den med de tre skruvarna, montera den sedan i förgasaren tillsammans med en ny O-ringstätning.
24 Montera pilotmunstycket (på tidigare modeller).
25 Skruva i det elektriskt styrda pilot-munstycket i förgasarhuset och lås det i läge genom att dra åt insexskruven.
26 Montera fjäder och tätning på mängdskruven (tidigare modeller) och skruva sedan in den i förgasarhuset. Montera mängdskruven för tomgångskompensation (senare modeller).
27 Sätt ihop accelerationspumpen och det nya membranet och packningen, dra sedan fästskruvarna jämnt, i diagonal ordning.
28 Placera en ny packning på locket och sätt nålventilen och flottören på plats. När ledtappen har placerats rätt, använd en tång

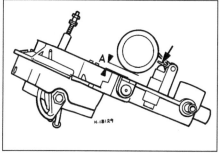

Fig. 3.36 Kontroll av flottörhöjd – mått (A), justering görs vid pilen (avsn 15)

för att klämma ihop det slitsade fästet så att tappen låses.
29 Vänd locket upp och ner och mät avståndet mellan packningen och flottören. Det ska vara 7 mm. Justera flottörarmen vid behov.
30 Dra fast filtret i förgasarhusets lock.
31 Placera locket på förgasarhuset och dra skruvarna jämnt i diagonal ordning.
32 Anslut de två chokelänkarna och säkra dem med fjäderklammor.
33 Lägg nya packningar på båda sidor av isolerplattan, montera sedan hotspoten på förgasaren.
34 När förgasaren är ihopsatt, använd en spiralborr i lämplig storlek för att kontrollera avståndet mellan chokespjällen och väggen när chokespjället är stängt. Om avståndet inte överensstämmer med specifikationen kan man böja chokelänken så mycket som behövs, eller montera en annan packning.
35 Kontrollera den pneumatiska choke-mekanismen genom att manövrera choken tills chokespjällen precis ska röra sig, tryck sedan in vakuumenhetens tryckstång. Spelet enligt punkt 34 ska nu vara annorlunda, se specifikationer. I annat fall ska inställningen ändras med justerskruven.
36 Dra ut chokereglaget helt. Använd en spiralborr för att kontrollera att gasspjället i första steget öppnas så mycket som specifikationen anger. Om inte, justera med skruven på länken.
37 Kontrollera att luftventilen stänger så snart spjällarmen rörs; om inte, justera manöver-länken så mycket som behövs.

Fig. 3.37 Luftfilterfästets skruvar (vid pilarna) på Solex 32-SEIA REN förgasare (avsn 16)

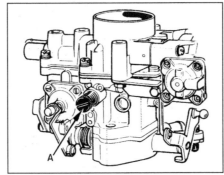

Fig. 3.38 Tomgångsskruv (A) på Solex 32-SEIA REN förgasare (avsn 17)

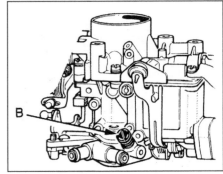

Fig. 3.39 Blandningsskruv (B) på Solex 32-SEIA REN förgasare (avsn 17)

Weber 32 DIR fr o m 104-100

38 Dessa förgasare har inte tomgångssystem av konstant CO-typ och munstyckena är ordnade på annat sätt än i tidigare Weber-förgasare.

39 Tomgångsvarvtal och CO-halt ställs in med blandningsskruven och skruven för gasspjällstopp (se fig. 3.25) tills önskat tomgångsvarv och CO-halt erhålls, på i stort sett samma sätt som beskrivs för Solex 32-SEIA REN förgasaren.

40 Tomgångssolenoiden på modeller från 1986 är i stort sett likadan som den som beskrivs för Solex 34-34 CISAC- förgasaren i avsnitt 24.

16 Solex 32-SEIA REN förgasare – demontering och montering

1 Tillvägagångssättet är i stora drag detsamma som för Weber förgasare i avsnitt 14, men luftfilterfästet måste demonteras och vevhusventilationsslangen kopplas loss.

17 Solex 32-SEIA REN förgasare – justering av tomgång

1 Starta motorn och låt den nå normal arbetstemperatur.

2 Anslut varvräknare och avgasanalysator till motorn.

3 Kontrollera att tomgångsvarvtalet överensstämmer med specifikationen. Justera i annat fall med tomgångsskruven (fig. 3.38).

4 Kontrollera att CO-halten vid tomgång överensstämmer med specifikationen. Om så inte är fallet, ta bort plomberingen, om sådan finns, och justera CO-halten med blandningsskruven (fig. 3.39).

18 Solex 32-SEIA REN förgasare – isärtagning och ihopsättning

1 Rengör förgasaren utvändigt.

2 Skruva loss chokearmen och ta vara på kulan och fjädern.

3 Skruva loss bränsleslangen demontera kopparbrickan och filtret.

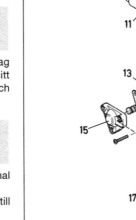

Fig. 3.40 Sprängskiss av Solex 32-SEIA REN förgasare (avsn 18)

1 Filter
2 Lock
3 Nålventil
4 Accelerationspumpens munstycke
5 Huvudmunstycke
6 Flottör
7 Packning
8 Chokearm

9 Accelerationspumpens backventil
10 Luftkorrektionsmunstycke och emulsionsrör
11 Tomgångssolenoid
12 Tomgångsskruv
13 Fullastventil
14 Förgasarhus

15 Lock till fullastanrikningssystemet
16 Accelerationspumpens lock
17 Blandningsskruv (plomberad)
18 Gasspjällhus
19 Packning

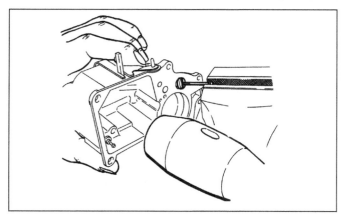

Fig. 3.41 Demontering av luftkorrektionsmunstycke (avsn 18)

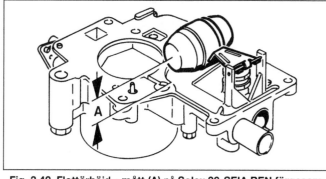

Fig. 3.42 Flottörhöjd – mått (A) på Solex 32-SEIA REN förgasare
(avsn 18)

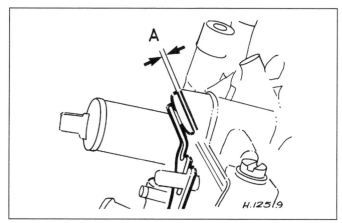

Fig. 3.43 Ventilationsventilens öppning, mått (A) på Solex 32-SEIA
REN förgasare (avsn 18)

Fig. 3.44 Justerpunkter för chokespjällöppning (avsn 18)
1 Chokearm   2 Justerskruv
A Spalt, mäts med spiralborr

4 Demontera skruvarna och lyft av locket. Ta bort packningen.
5 Tryck ut ledtappen till flottören och demontera flottören.
6 Skruva loss och demontera nålventilen och brickan.
7 Demontera skruvarna och ta bort accelerationspumpens lock tillsammans med membranet och fjädern.
8 Dra upp accelerationspumpens munstycke ur förgasarhuset.
9 Skruva loss och demontera accelerationspumpens backventil och tomgångssolenoiden.
10 Demontera skruvarna och ta av locket, ta ut fjäder och membran för bränsleanrikningssystemet för maxeffekt.
11 Skruva loss och demontera fullastventilen, den kalibrerade skruven och huvudmunstycket, tillsammans med hylsan.
12 Skruva loss och demontera luftkorrektionsmunstycket. Skruva sedan i en M4-skruv i emulsionsröret och dra ut det på det sätt som visas i fig. 3.41. Var försiktig så att förgasarhuset inte skadas.
13 Om så behövs, demontera tomgångs- och blandningsskruvarna och gasspjällhuset. Den sekundära halsringen kan demonteras genom att man slår lite lätt på den från förgasarens undersida.

14 Rengör alla komponenter och kontrollera dem med avseende på slitage och skador. Blås genom alla kanaler och munstycken, t ex med tryckluft. Kontrollera att accelerationspumpens kulventil är fritt rörlig. Kontrollera flottörens täthet genom att sänka ned den i varmt vatten och se efter om det uppstår luftbubblor.
15 Montering av förgasaren sker i omvänd ordning mot isärtagning. Sätt i nya brickor och packningar. Om tomgångs- och blandningsskruvarna har demonterats, skruva i dem helt. Skruva sedan tillbaka tomgångsskruven 4 varv och blandningsskruven 2½ varv. Emulsionsröret ska vändas med slitsen mot den sekundära halsringen. Kontrollera att accelerationspumpens munstycke inte vidrör den sekundära halsringen.
16 Kontrollera flottörhöjden genom att vända locket upp och ned. Mät avståndet mellan flottörens centrum och locket (utan packning). Om avståndet inte överensstämmer med specifikationen, justera genom att böja flottörarmen.
17 Vid montering av chokearmen kan man använda antingen låsvätska på originalskruven eller montera en ny självlåsande skruv. Smörj kammen med lite fett.

18 Justera accelerationspumpens slaglängd enligt följande: Med gasspjället i tomgångsläge och accelerationspumpen i ett läge där trissan vidrör kammen, vrid justerskruven tills den precis rör kolven och vrid den sedan ytterligare ett halvt varv.
19 Justera flottörhusets ventilationsarm enligt följande. Med gasspjället i tomgångsläge, mät spalten mellan gasspjäll och vägg (A i fig. 3.43). Om måttet inte överensstämmer med specifikationen, böj armen så mycket som behövs.
20 Justera chokespjällets maximala öppning enligt följande. Med chokereglaget helt inskjutet, använd en spiralborr eller ett bladmått för att kontrollera spalten mellan gasspjäll och vägg. Vrid justerskruven så mycket som behövs om måttet inte överensstämmer med specifikationen.
21 Notera: *På modeller fram till 1983 kan problem med för hög bränsleförbrukning reduceras med hjälp av en speciell tillbehörssats för förgasare, som Volvo tagit fram*
22 Anslut tomgångssolenoiden till 12V och kontrollera att nålen dras in när solenoiden får ström. I annat fall ska solenoiden bytas.

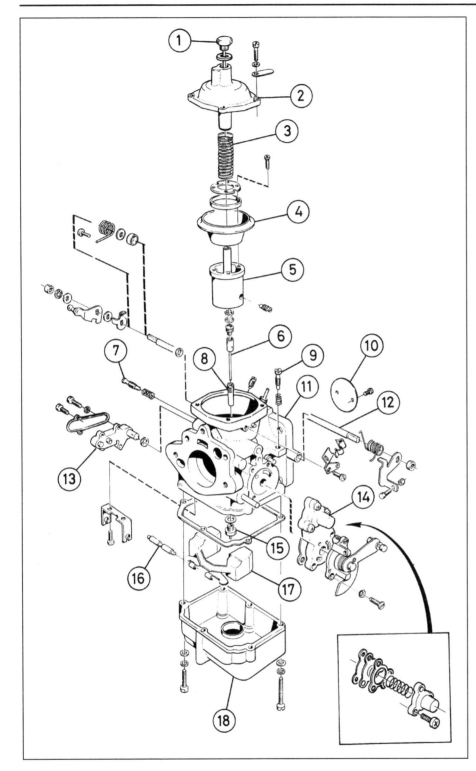

Fig. 3.45 Sprängskiss av Zenith 175 CD-2SE förgasare (avsn 19)

1 Dämpkolv och lock	7 Blandningsskruv	13 Temperaturkompensator
2 Dämpklocka	8 Munstycke	14 Kallstartanordning
3 Fjäder	9 Tomgångsskruv	15 Nålventil
4 Membran	10 Gasspjäll	16 Ledtapp
5 Kolv	11 Förgasarhus	17 Flottör
6 Bränslenål	12 Spjällaxel	18 Flottörhus

19 Zenith 175 CD-2SE förgasare – allmän beskrivning

Den här förgasaren är en horisontalförgasare med konstant undertryck och separat kallstartanordning. Bränslenålen är konisk och fastsatt vid vakuumkolven och membranet, vars undersida är utsatt för atmosfärtryck och vars ovansida är ansluten till det undertryck som uppstår i insugningsröret när motorn är igång. Undertrycket lyfter membranet och kolven med bränslenålen ur det fasta munstycket i förgasarhalsen. Då sugs bränslet upp via munstycket till insugningssystemet, där det blandas med luft till en antändbar blandning. Kallstartenheten är en enkel ventilplatta med hål i tilltagande storlek, som tillför bränsle i proportion till gasspjällets läge.

B19A-motorns förgasare är konstruerad för att minska utsläppet av skadliga avgaser. Den har en temperaturkompensator som fungerar som luftventil när temperaturen under motorhuven eller bränsletemperaturen är hög. För att utjämna effekterna av de bränsleångor som bildas i förgasaren när temperaturen under huven är hög, finns en varmstartventil. Denna släpper ut bränsleångorna när gasspjället är stängt och avleder dem till luftrenaren så att de sugs tillbaka in i motorn så snart motorn startar.

20 Zenith 175 CD-2SE förgasare – justering av tomgång

1 Låt motorn gå tills den har normal arbetstemperatur. Stäng av motorn och anslut varvräknare och avgasanalysator. Se noga till att dämpklockans dämpcylinder är fylld med rätt oljetyp enligt beskrivning i avsnitt 21.
2 Starta motorn och kontrollera att tomgångsvarvtalet överensstämmer med specifikationen. Justera vid behov med tomgångsskruven.
3 Öka motorvarvtalet till 1 500 rpm och låt sedan motorn återgå till tomgång. Knacka lite lätt på dämpklockan för att vara säker på att kolven har återgått till bottenläge.
4 Kontrollera CO-halten och justera vid behov med blandningsskruven (bredvid temperatur-kompensatorn). Om det inte finns tillräckligt

Fig. 3.46 Tomgångsskruv (A) på Zenith 175 CD-2SE förgasare (avsn 20)

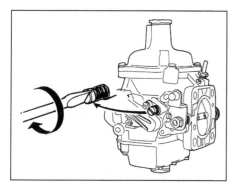

Fig. 3.47 Blandningsskruv på Zenith 175 CD-2SE förgasare (avsn 20)

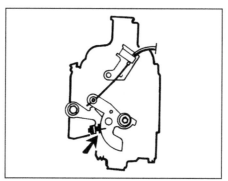

Fig. 3.48 Märket på chokearmen mitt för snabbtomgångsskruven (avsn 20)

Fig. 3.49 Justera länken (A) på Zenith 175 CD-2SE förgasare för att få det spel som anges (avsn 21)

justerområde på skruven, kan man behöva justera nålens höjdläge genom att sticka in ett specialverktyg i kolven. När verktyget vrids medurs blir blandningsförhållandet rikare, med ökande CO-halt, och *vice versa*. Observera att kolven måste hållas stilla så att membranet inte skadas. Observera också att blandningsskruven måste vara helt inskruvad innan bränslenålen justeras. Fyll på olja i dämpcylindern och kontrollera CO-halten på nytt.

5 När motorn är kall, dra ut chokereglaget tills märket på chokearmen är mitt för snabbtomgångsskruven. Starta sedan motorn och kontrollera att den har rätt snabbtomgångsvarvtal. Om inte, justera med snabbtomgångsskruven så mycket som behövs.

21 Zenith 175 CD-2SE förgasare – demontering och montering

1 Lossa luftkanalen vid förgasaren.
2 Lossa gasspjäll- och chokevajrarna.
3 Lossa alla slangar och gasspjällets manöverlänk.
4 Skruva loss muttrarna och ta loss förgasaren från insugningsröret.
5 Montera i omvänd ordning, rengör alla anliggningsytor och montera en ny packning. Justera slutligen gasspjäll- och chokevajrarna. Om så erfordras, ska gasspjällets manöverlänk

justeras så att det finns ett spel på 0,5 mm, se fig. 3.49. Demontera dämparlocket och kontrollera att oljenivån är så hög att ett tydligt motstånd känns när locket och dämpkolven dras upp, när avståndet mellan lock och dämphus är 18 mm.

22 Zenith 175 CD-2SE förgasare – isärtagning och ihopsättning

1 Rengör förgasaren utvändigt.
2 Ta loss luftkanalen.
3 Skruva loss och demontera dämparen.
4 Märk upp dämpklockans placering i förhållande till förgasarhuset, demontera sedan skruvarna och lyft av dämpklockan. Demontera fjädern, kolven och membranet. Töm ut oljan.
5 Demontera skruvarna och ta ut flottörhuset och packningen.
6 Tryck ut tappen och demontera flottören.
7 Skruva loss nålventilen och demontera brickan. Demontera det lilla filtret från nålventilen.
8 Demontera skruvarna och ta ut temperaturkompensatorn och O-ringen.
9 Skruva loss blandningsskruven och notera hur många varv som behövs för att ta bort den.
10 Demontera skruvarna och ta ut kallstartanordningen tillsammans med

mellanstycket och luftkolven. Demontera packningen.
11 Lägg märke till returfjädrarnas placering, lossa muttrarna och ta bort armarna och fjädrarna från gasspjällaxeln. *Ändra inte inställningen på gasspjällets stoppskruv.* Tryck ut axeltätningarna med en liten skruvmejsel.
12 För att kontrollera temperaturkompensatorn, demontera skruvarna och ta av locket. Vid temperaturer över 26°C ska det vara möjligt att trycka in ventilen med ett lätt tryck, och ventilen ska då återgå till ursprungsläget utan kärvning när man släpper den.
13 Centrera vid behov ventilen genom att lossa den skruv med kryssspår som är längst bort från ventilen.
14 Kontrollera att ventilen börjar öppna vid 20°C och, om så erfordras, justera den med kryssspårskruven som är närmast ventilen.
15 Byt ut ventilen om den är sliten eller har fått beläggningar som gör att den kan fastna. Montera locket om det ska återanvändas.
16 Kontrollera kallstartanordningen beträffande onormalt slitage. Kontrollera att den är lättrörlig. Byt ut vid behov.
17 Skruva loss kryssspårskruvarna, ta ut luftventilhuset från kallstartanordningen, därefter returfjädern, mellanstycket, membran och packningar. Ta vara på distanserna. Kontrollera att membranet är oskadat. Byt ut det vid behov.
18 Kontrollera att dämpkolven inte är skadad och att spelet är som anges i fig. 3.52.

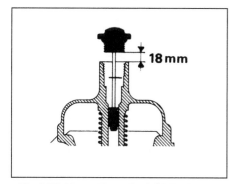

Fig. 3.50 Kontroll av oljenivå i Zenith 175 CD-2SE förgasare (avsn 21)

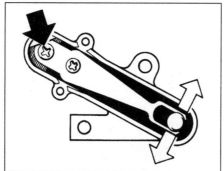

Fig. 3.51 Temperaturkompensator med locket avtaget och justerskruvarna synliga (avsn 22)

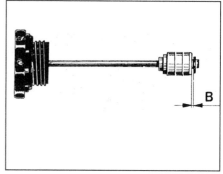

Fig. 3.52 Dämpkolvens rörlighet (avsn 22)
B = 1,0 till 1,8 mm

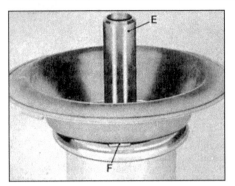

Fig. 3.53 Kolven (E) och membranets klack
(F) (avsn 22)

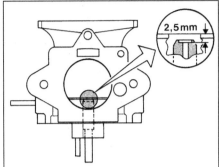

Fig. 3.54 Bränslemunstycke i
genomskärning med rätt mått angivet
(avsn 22)

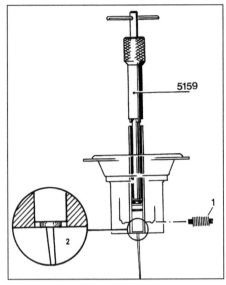

Fig. 3.55 Specialverktyg för justering och
demontering av bränslenålen (avsn 22)

1 Styrskruv
2 Grundinställning för bränslenålen

19 Kontrollera att gasspjället är fritt rörligt. Om spjällplattan är skadad ska den bytas ut, men observera att den måste monteras i samma läge på spjällaxeln, och den måste centreras innan skruvarna dras och låses.
20 Kontrollera kolven och membranet med avseende på slitage och skador. Om membranet måste bytas ut, se noga till att membranets styrklack passas in i kolvens urtag.
21 Kontrollera slitaget på bränslenålen. Munstyckshöjden måste vara som visas i fig. 3.54. För byte av munstycket krävs specialverktyg. Det går även att göra med dorn om man är mycket försiktig.
22 För att byta bränslenålen, ta bort skruven från kolven med hjälp av specialverktyg 5159, vrid sedan justerskruven moturs tills nålen släpper. Montera den nya bränslenålen så att dess plan är jäms med kolvens ändplan.
23 Kontrollera nålventilen beträffande slitage. Byt ut vid behov.
24 Rengör alla komponenter. Montera dem i omvänd ordning mot isärtagning. Använd nya packningar och tätningar. Kontrollera flottörnivån genom att hålla förgasaren (flottörhuslocket demonterat) så att flottören hänger så att flottörarmen precis vidrör den fjäderbelastade tappen, utan att trycka ned den. Justera vid behov genom att böja armen så mycket som behövs för att måtten ska överensstämma med dem som anges i fig. 3.56. Om ett nytt gasspjäll har monterats; kontrollera grundinställningen enligt följande,

men ändra inte inställningen på gasspjällets stoppskruv. Lossa kallstartarmen och ställ spjället i stängt läge. Mät avståndet A, i fig. 3.57, och montera sedan kallstartarmen och mät avståndet B. Skillnaden mellan de två värdena ska vara mellan 0,7 och 0,9 mm. Böj vid behov kallstartanordningens arm där den vidrör stoppskruven.

23 Solex 34-34 CISAC förgasare – allmän beskrivning

Solex 34-34 CISAC-förgasaren används i den B200K-motor som ersatte B19A-motorn 1985.
Det är en tvåports fallförgasare med inbyggt förvärmningssystem. Gasspjällen fungerar progressivt. När första stegets spjäll öppnats till 75 %, öppnar det andra stegets spjäll. Andra stegets spjäll är helt stängt när choke används.

24 Solex 34-34 CISAC förgasare – justering av tomgång och CO-halt

1 På förgasare fram till 1986 med konstant CO-system och bränsleavstängningssolenoid, görs tomgångsjustering med den skruv som visas i bild (se foto).
2 På senare förgasare, då man frångått systemet med konstant CO-halt, görs tomgångsjustering med gasspjällets stopp-

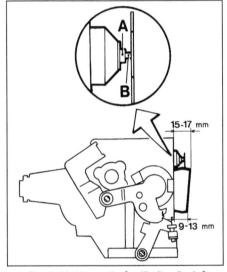

Fig. 3.56 Kontrollmått för flottörnivå
(avsn 22)

A Nålventil   B Fjäderbelastad tapp

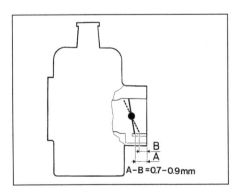

Fig. 3.57 Inställningsmått för gasspjället
(avsn 22)

24.1 Justering av tomgångsvarv på Solex
34-34 CISAC förgasare

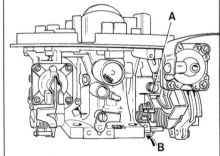

Fig. 3.58 Gasspjällets stoppskruv (A) på
senare förgasare (avsn 24)

B Blandningsskruv

25.2 Demontering av bränsleslangen på Solex 34-34 CISAC förgasare

25.3 Demontering av tomgångssolenoidens kabelkontakt på Solex 34-34 CISAC förgasare

25.5 Muttrarna som håller förgasaren till insugningsrenröret på Solex 34-34 CISAC förgasare

skruv som visas i fig. 3.58. Observera att detta endast gäller förgasare som fortfarande har bränsleavstängningssolenoid.

3 Motorn ska ha normal arbetstemperatur och kylfläkten ska vara avstängd.

4 Anslut en varvräknare till motorn för justering av tomgång och, om CO-halten ska kontrolleras, även en avgasanalysator.

5 Låt motorn gå på tomgång, och kontrollera tomgångsvarvtalet. Om det inte överensstämmer med specifikationen, justera enligt punkt 1 eller 2 ovan.

6 Kontrollera CO-halten. Ta bort plomberingen och justera med skruven.

7 Stäng av motorn och ta bort testutrustningen.

25 Solex 34-34 CISAC förgasare – demontering och montering

1 Lossa vevhusventilationsslangen och luftkanalen och ta bort kåpan över luftintaget.

2 Lossa bränsleslangen (se foto).

3 Lossa kablarna till tomgångssolenoiden (se foto).

4 Lossa gaspedalvajern och chokevajern.

5 Demontera muttrarna som håller förgasaren till insugningsgrenröret och lyft av förgasaren (se foto).

6 Montera i omvänd ordning. Kontrollera att förgasarens fläns och packning är i god kondition och se till att O-ringstätningen finns på plats under kåpan.

26 Solex 34-34 CISAC förgasare – isärtagning och ihopsättning

1 Isärtagning ska endast göras för rengöring av munstycken.

2 Lägg märke till chokearmens placering mot gasspjällets snabbtomgångskam. Demontera skruvarna och lyft av locket (se foton). Var försiktig så att packningen inte skadas.

3 Skruva loss och demontera emulsionsrör och huvudmunstycken.

4 Demontera skruvarna och ta bort locket, fjädern och membranet. Skruva sedan loss och demontera tomgångsmunstyckena (se foto).

5 Skruva loss och demontera tomgångssolenoiden och brickan.

6 Rengör alla komponenter och kontrollera dem med avseende på slitage och skador. Ta bort eventuella avlagringar i flottörhusen. Blås med tryckluftspump genom munstycken och kanaler. Kontrollera flottörernas täthet genom att sänka ned dem i varmt vatten och se efter om det bildas luftbubblor. Kontrollera tomgångssolenoiden genom att ansluta den till 12V. Om nålen inte rör sig måste solenoiden bytas ut.

7 Montera ihop förgasaren i omvänd ordning mot isärtagning. Använd nya packningar och brickor. Kontrollera flottörhöjden enligt följande innan locket monteras. Håll locket så att flottörarmen vilar mot den fjäderbelastade kulan i nålventilens ände, men utan att trycka

26.2A Lockets skruvar på Solex 34-34 CISAC förgasare

26.2B Solex 34-34 CISAC förgasare sedd underifrån

26.2C Solex 34-34 CISAC förgasare med locket demonterat

26.4 Tomgångsmunstyckena finns bakom detta lock (vid pilen) på Solex 34-34 CISAC förgasare

26.7 Kontroll av flottörhöjden på Solex 34-34 CISAC förgasare

27.1 Bränslefilter på B200K-motorn

ned kulan. Mät avståndet från packningen till toppen av en flottör (se foto). Om måttet inte överensstämmer med specifikationen, böj armens läpp så mycket som behövs.

8 Tomgångssolenoiden kan kontrolleras *på plats* enligt följande: slå på tändningen, se till att chokereglaget är helt intryckt och lossa sedan kabeln till tomgångssolenoiden. Om det då hörs ett klickande ljud fungerar solenoiden som den ska. Om det inte hörs något, kontrollera säkring nr 10. Om den är hel behöver solenoiden bytas.

9 Om problem kvarstår efter byte av solenoiden, kan felet misstänkas finnas i den elektroniska styrenheten, vilken då måste kontrolleras av en Volvoverkstad.

10 Notera: *På senare modeller av förgasare är flottörhusets avluftningsventil modifierad för att förbättra start av varm motor. Denna modifiering kan man mycket väl göra själv enligt följande (på förgasare där modifieringen redan är gjord finns en vit markering på ventilhuset).*

11 Demontera förgasarlocket. Ta sedan bort avluftningsventilen från locket. Ta bort muttern från ventilens fäste och dra sedan bort gummibälgen, tappen och fjädern.

12 Montera antingen en ny fjäder eller korta av den befintliga fjädern med 23 mm.

13 Montera ventilen i omvänd ordning. Bälgens stora öppning ska vara vänd mot förgasaren och den ände av fjädern som kortats av ska vara vänd nedåt. Montera en ny packning under ventilen.

14 Avsluta med att märka ventilhuset med lite vit färg och justera sedan enligt följande.

15 Stäng gasspjället.

16 Öppna choken helt.

17 Flytta justermuttern uppåt eller nedåt på den gängade delen tills spelet är 0,1–0,5 mm mellan muttern och manöverarmen.

27 Bränslefilter (B200K-motor) – byte

1 Ett bränslefilter är monterat mellan bränslepumpen och förgasaren (se foto).

2 Filtret ska bytas vid de intervaller som anges i avsnittet Rutinmässigt underhåll i början av boken.

3 För att demontera filtret, lossa klammorna och ta loss filtret.

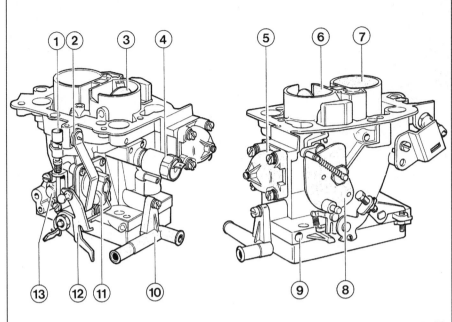

Fig. 3.59 Solex 28-34 CISAC förgasare (avsn 28)

1 Tomgångsskruv	6 Första stegets halsring	förvärmarenhet
2 Flottörhusets avluftning	7 Andra stegets halsring	11 Accelerationspump
3 Chokespjäll	8 Chokearm	12 Gasspjäll
4 Tomgångssolenoid	9 Blandningsskruv	13 Fullastanrikningsventil
5 Pneumatisk choke	10 Anslutningsrör till	

4 Montera ett nytt filter. Se till att pilen som anger flödesriktning är vänd mot förgasaren och att klammorna dras ordentligt.

28 Solex 28-34 CISAC förgasare – allmän beskrivning

Den Solex 28-34 CISAC-förgasare som är monterad i B172-motorn är en tvåports fallförgasare, monterad direkt på insugningsröret. Förgasarfoten uppvärms eller kyls beroende på vilka förhållanden som råder, och konstruktionen är sådan att optimalt bränsleflöde erhålls inom ett brett temperaturområde. Gasspjället i andra stegets halsring öppnar senare än spjället i första stegets, vilket sänker bränsleförbrukningen. Förgasaren är försedd med en tomgångssolenoid som stänger av bränsletillförseln när tändningen slås ifrån. Manuell choke, vajermanövrerad, underlättar kallstart.

29 Solex 28-34 CISAC förgasare – justering av tomgång och CO-halt

1 Anslut varvräknare och avgasanalysator till motorn.

2 Starta motorn, den ska ha normal arbetstemperatur.

3 Samtliga strömförbrukare, inklusive den termostyrda kylfläkten, ska vara frånslagna.

4 Kontrollera att tomgångsvarvtalet överensstämmer med specifikationen. För att justera varvtalet, stick in en smal skruvmejsel genom

hålet i luftrenaren (se foto) för att komma åt tomgångsskruven.

5 Kontrollera att CO-halten håller sig mellan de gränser som anges i specifikationerna. Justera med skruven (se punkt 16 i avsnitt 31). Avsluta med att plombera skruven.

30 Solex 28-34 CISAC förgasare – demontering och montering

1 Demontera luftfiltret enligt beskrivning i avsnitt 3.

2 Lossa gasspjällets manöverlänk och chokevajern.

3 Lossa vakuumslangen till Renix elektroniska styrenhet.

4 Ta bort skruven från fästet och för undan

29.4 Justering av tomgångsvarv genom hålet i luftrenarhuset på Solex 28-34 CISAC förgasare

30.4 Skruva loss fästet och för undan slangarna från förvärmningsflänsen på Solex 28-34 CISAC förgasare

30.7 Koppla loss tomgångssolenoidens kabelkontakt på Solex 28-34 CISAC förgasare . . .

30.8 . . . demontera packningen . . .

förvärmarslangen (den behöver inte tas loss) (se foto).
5 Dra loss vevhusventilationsslangen.
6 Lossa bränsleslangen.
7 Ta loss kabeln till tomgångssolenoiden (se foto).
8 Demontera packningen (se foto).
9 Lossa och demontera de fyra skruvarna som håller förgasaren till insugningsgrenröret (se foto).
10 Lyft bort förgasaren och demontera sedan den speciella värmeöverföringsbrickan (se foto).
11 Montera i omvänd ordning.

31 Solex 28-34 CISAC förgasare – isärtagning och ihopsättning

1 Vänd förgasaren upp och ned och demontera isolerplattan.
2 Rengör förgasaren utvändigt med ren bensin och blås den sedan torr, helst med tryckluft.
3 Lossa skruven vid bränsleinloppet, ta ut filtret och tvätta det med ren bensin (se foto).
4 Demontera de fem skruvarna och lyft försiktigt av locket (se foto).
5 Knacka försiktigt ut flottörfästets ledtapp, demontera flottören och lockets packning (se foto).
6 Kontrollera flottörens täthet genom att väga den (se foto). Se efter att vikten överensstämmer med specifikationen. Om flottören

30.9 . . . och förgasarens fästskruvar (vid pilarna)

30.10 Demontera värmeöverföringsbrickan

31.3A Ta bort skruven . . .

31.3B . . . och ta ut filtret

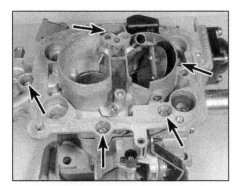

31.4 Ta loss de fem skruvarna som håller förgasarlocket (vid pilarna)

31.5 Knacka loss flottörens ledtapp

31.6 Flottör

31.7 Demontera nålventilen (vid pilen)

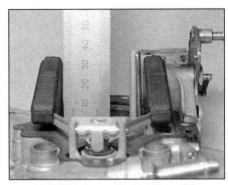

31.8 Mätning av flottörhöjden (A)

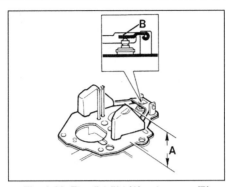

Fig. 3.60 Flottörhöjd (A) och tunga (B)
(avsn 31)

31.11 Fästskruvar för anrikningsenheten
för full last (se pilarna)

31.12 Den pneumatiska chokens lock
(vid pilen)

väger mer än vad specifikationen anger, måste man utgå från att den inte är tät utan måste bytas.

7 Demontera nålventilen (se foto) och kontrollera att nålen kan röra sig fritt.

8 När flottören monteras, kontrollera flottörhöjden. Locket ska vara vänt upp och ned, flottören ska vila lätt mot nålventilen. Flottörhöjden är avståndet mellan locket, med packningen på plats, och flottörens högsta nivå (se foto).

9 Justera genom att bocka tungan, B i fig. 3.60.

10 Demontera tomgångssolenoiden och kontrollera funktionen genom att ansluta den till 12V, slå på tändningen och se efter om nålen dras in. Om den inte gör det är solenoiden felaktig och ska bytas ut.

11 Demontera de tre skruvarna från det pneumatiskt styrda anrikningssystemet för full last (se foto). Ta vara på fjädern, membranet och länken för justering av tomgångsvarvtalet. Kontrollera att membranet inte är skadat. Byt ut vid behov.

12 Ta bort locket till den pneumatiska choken (se foto) och ta vara på fjädern. Haka sedan av membranets manöverstång, kontrollera att membranet är oskadat, byt ut det vid behov.

13 Ta bort muttern från spjällaxeln vid manöverarmen, demontera manöverarms-enheten och flottörhusets avluftningsventil (se foto). Kontrollera att gummiventilens anliggningsyta är oskadad och i bra skick. Byt ut vid behov.

14 Demontera accelerationspumpens lock, ta vara på fjädern och membranet och kontrollera membranet på samma sätt som tidigare beskrivits.

15 Ta försiktigt ut accelerationspumpens munstycke och bränslerör. Skruva loss luftmunstyckena (se foto) så att bränsle-munstyckena blir åtkomliga och går att demontera med en lång, smal skruvmejsel.

16 Ta bort blandningsskruven från förgasarfoten. Skruvens plombering kan avlägsnas med ett vasst verktyg (se foto).

17 Om så behövs, kan de sekundära halsringarna försiktigt dras loss med en lämplig tång.

18 Ihopsättning görs i omvänd ordning mot demontering. Tänk på följande:

a) De sekundära halsringarna måste sättas tillbaka så att hålen i halsringarna ligger mitt för hålen i förgasarhuset. Första stegets halsring har en delad brygga.

b) Blandningsskruven ska skruvas in så att den nuddar bottenläget och sedan skruvas ut 1¹/₂ – 2 varv. Montera inte tätningen förrän inställningen har gjorts.

c) Använd nya O-ringstätningar under accelerationspumpens munstycke och tomgångssolenoiden.

d) Kontrollera den pneumatiska chokens inställning genom att vrida kammen moturs till stoppet och sedan trycka in membranets manöverarm så långt det går. Chokespjällets öppning ska då vara enligt uppgifterna i specifikationen.

31.13 Flottörhusets avluftningsventil

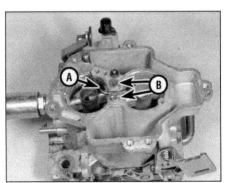

31.15 Accelerationspumpens munstycke
(A) och luftmunstycken (B)

31.16 Blandningsskruvens plombering
(vid pilen)

31.18A Mät spelet med en spiralborr

31.18B Mätning av spelet mellan gasspjäll och chokespjäll

Justering kan göras med ställskruven på manöverarmen. Spelet kan mätas med en spiralborr av rätt tjocklek (se foto)

e) Kontrollera förhållandet mellan gasspjäll och chokespjäll genom att öppna chokespjället helt och mäta spelet mellan manöverarmens kam och justerskruvens huvud (se foto). Vrid skruven in eller ut för att ställa in det gap som specifikationen föreskriver

f) Flottörens ventilationsventil ska stänga så snart gasspjället öppnas. När gasspjället är i stängt läge ska ventilen öppna så mycket som specifikationen anger

32 Bosch LE-Jetronic bränsleinsprutningssystem – allmän beskrivning

Bränsleinsprutningssystemet som används i Volvo 300-serien är LE-Jetronic system, utvecklat av Bosch. Detta system är helt elektroniskt styrt och ger exakt rätt bränslemängd till rätt cylinder i rätt tid.

Den mängd luft som tillförs motorn mäts med en luftflödesmätare. Informationen från luftflödesmätaren sänds tillsammans med övrig information om t ex gasspjälläge, motortemperatur och varvtal, till den elektroniska styrenheten. I styrenheten kalkyleras hur länge och när insprutarna ska vara öppna. Bränslet matas till insprutarna

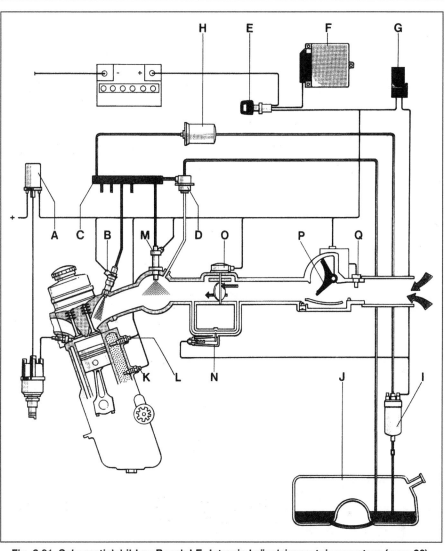

Fig. 3.61 Schematisk bild av Bosch LE-Jetronic bränsleinsprutningssystem (avsn 32)

A Tändspole
B Bränsleinsprutare (fyra)
C Fördelningsrör
D Tryckregulator – matningstryck
E Tändningskontakt
F Elektronisk styrenhet
G Manöverrelä

H Bränslefilter (i motorrummet)
I Bränslepump med sil
J Bränsletank
K Kylvätsketempgivare
L Termotidkontakt
M Kallstartinsprutare
N Tillsatsluftslid

O Gasspjällkontakt
P Luftmängdsmätare
Q Givare för insugningsluftens temperatur

med en elektrisk pump, och bränsletrycket styrs av bränsletryckregulatorn.

33 Bränsleinsprutningssystem – säkerhetsföreskrifter

Eftersom halvledarkomponenter ingår i systemet är det viktigt att alltid följa dessa föreskrifter så att skador och felfunktion undviks. Kontrollera noga att batteriet anslutits med rätt polaritet, men koppla loss batterikablarna från batteriet ska laddas. Demontera den elektroniska styrenheten om omgivningstemperaturen kommer att överstiga 80°C (vid torkning av lack). Tändningen får inte vara på när

bränsleinsprutningssystemets kablar lossas eller ansluts. Ta loss kablarna från styrenheten innan kompressionsprov görs, så att bränsle inte sprutas in. Demontera styrenheten innan någon elektrisk svetsutrustning används på bilen. Var noga med att inte förväxla bränslepumpens kablar.

34 Bränsleinsprutningssystem – justering av tomgång

1 Börja med att justera gasspjällkontakten. Lossa de två skruvarna och vrid sedan kontakten medurs. Vrid den sedan långsamt moturs tills ett klick hörs från givarens

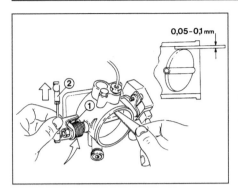

Fig. 3.62 Justering av gasspjäll, LE-Jetronic (avsn 34)

1 Justerskruv   2 Spjällstång

kontakter och dra fast skruvarna när kontakten är i detta läge.

2 Motorn ska ha normal arbetstemperatur. Anslut varvräknare och kontrollera att tomgångsvarvtalet överensstämmer med specifikationerna. Justera vid behov med tomgångsskruven (den räfflade skruven i spjällhusets nederdel) (se foto).

3 Anslut en avgasanalysator och låt motorn gå på tomgång. Om CO-halten inte överensstämmer med specifikationen, bänd loss tätningen för luftflödesmätaren och vrid justerskruven med en skruvmejsel så mycket som behövs (se foto). När skruven vrids medurs, blir blandningen fetare och CO-halten ökar och *vice versa*. Montera en ny tätning när justeringen är avslutad.

35.1A Ta loss tillsatsluftslidens kabelkontakt

34.2 Tomgångsskruv på gasspjällhuset (B19E-motor)

4 Om motorn trots dessa justeringar inte går bra på tomgång, trots att tändning, ventilspel och kompression är utan anmärkning, kontrollera då slitaget på gasspjällaxeln och kontrollera sedan gasspjällets injustering på följande sätt. Ta bort luftkanalen, öppna gasspjället och stick in ett bladmått med tjockleken 0,05 mm mellan spjällkanten och huset och stäng sedan spjället. Bladmåttet ska kunna dras utan att spjället rör sig. Upprepa med ett 0,1 mm bladmått och kontrollera att bladmåttet då hålls fast. Justera vid behov med skruven på spjällhuset.

35 Bränsleinsprutningssystem – komplett kontroll

1 Lossa kabelkontakterna från termotidkontakten och tillsatsluftsliden och demontera manöverreläet (se foto).

2 Kontrollera att alla slangar sitter säkert och inte är skadade. Kontrollera även insprutarnas tätningar.

3 Kontrollera manöverreläets kablar. Anslut en testlampa från batteriets positiva pol till stift 31; lampan ska lysa och visa att jordförbindelsen är fullgod. Anslut testlampan från batteriets negativa pol till vart och ett av de stift som visas i fig. 3.64. Vid stift 31 ska lampan alltid lysa, vid stift 15 när tändningen är på, vid stift 50 vid start och vid stift 1 ska lampan blinka vid start.

34.3 Bänd loss tätningen från luftflödesmätaren för att justera CO-halten (B19E- och B200E-motorer)

4 Kontrollera kallstartinsprutaren genom att lossa tillsatsluftslidens slang, därefter ta loss termotidkontaktens kabelkontakt och ansluta stift W i kontakten till jord. Dra runt motorn med startmotorn. Kontrollera vid slangöppningen på insugningsröret att kallstartinsprutaren fungerar.

5 Kontrollera tillsatsluftsliden (se foto). Ventilen ska vara halvöppen vid 20°C, helt öppen vid -30°C och helt stängd vid 70°C. Knacka lätt på huset om den inte fungerar direkt. Hjälper inte det ska den bytas ut. Kortslut stiften 30 och 87 och kontrollera att ventilen stängs helt efter ca 5 minuter vid 20°C.

6 Kontrollera bränsletrycket. Avlasta trycket i systemet genom att tillfälligt lossa utgående slangen på bränslefiltret. Anslut en manometer vid kallstartinsprutaren genom att koppla in ett T-rör i ledningen mellan bränslefilter och insprutarnas fördelningsrör.

7 Kortslut stift 30 och 87b och kontrollera att trycket i systemet stiger till föreskrivet värde. Anslut en vakuummätare och en pump till tryckregulatorns vakuumanslutning, lägg på vakuum och kontrollera att summan av avläsningarna på vakuummätaren och manometern motsvarar trycket i ledningen (se foto). Ta bort vakuummätaren. Koppla bort kabeln mellan stiften och kontrollera att trycket omedelbart sjunker med 9,81–19,6 kPa.

8 Anslut en voltmeter till en av insprutarna som fig. 3.65 visar (se foto). Starta motorn och

35.1B LE-Jetronic – manöverrelä

35.5 Tillsatsluftslid

35.7 Tryckregulator, vakuumanslutning vid pilen

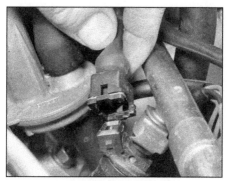

35.8 Ta loss kabelkontakten från en insprutare

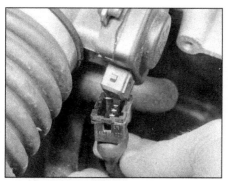

35.10 Ta loss gasspjällets kontaktstycke

35.14 Ta loss luftflödesmätarens kontaktstycke

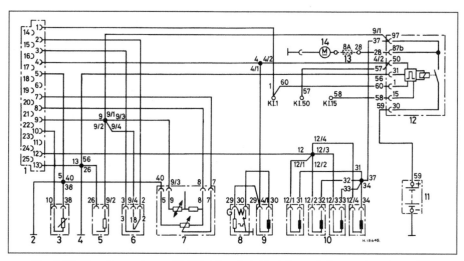

Fig. 3.63 Kopplingsschema för LE-Jetronic bränsleinsprutningssystem (avsn 35)

1 Anslutning, elektronisk styrenhet
2 Jordningspunkt
3 Temperaturgivare
4 Jordningspunkt för utgående signal
5 Tillsatsluftslid
6 Gasspjällkontakt
7 Luftflödesmätare
8 Termotidkontakt
9 Kallstartinsprutare
10 Insprutare
11 Batteri
12 Manöverrelä
13 Bränslepumpens säkring
14 Bränslepump

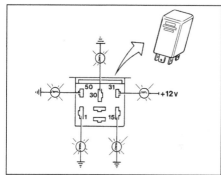

Fig. 3.64 LE-Jetronic, manöverreläets stift (avsn 35)

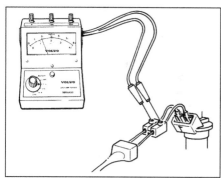

Fig. 3.65 Kontroll av insprutare med voltmeter (avsn 35)

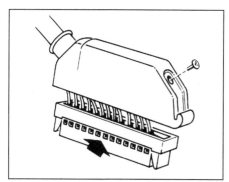

Fig. 3.66 Den elektroniska styrenhetens mångpoliga kontakt (avsn 35)

kontrollera att mätaren visar 1,0V när motorn är kall. Under varmkörningsperioden ska spänningen snabbt falla till 0,6 V och därefter gradvis till 0,4V. Håll en skruvmejsel mot en insprutare i taget och sätt örat till skruvmejselns skaft. Ett klickande ljud ska höras om insprutarna fungerar.

9 När motorn är varmkörd, öka långsamt motorvarvtalet till 3 000 rpm och kontrollera att spänningen då ligger mellan 0,9 och 1,0V. Låt sedan motorn gå på tomgång och höj varvtalet snabbt igen till 3 000 rpm. I början ska spänningen ligga nära 2,0V för att sedan sjunka till 0,9–1,0V. Minska snabbt motorvarvtalet till tomgång från 2 500 rpm. Spänningen ska då vara 0 tills motorvarvtalet ligger på 1 300–1 400 rpm då spänningen åter ska vara 0,4V.

10 Lossa gasspjällets kontaktstycke och kortslut stift 3 och 18 (se foto). Mätaren ska visa ca 0,1V.

11 Demontera locket från den elektroniska styrenheten på förarens sida om mittkonsolen.

Notera: *När man utför resistanskontroller på styrenheten ska man alltid använda hålen som finns på sidan av kontaktstycket. Stiftens numrering anges på kontaktenheten.*

12 Använd en ohmmeter. Kontrollera att stift 5 och 13 ger god jordförbindelse (d v s 0 ohm till jord). Använd en testlampa mellan stiften 4 och 9 och jord, och kontrollera att lampan lyser när startmotorn arbetar. Använd en ohmmeter för att kontrollera gasspjäll-kontakten genom att ansluta instrumentet över stift 2 och 9 på styrenheten – med gaspedalen uppsläppt ska instrumentet visa 0 ohm, men så fort gaspedalen trycks ned en aning ska kretsen vara öppen med oändligt motstånd. Mellan stift 3 och 9 ska avläsningen visa oändligt motstånd när pedalen är helt släppt och 0 ohm då den är helt nedtryckt.

13 Anslut ohmmetern mellan stift 9 och 12 på styrenheten för att testa insprutarnas totala resistans, vilken ska vara mellan 4 och 5 ohm. Resistansen för varje enskild insprutare ska överensstämma med den specificerade.

36.1 Bränslepumpens och filtrets placering på bilens undersida

37.1 Bränslefilter i motorrummet

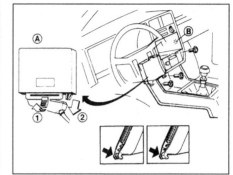

Fig. 3.67 Den elektroniska styrenhetens placering (avsn 38)

1 Låsbleck   A Elektronisk styrenhet
2 Kopplingsstycke   B Täckplåt

Kontrollera luftflödesmätarens resistans genom att mäta mellan stift 5 och 8 (100–200 ohm), och 5 och 7 (100 ohm). Kontrollera kylvätsketemperaturgivarens resistans genom att mäta mellan stift 5 och 10. Resistansen ska vara 2–3 k ohm vid 20°C.
14 För kontroll av luftflödesmätaren, lossa slangen, ta loss kontaktstycket och demontera manöverreläet (se foto). Anslut ohmmetern mellan stift 87 på reläsockeln och stift 9 på luftflödesmätarens kontaktstycke, mätaren ska visa 0 ohm. Anslut mellan stift 5 och 7 på kontaktstycket och för luftflödesmätarens arm fram och tillbaka, resistansen ska variera mellan 100 och 1 000 ohm.
15 Mellan stift 8 och E, som är den fasta resistorns stift, ska resistansen vara ca 150 ohm, och mellan 9 och E, stiften för lufttemperaturgivaren, 50 ohm vid 20°C.
16 Om ström inte finns framme för något av de tidigare proven, kontrollera i kopplingsschemat för resterande mätningar.

36 Bränslepump (bränsleinsprutade modeller) – demontering och montering

1 Bränslepumpen är placerad på undersidan av bilen, precis bakom växellådan (se foto).
2 Demontera värmeskölden som är fäst både med vanliga skruvar och självgängande skruvar.
3 Ta bort bottenplattan som sitter på gummikutsar på fästplattan.
4 Ta loss de elektriska anslutningarna.
5 Kläm ihop bränsleslangarna på båda sidor om pumpen, lossa och ta bort bränsleslangarna.
6 Lossa byglarna och ta bort pumpen.
7 Montera i omvänd ordning. Kontrollera alla elanslutningar och att pumpen är vänd så att flödesriktningen blir den rätta.
8 Kontrollera bränslepumpens funktion (se avsnitt 35).

37 Bränslefilter (bränsleinsprutade modeller) – byte

1 Det finns två bränslefilter; det ena sitter bredvid bränslepumpen (se foto 36.1) under bilen, det andra finns i motorrummet, före insprutarnas fördelningsrör (se foto).
2 De åtgärder som ingår i rutinmässigt underhåll för bränslefilter avser båda filtren.

3 För att ta bort ett filter, skruva eller klipp loss slangklämmorna på båda sidor av filtret, dra loss slangarna och ta bort filtret.
4 Filtren ska kontrolleras och bytas vid de intervaller som anges och bytas om de är igensatta.
5 Montera i omvänd ordning. Kontrollera att pilarna på filterhusen är vända i flödesriktningen.

38 Elektronisk styrenhet – demontering och montering

1 Lossa batteriets negativa anslutning.
2 Demontera sidostyckena från mittkonsolen.
3 Ta bort den flerpoliga kontakten från styrenheten genom att trycka in låsklacken och dra loss kontaktstycket.
4 Ta ut radion eller ta loss täckplattan. Ta bort skruvarna som håller enheten (på tidigare modeller) och som är åtkomliga genom öppningen för radion och hålen i mittkonsolen. På senare modeller är styrenheten fastsatt med snäppfattningar.
5 Montera i omvänd ordning.

39 Insugnings- och avgasgrenrör – demontering och montering

B14-modeller fram till 1982

1 Lossa batteriets negativa anslutning.
2 Ta bort locket eller påfyllningsslangen och demontera behållaren för vindrutespolarvätska.
3 Demontera förgasaren.
4 Ta loss vakuumslangarna från insugningsröret då så behövs.
5 Ta loss kupévärmarens slangar och vevhusventilationsslangarna.
6 Ta bort motorns skyddsplåtar.
7 Lossa muttrarna som håller avgasröret till grenröret (se foto), ta loss fästet vid startmotorn och dra undan avgasröret från grenröret.
8 Ta bort de muttrar och brickor som håller grenröret. Dra bort värmeskölden (tidigare modeller) eller slangen (senare modeller), och lyft bort grenrörsenheten från motorn.

Fig. 3.68 Insugnings- och avgasgrenrör på modeller fram till 1981 (avsn 39)

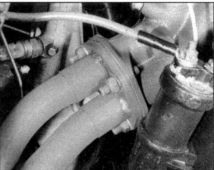

39.7 Främre rörets anslutning till avgasgrenröret (B14-modeller)

39.12A Demontering av insugningsgrenrör på B19A- och B200K-motorer

39.12B Insugningsgrenrör monterat på B19E- och B200E-motorer

39.13A Avgasgrenrörets värmesköld

9 Rengör topplocket, avlägsna alla rester av grenrörspackningen, kontrollera beträffande skador.

10 Montera i omvänd ordning, men observera följande:
a) Montera alltid ny packning
b) Dra alla muttrar till föreskrivet moment och i följande ordning: grenrör till topplock, avgasrör till grenrör, avgasrörsfästet till kopplingshuset
c) Justera förgasaren
d) Justera mikrokontakten för vakuum-styrningen, där sådan förekommer, enligt beskrivning i kapitel 6

B14.3E-modeller fr o m 1982

11 Insugningsgrenrör och avgasgrenrör är gjutna i en enhet och inte delade som på tidigare B14-motorer, men demontering och montering utförs på i stort sett samma sätt.

B19- och B200-modeller

12 Börja med att ta bort förgasaren eller bränsleinsprutningssystemet. Koppla loss alla slangar och kablar, lossa och ta bort muttrarna som håller grenrörsenheten och lyft bort den från topplocket (se foto). Demontera packningen. Rengör anliggningsytorna och montera en ny packning. Montera i omvänd ordning, men montera där så behövs en ny packning vid förgasaren.

13 För att demontera avgasgrenröret, ta loss luftförvärmningskanalen och skruva loss värmeskölden (se foto). Skruva loss avgasröret, ta loss muttrarna och ta loss avgasgrenröret från topplocket (se foto). Lägg märke till lyftöglornas placering. Demontera packningarna. Rengör anliggningsytorna och montera nya packningar. Montera i omvänd ordning, använd en ny avgasrörspackning.

B172-modeller

14 Tillvägagångssättet är ungefär detsamma som för övriga modeller (se foto).

15 Kom ihåg de två muttrarna som är åtkomliga underifrån (se foto).

16 På dessa modeller kan insugnings- och avgasgrenrören tas isär sedan de tre skruvarna (se foto) har demonterats.

39.13B Demontering av avgasgrenrör

40 Avgassystem – demontering och montering

B14-modeller fram till 1985

1 Hissa upp både framvagn och bakvagn och stöd bilen på pallbockar. Alternativt kan bilen köras upp på brygga eller lyft.

2 Om muttrarna har rostat fast, kan man stryka på rostlösande olja för att underlätta demontering.

3 Lossa klammorna som håller mittsektionen till slutröret, ta loss gummifästena (se foto) och dra loss slutröret.

39.14 Insugnings- och avgasgrenrör på B172-motorer

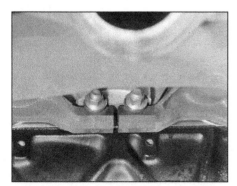

39.15 De två muttrarna är åtkomliga från undersidan

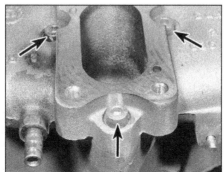

39.16 Grenrören tas isär sedan de tre skruvarna har demonterats (vid pilarna)

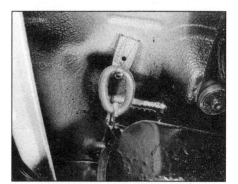

40.3A Bakre rörets bakre fäste

40.3B Bakre rörets främre fäste

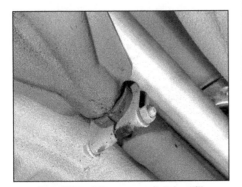

40.4 Mittsektionens anslutning till
främre rör

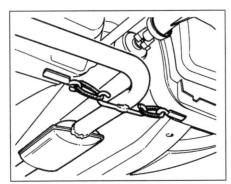

Fig. 3.71 Extra fäste på B14-modeller
fr o m 1985 (avsn 40)

4 Lossa klammorna som håller mittsektionen
till främre röret (se foto), ta loss gummifästena
och ta loss mittsektionen.
5 Ta loss skyddsplåten under motorn på
höger sida och lossa avgasrörets fläns från
grenröret.
6 Ta loss avgasröret från fästet vid start-
motorn och dra ut främre röret.
7 Hos tillbehörsaffärer finns reparationssatser
i form av pasta eller band, som kan användas
för effektiv tätning av hål på avgasrör och
ljuddämpare och även på gavlar och rörkrökar.

B14-modeller fr o m 1985

8 Från 1985 har ett extra fäste tillkommit,
placerat på tvärbalken bakom växellådan.
Dessa fästpunkter kan även monteras på äldre
modeller, de kan skruvas fast på tvärbalken.

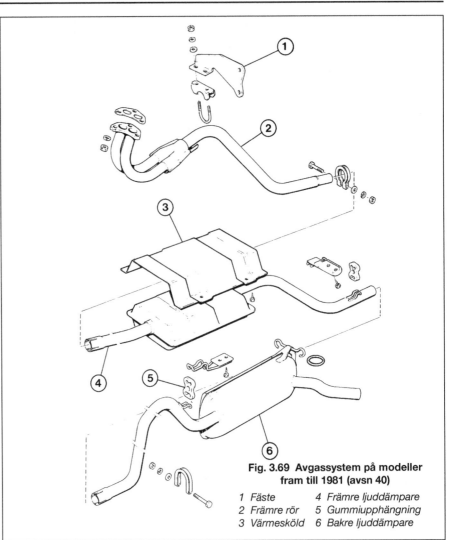

Fig. 3.69 Avgassystem på modeller
fram till 1981 (avsn 40)

1 Fäste   4 Främre ljuddämpare
2 Främre rör   5 Gummiupphängning
3 Värmesköld   6 Bakre ljuddämpare

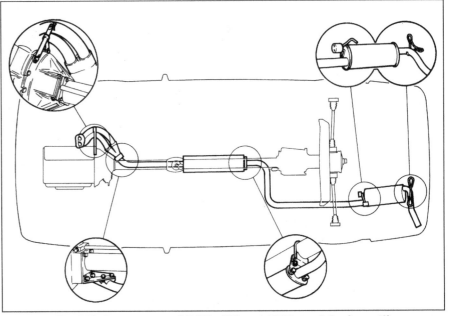

Fig. 3.70 Avgassystem på B172-, B19- och B200- modeller (avsn 40)

B19- och B200-modeller

9 Avgassystemet består av fyra sektioner; främre rör, mittsektion och ljuddämpare, bakre rör och ljuddämpare samt slutrör. Systemet är monterat i gummifästen (se foto).

B172-modeller

10 Avgassystemet är ungefär detsamma som på B200- modellerna (se foto), men det finns inget fäste till momentröret. Mittre fästet visas i foto 40.10B.

Alla modeller

11 Montering sker i omvänd ordning. Kontrollera att avgassystemet inte kan slå emot angränsande delar.

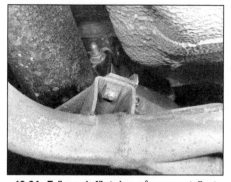

40.9A Främre infästning på momentröret
(B19- och B200-modeller)

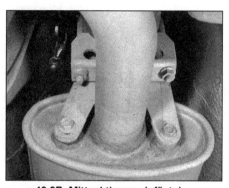

40.9B Mittsektionens infästning

40.9C Bakre ljuddämparens fästen

40.9D Slutrörets skarv och fäste

40.10A Främre rörets fläns vid grenröret på B172-modeller

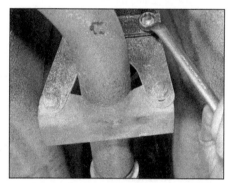

40.10B Mittre fäste på B172-modeller

Felsökning – bränsle- och avgassystem

Om motorn går dåligt och om bränsleförbrukningen är hög, behöver det inte nödvändigtvis bero på fel i bränslesystem eller förgasare. Ofta är det i stället tändsystemet som är orsaken, särskilt när det gäller modeller som har konventionellt tändsystem med brytarspetsar. Innan felsökning görs enligt följande tabell, kontrollera tändsystemet. Även om felet finns i bränslesystemet, kan det vara svårt att spåra det om inte tändsystemet är korrekt. De fel som anges nedan förutsätter att tändsystemet först har åtgärdats (där så varit nödvändigt).

Förgasarmodeller

Motorn är svårstartad, kall motor

Chokevajern feljusterad
Chokespjället stängs inte
Bränslenivån i flottörhuset för låg

Motorn är svårstartad, varm motor

Chokevajern feljusterad
Luftfiltret smutsigt eller igensatt
Bränslenivån i flottörhuset för låg
Förgasaren flödar

Motorn går inte på tomgång eller går ojämnt på tomgång

Luftrenaren smutsig eller igensatt
Chokevajern feljusterad

Förgasarens tomgångsinställning feljusterad
Igensatta munstycken eller kanaler i förgasaren
Lösa, skadade eller läckande slangar i vevhusventilationssystemet
Luftläckage vid förgasare eller insugningsgrenrör
Förgasaren sliten
Fel på motorns inre delar

Motorn är kraftlös, tvekar, misständer eller stannar

Igensatta munstycken eller kanaler i förgasaren
Accelerationspumpen felaktig eller hål på membran
Låg flottörhusnivå
Bränslefilter igensatt
Felaktig bränslepump eller lågt matningstryck
Bränsletankventilationen igensatt
Bränsleledningar igensatta
Luftläckage vid förgasare eller insugningsgrenrör
Motorns inre delar slitna eller feljusterade

Bränsleförbrukningen för hög

Chokevajern feljusterad eller kärvande länkage
Luftrenaren smutsig eller igensatt
Bränsleläckage från förgasare, bränslepump, bränsletank eller bränsleledningar
Förgasaren flödar

Hög ljudnivå eller rök från avgassystemet

Läckande rör eller skarvar
Läckage, korrosion eller skador på ljuddämpare eller rör
Avgassystemet i kontakt med karossen p g a trasig/felaktig upphängning

Motorn fortsätter att gå när tändningen slagits från

Felaktig tomgångs-/bränsleavstängningssolenoid
För högt tomgångsvarvtal
Koksbildning

Bränsleinsprutade modeller

Motorn startar inte

Luftläckage i insugningssystemet
Bränslepumpen fungerar inte eller har fel bränsletryck
Fel på kallstartinsprutare
Luftflödesmätare eller givare för kylvätsketemperatur fungerar inte

Motorn är svårstartad, kall motor

Kallstartinsprutaren felaktig
Tillsatsluftsliden felaktig

Motorn är svårstartad, varm motor

Kallstartinsprutaren otät
Returledningstrycket för lågt
Bränsletrycket felaktigt

Motorn är svårstartad, både varm och kall

Luftläckage i insugningssystemet
Bränsletrycket felaktigt
Luftflödesmätaren felaktig

Motorn går ojämnt vid start och under varmkörning

Luftläckage i insugningssystemet
Luftflödesmätare eller tillsatsluftslid felaktig

Motorn går ojämnt när den är varm

Bränsletrycket felaktigt
Luftläckage i insugningssystemet

Motorn går ojämnt, både varm och kall

Luftläckage i insugningssystemet
Bränsletrycket felaktigt
En eller flera insprutare fungerar inte
CO-halten felaktig
Luftflödesmätaren felaktig

Motorn går ojämnt, bränsleförbrukningen är hög

Kallstartinsprutaren otät
Bränsletrycket felaktigt
Bränsleläckage
CO-halten felaktig
Luftflödesmätaren felaktig

Motorn är kraftlös och ger låg toppfart

Gasspjäll och länkar feljusterade
Matningstrycket felaktigt
CO-halten felaktig

Motorn går ojämnt på tomgång

Motorn går inte på alla cylindrar
Luftläckage i insugningssystemet
Luftflödesmätaren kärvar
Gasspjällkontakten felaktig
Läckage i insprutare eller felaktig spridningsbild

Kapitel 4 Tändsystem

Innehåll

Specifikationer

Del A: Konventionellt tändsystem

Typ .... 12V batteri och spole, mekaniskt med brytarkontakter

Fördelare

Fabrikat:
  B14 .... Ducellier, AC Delco eller SEV
  B19 .... Bosch
Rotationsriktning .... Medurs
Brytaravstånd:
  B14 .... 0,4 till 0,5 mm
  B19 .... 0,4 mm
Kamvinkel:
  B14:
    AC Delco fördelare .... 50° ± 3°
    Alla övriga fördelare .... 57° ± 3°
  B19 .... 62° ± 3°
Tändföljd:
  B14 .... 1 - 3 - 4 - 2 (Cylinder nr 1 närmast svänghjul)
  B19 .... 1 - 3 - 4 - 2 (Cylinder nr 1 närmast kylare)

Tändläge

Statiskt eller dynamiskt vid tomgång (vakuumslang lossad):
  B14.0E/S .... 3° ± 1° FÖDP
  B14.1/2/3S .... 6° ± 1° FÖDP
  B14.1/2E .... 6° ± 1° FÖDP
  B14.3E .... 10° ±1° FÖDP
  B19A 984 .... 10° ± 2° FÖDP
  B19A 552/566 .... 7° ± 2° FÖDP

Tändstift

	Typ	Elektrodavstånd
B14.0 (1976 till September 1978)	Champion L87YCC	0,8 mm
	Champion L87YC	0,6 mm
B14.1/2/3 (September 1978 och framåt)	Champion N9YCC	0,8 mm
	Champion N9YC	0,6 mm
B19A	Champion RN9YCC	0,8 mm
	Champion RN9YC	0,7 mm

Åtdragningsmoment

Tändstift:

	Nm
B14	18
B19	25

Del B: Elektroniskt (brytarlöst) tändsystem

Typ .... 12V Batteri och spole, brytarlös Hall effektfördelare

Fördelare

Fabrikat	Bosch
Rotationsriktning	Medurs
Kamvinkel	62° ± 3°
Tändföljd	1 - 3 - 4 - 2 (Cylinder nr 1 närmast kylare)

Tändläge

Dynamiskt vid tomgång (vakuumslang lossad):

B19E	10° ± 2° FÖDP

Tändstift

	Typ	Elektrodavstånd
B19E	Champion RN7YCC	0,8 mm
	Champion RN7YC	0,7 mm

Åtdragningsmoment

	Nm
Tändstift	25

Del C: Elektroniskt (Renix) tändsystem

Typ .... 12V batteri, helt elektroniskt datorstyrt tändsystem

Fördelare

Fabrikat:

B14	Ducellier
B172	Ducellier
B19	Bosch
B200	Bosch
Rotationsriktning	Medurs

Tändföljd:

B14 och B172	1 - 3 - 4 - 2 (Cylinder nr 1 närmast svänghjul)
B19 och B200	1 - 3 - 4 - 2 (Cylinder nr 1 närmast kylare)

Tändläge

Dynamiskt vid tomgång (vakuumslang lossad):

B14.3E	10° ± 2° FÖDP
B14.4E	6° ± 2° FÖDP
B14.4S	6° ± 2° FÖDP
B172	6° FÖDP
B19A	15° ± 2° FÖDP
B200E	12° ± 2° FÖDP
B200K	15° ± 2° FÖDP

Tändstift

	Typ	Elektrodavstånd
B14.4	Champion RN9YCC	0,8 mm
	Champion RN9YC	0,7 mm
B172	Champion RN7YCC	0,8 mm
	Champion RN7YC	0,7 mm
B19A	Champion RN9YCC	0,8 mm
	Champion RN9YC	0,7 mm
B200E	Champion RN7YCC	0,8 mm
	Champion RN7YC	0,7 mm
B200K	Champion RN9YCC	0,8 mm
	Champion RN9YC	0,7 mm

Åtdragningsmoment

Tändstift:

	Nm
B14	18
Alla övriga motorer (utom B172)	25
B172	30

DEL A: KONVENTIONELLT TÄNDSYSTEM

1 Allmän beskrivning

Tändsystemet är konventionellt och omfattar ett 12V batteri, tändspole, fördelare och tändstift. Fördelaren drivs av ett drev på kamaxeln. För att motorn ska gå perfekt krävs en tändgnista från tändstiften i exakt rätt ögonblick i förhållande till motorvarvtal och belastning.

Tändsystemet är uppdelat i två kretsar: en lågspänningskrets (primärkrets) och en högspänningskrets (sekundärkrets).

Lågspänningskretsen består av batteriet, kabel till tändningslåset, kabel från tändningslåset till lågspännings- eller primärspolens lindning (positiv anslutning), och kabel från lågspänningsspolens lindningar (negativ anslutning) till brytarkontakterna och kondensatorn i fördelaren.

Högspänningskretsen består av hög-spännings- (eller sekundär-) spolens lindningar, högspänningskabeln från tändspolen till fördelarlocket, rotorarm, tändstiftskablar och tändstift.

Systemet fungerar på följande sätt. Lågspänning i tändspolen alstrar ett elektromagnetiskt fält runt sekundärlindningarna. När brytarkontakterna öppnar, släpper magnetfältet och genererar en mycket högre spänning i sekundärlindningen, som leds via fördelarlocket till rotorarmen. Rotorarmen roterar med halva motorvarvtalet. Rotorarmens läge bestämmer till vilket tändstift tändspänningen förs. När spänningen når elektroden sker ett gnistöverslag.

Tändförställningen regleras både mekaniskt och med vakuum. I den mekaniska tändförställningen ingår vikter som rör sig på fördelaraxeln. De påverkas av centrifugalkraften i proportion till motorvarvtalet. Brytarkammens läge i förhållande till fördelaraxeln ändras då så att tändläget ändras. Vikterna hålls på plats av lätta fjädrar och det är dessa fjädrars spänning som avgör tändförställningen.

Vakuumstyrningen består av en vakuumklocka, som på ena sidan står i förbindelse med förgasaren via ett litet rör och på den andra sidan är mekaniskt kopplat till brytarkontaktplattan. Undertrycket i insugningsrör och förgasare (varierar med motorvarvtal och spjällöppning) får membranet att röra sig och på så vis tidigarelägga eller fördröja gnistan.

Brytarkontakterna på Ducellier-fördelaren är självrengörande. Vakuumförställningen påverkar/ändrar kontakternas inbördes kontaktläge hela tiden, vilket innebär att gropbildning undviks.

På B14- och B19A-motorer fram till 1984 inkluderar det konventionella tändsystemet ett förkopplingsmotstånd, vilket effektivt ökar spänningen vid tändstiftet vid start. På B14-motorn är förkopplingsmotståndet i resistorn av termistortyp. Till en början är resistansen så låg att full strömstyrka flyter igenom, men denna ger en temperaturstegring som ökar resistansen så att tändspolen får normal driftspänning. B19-motorn har ett vanligt förkopplingsmotstånd placerat i kretsen mellan batteri och tändspole, vid start förbikopplas detta via startmotorn.

2 Rutinmässigt underhåll

Följande åtgärder ska utföras vid de intervaller som anges i avsnittet Rutinmässigt underhåll i början av boken.

Fördelare

1 Byt ut brytarkontakterna (avsnitt 4).
2 Kontrollera brytarkontakternas kamvinkel (avsnitt 3).
3 Smörj fördelaren (avsnitt 3).

Tändstift (avsnitt 10)

4 Byt ut tändstiften.

Tändläge (avsnitt 8)

5 Kontrollera tändläget.

3 Brytarkontakter – justering och smörjning

Ducellier, AC Delco och Bosch fördelare

1 För att kontrollera brytaravståndet, demontera fördelarlocket genom att lossa de två fjädrarna eller ta loss de två skruvarna.
2 Lyft av rotorarmen.
3 Vrid vevaxelremskivans skruv med en ringnyckel, tills den rörliga kontaktarmens klack vilar på brytarkammens högsta punkt.
4 Kontrollera med ett bladmått att avståndet mellan brytarkontakterna (se foto) överensstämmer med specifikationen. Om justering erfordras, lossa skruven som håller den fasta kontakten mot basplattan och flytta brytarkontakterna tills bladmåttet har glidpassning mellan kontakterna. Dra skruven och kontrollera på nytt. Använd gärna det specialverktyg för justering av Ducellier fördelare (se fig. 4.2) som finns att köpa i affärer som säljer motortillbehör.
5 Smörj regelbundet tändförställningsmekanismen med ett par, tre droppar motorolja genom hålet i fördelarens basplatta.
6 Smörj kammen med ett tunt lager lithiumbaserat fett och stryk några droppar motorolja på fördelaraxelns filtkudde.
7 Montera rotor och fördelarlock.
8 Om en kamvinkelmätare finns tillgänglig,

3.4 Kontroll av brytaravstånd (Ducellier)

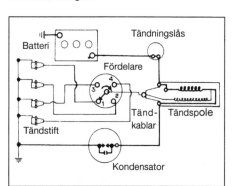

Fig. 4.1 Kretsschema för det mekaniska tändsystemet (avsn 1)

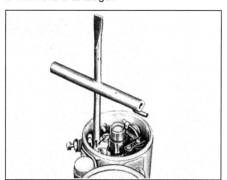

Fig. 4.2 Justering av brytaravstånd på Ducellier fördelare med specialverktyg (avsn 3)

1 Den fasta kontaktens fästskruv

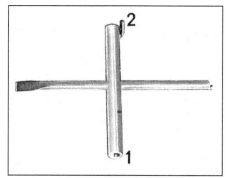

Fig. 4.3 Justerverktyg för Ducellier fördelare (avsn 3)

1 För justering av vakuumkam
2 För justering av kammens tandade segment

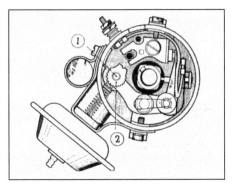

Fig. 4.4 Ducellier fördelarens brytarkontakter och placeringen av kammen (1) och segmentet (2) (avsn 3)

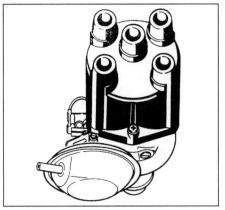

Fig. 4.5 AC Delco fördelarlock (avsn 4)

Fig. 4.6 Ducellier fördelarlock (avsn 4)

kontrollera att brytaravstånd och kamvinkel överensstämmer med specifikationen. Gör vid behov en slutjustering enligt tidigare beskrivning. Minska avståndet för att öka kamvinkeln och *vice versa*.

SEV fördelare

SEV fördelare har brytarkontakter av kassettyp. Brytaravståndet kan inte justeras på dessa fördelare. Justera kamvinkeln enligt följande.

9 Skjut plastlocket på sidan av fördelaren åt sidan så att justerskruven blir åtkomlig.
10 Använd en 3 mm insexnyckel för att lossa justerskruven.
11 Anslut kamvinkelmätaren till fördelaren enligt tillverkarens anvisningar, starta motorn och låt den gå på tomgång.
12 Justera kamvinkeln till specificerat värde med hjälp av insexnyckeln. Vrid medurs för att öka vinkeln, moturs för att minska den.
13 Stäng av motorn, ta bort insexnyckeln och skjut tillbaka plastlocket.

Smörjning

14 Smörjning av SEV fördelare görs på samma sätt som beskrivits för andra fördelare.

---

4 Brytarkontakter – renovering och byte

Ducellier

1 Demontera fördelarlocket och rotorn och tryck isär brytarkontakterna. Om de är missfärgade eller brända, demontera dem enligt följande.
2 Peta loss säkringsfjädern som håller den rörliga kontaktarmen på axeltappen och lyft försiktigt ut brytararmen med fjäder från basplattan (se foto).
3 Ta bort lågspänningskabeln från fördelarens kontaktbleck. Skruva loss kontaktbleckets inre mutter tills kabeln kan dras loss.
4 Skruva loss och demontera den fasta kontakten från basplattan.
5 Rör inte vakuumförställningens tandade justerkam, till denna krävs specialverktyg.

AC Delco

6 Demontera fördelarlocket och rotorn, och tryck isär brytarkontakterna. Om de är

missfärgade eller brända, demontera dem enligt följande.
7 Tryck in brytararmens fjäder mot kammen och lyft upp brytararmen från tappen.
8 Ta loss kondensatorn och lågspänningskablarna från lågspänningsanslutningen och lossa skruven för den fasta kontakten. Håll reda på den lilla brickan.
9 Lyft bort den fasta kontakten från tappen och dra ut den fyrkantiga isolatorn genom att pressa ihop nabbarna.

Bosch

10 Demontera fördelarlocket och rotorn, och tryck isär brytarkontakterna. Om de är missfärgade eller brända, demontera dem enligt följande.
11 Lossa skruven som håller brytarkontakterna till basplattan, lossa anslutningskabeln och lyft ut brytarenheten.

Ducellier, AC Delco och Bosch

12 Små ojämnheter och lätta brännskador kan putsas bort med en fin brynsten, men var försiktigt så att kontakternas ursprungliga form inte ändras. Om kontakterna är mycket slitna måste de bytas ut.
13 Montera i omvänd ordning. Observera följande:
  a) Rengör kontaktytorna mycket noga.
  b) Smörj den rörliga kontaktens ledtapp med lite motorolja
  c) Rengör basplattan med en trasa, fuktad

4.2 Brytarkontakter på Ducellier-fördelare

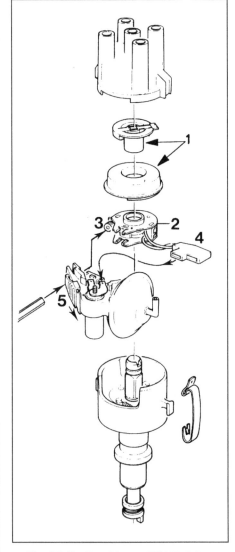

Fig. 4.7 Sprängskiss av SEV fördelare (avsn 4)

1 Rotor och skyddslock   4 Kontaktstycke
2 Brytarkontaktkassett   5 Plastlock
3 Justerskruv

6.3 Ducellier fördelare med locket demonterat och rotorn synlig

6.5A Fördelarens infästning med mutter

6.5B Demontering av fördelaren (Ducellier)

med bensin, för att förhindra att brytarkontakterna smutsas ned.
d) Justera brytaravståndet enligt beskrivning i avsnitt 3

SEV

14 Demontera fördelarlocket, rotorarmen och det inre locket.
15 Lyft ut vakuumenheten, demontera brytarspetskassetten och koppla loss kontaktstycket.
16 Kondensatorn kan nu demonteras genom att man lossar jordkabeln och drar ut kondensatorn uppåt.
17 Stryk ett tunt lager fett på brytarkammen.
18 Montera kondensatorn om den har demonterats och anslut jordkabeln.
19 Anslut kontaktstycket till brytarspetskassetten och montera kassetten i vakuumenheten.
20 Montera vakuumenheten i fördelaren, montera det inre locket, rotorarmen och fördelarlocket,
21 Justera kamvinkeln enligt beskrivning i avsnitt 3.

5 Kondensator – kontroll, demontering och montering

1 Kondensatorn fungerar som en buffert genom att ta upp de strömrusningar som uppstår när brytarkontakterna öppnar och stänger. På så sätt minskas gnistbildning och därmed följande bränning och slitage av brytarkontakterna.
2 Om kondensatorn är felaktig påverkar detta automatiskt hela tändkretsen, eftersom då inte heller brytarkontakterna kan fungera som de ska.

Ducellier och AC Delco

3 Ett enkelt sätt att testa kondensatorn, är att slå på tändningen med brytarkontakterna slutna och sedan öppna dem med hjälp av en skruvmejsel. Om det då uppstår en kraftig blå blixt, visar detta att kondensatorn är felaktig. Andra indikationer på en felaktig kondensator är startsvårigheter, misständning och missfärgade brytarkontakter.
4 För att demontera kondensatorn på Ducellier fördelare, skruva loss och demontera muttern och ta loss tändkabeln från fördelaranslutningen. Demontera den inre

muttern och kondensatorkabeln. Demontera fästskruv och brickor och ta ut kondensatorn.
5 För att demontera kondensatorn på AC Delco fördelare, demontera den rörliga kontakten enligt beskrivning i avsnitt 4, lossa kabeln vid anslutningskontakten och ta bort skruven som håller kondensatorn. Lägg märke till att jordningskabeln sitter under skruven. Ta ut kondensatorn.
6 Montera i omvänd ordning.

SEV

7 Demontering och montering av kondensatorn beskrivs i avsnitt 4.

Bosch

8 Lossa kablarna och demontera skruven som håller kondensatorn vid fördelaren. Montera i omvänd ordning.

6 Fördelare – demontering och montering

1 Innan fördelaren demonteras är det praktiskt att märka upp fördelarhusets läge i förhållande till motorblocket. Använd en körnare eller färg.
2 Vrid vevaxeln tills tändlägesmarkeringarna kommer mitt för varandra (se avsnitt 8), med

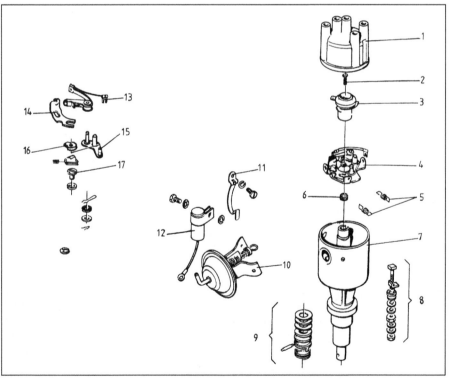

Fig. 4.8 Sprängskiss av Ducellier fördelare (avsn 7)

1 Fördelarlock
2 Kolborste
3 Rotorarm
4 Basplatta
5 Centrifugalvikter med returfjädrar
6 Smörjfilt
7 Fördelarhus
8 Anslutningsskruv
9 Medbringare
10 Vakuumklocka
11 Fördelarlockets låsfjäder
12 Kondensator
13 Brytararm och anslutningskabel
14 Fast brytarkontakt
15 Vakuumförställningsarm
16 Tandad vakuumjusteringskam
17 Den fasta kontaktens skruv

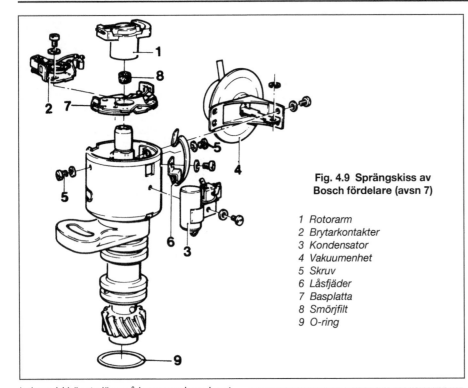

Fig. 4.9 Sprängskiss av Bosch fördelare (avsn 7)

1 Rotorarm
2 Brytarkontakter
3 Kondensator
4 Vakuumenhet
5 Skruv
6 Låsfjäder
7 Basplatta
8 Smörjfilt
9 O-ring

kolv nr 1 i högsta läge på kompressionsslaget.
3 Lossa tändkablarna från tändstiften och från tändspolen, demontera fördelarlocket och notera rotorns läge när den står mitt för tändkabelkontakten för cylinder nr 1 (se foto).
4 Ta loss lågspänningskabeln från fördelaren.
5 Lossa och ta bort muttern som håller fördelaren, lyft ut fördelaren (se foto).
6 Montera i omvänd ordning men observera följande:
  a) När fördelaren sätts tillbaka kan det vara nödvändigt att vicka fördelaraxeln fram och tillbaka så att medbringarklackarna passar in
  b) Justera tändläget enligt beskrivning i avsnitt 8
  c) Om det uppstår problem vid montering av fördelaren, eller vid inställning av tändläget, kan detta bero på att fördelaren är felaktigt monterad (se kapitel 1)

7 Fördelare – isärtagning och ihopsättning

1 Fördelaren är konstruerad för att fungera utan att behöva tas isär. Om den så småningom blir sliten är det bäst att byta ut den mot en ny eller renoverad fördelare. Följande anvisningar är till för den som föredrar att själv ta isär och reparera en felaktig eller sliten fördelare.
2 Kontrollera innan arbetet påbörjas att behövliga reservdelar finns tillgängliga.
3 På Ducellier fördelare: observera den tandade kammens läge i förhållande till vakuumdosans membranfjäder, eftersom detta påverkar vakuumförställningens karakteristik. Ta vid behov kontakt med en lämpligt utrustad verkstad eller bilelektriker för kontroll av injusteringen.
4 Axeln på de flesta fördelare kan demonteras

efter det att låspinnen som håller medbringaren har slagits loss.
5 Märk upp detaljernas placering i förhållande till varandra där så är möjligt, så att ihopsättningen blir korrekt; detta gäller speciellt för medbringare och axel.

8 Tändläge – justering

Notera: *Fram till 1982 betecknar tändlägesmarkeringarna på svänghjulet 0, 3 och 6 grader. Därefter betecknar de 0, 6 och 10 grader.*

B14-modeller

Tändläget kan antingen kontrolleras med testlampa eller stroboskoplampa. Stroboskoplampan är mer exakt.

Med testlampa

1 Anslut en 12V testlampa och kablar mellan en bra jordanslutning och fördelarens lågspänningsanslutning.
2 Vrid vevaxeln med en ringnyckel på remskivans skruv i normal rotationsriktning, tills kolv nr 1 (längst bort från kylaren) påbörjar kompressionsslaget. Att så sker kan konstateras genom att man demonterar 1:ans tändstift och med ett finger känner tryckökningen.
3 Ta loss högspänningskabeln från spolen.
4 Fortsätt att vrida vevaxeln tills de rätta tändlägesmarkeringarna ligger mitt för varandra. Tändlägesmärkena finns på svänghjulets periferi och ska synas i hålet på kopplingshuset på motorns bakkant (se foto). Se specifikationer för rätt inställning för respektive modell. På senare modeller framgår det av märkningen på högspänningskabeln (se foto).
5 Lossa fördelarens klamma och slå på tändningen.
6 Om testlampan lyser, vrid fördelaren lätt medurs tills lampan slocknar.
7 Vrid fördelaren moturs tills testlampan precis lyser upp och dra sen fast klamman.
8 Prova inställningen genom att vrida vevaxeln ett helt varv och samtidigt iaktta när lampan lyser.

Fig. 4.10 Tändlägesmarkeringar på svänghjulet, synliga genom öppningen i kopplingshuset (avsn 8)

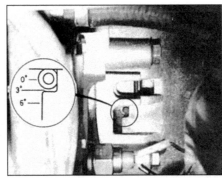

8.4A Tändlägesmarkeringar på svänghjulet

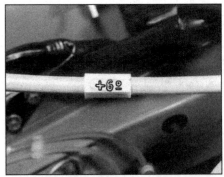

8.4B Tändlägesmarkering på senare modeller

8.19 Tändlägesmarkering på motorns framsida, B19-motorn

8.20 Tändlägesindikator på tidiga B19-motorer

9.1 Tändspolens placering på senare modeller

9 Slå av tändningen, demontera testlampan och anslut högspänningskabeln till tändspolen.

Med stroboskoplampa

10 Lossa vakuumslangen från fördelaren och plugga den med en penna eller liknande.
11 Följande åtgärder underlättas om man markerar tändläget med krita eller vit färg.
12 Anslut stroboskoplampan enligt tillverkarens anvisningar (vanligtvis mellan 1:ans tändstift och tändkabel).
13 Starta motorn och kontrollera att tomgångsvarvtalet är enligt specifikationen (kapitel 3).
14 Rikta stroboskoplampan mot tändlägesmarkeringarna; de ser ut att stå stilla. De rätta markeringarna ska stå mitt för varandra. Om så inte är fallet, lossa fördelarklamman och vrid fördelaren åt ena eller andra hållet tills rätt inställning erhålls. Dra fast klamman och kontrollera inställningen på nytt.
15 Medan stroboskoplampan är ansluten, kan man passa på att kontrollera tändförställningsmekanismen genom att tillfälligt öka motorvarvtalet. Tändläget ska då ändras, och märket på svänghjulet vandrar till ett nytt läge vid ökat varvtal om tändförställningen fungerar riktigt.
16 Ett liknande prov kan utföras på vakuumförställningen genom att man ansluter vakuumslangen till vakuumdosan och noterar hur tändläget ändras.

17 Ta bort stroboskoplampan, montera tändstift, tändkabel och vakuumslang.

B19-modeller

18 Tillvägagångssättet är ungefär detsamma som på B14-modellerna, men observera att cylinder 1 är närmast kylaren.
19 Tändlägesmarkeringar finns både på motorns framsida och på svänghjulet (se foto). De är synliga från motorns vänstra sida efter det att kanalerna på kylarens ovansida har demonterats.
20 På vissa motorer finns en tändlägesindikator som endast ska användas tillsammans med den speciella testutrustning som endast Volvoverkstäderna har, därför är det bäst att använda sig av stroboskoplampa. Senare modeller saknar denna tändlägesindikator (se foto).

9 Tändspole – beskrivning

På de tidigare modellerna är tändspolen placerad på vänster sida av motorblocket, under fördelaren. På senare modeller är den monterad på vänster sida i motorrummet (se foto).
För exakt kontroll av tändspolen krävs specialutrustning, så detta görs bäst av en bilelektriker. Alternativt kan en ny tändspole monteras om man kan anta att tändspolen är

felaktig, och om man har jämfört den med originalspolen.
Utöver regelbunden rengöring av tändspolen krävs det just inte några andra serviceåtgärder. Kontrollera att lågspänningskablarna är anslutna till rätt stift; i annat fall får man en effektförlust på 60 %. Fördelarens lågspänningskabel måste vara ansluten till tändspolens negativa anslutning och den positiva anslutningen till tändningslåset.

10 Tändstift och tändkablar – allmänt

1 För att motorn ska kunna gå jämnt och effektivt måste tändstiften fungera korrekt. Vilken typ av tändstift som ska användas anges i början av detta kapitel. Om rätt tändstift används och motorn är i god kondition, ska tändstiften normalt inte behöva kontrolleras mellan de byten som anges i den regelbundna servicen. Rengöring behöver sällan göras, men om det utförs skall det göras med speciell utrustning, så att elektroderna inte skadas.
2 Ta loss tändkablarna – håll i anslutningarna, dra inte i kablarna (se foto).
3 Använd borste, dammsugare eller tryckluft för rengöring av tändstiftsbrunnen (se foto).
4 Använd en tändstiftshylsa och demontera tändstiften i ordning. Om det är svårt att

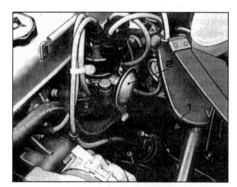

Fig. 4.11 Tändspolens (1) och fördelarens (2) placering (avsn 9)

10.2 Demontering av tändkabel från ett tändstift

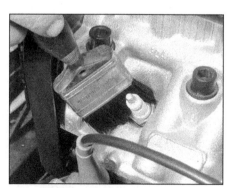

10.3 Rengöring av tändstiftsbrunn

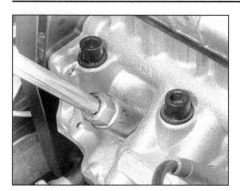

10.4 Demontering av tändstift

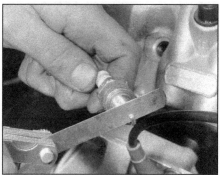

10.5 Kontroll av elektrodavstånd med bladmått

10.11 Montering av tändstift

komma åt kan man använda en förlängning och universalknut (se foto).

5 Elektrodavståndet är viktigt. Om det är felaktigt blir resultatet försämrad förbränning av bränsle-/luftblandningen. Elektrodavståndet ska mätas med ett bladmått. Eventuell justering ska göras på sidoelektroden. Justering på mittelektroden medför skador på isolatorn (se foto).

6 Tändstiften ska bytas vid avgivna intervaller. Kontrollera alltid elektrodavståndet på de nya stiften innan de monteras.

7 Tändstiftens kondition och utseende säger mycket om motorns kondition och injustering.

8 Om isolatorspetsen är vit och utan avlagringar, tyder detta på att bränsleblandningen är mager, eller att tändstiftet är för varmt (ett varmt tändstift avleder värme långsamt, ett kallt tändstift avleder värmen snabbt).

9 Sotavlagringar på isolatorspetsen tyder på att bränsleblandningen är fet, och om det dessutom förekommer olja är motorn troligen ganska sliten.

10 Om det finns ljusbruna eller gråbruna avlagringar på isolatorspetsen är bränsleblandningen den rätta och motorn i god kondition.

11 Eftersom topplocket är tillverkat av lättmetall, måste man vara försiktig när tändstiften monteras så att gängorna inte skadas. Lite motorolja eller grafitfett på gängorna rekommenderas. Skruva i tändstiften för hand så långt det går innan de dras till specificerat moment (se foto).

12 Torka av tändkablarna med en ren trasa och anslut dem i rätt ordning.

13 Fördelarlockets insida ska regelbundet torkas rent från koldamm och kolborstens rörlighet bör kontrolleras . Den ska kunna tryckas in och fjädra ut. Kontrollera samtidigt att tändkablarna ger god kontakt i fördelarlocket och att de är ordentligt instuckna i sina anslutningshål.

11 Tändsystem – felsökning

Om man råkar ut för motorstopp eller om motorn går dåligt, beror det oftast på fel i tändsystemet, antingen i lågspänningskretsen eller i högspänningskretsen.

De vanligaste indikationerna på tändningsfel är två. Antingen startar eller tänder motorn inte, eller också är den svårstartad och misständer. Om det är fråga om regelbunden misständning, d v s om motorn bara går på två eller tre cylindrar, kan man vara nästan säker på att felet finns i högspänningskretsen. Sker misständning oregelbundet, kan felet finnas antingen i högspännings- eller lågspänningskretsen. Om motorn plötsligt stannar eller över huvud taget inte startar, är det troligt att felet finns i lågspänningskretsen. Effektförlust och överhettning beror oftast på, utöver felaktig förgasarinställning, fel i fördelaren eller på felaktigt tändläge.

12 Felsökning – motorn startar inte

1 Om motorn gick normalt när bilen senast användes, men inte går att starta, kontrollera att det finns bränsle i tanken. Om motorn dras runt normalt av startmotorn och batteriet har tillräcklig laddning, kan felet finnas antingen i högspännings- eller lågspänningskretsen. Kontrollera högspänningskretsen först. Om man vet att batteriet är fullt laddat och laddningskontrollampan tänds, och startmotorn kan dra runt motorn, kontrollera då batterikablarnas anslutningar och även jordkabelns anslutning till kaross. Det är inte ovanligt att kablarna har lossnat, även om det ser ut att sitta ordentligt. Om en av batteripolerna blir varm vid startförsök, är detta en säker signal om att polklamman är dåligt fastdragen.

2 En av de vanligaste orsakerna till startproblem är fukt på tändkablar och i fördelare. Demontera fördelarlocket. Om kondens är synlig i locket, torka både insidan av fördelarlocket och tändkablarna med en trasa. Montera fördelarlocket. Ett fuktdrivande medel kan vara effektivt i sådana här situationer.

3 Om motorn ändå inte går att starta, kontrollera att tändstiften får ström genom att ta loss en kabel i taget från tändstiften och hålla kabeländen ca 5 mm från cylinderblocket. Dra runt motorn med startmotorn.

4 Gnistorna mellan kabeländen och motorblocket ska vara blåaktiga, kraftiga och

regelbundna. (Använd gummihandskar för att inte råka ut för elchock). Om tändstiften får ström, demontera stiften, rengör och justera elektrodavståndet. Motorn ska sedan gå att starta.

5 Om det inte blir någon gnistbildning vid tändstiftskablarna, ta loss högspänningskabeln från fördelarlocket och håll den mot motorblocket som tidigare. Dra runt motorn med startmotorn igen. En snabb följd av blåa gnistor ska då synas. Detta visar att tändspolen är i gott skick, men att fördelarlock, rotorarm eller kolborste är felaktig. Det är även möjligt att brytarkontakterna är i dåligt skick. Byt dem vid behov enligt beskrivning i avsnitt 4.

6 Om det inte blir någon gnistbildning vid tändspolens kabel – kontrollera kabelns anslutning till tändspolen. Om den är utan anmärkning ska lågspänningskretsen kontrolleras.

7 Använd en 12V voltmeter eller en 12V lampa och två kablar. Tändningen ska vara påslagen och kontakterna öppna. Prova förbindelsen mellan lågspänningskabeln och tändspolen (om den är märkt SW eller +) och jord. Om det inte blir något utslag är det troligen avbrott i strömförsörjningen från tändningslåset. Kontrollera anslutningarna och åtgärda vid behov. Nu bör motorn gå att starta. Om det blir utslag på mätaren betyder detta att felet finns i tändspole eller kondensator, eller att det förekommer avbrott i kabeln mellan fördelare och tändspole.

8 Ta loss kondensatorkabeln från brytarenheten. Kontrollera, med kontakterna öppna, förbindelsen mellan den rörliga kontakten och jord. Om det blir utslag på mätaren är det kondensatorn som är felaktig. Montera en ny kondensator enligt anvisningarna i detta kapitel, avsnitt 5.

9 Om mätaren inte ger utslag, prova förbindelsen mellan jord och tändspolens CB-, eller negativa anslutning. Om mätaren nu ger utslag måste kabeln mellan tändspole och fördelare bytas ut. Ger mätaren inget utslag är det tändspolen som är felaktig och måste bytas. Efter detta ska motorn gå att köra. Kom ihåg att montera tillbaka kondensatorkabeln. För ovanstående test där kontakterna ska vara öppna, räcker det att sätta ett torrt papper mellan dem.

13 Felsökning – motorn misständer

1 Om motorn misständer regelbundet, låt den gå på snabbtomgång, ta loss en tändkabel i taget och lyssna på motorljudet. Håll kabelanslutningen med en torr trasa eller gummihandske som extra skydd mot högspänningsstötar.
2 Om man tar loss en kabel från en felaktig krets hörs ingen förändring i motorljudet. Om kabeln lossas från en felfri cylinder förstärks misständningen.
3 Demontera den tändkabel som indikerar felet, håll den ca 5 mm från motorblocket och starta motorn. Blir det starka, regelbundna gnistor, måste felet finnas hos tändstiftet.
4 Tändstiftet kan sitta löst, isoleringen kan vara sprucken, brända elektroder kan göra att elektrodavståndet är för stort, eller också kan en elektrod ha brutits av.
5 Om inga gnistor bildas vid kabeländen, eller om gnistorna är svaga och oregelbundna, kontrollera tändkabeln mellan fördelare och tändstift. Byt ut kabeln om höljet är skadat. Kontrollera anslutningen vid fördelarlocket.
6 Om det ändå inte bildas gnistor, måste fördelarlocket undersökas noga. Ett överslag beroende på försämrad rotation syns som ett mörkt streck från en kontakt i fördelarhuset. Tändgnistan till denna cylinder avleds via detta streck, kortslutningsväg, till gods. Om så är fallet måste fördelarlocket bytas ut.
7 Utöver felaktigt tändläge har andra orsaker till misständning nämnts i avsnittet som handlar om att motorn inte går att starta. Här följer en sammanfattning:
   a) Fel på tändspolen kan orsaka oregelbunden misständning
   b) Det kan vara fel på någon kabel eller anslutning i lågspänningskretsen
   c) Kondensatorn kan orsaka kortslutning
   d) Det kan finnas något mekaniskt fel i fördelaren
8 Observera att motorn tenderar att överhettas om tändningen är alltför sen och effektförlusten blir då märkbar. Om detta inträffar trots att tändläget är korrekt, måste förgasaren kontrolleras eftersom det då är troligt att det är där felet finns.

DEL B: ELEKTRONISKT (BRYTARLÖST) TÄNDSYSTEM

14 Allmän beskrivning

På det brytarlösa, elektroniska tändsystem som finns på B19E-motorerna har brytarkontakterna ersatts av en Hallgivare och en tändarstyrning används för att styra tändspolens primärkrets. Hallgivaren består av en rotor med slitsar och en permanentmagnet i fördelaren. När motorn roterar genereras styrpulser som sänds till tändarstyrningen, där de påverkar tändspolens primärkrets (se foto).

14.1A Fördelarens placering på B19E-motorn

Varning: *Högspänningen i ett elektroniskt tändsystem kan vara avsevärt högre än högspänningen i ett konventionellt tändsystem. Därför måste man vara extra försiktig vid arbete med elektroniska tändsystem och följa föreskrifterna ytterst noga. Om man t ex vid kontroll av gnista mellan högspänningskabel och topplock håller kabeln på ett större avstånd än 20 mm, kan tändarstyrningen skadas ohjälpligt. Styrningen får över huvud taget inte utsättas för gnistor.*

15 Rutinmässigt underhåll

Följande åtgärder ska utföras vid de intervaller som anges i avsnittet Rutinmässigt underhåll i början av boken:

Tändstift (avsnitt 10)

1 Byte av tändstift.

Tändläge (avsnitt 16)

2 Kontroll av tändläge.

16 Service och översyn

Allmänt: *Avsaknaden av rörliga kontakter medför att det inte görs någon justering av brytaravstånd. Tändläget kan inte heller justeras med den statiska metod som beskrivs i avsnitt 8, utan måste ske med stroboskop.*

Fördelare – demontering och montering

1 Demontera fördelarlocket och lossa kablarna.
2 Ta loss vakuumslang och lågspänningskabel.
3 Demontera rotorarmen, ta undan det inre locket och montera rotorarmen temporärt.
4 Vrid vevaxeln tills rotorarmen pekar mot märket på fördelarhusets kant.
5 Märk upp fördelarhusets läge i förhållande till motorblocket så att det kan återmonteras i samma läge.
6 Demontera skruven som håller fördelaren till motorblocket och ta loss fördelaren.
7 Montera i omvänd ordning. Avsluta med att justera tändläget enligt beskrivning i punkt 9.

14.1B Hall effektfördelare med slitsad rotor, B19E-motorer

Fördelare – översyn

8 En sprängskiss över fördelaren visas i fig. 4.12. Demontera delarna i den ordning bilden visar och ta vara på låskilen (1) så att den inte kommer bort. Vid ihopsättningen måste man kontrollera noggrannt att Hallgivaren (A)

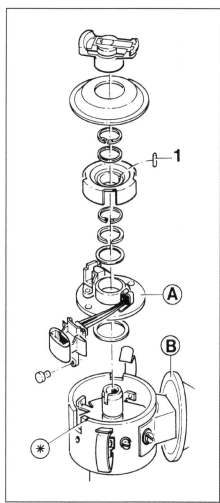

Fig. 4.12 Sprängskiss av Hall-givare i den elektroniska fördelaren på B19E-motorer (avsn 6)

1 Låskil
A Hallgivare
B Vakuumregulator
* Tändlägesmarkering

17.1 Tändspole på B19E-motor

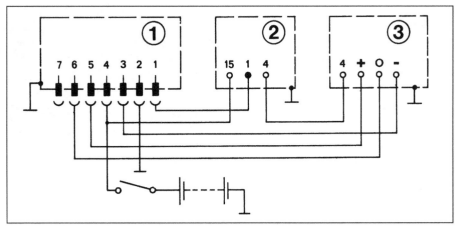

Fig. 4.13 Kopplingsschema för det elektroniska tändsystemet på B19E-motorer (avsn 18)
1 Tändarstyrning   2 Tändspole   3 Fördelare

kommer i ingrepp med vakuumregulatorns axeltapp.

Tändläge

9 Som tidigare nämnts kan tändläget endast ställas in med hjälp av stroboskop (avsnitt 8). Om tändläget behöver justeras, lossa skruven på fördelaren och vrid fördelaren medurs eller moturs för injustering mot tändläges-markeringarna på svänghjulet. Avsluta med att dra fast skruven.

17 Tändspole, tändstift och tändkablar – allmänt

Se avsnitt 9 och 10 (se foto).

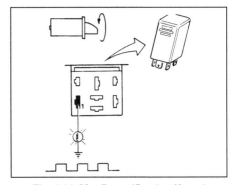

Fig. 4.14 Manöverrelä och stift nr 1 (avsn 18)

18 Felsökning – elektroniskt (brytarlöst) tändsystem

1 Tändsystemet B19E består av tre komponenter, se fig. 4.13.
2 Om motorn inte går att starta, demontera reläet från bränsleinsprutningssystemet och anslut en voltmeter mellan stift 1 i kontaktstycket och jord.
3 Gör ett nytt startförsök. Om detta ger utslag på voltmetern, finns felet i bränsle-insprutningssystemet. Blir det inget utslag finns felet i tändsystemet. Demontera voltmetern och montera reläet.
4 Demontera kontaktstycket från tändar-styrningen och anslut en ohmmeter mellan stift 2 i kontaktstycket och jord. Det bör inte finnas någon resistans. Stämmer det, fortsätt till nästa punkt. Om resistans förekommer är det något fel i kabeln.
5 Mät resistansen mellan stift 1 och 4. Den bör vara 0,7–0,8 ohm. Om annat värde uppmäts finns felet i tändspolen. Om resistansen är oändlig beror det på att kabeln och/eller tändspolen är felaktig.
6 Anslut en voltmeter mellan stift 1 och jord och sedan mellan stift 4 och jord. När tändningen är påslagen ska mätaren visa 12V

för båda stiften. Om mätaren inte ger något utslag finns felet i kabeln.
7 Mät resistansen med en ohmmeter mellan stift 1 i kontaktstycket och tändspolens högspänningsanslutning. Resistansen bör vara 7,7 k ohm, i annat fall är tändspolen felaktig. Om mätaren visar oändlighet finns felet i kabeln och/eller tändspolen.
8 Montera kontaktstycket på tändarstyrningen och ta loss kabeln från fördelaren. Mät sedan resistansen med en ohmmeter mellan jord och anslutningen på fördelaren som visas i fig. 4.16. Resistansen bör vara 0 ohm. Om mätaren visar oändlighet är det något fel på kabeln, kontakterna eller styrningen.
9 Montera kontaktstycket och dra undan gummihöljet från tändarstyrningens kontaktstycke. Anslut en voltmeter mellan stift 5 (åtkomligt på kontaktens baksida) och jord. Slå på tändningen. Spänningen ska vara 11,5V. I annat fall är tändarstyrningen felaktig och måste bytas.
10 Anslut voltmetern mellan stift 6 och jord på samma sätt som beskrivs ovan. Demontera fördelarlocket och rotera sedan vevaxeln långsamt med hjälp av en ringnyckel på vevaxelns remskiva. Varje gång en rotorfläns passerar Hallgivaren ska voltmetern visa 8V. När en slits i rotorn passerar givaren, ska spänningen praktiskt taget försvinna; i annat fall är givaren felaktig.

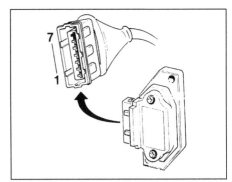

Fig. 4.15 Tändarstyrning och flerpolig kontakt (avsn 18)

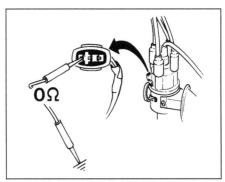

Fig. 4.16 Kontaktstycke och stift vid fördelaren (avsn 18)

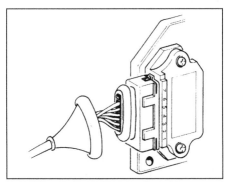

Fig. 4.17 Kontaktstycke vid tändarstyrning med gummihöljet tillbakadraget (avsn 18)

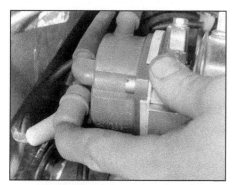

19.1A Fördelarens placering på topplockets bakre del, B172- motorer

19.1B Vevaxelvinkelgivare på svänghjulskåpan (vid pil)

19.1C Elektronisk styrenhet (bilden visar B14/19)

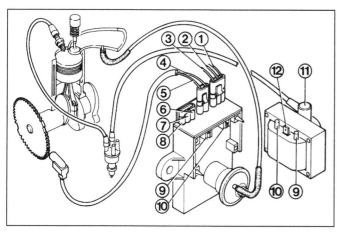

Fig. 4.18 Renix elektroniska tändsystem (avsn 19)

1 Varvräknarens kabel	7 Jord (endast vissa modeller)
2 Jord	8 Används ej
3 Inkommande strömförsörjning	9, 10 Tändspolens
4 Sensormodul (röd)	primärlindning
5 Sensormodul (vit)	11 Tändspolens sekundärlindning
6 Jord (endast vissa modeller)	12 Radioavstörning

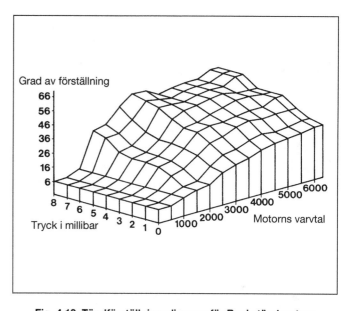

Fig. 4.19 Tändförställningsdiagram för Renix tändsystem (avsn 19)

DEL C: ELEKTRONISKT TÄNDSYSTEM (RENIX)

19 Allmän beskrivning

Renix helt elektroniska, datorstyrda tändsystem är monterat på alla förgasarmodeller fr o m 1984. Det förekommer också på B200E bränsleinsprutade modeller.

Systemet består av tre huvudkomponenter: Elektronisk styrenhet med tändspole och vakuumförställningsenhet, fördelaren som styr högspänningen från tändspolen till rätt tändstift, samt en vevaxelvinkelgivare som kan avgöra vevaxelns läge och hastighet genom att känna av de speciella magnetsegment som finns i svänghjulet.

Från vevaxelvinkelgivaren får styrenheten information om vevaxelns läge i förhållande till ÖDP och UDP samt motorvarvtal, och från vakuumförställningsenheten får den information om motorns belastning. Med

utgångspunkt från dessa ständigt skiftande variabler beräknar datorn den exakta tidpunkt när tändgnistan ska komma, och utlöser ström till tändspolens primärkrets som genererar tändgnistan. Denna går på vanligt sätt från tändspolen till fördelaren och vidare till rätt tändstift. Centrifugal- och vakuumförställningsmekanismernas funktion, såväl som brytarkontakterna som normalt förknippas med fördelare, ombesörjs alla av styrenheten, så att fördelarens enda uppgift blir att leda högspänning från tändspolen till rätt tändstift (se foto).

20 Rutinmässigt underhåll

De enda komponenter i det elektroniska tändsystemet som kräver regelbunden service är fördelarlock, tändkablar och tändstift. Service på dessa komponenter utförs på samma sätt som på ett konventionellt system. Följ anvisningarna i avsnitt 10.

Kamvinkel och tändläge beräknas av den

elektroniska styrenheten och ska inte justeras. Tändläget kan kontrolleras med stroboskoplampa, men detta ska bara behöva göras som ett led i felsökning, eftersom varje avvikelse från specificerade värden kan tyda på att det är något fel på styrenheten.

21 Tändstift och tändkablar – allmänt

Se avsnitt 10.

22 Elektroniskt tändsystem – föreskrifter

På grund av det elektroniska tändsystemets avancerade konstruktion, är det viktigt att följande föreskrifter iakttas för att undvika skador på komponenter, samt för att minska risken för personskador.

1 Se till att tändningen är frånslagen innan några kablar i tändsystemet lossas.

23.2 Fördelarlockets fästskruvar på B172-motor (vid pilarna)

23.3 Demontering av rotorn från kamaxeln på B172-motorer

23.4A Fördelare med locket avtaget på B14/19-motorer . . .

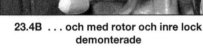

23.4B . . . och med rotor och inre lock demonterade

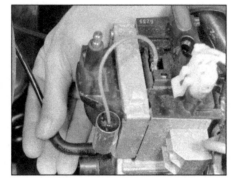

24.1 Vakuumslangens anslutning till den elektroniska styrenheten (bilden visar B172)

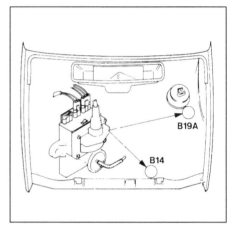

Fig. 4.20 Den elektroniska styrenhetens placering på B14- och B19-modellerna (avsn 25)

2 Se till att tändningen är frånslagen innan någon testutrustning ansluts eller kopplas loss.

3 Anslut inte avstörningskondensator eller testlampa till tändspolens negativa anslutning.

4 Anslut inte någon testutrustning eller stroboskoplampa som kräver 12V matning till tändspolens positiva anslutning.

5 Låt inte gnistor från tändkabel eller tändstift slå mot styrenhetens hölje.

Varning: *Högspänningen i ett elektroniskt tändsystem kan vara avsevärt högre än högspänningen i ett konventionellt tändsystem. Därför måste man vara extra försiktig vid arbete med elektroniska tändsystem och följa föreskrifterna ytterst noga. Om man t ex vid kontroll av gnista mellan högspänningskabel och topplock håller kabeln på ett större avstånd än 20 mm, kan styrenheten skadas ohjälpligt. Styrenheten får över huvud taget inte utsättas för gnistor.*

23 Fördelare – demontering och montering

1 På B172-modeller drivs fördelaren direkt från kamaxeln och den är monterad på den bakre delen av topplocket.

2 För att demontera fördelarlocket, demontera de tre skruvarna (se foto) och ta av locket.

3 Rotorarmen sitter direkt på kamaxeln och kan lyftas av (se foto).

4 På övriga modeller är tillvägagångssättet

detsamma som på konventionella system (se foto), beskrivet i avsnitt 6.

5 Montera i omvänd ordning.

24 Tändläge – kontroll och justering

Tändläget är inte justerbart på Renix tändsystem, men kan kontrolleras med stroboskoplampa på det sätt som beskrivs i avsnitt 8. Vakuumslangen från den elektroniska styrenheten ska vara bortkopplad och pluggad när kontrollen görs (se foto).

25 Elektronisk styrenhet – demontering och montering

1 Styrenhetens placering på B14- och B19-modeller visas i fig. 4.20, och på B172-modeller är den fastskruvad på vänster sida i motorrummet (sett från förarplats).

2 För att demontera styrenheten, lossa de mångpoliga kontakterna, tändspolens kabel och vakuumslangen.

3 Demontera de två skruvarna som håller styrenheten och lyft ut den.

4 Tändspolen kan demonteras från styrenheten genom att de två skruvarna lossas.

5 Montera i omvänd ordning.

Varning: *Gör inga försök att demontera vakuumklockan eller dess anslutningar från styrenheten!*

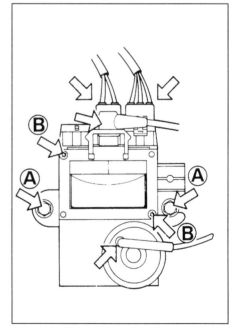

Fig. 4.21 Styrenhetens fästskruvar (A) och tändspolens fästskruvar (B) (avsn 25)

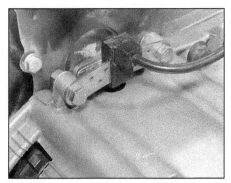

26.3 Vevaxelvinkelgivare placerad på kopplingshuset

26 Vevaxelvinkelgivare – demontering och montering

1 Lossa batteriets negativa anslutning.
2 Lossa den mindre av de två mångpoliga anslutningarna på den elektroniska styrenheten.
3 Demontera de två skruvarna som håller givaren på kopplingshuset (se foto) och ta loss givaren. Observera att skruvarna är av speciell typ och inte får ersättas av vanliga skruvar.
4 Montera i omvänd ordning.

27 Felsökning – Renix tändsystem

1 Kontrollera först att kablar och anslutningar sitter ordentligt och inte har några skador. Kontrollera också att tändstiften och fördelarens rotorarm är i god kondition.
2 Om motorn inte startar, följ anvisningarna i punkt 3–11.
3 Lossa kontakten A (fig. 4.22) från styrenheten och anslut en voltmeter mellan stift 3 och jord. Slå på tändningen och dra runt motorn med startmotorn. Voltmeterns utslag ska vara minimum 9,5V.
4 Slå ifrån tändningen och anslut en ohmmeter mellan stift 2 och jord. Mätaren ska visa 0 ohm.
5 Lossa kontakten B (fig. 4.23) och anslut ohmmetern mellan stiften 4 och 5.

Fig. 4.22 Kontroll av att kontakten A på styrenheten får ström (avsn 27)

Sensormodulens resistans måste vara 220 ± 60 ohm. Om så inte är fallet ska sensorn bytas ut.
6 Lossa högspänningskabeln och skruva loss tändspolen med en insexnyckel. Kontrollera att tändspolens anslutning är ren. Kontrollera sedan med en ohmmeter att resistansen mellan stift 3 och 9 är 0 ohm. Om resistansen är högre ska styrenheten bytas ut.
7 Sätt tillbaka kontakterna A och B och anslut en 12V testlampa (minimum 4 watt) mellan stift 9 och 10 på styrenheten. Dra runt motorn med startmotorn och kontrollera att testlampan blinkar. Om så inte är fallet ska styrenheten bytas ut.
8 Mät sekundärlindningens resistans med en ohmmeter mellan stift 9 och 11. Byt ut tändspolen om resistansen inte är 4 000 ± 1 500 ohm.
9 Kontrollera primärlindningens resistans mellan stift 9 och 10. Byt ut tändspolen om resistansen inte är 0,6 ± 0,2 ohm.
10 Montera tändspole och högspänningskabel.
11 Lossa tändspolens högspänningskabel

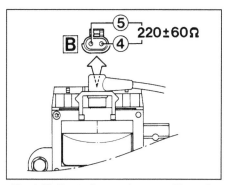

Fig. 4.23 Kontroll av resistansen i kontakt B (sensormoduler) (avsn 27)

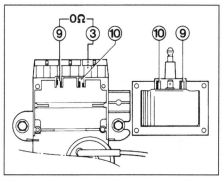

Fig. 4.24 Kontroll av tändspolens resistans på styrenheten (avsn 27)

från fördelarlocket och håll den ungefär 20 mm från topplocket med en **väl isolerad** tång. Dra runt motorn med startmotorn och kontrollera att det bildas kraftiga gnistor. Om så inte är fallet ska styrenheten bytas ut.
12 Om motorn är svårstartad eller går ojämnt, fortsätt enligt punkt 13 till 15.
13 Följ anvisningarna i punkt 3, 4 och 5, sätt sedan tillbaka kontakterna A och B.
14 Anslut en varvräknare till motorn och lossa sedan vakuumslangen från vakuumklockan. Låt motorn gå på 2 500 rpm och kontrollera att varvtalet ökar när slangen åter ansluts. Om så inte är fallet ska hela den elektroniska styrenheten bytas ut. Stäng av motorn.
15 Kontrollera tändläget enligt beskrivning i avsnitt 24. Om det inte överensstämmer med specifikationen ska styrenheten bytas ut.

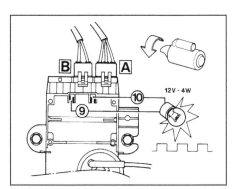

Fig. 4.25 Använd testlampa för kontroll av styrenheten (avsn 27)

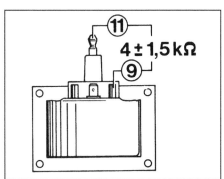

Fig. 4.26 Kontroll av sekundärlindningens resistans (avsn 27)

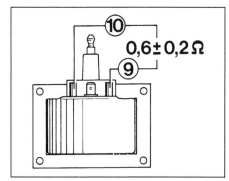

Fig. 4.27 Kontroll av primärlindningens resistans (avsn 27)

Noteringar

Kapitel 5 Koppling

Innehåll

Specifikationer

Del A: Modeller med automatväxellåda

Allmänt

Typ	Enskivig centrifugalkoppling
Lamellcentrum, diameter	181,6 mm
Min tjocklek på belägg	1,0 mm
Ingreppsvarvtal	1 050 till 1 150 rpm vid noll moment
Spel, frikopplingsservons gaffel	1,0 till 1,5 mm

Åtdragningsmoment

	Nm
Koppling, skruvar	20
Kopplingskåpa, skruvar	45
Lagerhus, muttrar	24

Del B: Modeller med manuell växellåda

Allmänt

Typ	Enkel torrlamellkoppling, solfjäder, vajermanövrerad
Lamellcentrum diameter:	
B14 och B172	190 mm
B19 och B200	215 mm
Urtrampningslager typ:	
Modeller fram till 1981	Självcentrerande, ej roterande
Modeller fr o m 1981	Självcentrerande, roterande
Kopplingsarm spel:	
Ej roterande lager	3,0 till 5,0 mm
Roterande lager	Noll
Pedalrörelse:	
Ej roterande lager	14,0 mm
Roterande lager	Noll
Pedalhöjd (modeller med roterande lager):	
Alla modeller	150 ± 10 mm

Åtdragningsmoment

	Nm
Koppling, skruvar	23
Kopplingskåpa, skruvar:	
B14 och B172	45
B19 och B200	60
Lagerhus, muttrar (B14 och B172)	24
Kardanaxel (B14 och B172)	37
Momentrör till kopplingskåpa (B19 och B200)	47
Kopplingspedalens ledtapp	10

DEL A: MODELLER MED AUTOMATVÄXELLÅDA

1 Allmän beskrivning

Kopplingen fungerar genom centrifugalverkan och den har tre rullar vilka tjänstgör som centrifugalvikter för att manövrera kopplingen. Lamellcentrumet är placerat mellan svänghjul och koppling och när motorvarvet ökas från tomgång, rör sig rullarna utåt och pressar tryckplattan mot lamellcentrumet.

En servoassisterad frikopplingsmekanism är fastsatt på kopplingshuset (se foto). Denna höjer inkopplingsvarvet så att växelväljaren kan flyttas till läge R eller D. Servon styrs av en mikrokontakt i växelspaken, som aktiverar en vakuumventil ansluten till motorns insugningsrör. Servosystemet är också i funktion då växelspaken är i läge N eller P, oavsett om spaken vidrörs eller ej. Med spaken i läge R eller D och då man inte håller i den, sker inkoppling normalt vid lägre varvtal.

1.1 Frikopplingsservo på automatväxellåda

2 Koppling – demontering och montering

1 Lossa batteriets negativa anslutning.
2 Lossa de två övre skruvarna på kopplingskåpan, ta bort dräneringsslangen från luftintaget.

3 Hissa upp framänden på bilen, stöd den på pallbockar.
4 Lossa och ta bort muttrar och brickor, sedan främre avgasklamman från röret.
5 Demontera motorns stänkplåtar.
6 Demontera startmotor (se kapitel 10) samt, på tidigare modeller, flytta avgasrörsfästet framåt.
7 Demontera skruvarna, dra tillbaka värmeskölden (om sådan finns) ovanför ljuddämparen.
8 Spraya koppling och axel med olja som har god genomträngningsförmåga, tryck sedan kardanaxeln så långt bak det går, lossa den från kopplingsaxeln. Dra den framåt, ta bort den från växellådans axel, ta sedan bort kardanaxeln helt.
9 Dra bort vakuumslangen från servoenheten.
10 Lossa muttrar och skruvar, ta sedan bort skyddsplåten framtill på kopplingskåpan.
11 Använd en garagedomkraft och en träbit, stöd motorn under tråget.
12 Skruva loss och ta bort muttrar och skruvar som håller de bägge bakre infästningarna, ta sedan bort dem. En

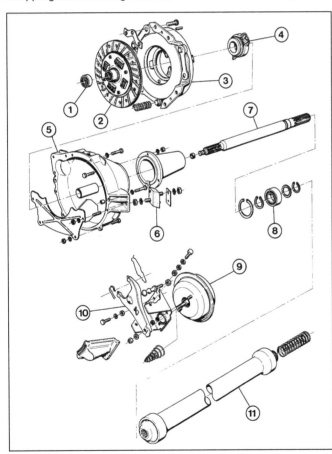

Fig. 5.1 Sprängskiss av centrifugalkoppling (avsn 1)

1 Styrlager
2 Plåt
3 Hölje
4 Urtrampningslager
5 Kopplingskåpa
6 Fäste

7 Kopplingsaxel
8 Lager
9 Frikopplingsservo
10 Frikopplingsarm
11 Kardanaxel

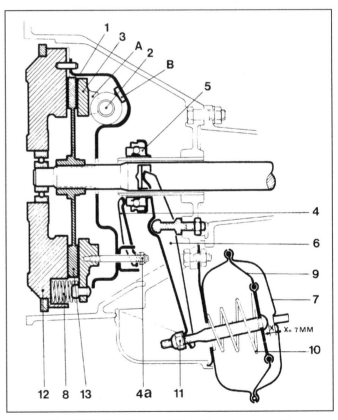

Fig. 5.2 Tvärsnitt av centrifugalkoppling (avsn 1)

1 Hölje
2 Centrifugalvikternas axel och cylinder
3 Tryckplatta
4 Kopplingsfinger
4a Stödtapp
5 Urtrampningslager
6 Frikopplingsarm
7 Frikopplingsservo

8 Returfjäder
9 Membran
10 Fjäder
11 Justermutter
12 Svänghjul
13 Lamellcentrum
A Axelns kontaktpunkt
B Cylinderns kontaktpunkt

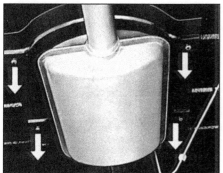

Fig. 5.3 Demontering av värmesköld
(avsn 2)

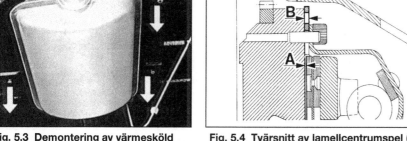

Fig. 5.4 Tvärsnitt av lamellcentrumspel (A)
och justerbricka (B) (avsn 2)

Fig. 5.5 Kontroll av lamellcentrumets spel
(avsn 2)

insexnyckel behövs till dessa skruvar. Notera låsbleckets placering på vänster infästning.

13 Lossa de övriga skruvarna till kopplingskåpan och bort kåpan baktill på motorn.

14 Håll svänghjulet stilla genom att sätta en bredbladig skruvmejsel i startkransen. Märk kopplingskåpa och svänghjul i förhållande till varandra.

15 Använd en insexnyckel, lossa kopplingens fästskruvar och ta sedan bort den, tillsammans med lamellcentrumet. Notera samtidigt placeringen och antalet justerbrickor under kopplingen samt placeringen av de tre returfjädrarna.

16 Rengör ytorna på svänghjul och tryckplatta, kontrollera den beträffande repor. Om reporna är stora, bör tryckplatta och/eller svänghjul bytas, dock kan svänghjulet möjligen bearbetas av en specialist.

17 Byt lamellcentrumet om beläggen har slitits till nära nitarna, eller om skivan eller dämpfjädrarna visar tecken på slitage eller formändring. Kontrollera också beläggen beträffande oljebeläggning.

18 Om tryckplattans hävarmar behöver justeras (det syns genom att de intar olika höjd), måste justeringen göras av en Volvoverkstad eller kopplingsspecialist med erforderliga verktyg.

19 Kontrollera styrlagret i mitten på vevaxeln beträffande slitage. Vid behov, demontera svänghjulet och byt lager enligt beskrivning i kapitel 1.

20 Kontrollera urtrampningslagret i kopplingshuset beträffande slitage, byt vid behov enligt beskrivning i avsnitt 4.

21 Montera i omvänd ordning, men notera följande:

a) Lamellcentrumet måste monteras med den utstickande delen av navet närmast kopplingen

b) Det är inte nödvändigt att centrera lamellcentrumet eftersom tryckplattan inte är i kontakt med det

c) Efter montering av nytt lamellcentrum ska justerbrickor, sammanlagt 3 mm tjocka, monteras på de tre platserna under kopplingen. Då skruvarna är helt åtdragna, ger detta ett spel på 0,1–0,3 mm mellan svänghjul och kopplingsbelägg. Kontrollera spelet på tre ställen med bladmått, ändra vid behov brickornas tjocklek

d) Lägg lite bromsfett på kopplingsaxelns splines så att lamellcentrumet kan röra sig lätt

e) Justera frikopplingsgaffel och kopplingsservo enligt beskrivning i avsnitt 5

f) Dra åt avgasklammans muttrar innan startmotorskruvarna

3 Kopplingsaxel och lager – demontering och montering

1 Demontera kopplingskåpan enligt beskrivning i avsnitt 2, punkterna 1 till 13.

2 Lossa muttrar och skruvar, dela sedan lagerhuset och ta bort axel och lager.

3 Använd en låsringstång, ta bort den stora låsringen baktill på lagerhuset.

4 Värm lagerhuset med en värmepistol, stöd sedan huset och driv ut axel och lager med en mjuk klubba.

5 Använd en låsringstång, ta bort de två låsfjädrarna och låsringen (där sådan förekommer) från kopplingsaxeln, sätt sedan upp lagret i ett skruvstycke och driv ut axeln; alternativt kan en lämplig avdragare användas.

6 Montera i omvänd ordning, men notera följande:

a) Smörj lagerhuset invändigt så att montering av lagret underlättas, alternativt kan huset värmas

b) Dra åt lagerhusets muttrar till angivet moment

c) Byt alltid det delade lagret framtill på kopplingsaxeln

d) Se avsnitt 2 beträffande montering av kopplingskåpa

4 Urtrampningslager – demontering och montering

1 Demontera kopplingskåpan enligt beskrivning i avsnitt 2, punkterna 1 till 13.

2 Ta bort plastlocket från servofästet.

3 Lossa och ta bort mutter för frikopplingsarm/servojustering, koppla ur frikopplingsarmen.

Fig. 5.6 Demontering av kopplingsaxel och lagerhus (avsn 3)

Fig. 5.7 Kopplingsaxel och delat lager (avsn 3)

Fig. 5.8 Demontering av urtrampningslager och frikopplingsarm (avsn 4)

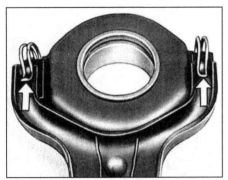

Fig. 5.9 Korrekt läge för monterad urtrampningslagerklamma – vid pilarna (avsn 4)

Fig. 5.10 Korrekt läge på klamma för frikopplingsarm (vid pilen) (avsn 4)

Fig. 5.11 Demontering av frikopplingsservo – kopplingskåpa demonterad för ökad tydlighet (avsn 5)

4 Där en utvändig fjäder är monterad, ta bort den från servons dragstång.

5 För frikopplingsarmen utåt och lossa klamman från ledbult och Urtrampningslager, för sedan urtrampningslagret från styrhylsan, ta bort frikopplingsarmen.

6 Kontrollera urtrampningslager och frikopplingsarm beträffande slitage, byt vid behov. Kontrollera också ledbult samt nylonskål om sådan finns.

7 Montera i omvänd ordning, men smörj sparsamt styrhylsan och kontaktpunkter för frikopplingsarmen med molybdendisulfidfett. Se till att frikopplingsarmens fjäderklamma är placerad bakom nylonskålen (där sådan finns). Innan demontering av plastlocket, justera kopplingsservo/frikopplingsarm enligt beskrivning i avsnitt 5.

5 Frikopplingsservo – demontering, montering och justering

1 Hissa upp framänden på bilen, stöd den på pallbockar. Dra åt handbromsen.

2 Lossa först vakuumslangen baktill på servoenheten, ta bort plastlocket från servofästet.

3 Lossa och ta bort mutter för frikopplings-arm/servojustering samt bricka, lossa frikopplingsarmen.

4 Där utvändig fjäder finns, ta bort den från servons dragstång.

5 Lossa muttrarna, ta bort servon från infästningen.

6 Montera i omvänd ordning, men innan plastlock (och vakuumslang på tidiga modeller) monteras, måste dragstången sättas på plats.

Servo med invändig fjäder (t o m chassi Nr HC 314541)

7 Lossa justermuttern tills det finns spel, vilket visar att membranet vidrör huset.

8 Använd en stång, eller helst skjutmått, mät avståndet från membranstången till yttre kanten på ingångsröret.

9 Dra åt den självlåsande justermuttern tills detta mått har ökats med 7 mm – se fig. 5.12.

Servo med utvändig fjäder (fr o m chassi Nr HC 314542)

10 Vrid den självlåsande justermuttern tills spelet mellan frikopplingsarmen och kopplingskåpan (se fig. 5.13) är mellan 1 och 1,5 mm.

DEL B: MODELLER MED MANUELL VÄXELLÅDA

6 Allmän beskrivning

Enskivig torrlamellkoppling med solfjäder används. Manövrering sker med vajer från pedalen.

Lamellcentrumet ligger mellan koppling och svänghjul och kan röra sig längs splines på kopplingsaxeln.

Med kopplingspedalen obelastad, trycker solfjädern tryckplattan mot lamellcentrumet, som i sin tur trycker mot svänghjulet. Kraften överförs från svänghjulet genom kopplingen till kopplingsaxel och sedan kardanaxel.

När kopplingpedalen trycks ned, rör vajern frikopplingsarmen och trycklagret pressas mot solfjäderns centrum. Fjädertrycket på tryckplattan släpper, lamellcentrumet är inte längre inspänt och kan röra sig något lite från svänghjulet. Ingen kraft överförs nu.

7 Rutinmässigt underhåll

Vid de intervaller som anges i Rutinmässigt underhåll i början av boken, utför följande arbeten:

Allmänt

1 Kontrollera och justera kopplingsspel enligt beskrivning i avsnitt 8.

2 Smörj regelbundet kopplingspedalens led med motorolja.

8 Koppling – justering

Modeller fram till 1981

1 Med kopplingspedalen obelastad, ska urtrampningslagret gå fritt från solfjädern. Justeringen säkerställer det spel som anges i specifikationerna.

2 Hissa upp framänden på bilen, stöd den på pallbockar.

3 Kontrollera kopplingsarmens fria rörelse, jämför med specifikationerna. Lossa i annat fall låsmuttern, vrid sedan justermuttern så som erfordras, dra åt låsmuttern.

Modeller fr o m 1981

4 Urtrampningslagret har ändrats och är nu i ständig kontakt med fjädern. Då beläggen slits, kommer kopplingspedalens höjd att öka, justering är då nödvändig.

5 Mät avståndet från golvmattan till översidan

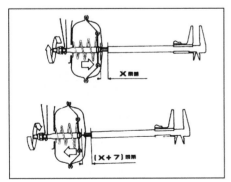

Fig. 5.12 Justering av frikopplingsservo med invändig fjäder – se texten (avsn 5)

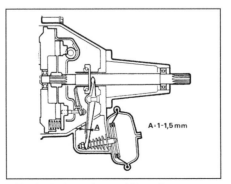

Fig. 5.13 Justering av frikopplingsservo med utvändig fjäder – se texten (avsn 5)

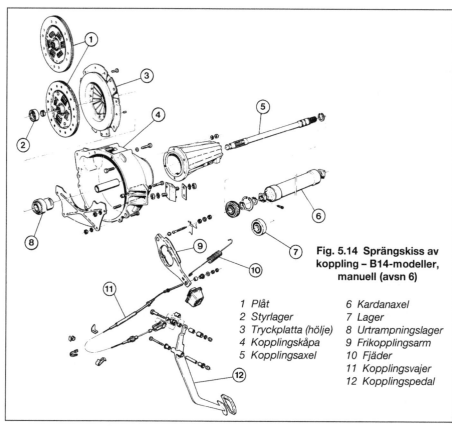

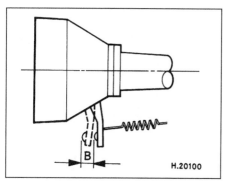

Fig. 5.15 Frikopplingsarmens rörelse (B) på modeller fram till 1981 (avsn 8)

B = 3,0 till 5,0 mm

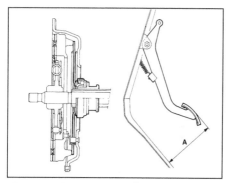

Fig. 5.14 Sprängskiss av koppling – B14-modeller, manuell (avsn 6)

1 Plåt	6 Kardanaxel
2 Styrlager	7 Lager
3 Tryckplatta (hölje)	8 Urtrampningslager
4 Kopplingskåpa	9 Frikopplingsarm
5 Kopplingsaxel	10 Fjäder
	11 Kopplingsvajer
	12 Kopplingspedal

Fig. 5.16 Pedalhöjd (A) på modeller fr o m 1981 (avsn 8)

A = 150 +10 mm

på pedalen. Kontrollera att det överensstämmer med specifikationerna. Hissa i annat fall upp framänden på bilen, stöd den på pallbockar. Vrid sedan justermuttern på kopplingsarmen så som erfordras.

9 Kopplingsvajer – byte

1 Hissa upp framänden på bilen, stöd den på pallbockar.
2 På tidiga modeller, haka loss returfjädern från frikopplingsarmen (på senare modeller är fjädern placerad vid pedalen).
3 Lossa låsmutter och justermutter, ta bort bricka och nylonbussning från kabeländen (se foto).
4 Dra kopplingsvajern från frikopplingsarm och kopplingskåpa.
5 Lossa vajern från pedalen inne i bilen.
6 Öppna huven, ta bort reservhjulet vid behov, lossa eventuella buntband som håller vajern.
7 Dra kopplingsvajern genom torpedväggen, ta bort den från motorrummet (om genomföringen i torpeden lossnar med vajern, flytta över den till den nya vajern).
8 Montera den nya vajern i omvänd ordning; justera kopplingen enligt beskrivning i avsnitt 8.

10 Kopplingspedal – demontering och montering

1 Hissa upp framänden på bilen, stöd den på pallbockar.

2 Lossa, där sådan finnes, returfjädern från frikopplingsarmen.
3 Lossa låsmutter och justermutter, ta bort bricka och nylonbussning från vajeränden.
4 Lossa vajern från pedalen inuti bilen (se foto).
5 Lossa muttern från ledbulten, ta bort bulten, och sedan pedalen.
6 Driv ut de två bussningarna och distansen, demontera även vid behov vajerinfästningen.
7 Tvätta detaljerna och kontrollera dem beträffande slitage och åldring. Byt detaljer vid behov. Om en konisk nylonbussning (A) i vajerinfästningen kräver byte, kan en enkel bussning (B) (se fig. 5.17) monteras.
8 Montera i omvänd ordning, men smörj alla vidrörande delar med molybdendisulfidfett, justera kopplingen enligt beskrivning i avsnitt 8.

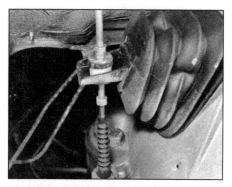

9.3 Kopplingsvajer med justermutter och låsmutter

10.4 Vajerinfästning vid pedalen (vid pilen)

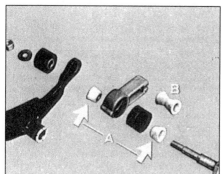

Fig. 5.17 Alternativa nylonbussningar för kopplingspedal – se texten (avsn 10)

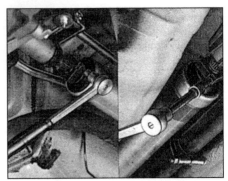

Fig. 5.18 Kardanaxelns klämskruvar lossas (avsn 11)

Fig. 5.19 Främre växellådsbalkens fästmuttrar – vid pilarna (avsn 11)

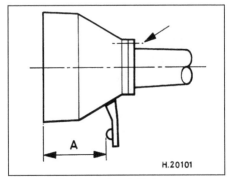

Fig. 5.20 Dimension A för justering av frikopplingsarm (avsn 11)

Chassinr t o m 788921 A = 141 till 143 mm
Chassinr fr o m 788922 A = 145 till 147 mm

11 Koppling – demontering och montering

B14-modeller

1 Lossa batteriets negativa anslutning.
2 Lossa de två övre skruvarna på kopplingskåpan, demontera dränerings-slangen från luftintaget.
3 Hissa upp framänden på bilen, stöd den på pallbockar.
4 Lossa de två muttrarna och brickorna, ta sedan bort främre avgasklammorna från avgasröret.
5 Demontera motorns stänkplåtar.
6 Demontera startmotorn (se kapitel 10) samt på tidigare modeller, flytta avgasfästet framåt.
7 Vid behov, lossa krängningshämmarnas främre infästningar enligt kapitel 8.
8 Där så erfordras, lossa främre avgasröret från grenröret, se kapitel 3.
9 Där sådan förekommer, lossa returfjädern från frikopplingsarmen, lossa sedan låsmutter och justermutter, ta bort brickor och nylonbussning från vajeränden.
10 Lossa kopplingsvajer från kopplingsarm och kopplingskåpa.
11 Lossa muttrar och skruvar, ta bort täckplåten framtill på kopplingskåpan.
12 Använd en insexnyckel för att lossa klämskruvarna som håller kardanaxeln till kopplingsaxeln, samt växellådans ingående axel.
13 Lossa främre växellådsbalken så att framänden på växellådan kan sänkas, dra sedan ut kardanaxeln från kopplingsaxel och växellådans ingående axel.
14 Använd en garagedomkraft och ett trästycke, stöd motorn under tråget.
15 Lossa och ta bort muttrar och skruvar som håller bägge bakre motorfästena, ta sedan bort dem. En insexnyckel erfordras. Notera placeringen av låsblecket på vänster motorfäste.
16 Lossa och ta bort återstående skruvar i kopplingskåpan, ta bort den från motorn.
17 Märk kopplingens hölje och svänghjulet i förhållande till varandra.
18 Håll svänghjulet stilla med en bredbladig skruvmejsel i startkransen, lossa sedan

kopplingens skruvar lite i taget tills fjäderkraften avlastats.
19 Demontera skruvarna, ta sedan bort koppling och lamellcentrum från svänghjulet.
20 Rengör ytorna på svänghjul och tryckplatta, kontrollera beträffande större repor. Finns sådana, måste tryckplatta och/eller svänghjulet bytas, svänghjulet kan möjligtvis bearbetas av en specialist.
21 Byt lamellcentrum om beläggen är slitna ner till nitarna, eller om olja har kommit på dem. Kontrollera också lamellcentrumet beträffande allmänt slitage eller formändring. Då lamellcentrumet har fyra dämpfjädrar, måste den röda fjädern vara lös, men de tre omärkta fjädrarna kan antingen vara lösa eller sitta fast. Då centrumet har sex dämpfjädrar, ska den röda och blå fjädern sitta fast, men de fyra gröna kan vara lösa eller sitta fast.
22 Kontrollera styrlagret i vevaxeln beträffande slitage, byt vid behov. Om ett kullager är monterat, byt det genom att ta bort svänghjulet enligt beskrivning i kapitel 1. Om ett nållager är monterat, använd en krok för att ta bort det och knacka in det nya lagret med en mjuk klubba.
23 Kontrollera urtrampningslagret i kopplings-kåpan beträffande slitage, byt det vid behov enligt beskrivning i avsnitt 12. Kontrollera också kopplingsaxeln och lagret. Byt vid behov ut lagret enligt beskrivning i avsnitt 13.
24 Vid montering av koppling måste lamell-centrumet centreras. Detta kan antingen göras med ett speciellt verktyg eller med ett hemma-gjort som noggrant passar i lamellcentrumet och styrlaget.
25 Placera lamellcentrumet mot svänghjulet, se till att det är rätt vänt.
26 Sätt i centerdornen i lamellcentrum och styrlager.
27 Montera kopplingen på svänghjulet över styrstiftet. Sätt i skruvarna och dra åt dem med fingrarna.
28 Kontrollera att verktyget är riktigt centrerat, dra sedan åt skruvarna lite grand i taget, diagonalt till angivet moment. Håll svänghjulet stilla enligt beskrivning i punkt 18.
29 Demontera styrdornen, montera kopplingskåpan omvänt mot beskrivning i punkterna 1 till 16, notera dock följande:
  a) Stryk lite bromsfett på kopplingsaxelns

splines, så att lamellcentrumet kan röra sig lätt
  b) Dra avgasklammans muttrar innan startmotorskruvarna
  c) Efter åtdragning av kopplingskåpans skruvar, men innan kopplingsvajern monteras, för kopplingsarmen framåt tills den just vidrör solfjädern. Mät avstånd A (fig. 5.20) och jämför med specifikationen. Lossa i annat fall låsmuttern, justera läget på kulskruven, dra sedan åt låsmuttern
  d) Efter montering av vajer, justera kopplingen enligt beskrivning i avsnitt 8
  e) När främre avgasröret lossats, montera alltid ny packning
  f) På modeller producerade från och med chassi nr 788922, fästs kopplingskåpan annorlunda till motorn, på grund av ändrad kopplingskåpa. På höger sida finns en lång skruv med mutter i andra änden. Denna skruv måste monteras i huset innan huset sätts mot motorn, eftersom den är för lång för att sätta dit efteråt

B19- och B200-modeller

30 Utför operationerna 1 till 3 som för B14-modeller.
31 Hissa upp bakänden på bilen samt på B19-modeller från och med chassi nr EC 810500, lossa övre skruven i det bakre fjäderhäktet samt den undre skruven från bägge fjäderinfästningarna. Detta gör att bakaxeln kan sänkas tillräckligt för att slutväxeln ska kunna föras bakåt (se senare i texten).
32 Demontera motorns stänkplåtar.
33 Lossa kopplingsvajern från frikopplings-arm och hus (se avsnitt 9).
34 Demontera hela avgassystemet (se kapitel 3).
35 Demontera startmotorn enligt beskrivning i kapitel 10.
36 Demontera de nedre fästskruvarna för kopplingskåpan.
37 Demontera skruvarna från främre höljet på kopplingshuset, ta bort höljet åt sidan.
38 Demontera växelstagets stöd från kopplingskåpa och momentrör.

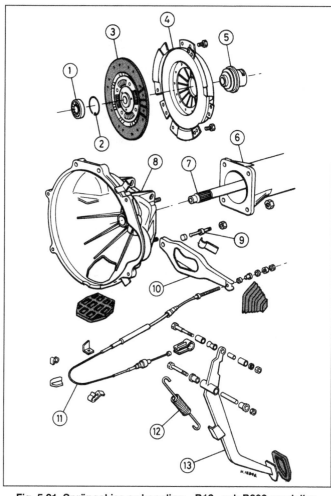

Fig. 5.21 Sprängskiss av koppling – B19- och B200-modeller, manuell (avsn 11)

1 Styrlager
2 Låsring
3 Lamellcentrum
4 Tryckplatta
5 Urtrampningslager
6 Momentrör
7 Kopplings-/kardanaxel
8 Kopplingskåpa
9 Kultapp
10 Frikopplingsarm
11 Kopplingsvajer
12 Returfjäder
13 Kopplingspedal

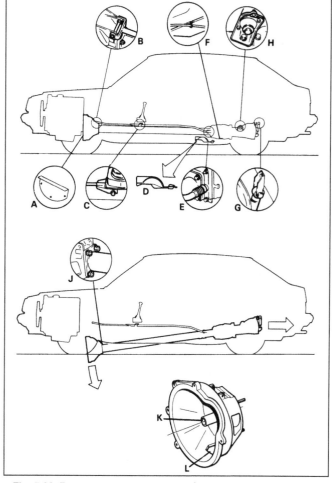

Fig. 5.22 Demontering av koppling på B19- och B200-modeller (avsn 11)

A Främre hölje
B Stöd för växelstag (främre)
C Stöd för växelstag (bakre)
D Värmesköld
E Växelmekanism, anslutning vid växellåda
F Klammer, handbromsvajer
G Fäste för växellådans stötdämpare
H Växellådsfästen
J Muttrar för momentrör
K Styrhylsa
L Öppning

39 Demontera värmeskölden under bränsletanken. På bränsleinsprutade modeller, låt slangarna sitta kvar på pumpen.
40 Lossa växelstången från växellådan, haka också loss handbromsvajern från infästningen under tanken.
41 Lossa bromsledningen från bakaxeln, placera den bakom axeln.
42 Där sådan förekommer, demontera växellådans stötdämpare från underredet. På senare modeller finns ingen stötdämpare.
43 Stöd växellåda och slutväxel på en garagedomkraft, lossa sedan de två växellådsfästena.
44 Stöd kopplingskåpan, dra den bort från motorn samtidigt som växellådan styrs bakåt. Då kardanaxeln går fri från kopplingen, ta ner kopplingskåpan, placera vid behov en träbit mellan slutväxel och underrede så att skador förhindras.

45 Övriga arbeten sker enligt beskrivning i punkterna 17 till 28.
46 Man kan montera lamellcentrum utan styrdon på dessa modeller enligt följande: placera tryckplatta och lamellcentrum på axeln med splines i kopplingskåpan, lyft sedan kåpan upp mot motorn, sätt i skruvarna till tryckplattan genom den befintliga öppningen (se foto).
47 Montera resten i omvänd ordning, men se till att växelmekanismens stöd inte sitter fast mellan kopplingskåpa och kaross.
48 Justera sedan kopplingen enligt beskrivning i avsnitt 8.

B172-modeller

49 Arbetet tillgår på samma sätt som för B14-modellen med följande undantag.
50 Man behöver inte demontera dräneringsslangen från luftintaget.

51 De två skruvarna som sitter upptill på kopplingskåpan kan inte tas bort om inte motorfästena demonteras och motorn sänks något.

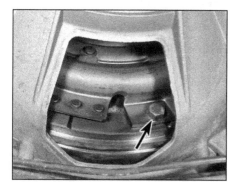

11.46 Öppning i kåpan, skruv vid pilen

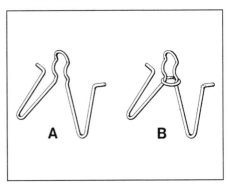

Fig. 5.23 Alternativa fjäderklammor, frikopplingsarm till kultapp (avsn 12)

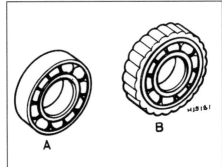

Fig. 5.24 Alternativa lager för kopplingsaxel (avsn 13)

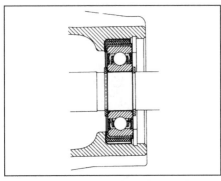

Fig. 5.25 Tvärsnitt av kopplingsaxellager med vågig ytterbana (avsn 13)

52 Lossa elanslutningen till tändlägesgivaren vid styrenheten.
53 Om startmotorskruvarna är svåra att ta bort, lossa fästet på motorblocket.
54 Lossa främre avgasrör från grenröret.
55 Demontera skruvarna från kopplingskåpan och ta bort kåpan, ta sedan bort kopplingen enligt beskrivningen för B14-modeller.

12 Urtrampningslager – demontering och montering

1 Demontera kopplingskåpan enligt beskrivning i avsnitt 11.
2 På B19- och B200-modeller, demontera muttrarna som håller kopplingskåpan till momentröret, stöd momentröret på en pallbock. **Notera:** *Muttrarna som håller momentröret till kopplingskåpan bör bytas då de varit borttagna.*
3 Lossa gummidamasken från kåpan.
4 Dra loss kopplingsarmen från ledpinnen, ta bort armen komplett med urtrampningslager.
5• Haka loss lagret från kopplingsarmen.
6 Kontrollera alla delar beträffande slitage, byt

vid behov. Om styrhylsan i kopplingskåpan är slitet, pressa den gamla bussningen bort från hylsan, pressa på den nya tills ändarna är jämna.
7 Montera i omvänd ordning, men smörj hylsa, ledpinne och ledytor på kopplingsarmen med grafitfett.
8 Efter montering, justera kopplingsarmen enligt beskrivning i avsnitt 11, samt kopplingen enligt beskrivning i avsnitt 8.

13 Kopplingsaxel och lager – demontering och montering

B14- och B172-modeller

1 Hissa upp framänden på bilen, stöd den på pallbockar.
2 Använd en insexnyckel, lossa klämskruvarna som håller kardanaxel till kopplingsaxel och växellådans ingående axel.
3 Lossa främre växellådsbalken så mycket att framänden på växellådan kan sänkas något, dra sedan kardanaxeln från kopplingsaxel och växellådans ingående axel.

4 Lossa muttrar och brickor, dela sedan lagerhuset och ta bort axeln från kopplingskåpan. Demontera returfjädern.
5 Använd låsringstång, ta bort den stora låsringen baktill på lagerhuset.
6 Stöd huset och driv ut axel och lager med en mjuk klubba. Värm vid behov huset med en värmepistol.
7 Demontera det delade lagret från änden på kopplingsaxeln.
8 Använd låsringstång, ta bort de två låsringarna från kopplingsaxeln, sätt sedan upp lagret i ett skruvstycke och dra ut axeln; alternativt kan lämplig avdragare användas.
9 Montera i omvänd ordning, men notera följande:
a) Två typer av lager förekommer (se fig. 5.24). För typ A, smörj lagerhusets lopp för att underlätta montering av lagret – för typ B, se till att rätt sida på lagret vänds inåt, se fig. 5.25
b) Byt alltid det delade lagret framtill på kopplingsaxeln
c) Dra åt lagerhusets muttrar och kardanaxelns klämskruvar till angivet moment

DEL C: ALLA MODELLER
Felsökning – koppling

Kopplingen slirar (motorns varvtal ökar, men bilens hastighet ökar inte)

Fel justerad vajer (manuell)
Lamellcentrumet slitet eller har olja på beläggen
Defekt tryckplatta

Kopplingsvibration

Olja eller fett på beläggen
Motorfästen lösa eller skadade
Lamellcentrumet missformat
Slitet styrlager i svänghjulet
Kopplingsaxelns splines slitna

Kopplingen frikopplar dåligt

Lamellcentrumet kärvar på kopplingsaxel
Lamellcentrumet kärvar mot svänghjulet
Styrlager i vevaxeln har skurit
Kopplingsservo feljusterad (automat)
För högt tomgångsvarvtal (automat

Oljud från koppling

Slitna belägg
Slitet styrlager
Slitet urtrampningslager
Slitet kopplingsaxellager

Kapitel 6 Transmission och slutväxel

Innehåll

Specifikationer

Automatväxellåda

Typ .... Automatisk, variator med två drivremmar och centrifugalregulator

Smörjsystem

Typ/specifikation:
Växellåda .... Se *Rekommenderade smörjmedel och vätskor*
Rörliga remskivehalvor .... ATF typ A/A eller F, eller Dexron typ
Volym:
Växellåda .... Se *Dimensioner, vikter och volymer*
Rörliga remskivehalvor:
Primärlåda .... 0,1 liter
Sekundärlåda .... 0,075 liter

Primärlåda

Utväxlingsförhållande 1,53: 1

Sekundärlåda

Utväxlingsförhållande 4,51: 1
Avstånd mellan remskivehalvorna:
Nya drivremmar .... 1,5 till 2,0 mm
Minsta tillåtna avstånd .... 1,5 mm

Total utväxling

Sekundära remskivor, avstånd mellan halvorna 1,5 mm:
Max 14,15: 1
Min 4,0: 1

Mikrokontakt, varvtal vid inkoppling

Modeller fram till 1978 .... 2 400 till 2 600 rpm

Vakuumstyrenhet, varvtal vid inkoppling

Modeller fram till 1978 .... 1 776 till 1 812 rpm

Åtdragningsmoment

Nm

Primärlåda

Bakre lockets muttrar	14
Lagerhusets muttrar	14
Pinjongaxelns mutter	62
Drevmutter (framåtväxel)	160
Mellanaxelns muttrar	117
Nivåplugg	42
Avtappningsplugg	42
Låsmutter (för justering av låshylsans axel)	30

Sekundärlåda

Drevaxelns muttrar	190
Växelhusets muttrar	17
Nivåplugg	42
Avtappningsplugg	42
Drivflänsarnas flänsskruvar	34
Fästmuttrar	26
Drivfläns till transmission, skruvar	24

Manuell växellåda

Typ:

M45R	4-växlad
M47R	5-växlad

Utväxlingsförhållanden (4- och 5-växlad)

1:an	3,71:1
2:an	2,16:1
3:an	1,37:1
4:an	1,00:1
5:an	0,83:1
Back	3,68:1

Spel

Backväxeldrev till växelspak	0,1 till 2,5 mm
Ingående axelns axialspel	0,01 till 0,2 mm
Mellanaxelns axialspel (M45R)	0,025 till 0,1 mm
Utgående axelns axialspel	0,01 till 0,20 mm

Smörjmedel

Typ/specifikation	Se *Rekommenderade smörjmedel och vätskor*

Volym (total) .... Se *Dimensioner, vikter och volymer*

Notera: *Alla volymer ska vid oljebyte vara 0,2 liter mindre*

Slutväxel

Utväxlingsförhållanden (4-växlad):

B14:	
Fram till 1982	3,91:1
1982 och 1983	3,82:1
Fr o m 1984	3,64:1
B19:	
Fram till 1982	3,64:1
1982 och 1983	3,45:1
Fr o m 1984	3,36:1

Utväxlingsförhållanden (5-växlad):

B14 fr o m 1983	3,82:1
B172 fr o m 1986	3,64:1
B19A:	
1982 och 1983	3,45:1
Fr o m 1984	3,36:1
B19E:	
Kombikupé	3,64:1
Sedan	3,36:1
B200K	3,27:1
B200KO	3,45:1
B200EO	3,64:1
B200E:	
Kombikupé	3,64:1
Sedan	3.45:1
Volym	Se *Dimensioner, vikter och volymer*
Olja	Se *Rekommenderade smörjmedel och vätskor*

Åtdragningsmoment

	Nm
Växellåda	
Främre gavel, skruvar	42
Växellåda till slutväxel, skruvar	42
Växellådans lock, skruvar	20
Nivå- och avtappningspluggar:	
Sexkantskruv	35
Insexskruv	33
Främre hus till tvärbalk, skruvar (fram till 1981)	26
5:ans drev, skruv	41
Drivfläns till växellåda (B19 och B200)	72
Kardanaxel, klämmans skruvar:	
B14 och B172	37
B19 och B200	34
Främre tvärbalk till monteringsram, muttrar	47
Utgående axelns lagerhus, skruvar (5-växlad)	20
Växelspakens låsskruv	10
Reaktionsstag till momentrör, skruv	8
Momentrör till kopplingshus, skruv	47
Momentrör till växellåda, skruv	72
5:e drevets självlåsande mutter	130
Slutväxel	
Nivå- och avtappningspluggar	42
Bakre gavelns skruvar	8
Drivaxlar:	
Sexkantskruv	40
Insexskruv	49

DEL A:
AUTOMATVÄXELLÅDA

1 Allmän beskrivning

Automatväxellådan är steglöst variabel. Drivningen sker via kardanaxeln till de två primära remskivorna, via två drivremmar till de två sekundära remskivorna, därefter genom en enstegs reduktionsväxel och differential till bakhjulen (se foto).

Utväxlingsförhållandet, som erhålls med en drivrem som löper mellan två remskivor, beror på vilken diameter remskivorna har. En ändring av diametern gör att utväxlingsförhållandet ändras, och det är detta som är grundprincipen i den steglöst variabla remtransmissionen, CVT (**C**ontinuously **V**ariable **T**ransmission). CVT består av två separata enheter, primärlådan och sekundärlådan, som står i förbindelse med varandra genom

drivremmar. I primärlådan finns en ingående pinjongaxel som är i konstant ingrepp med de två snedskurna kugghjulen. Fram- eller backväxel kopplas in med en muff som skjuts mellan de två kugghjulen. Muffen glider på splines på mellanaxeln och överför kraften till remskivorna. Sekundärlådan innehåller reduktionsväxel, differential och drivflänsar.

På primärremskivorna är de inre skivorna fasta och de yttre kan flyttas inåt och utåt, så att remskivans effektiva diameter ändras. På sekundärremskivorna är de yttre skivorna fasta och de inre pressas med en invändig fjäder mot de yttre. När den primära remskivan kläms ihop och diametern ökar, kommer den sekundära remskivan att pressas isär och dess diameter att minska. Dessa variationer i remskivornas diameter förändrar utväxlingen och styrs av:

1) Centrifugalvikter inne i skivans rörliga del, vilka trycker in den rörliga skivan mot den fasta när motorvarvtalet ökar
2) Vakuum till de inre kamrarna som

motverkar den kraft centrifugalvikterna utvecklar
3) Vakuum till de yttre kamrarna som förstärker den kraft centrifugalvikterna ger och medför en överväxeleffekt

En elektromagnetisk fyrvägsventil styr undertrycket från insugningsröret till kamrarna i de primära, rörliga skivorna (se foto). När acceleration erfordras, motverkas centrifugalvikternas funktion och minskningen av utväxlingsförhållandet ger ökad acceleration. När gasspjället är i läge för körning i jämn hastighet, styrs vakuumet till de yttre kamrarna, vilket förstärker centrifugalvikternas funktion och medför en överväxeleffekt. Vakuumet hålls på en konstant nivå av en reglerventil (se foto).

Uppväxlingsfunktionen erhålls genom en solenoid i fyrvägsventilen, som på modeller före 1978 får ström via en mikrokontakt som aktiveras av en kam på förgasaren. En jordkontakt (monterad på gasvajern vid torpedväggen på modeller före 1978) jordar

1.1 Steglöst variabel automatväxellåda

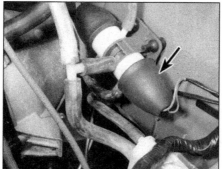
1.4A Elektromagnetisk fyrvägs vakuumventil

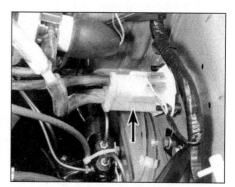
1.4B Vakuumreglerventil

Fig. 6.2 Vakuumstyrenhet på modeller
fr o m 1978 (avsn 1)

Fig. 6.1 Den steglöst variabla automatväxellådan (avsn 1)

uppväxlingssolenoiden när kickdown behövs. En nedväxlingssolenoid finns också i fyrvägsventilen, så att nedväxling sker vid motorbromsning. På modeller före 1978 aktiveras solenoiden av bromsljuskontakten. Denna solenoid styr också låsning av växellådan på lågväxel.

Modellerna fr o m 1978 är försedda med en elektrisk vakuumstyrenhet (fig. 6.2). På dessa modeller finns ingen förgasarmonterad mikrokontakt, eftersom styrenheten aktiverar uppväxlingssolenoiden direkt. Gasvajerns jordkontakt är ansluten till ett relä i styrenheten, och när kickdown behövs jordar reläet uppväxlingssolenoiden och aktiverar nedväxlingssolenoiden.

Nedväxlingssolenoiden är också kopplad till en hydraulisk kontakt på bromshuvudcylindern som känner av trycket i bromssystemet. Beroende på bromskraften, och även på motorvarvtalet när bromsning sker, ändras nedväxlingseffekten (baserat på ett varvtalskännande relä i styrenheten). Låsningen på lågväxel regleras också av ett relä i styrenheten, som aktiverar nedväxlingssolenoiden (gäller modeller efter 1978).

Dessutom påverkas drivremmarnas läge av körförhållandena. Vid körning i uppförsbacke ökar körmotståndet, och utväxlingen ökar automatiskt när remmarna av belastningen pressas djupare in i primärskivorna. Vid körning i nedförsbacke blir förhållandet det omvända. Låsning på lågväxel erhålls genom att vakuum hela tiden tillförs kamrarna till de inre rörliga primärskivorna.

Kylningen av transmissionen sker genom luftintag i bilens främre del (se foto), men skyddsplåtarna bidrar också genom att de leder luften över transmissionen. Därför ska transmissionen inte köras längre stunder när bilen står stilla.

På modeller fram till 1978 aktiveras vakuumkontrollventilen av bromsljuskretsen så att vakuum tillförs kamrarna till de inre rörliga primärskivorna . Samtidigt råder atmosfärtryck i de yttre kamrarna. Detta gör att de rörliga skivorna snabbt rör sig utåt och transmissionen ställs omedelbart om till en låg utväxling klar för start från stillastående. På

modeller fr o m 1978 fungerar systemet på samma sätt, men vid normal bromsning endast när motorvarvtalet är lägre än 1 750 rpm. Vid kraftig bromsning aktiveras systemet på samma sätt som på de tidigare modellerna, genom högtryckskontakten på bromshuvudcylindern.

Växelväljaren har fyra lägen: parkering (P), back (R), neutral (N) och normalt läge för körning (D). När växelväljarspaken är i läge (P), är backväxeldrevet i primärlådan inkopplat och framåtväxeln är också mekaniskt spärrad. Om motorn får gå med högt varvtal när växelväljarspaken är i detta läge, finns det risk för skador i koppling eller växellåda. För att motorn ska starta måste växelväljarspaken stå i läge P eller N.

2 Rutinmässigt underhåll – automatväxellåda

Följande åtgärder ska utföras vid de intervall som anges i början av boken i avsnittet Rutinmässigt underhåll:

Smörjsystem

1 Kontrollera oljenivån.
2 Byt olja både i primärlådan och sekundärlådan (se avsnitt 7 respektive 5).

Drivremmar (avsnitt 3)

3 Inspektera drivremmarna och kontrollera avståndet mellan skivorna.

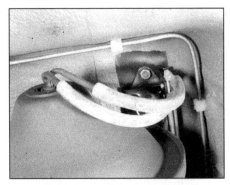

3.3A Primärlådans vakuumslangar

1.8 Luftintag i främre stötdämpare för kylning av transmissionen

Allmänt

4 Kontrollera att inga oljeläckage förekommer.
5 Kontrollera mikrokontakten för vakuum.

3 Drivremmar – demontering, montering och justering

1 Placera bilen över en smörjgrop, kör upp den på en lyft eller hissa upp bakvagnen och stöd den på pallbockar.
2 Demontera skyddsplåten.
3 Ta försiktigt loss vakuumslangarna från båda sidor av primärlådan (se foto); slangarna har olika diameter och kan inte förväxlas vid montering (se foto).
4 Nästa åtgärd underlättas om man har

3.3B Vakuumslangarna har olika diameter

Fig. 6.3 Växellådans skyddsplåt (avsn 3)

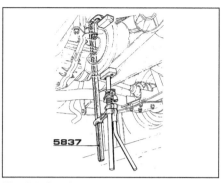

Fig. 6.4 Specialverktyg nr 5837 används för att trycka isär de sekundära remskivehalvorna (avsn 3)

3.6 Drivrem mellan remskivans delar

tillgång till ett specialverktyg (se fig. 6.4). Kläm drivremmen så att sekundärremskivans halvor tvingas isär och sätt in en 25 mm distans mellan halvorna för att hålla dem isär. Finns inget lämpligt verktyg tillgängligt, kan man dra remskivans undre del nedåt,så att den sekundära remskivans båda halvor pressas isär.

5 Lossa de fyra skruvar som håller den sekundära enheten vid fästet, samt justerdonets muttrar, och skjut lådan framåt. Fästmuttrarna ska lossas till skruvänden.

6 Dra in drivremmarna i de primära (främre) remskivehalvorna (se foto).

7 Demontera drivremmarna från de bakre remskivorna, sedan från de främre remskivorna.

8 Undersök drivremmarna. Om någon rem är sliten eller skadad måste båda bytas, eftersom längden på nya remmar inte är densamma som på remmar som varit i bruk.

9 Torka av remskivorna med en trasa fuktad med metylalkohol.

10 Montera i omvänd ordning. Se noga till att det inte finns olja eller andra föroreningar på remskivorna. Spänn drivremmarna enligt följande.

11 Snurra bakhjulen eller remskivorna tills drivremmarna kommit i läge på remskivornas överkant.

12 Vrid justermuttrarna så att drivremmarna spänns och avståndet mellan de inre och yttre bakre remskivorna på båda sidor

överensstämmer med specifikationerna (se foto). Mät avståndet mitt på remskivorna med ett bladmått eller med en plåtbit av lämplig tjocklek. Vrid remskivorna flera gånger. Kontrollera den slutliga justeringen efter det att fästmuttrarna och justermuttrarna har dragits fast.

13 Skillnaden i avstånd mellan vänster och höger remskiva ska inte vara större än 1,0 mm; om det är större, låt remmarna byta plats och justera på nytt. Om det inte går att justera till rätta värden måste drivremmarna bytas ut.

14 När nya drivremmar har monterats ska ny kontroll göras efter 5 000 km körning.

4 Primärlåda – demontering och montering

1 Hissa upp bakvagnen och stöd den på pallbockar. Se till att få gott om utrymme för demontering av växellådsenheten, lyft eller smörjgrop är att föredra.

2 Demontera skruvarna och ta bort skyddsplåten.

3 Haka av det främre rörets fäste, demontera skruvarna och ta bort de yttre skyddsplåtarna.

4 Demontera drivremmarna enligt beskrivning i avsnitt 3.

5 Spraya kopplings- och pinjongaxlar med rostlösande olja. Tryck sedan kardanaxeln bakåt så långt det går och ta loss den från

kopplingsaxeln. Skjut den framåt, demontera den från transmissionens pinjongaxel och låt den vila mot avgasrörets värmesköld.

6 Demontera klipset och saxpinnen som håller växelförarstången till växelspaken.

7 Lossa backlampkontaktens kablar.

8 Stöd primärlådan med en garagedomkraft.

9 Skruva loss fästskruvarna och justermuttern och ta bort justeringsfästet.

10 Demontera gummikåpan från primärlådans framsida.

11 Skruva loss resterande fästmuttrar och sänk ned primärlådan.

12 Montera i omvänd ordning. Observera följande:
   a) Smörj pinjongaxelns splines sparsamt innan kardanaxeln monteras
   b) Justera drivremmarna enligt beskrivning i avsnitt 3

5 Sekundärlåda – demontering och montering

1 Hissa upp bakvagnen och stöd den på pallbockar. Se till att få gott om utrymme för demontering av växellådsenheten; lyft eller smörjgrop är att föredra.

2 Demontera skruvarna och ta bort skyddsplåten.

3 Haka av det främre avgasrörsfästet, demontera skruvarna och ta bort de yttre skyddsplåtarna.

3.12A Muttrar för justering av drivrem

3.12B Kontroll av drivremsspänning

Fig. 6.5 Sekundärlådans justermuttrar (1 och 2) och fästmuttrar (3 till 6) (avsn 5)

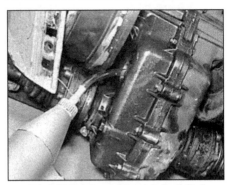

5.9 Påfyllning av automatväxelolja i
sekundärlådan

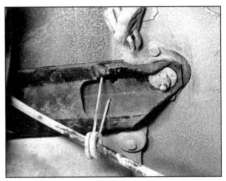

6.6 Handbromsvajerhylsans fastsättning i
växellådsramen

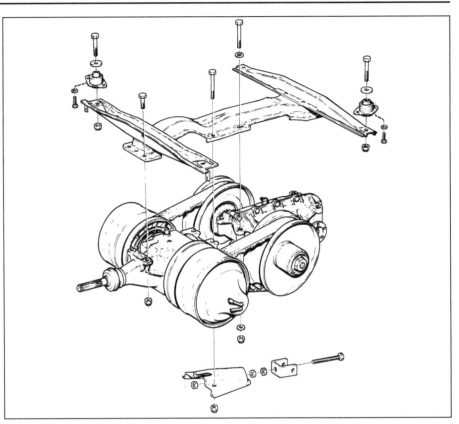

Fig. 6.6 Komponenter för fastsättning och injustering av automatlådan (avsn 6)

4 Demontera drivremmarna enligt beskrivning
i avsnitt 3.
5 Demontera avtappningspluggen och tappa
ur oljan i en lämplig behållare.
6 Märk upp drivaxelns inre kopplingar i
relation till växellådans drivflänsar, skruva loss
och demontera fästskruvarna. Till detta
behövs insexnyckel.
7 Ta loss drivaxlarna från växellådsenheten
och fäst dem vid handbromsens vajerhylsa.
Demontera samtidigt flänspackningarna.
8 Stöd sekundärlådan med en garage-
domkraft, skruva loss och demontera fäst-
muttrar och justermuttrar. Sänk sedan ned
växellådan. Här kan det vara bra att ha en
medhjälpare för att inte riskera att växellådan
faller ned från garagedomkraften. Dra ut
gummibussningarna från hålen i växellådan.
Byt ut bussningarna om de visar tecken på
försämring.
9 Montera i omvänd ordning. Observera
följande:
   a) Montera nya packningar på
       drivaxelflänsarna
   b) Byt ut alla självlåsande muttrar och dra
       samtliga muttrar och skruvar till
       föreskrivna moment
   c) Rengör noga remskivorna utvändigt
       med metylalkohol.
   d) Fyll sekundärlådan upp till
       påfyllningsöppningens underkant med
       rekommenderad automatväxelolja;
       påfyllningspluggen finns framför
       avtappningspluggen (se foto)

   e) Justera drivremmarnas spänning enligt
       beskrivning i avsnitt 3
   f) Se noga till att drivaxeln är ren och fri
       från olja och smuts som kan föras över
       till remskivorna

6 Primär- och sekundärlåda –
demontering och montering som
en enhet

1 Om både primärlådan och sekundärlådan
behöver åtgärdas, kan de demonteras
tillsammans som en enhet.
2 Följ anvisningarna i avsnitt 4, punkterna 1 till
7, men hoppa över punkt 4.
3 Demontera därefter sekundärlådans av-
tappningsplugg och töm ut oljan i en lämplig
behållare.
4 Märk upp drivaxelns inre kopplingar i
förhållande till växellådans drivflänsar, skruva
loss och demontera fästskruvarna. Till detta
behövs insexnyckel.
5 Ta loss drivaxlarna från växellådsenheten
och fäst dem vid handbromsens vajerhylsa.
Demontera samtidigt flänspackningarna.
6 Stöd nu växellådsenheten på två
garagedomkrafter och plankor av lämplig
längd. Lossa handbromsvajerhylsans fästen
(se foto).
7 Skruva loss och ta bort växellådsramens
fästmuttrar.
8 Sänk försiktigt den främre garage-
domkraften, flytta enheten framåt och sänk
ned den så att den går fritt under

bromsvajrarna. Sänk ned växellådsenheten
helt.
9 Montera i omvänd ordning. Observera
följande:
   a) Se till att handbromsens vajerhylsa
       ligger under den främre tvärbalken
       innan fästmuttrarna dras
   b) Montera nya packningar på
       drivflänsarna
   c) Byt ut alla självlåsande muttrar och dra
       dem till föreskrivna moment
   d) Se noga till att drivaxlarna är rena och
       fria från smuts som kan föras över till
       remskivorna

7 Primärlåda – översyn

1 Kontrollera innan arbetet påbörjas att
behövliga reservdelar finns tillgängliga; i annat
fall måste en ny eller bra begagnad
utbyteslåda monteras.
2 Demontera primärlådan enligt beskrivning i
avsnitt 4, töm sedan ut oljan i en lämplig
behållare (se foto).
3 Sätt upp växellådan i ett skruvstycke med
vakuumenheterna i vertikalplanet. Ett par
lämpligt formade träblock är bra att ha för att
klämma fast växellådshuset i pinjong-
axeländen.
4 Märk remskivornas och lockens inbördes
förhållande samt deras placering på vänster
eller höger, använd maskeringstejp eller färg.
Detta är viktigt eftersom växellådan har

7.2 Primärlådans avtappnings- och påfyllningspluggar (vid pilarna)

7.5 Demontering av sidokåpans låsring

7.6 Demontering av primärlådans sidokåpa

balanserats mycket noga i samband med tillverkningen.

5 Bänd loss låsringen från den övre sidokåpan med en skruvmejsel (se foto).

6 Knacka försiktigt loss kåpan med en plasthammare och lyft av den (se foto).

7 Skruva loss och ta bort muttern från tätningshylsan; här behövs en medhjälpare som kan hålla fast membranfjädern med en gammal drivrem så att den inte rubbas. Alternativt kan man ställa växelspaken i läge framåt eller back och hålla fast pinjongaxeln, men se då till att splinesen inte skadas.

8 Demontera tätningshylsan, märk sedan membranplattan och mellanaxelns gängade ände i förhållande till de tidigare gjorda markeringarna på remskivorna.

9 Lyft undan membranet och se till att centrifugalvikterna och deras hållare sitter kvar på mellanaxeln.

10 Demontera membranets stödring.

11 Märk membranfjädern och centrifugalvikterna i förhållande till tidigare gjorda markeringar på remskivan.

12 Demontera centrifugalvikterna och membranfjädern (se foto).

13 Lyft bort den yttre rörliga remskivehalvan från mellanaxeln.

14 Använd en avdragare med tre skänklar och dra av den inre fasta remskivehalvan från mellanaxeln. Använd under inga omständigheter hammare för att få loss remskivehalvan, då den kan rubbas från sitt läge och eventuellt skadas.

15 Vänd primärlådan upp och ned i skruvstycket och demontera den andra remskivan på samma sätt.

16 Peta loss oljetätningarna från locken på växellådssidorna och demontera O-ringarna från de yttre remskivehalvornas axelhål.

17 Demontera dammskyddet och bänd loss pinjongaxelns oljetätning (se foto).

18 Håll pinjongaxeln stilla i ett skruvstycke med blybackar, skruva loss pinjongaxelns mutter och demontera sedan ringen och O-ringen (se foto).

19 Lossa och demontera det bakre lockets fästmuttrar och ta av locket, komplett med växelväljararm och packning.

20 Peta loss tätningsringarna från tätningshylsans hölje med en skruvmejsel.

Fig. 6.7 Demontering av låsringen från primärlådans vakuumenhet (avsn 7)

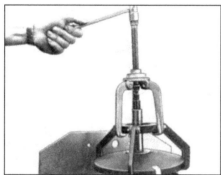

Fig. 6.8 Använd avdragare för att demontera primärlådans inre remskivehalva (avsn 7)

Fig. 6.9 Demontering av pinjongaxelns oljetätning (avsn 7)

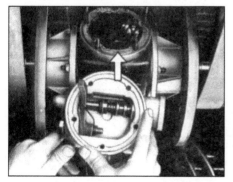

Fig. 6.10 Demontering av primärlådans bakre lock (avsn 7)

Fig. 6.11 Montering av primärlådans membranfjäder – pilarna anger placeringen (avsn 7)

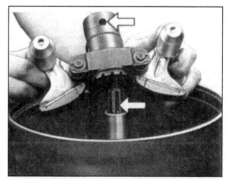

Fig. 6.12 Centrifugalvikter och lufthålens placering – se pilarna (avsn 7)

7.12 Primärlådans centrifugalvikter och
membranfjäder

7.17 Dammskydd och oljetätning för
primärlådans pinjongaxel

7.18 Pinjongaxelns ring

21 Använd en spårringstång och ta bort spårringarna från lockets membransida och sedan distansringarna. Knacka sedan ut anslutningsrörsenheten från locket.

22 Knacka loss lagren från sidolocken med en passande mässingdorn.

23 Ytterligare isärtagning av primärlådan är inte att rekommendera, eftersom det till detta behövs specialverktyg och utrustning som normalt bara finns på verkstäder. Om lager och kugghjul är slitna eller visar tecken på skador, är det bästa att skaffa en utbytesenhet.

24 Rengör alla de komponenter som hittills demonterats med fotogen och torka dem med trasor som inte luddar. Undersök detaljerna med avseende på skador och slitage och byt ut vid behov. Kontrollera särskilt att sidolockens kanter inte är skeva och att membranen inte visar tecken på bristningar och nötning. Sätt tillfälligt ihop inre och yttre remskivehalvor och kontrollera att spelet mellan dem inte är för stort. Om någon av de komponenter som märkts för att balansen inte ska förändras behöver bytas, måste hela primärlådan bytas ut; i annat fall uppstår obalans med vibrationer och skakningar som följd. Kontrollera sidolockens lager beträffande slitage och byt ut dem vid behov. För monteringen behövs ett komplett set av oljetätningar och packningar.

25 Börja ihopsättningen med att pressa i nya oljetätningar i växelhusets lagersäten. Använd en lämplig rördorn.

26 Fyll i 7 gram lithiumbaserat fett i de båda yttre remskivehalvornas hålrum. Sätt i en ny O-ring och pressa in insatsen i läge. På samma

sätt monteras nästa O-ring och oljetätning på remskivehalvans insida.

27 Fyll på 100 cc med föreskriven vätska i vardera yttre remskivehalvans hus.

28 Fetta sparsamt in oljetätningarna på transmissionssidan och även oljetätningarna på den yttre remskivehalvan. Sätt sedan remskivehalvorna på axlarna med hela enheten uppsatt i ett skruvstycke med mjuka backar. Var noga med att delarna monteras i samma position de hade när deras lägen märktes upp.

29 Montera membranfjädern så att dess styrningar kommer i rätt läge i remskivans urtag.

30 Sänk ned centrifugalvikterna över mellanaxeln. Kontrollera att markeringarna stämmer överens och att lufthålen i axeln och centrifugalvikternas hållare kommer mitt för varandra (se foto).

31 Montera membranets stödring, montera sen membranet över mellanaxeln så att markeringarna stämmer överens.

32 Pressa i en ny tätning i tätningshylsan tills dess slutna sida är jäms med kanten på hylsan.

33 Be en medhjälpare trycka ned membranet, montera sedan tätningshylsan, brickan och muttern. Alternativt kan membranet tryckas samman med ett verktyg som visas i fig. 6.13.

34 Använd en gammal drivrem eller liknande för att hålla fast remskivan, och dra muttern på mellanaxeln till rätt moment.

35 Montera en ny oljetätning till anslutningsröret med läppen vänd utåt, montera sedan spårringen.

36 Lägg på lite lithiumbaserat fett på sidolockens lager och pressa sedan in dem i locken.

37 Pressa sedan in anslutningsrörenheten i lagren och montera spårringen på insidan.

38 Montera packningsringen och den inre oljetätningen med läppen vänd mot lagret.

39 Stryk på ett tunt lager fett på tätningens läpp, skjut sedan på sidolocket på den yttre remskivehalvan, se noga till att märkena står mitt för varandra.

40 Knacka på locket med en plasthammare för att centrera det. Be en medhjälpare trycka på locket och montera låsringen i spåret på den yttre remskivan. Om en vakuumpump finns tillgänglig, kan denna anslutas till den yttre kammarens rör för att underlätta isättningen av låsringen. Alternativt kan en låsbar tång användas för att hålla fast ringens ena ände. Använd en mässingdorn för att försiktigt knacka ned ringen i spåret.

41 Upprepa punkterna 28 till 40 för den andra sidan.

42 Montera en ny packning på pinjongaxeln, därefter kragen vars fasade kant ska vara vänd mot tätningsringen.

43 Dra muttern på pinjongaxeln till angivet moment och lås den i läge med körnare (se foto).

44 Montera en ny oljetätning på pinjongaxeln med hjälp av en lämplig rördorn, montera sedan dammskyddet.

45 Montera det bakre locket tillsammans med en ny packning på växellådan och dra muttrarna i diagonal ordning till angivet moment.

46 Fyll på ny olja enligt specifikationen, upp till underkanten på påfyllningsöppningen; påfyllningspluggen sitter på det bakre locket.

7.30 Lufthål i primärlådans mellanaxel

7.43 Knacka fast muttern för låsning av
primärlådans pinjongaxel

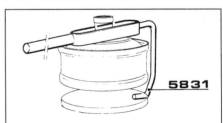

Fig. 6.13 Verktyg för ihoptryckning av
primärlådans membran (avsn 7)

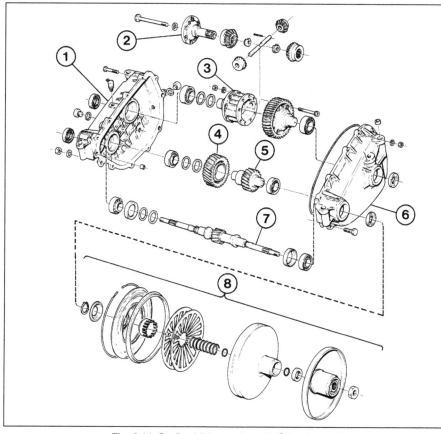

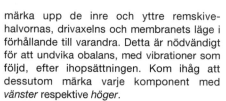

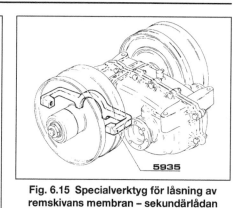

Fig. 6.15 Specialverktyg för låsning av remskivans membran – sekundärlådan (avsn 8)

Fig. 6.16 Demontering av pinjongaxelns mutter (avsn 8)

Fig. 6.14 Sprängbild av sekundärlådan (avsn 8)

1 Höger hushalva
2 Drivfläns
3 Differential
4 Utgående mellandrev
5 Ingående mellandrev
6 Vänster hushalva
7 Pinjongaxel
8 Sekundär remskiva

8 Sekundärlåda – översyn

1 Observera att remskivehalvorna samt växellådans och drivflänsens oljetätningar vid behov kan bytas utan att sekundärlådan behöver demonteras, men eftersom det kan vara svårt att komma åt är demontering av lådan att rekommendera.
2 Se avsnitt 5 beträffande demontering av sekundärlådan.
3 Använd maskeringstejp eller färg för att märka upp de inre och yttre remskivehalvornas, drivaxelns och membranets läge i förhållande till varandra. Detta är nödvändigt för att undvika obalans, med vibrationer som följd, efter ihopsättningen. Kom ihåg att dessutom märka varje komponent med *vänster* respektive *höger*.
4 För att gummimembranet inte ska skadas, använd ett specialverktyg (Volvo Nr 5935) eller likvärdigt för att placera det på den inre remskivehalvan.
5 Skruva loss och demontera pinjongaxelns mutter; när detta görs måste remskivan hållas fast med specialverktyg nr 5885 på yttre remskivehalvans nav.
6 Låt specialverktyget sitta kvar och dra loss den yttre remskivehalvan från pinjongaxeln; använd dig av av en avdragare med två skänklar.
7 Ta av den inre rörliga remskivan från pinjongaxeln och placera den på arbetsbänken. Membranet ska vara vänt uppåt, så att inte olja rinner ut ur växellådan.
8 Kläm ihop den inre remskivehalvan med hjälp av en lång skruv och mutter. Demontera specialverktyget; membranet ska fortfarande vara uppåt (se foto).
9 Ta bort spärringen från det inre navet och demontera plattan.
10 Bänd loss låsringen med en skruvmejsel och lyft upp gummimembranet (se foto).

8.8 Metod för komprimering av sekundärremskivans rörliga skiva

8.10A Demontering av sekundärlådans låsring

8.10B Demontering av sekundärlådans membran

8.17 Demontering av sekundärlådans drivfläns

8.18 Sekundärlådan klar för isärtagning

Fig. 6.17 Demontering av sekundärlådans O-ring (avsn 8)

11 Märk membran, fjädrar och krage i förhållande till remskivehalvan och demontera sedan klämskruven.

12 Ta bort gummitätningsringen, ta bort kragen, membranfjädrarna och spiralfjädern.

13 Töm ut oljan för den rörliga remskivan och kassera oljan.

14 Bänd loss oljetätningen och ta bort O-ringarna från axelhålet i den rörliga remskivehalvan.

15 Följ anvisningarna i punkterna 4 till 14 för den andra remskivan.

16 Skruva loss och demontera drivflänsens fästskruvar utan att rubba flänsen (montera tillfälligt de två flänsskruvarna och placera en bit metallrör mellan dem).

17 Demontera båda flänsarna (se foto) och peta loss oljetätningarna från växellådan med en skruvmejsel.

18 Placera växellådan på arbetsbänken med den högra delen nedåt. Skruva loss och demontera muttrarna i diagonal ordning (se foto).

19 Lyft av den övre hushalvan och ta loss O-ringen från den undre halvan.

20 Ta ut pinjongaxeln, mellandrev och differential; lägg märke till deras placering.

21 Bänd loss oljetätningarna vid axeltapparna i växellådshuset.

22 Rengör noga alla komponenter med fotogen och torka dem med trasor som inte luddar. Undersök delarna beträffande slitage och skador. Kontrollera om de koniska rullagren och lagerbanorna visar tecken på ytskador. Kontrollera sedan slitaget på kugghjulens tänder. Finns det påtagliga skador, kan det vara mer ekonomiskt att skaffa en ny sekundärlåda än att byta ut ett antal komponenter. Om slitaget är minimalt kan det räcka att montera nya oljetätningar och ny O-ring. Kontrollera remskivorna med avseende på slitage genom att tillfälligt sätta ihop de inre och yttre halvorna och se efter om de är onormalt glappa inbördes. Kontrollera att gummimembranen inte har sprickor eller brytskador. Om bara den ena halvan har tecken på skador som kräver byte, måste båda bytas. I annat fall kan det uppstå obalans, med onormala vibrationer som följd.

23 Börja ihopsättningen med att montera pinjongaxeln, därefter mellandrevet och differentialen (se foto).

24 Placera O-ringen i den högra hushalvan, se till att den hålls torr, montera sedan den vänstra hushalvan över pinjongaxeln och dra muttrarna i diagonal ordning till föreskrivet moment.

25 Använd en lämplig rördorn för att montera drivflänsens och pinjongaxelns oljetätningar. De ska pressas i tills de ligger jäms med husets kant.

26 Fetta sparsamt in drivflänsens tätningsyta, sätt in den i differentialhuset. Sätt i skruvarna och dra dem till föreskrivet moment, samtidigt som flänsen hålls stilla med en tillfälligt monterad hävarm som beskrivits i punkt 16.

27 Montera nya O-ringar i den rörliga remskivehalvans axelhål, pressa sedan i den nya oljetätningen i urtaget tills den ligger i plan med husets kant.

28 Montera spiralfjädern, membranfjädrarna och kragen i den rörliga remskivehalvan. Håll fast fjädrarna i remskivehalvan med hjälp av den långa skruven och muttern, på samma sätt som vid demontering. Se till att de vid demonteringen gjorda markeringarna passar in mot varandra.

29 Sätt i en ny gummitätningsring i remskivehalvan, se till att styrklackarna passas in i urtagen.

30 Fyll på 75 cc automatväxelolja enligt specifikationen i den rörliga remskivehalvan (se foto).

31 Montera membranet och se till att de markeringar som tidigare gjorts passar in mot varandra. Montera låsringen i spåret med en tång för att vara säker på att den trycks in ordentlig i spåret.

32 Montera låsplattan över membranet med hålet mitt emot hålet i fjäderkragen (d v s inte på samma sida), sätt sedan fast spärringen på navet (se foto).

33 Placera det verktyg som användes i punkt 4 över den rörliga remskivehalvan och demontera klämskruven.

34 Sätt på den rörliga remskivehalvan på axeln, kontrollera att den kommer på rätt sida enligt uppmärkningen. Det invändiga urtaget i axelhålet ska fyllas med fett före monteringen.

8.23 Sekundärlådans pinjongaxel och mellandrev

Fig. 6.18 Montering av den inre skivans låsplatta (avsn 8)

Hålen 1 och 2 ska vara mitt emot varandra

8.30 Påfyllning av automatväxelolja i sekundärlådan

8.32A Montering av låsplatta för sekundärlådans membran

8.32B Placering av låsplattans spårring

8.37 Åtdragning av låsmuttern för sekundärlådans fasta remskivehalva

35 Montera den fasta remskivehalvan på axeln, se till att den kommer i samma läge som tidigare enligt märkningen. Använd en plast- eller trähammare för att knacka in den på splinesen.

36 Rengör axelns gängor med lämplig tvättvätska, torrtorka, stryk på låsvätska och sätt på muttern.

37 Använd det verktyg som beskrivits i punkt 5 för att hålla fast den yttre remskivehalvan när muttern dras till föreskrivet moment (se foto).

38 Demontera klamman från den rörliga remskivehalvan.

39 Upprepa åtgärderna enligt punkt 27 till 38 på den andra remskiveenheten och avsluta med att rengöra remskivans friktionsytor med metylalkohol.

9 Drivaxel – demontering, kontroll och montering

1 Hissa upp bakvagnen och stöd den på pallbockar. Blockera framhjulen.

2 Demontera skruvarna och ta bort skyddsplåtarna. (se foto).

3 Märk drivflänsens, drivaxelflänsens och drivaxelns lägen i förhållande till varandra. Skruva sedan loss de inre och yttre flänsskruvarna med en insexnyckel och demontera låsblecken.

4 Ta ut drivaxeln tillsammans med packningarna. **Notera:** *På tidigare modeller med manuell växellåda finns ett svarvat spår för packningar på slutväxelns drivflänsar. På senare modeller förekommer inga spår eller packningar.*

5 Dra ut spårringen ur spåret i drivaxeln med en spårringstång.

6 Demontera låsbandet från den smala änden på gummidamasken och skjut damasken längs axeln.

7 Håll emot på det inre lagret i drivknuten och tryck ut axeln; damasken kan nu tas bort från axeln tillsammans med skyddslocket.

8 Vid behov kan konstanthastighetsknuten (CV) tas isär (se foto), genom att man vrider den inre delen diagonalt mot den yttre och tar bort kulorna. Rengör delarna med fotogen. Torka och kontrollera sedan kulor och kulbanor med avseende på slitage och ytskador. Om delarna är i gott skick, sätt ihop knuten i omvänd ordning mot isärtagning, men se till att ursvarvningen i den yttre delen är vänd åt samma håll som den inre delens styrkant, se fig. 6.22.

9 Fortsätt ihopsättning och montering i omvänd ordning mot isärtagning och demontering. Observera följande:
   a) Packa knutarna med lithiumbaserat fett
   b) Montera nya packningar på knut och fläns. Limma fast dem vid behov
   c) Dra flänsskruvarna till föreskrivet moment
   d) Avlägsna allt överskottsfett och andra partiklar som kan smutsa ned remskivorna

9.2 Drivaxel – skyddsplåten är demonterad

9.8 Konstanthastighetsknut (CV)

Fig. 6.19 Demontering av drivaxelflänsens skruvar (avsn 9)

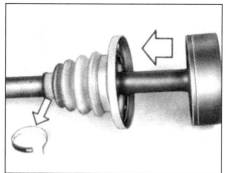

Fig. 6.20 Demontering av drivknutens damask (avsn 9)

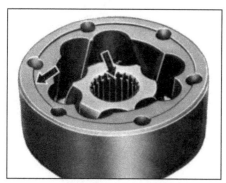

Fig. 6.21 Drivknutens lagerbanor placeras som bilden visar – observera fasningen vid pilarna (avsn 9)

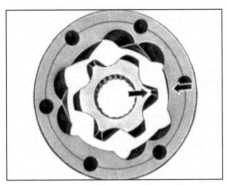

Fig. 6.22 Kulspårens inbördes lägen (avsn 9)

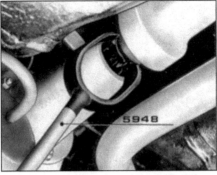

Fig. 6.23 Specialverktyg för demontering av kardanaxeln (avsn 10)

10.5 Kardanaxelns bakre ände och spännfjäder

e) På B19- och B200-modellerna måste man lägga låsvätska i skruvgängorna innan skruvarna dras till föreskrivet moment

10 Kardanaxel – demontering och montering

1 Hissa upp framvagn och bakvagn och stöd bilen på pallbockar.
2 Demontera skruvarna och ta bort skyddsplåtarna.
3 Demontera därefter skruvarna och ta bort

värmeskölden som är placerad över ljuddämparen.
4 Spraya rostlösande olja på kopplings- och pinjongaxlarna, skjut sedan kardanaxeln bakåt så långt det går och ta loss den från kopplingsaxeln. Om det är krångligt kan specialverktyg Nr 5948 eller en liknande konstruktion vara till god hjälp.
5 Tryck axeln framåt, ta loss den från pinjongaxeln och lyft ned den (se foto).
6 Montera i omvänd ordning mot demontering, men smörj splinesen sparsamt och kontrollera att fjädern är rätt placerad.

11 Växelväljarspak – demontering och montering

1 Hissa upp framvagn och bakvagn och stöd bilen på pallbockar.
2 Demontera kardanaxeln enligt beskrivning i avsnitt 10.
3 Demontera låsfjädern och tappen, lossa gaffeln från nedre änden av växelspaken (se foto).
4 Lossa på samma sätt växelförarstången från primärlådans arm och lyft bort den.
5 Peta loss brickan från konsolens framkant.
6 Lossa batteriets negativa anslutning. Ta loss de två strömställarna från konsolen och ta loss kabelkontakterna efter att ha märkt dem.
7 Ställ växelväljarspaken i läge R, skruva loss och demontera skruvarna och ta bort konsolen. Skruvarna finns under plastpluggarna.

Modeller fram till 1978

8 Ta loss kontakthållaren och glidkontakten.
9 Lossa belysningskabeln och skruva loss växelväljarspaken och indexplattan.
10 Bänd loss växelspaksknoppens överdel och lossa vajern.
11 Ta loss spärrknappen, haka av fjädern och ta bort centreringsklossen.
12 Knacka loss stiftet som håller knoppen och ta loss den.
13 Lossa skruvarna, demontera växellägesindikatorn och täcklocket.

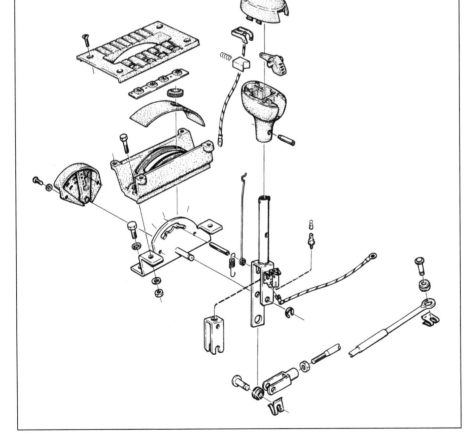

Fig. 6.24 Växelväljarspakens komponenter på modeller fram till 1978 (avsn 11)

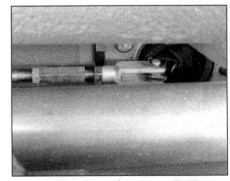

11.3 Växelförarstång med gaffellänk

11.21 Demontering växelväljarspakens platta

11.22A Demontering av växellägesindikator

11.22B Glödlampan synlig (vid pilen)

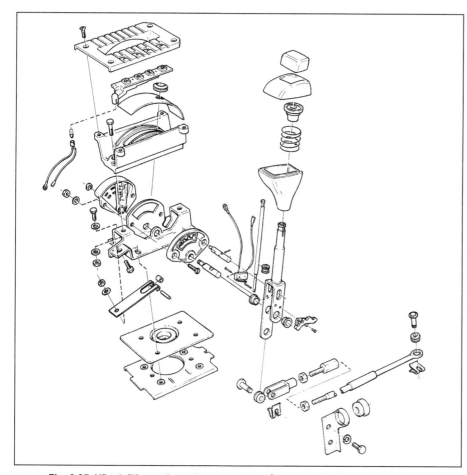

Fig. 6.25 Växelväljarspakens komponenter på modeller fr o m 1978 (avsn 11)

11.22C Demontering av lampan

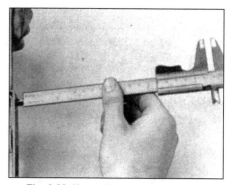
Fig. 6.26 Kontroll av hur mycket den fjädrande spärrtappen sticker ut från växelväljarspaken (avsn 11)

14 Demontera växelspakshuset och koppla loss jordkabeln och belysningsdetaljerna.
15 Peta loss klipsen och demontera index-plattan och returfjädern.
16 Pressa ut fjädertappen, demontera stoppfästet, lossa kabeln och demontera dragstången.
17 Kontrollera alla bussningar; slitna eller skadade bussningar ska bytas ut.

Modeller fr o m 1978 till 1983

18 Bänd loss växelspaksknoppens överdel med en kniv.
19 Tryck ned den vita ringen, demontera spärrknappen, den vita ringen och fjädern.
20 Dra loss växelspaksknoppens undre del.
21 Demontera skruvarna och ta bort täckplattan (se foto).
22 Demontera skruvarna och ta bort växellägesindikatorn. Demontera belysnings-detaljerna (se foto).
23 Lossa skruvarna och demontera blad-fjädern.
24 Demontera ledtappen och lyft bort växelväljarspaken.
25 Demontera indexplattan. Demontera bussningar och gummidetaljer från växel-väljarspaken.

26 Dra ut tappen från tryckstången och låstappen från axeln.
27 Ta bort tryckstång och axel.
28 Borra bort nitarna och ta bort mikro-kontakten.

Modeller fr o m 1983

29 Växelmekanismen modifierades under 1983 för att förbättra växlingsfunktionen. Då infördes en ljud- och ljussignal som varning om växelläget inte är rätt ilagt, toleranser förbättrades och en extra växellägesindikator placerades till höger om växelspaken.
30 Denna modifiering kan göras på alla modeller fr o m 1978, men på modeller fram till 1983 är det bäst om det görs av en Volvoverkstad.

31 Den metod som beskrivs här avser den modifiering som gjorts på modeller fr o m 1983 samt även beskrivning av demontering och montering av växelväljarspaken på senare modeller.

32 Lossa batteriets negativa anslutning.

33 Demontera kardanaxeln enligt beskrivning i avsnitt 10.

34 Koppla loss gaffeln från nedre delen av växelväljarspaken.

35 Ta bort panelen och skalan vid växelväljarspaken.

36 Ta bort de tre skruvarna samt den fjärde och bladfjädern som håller fast mekanismen på kardantunneln. Koppla loss kabelkontakterna och lyft bort hela enheten.

37 För att den nya väljarmekanismen ska kunna monteras, måste mittkonsolens vänstra sidodel tas bort.

38 Ta bort växellägesskalan på den nya mekanismen innan den monteras på kardantunneln. De tre skruvarna ska endast dras med fingrarna. (**Notera:** *Bladfjädern som styr växellägena får inte röras.*)

39 Dra fast den fjärde skruven, därefter de andra tre.

40 Anslut indikatorlampans kontakter.

41 Montera varningssummern och reläet på lämplig plats bakom mittkonsolen. Ta loss den undre panelen på höger sida, dra kablarna från växelväljarspaken till summern och reläet och anslut dem. (**Notera:** *I monteringssatsen ingår fäste och klips för montering av summer och relä.*)

42 Sätt in lampan i den nya växellägesskalan, anslut lampkablarna och montera skalan.

43 Sätt tillbaka konsolens sidostycken, koppla ihop växelväljarspaken med styrstången och justera växelförarstången enligt punkt 44.

Alla modeller

44 Montera i omvänd ordning, men observera följande:

a) Justera växelförarstångens längd så att när växelväljarspaken och primärlådans arm är i neutralläge, ska gaffeltappen kunna tryckas in utan att någon av delarna rör sig. Dra åt låsmuttrarna när injusteringen är klar.

b) Montera kardanaxeln enligt anvisningarna i avsnitt 10

Modeller fram till 1978

c) Den fjädrande tappen måste sticka ut från växelväljarspaken minst 4,0 ± 0,3 mm plus indexskivans tjocklek.

Modeller fr o m 1978

d) Mikrokontaktens manövertapp måste tillåta att tryckstången kan rotera

e) Urtaget i ledtappen ska vara vänt mot tryckstången

f) Använd lämpligt lim och sätt ihop knoppens båda delar

Modeller fr o m 1983

g) Kontrollera växelväljarmekanismens injustering enligt följande: Låt motorn gå på tomgång och flytta växelväljarspaken mellan N och D

12.2 Kontroll av vakuumkontaktens inställning med hjälp av vakuummätare

upprepade gånger, gör sedan samma sak men långsamt, och släpp spärrknappen så snart spaken har passerat N-läget. Fortsätt att föra spaken mot D-läget, men stoppa genast när det hörs att kugghjulen i primärlådan går i ingrepp. Om spärrknappen snäpper ut först efter det att spaken förts ytterligare mot läge D, är injusteringen riktig. Om spärrknappen snäpper ut i ett tidigare spakläge, måste växelförarstångens längd justeras på nytt och funktionen kontrolleras

12 Vakuumstyrenhetens mikrokontakt (modeller fram till 1978) – justering

1 Starta motorn. Justera tomgångsvarvtalet (motorn ska ha normal arbetstemperatur) enligt beskrivning i kapitel 3.

2 Använd ett T-rör och en extra slang och anslut en vakuummätare till vakuumslangen för primärlådans yttre (överväxel) kammare, mellan reglerventilen och transmissionen (se foto).

3 Dra åt handbromsen och ställ växelväljarspaken i läge N, anslut sedan en varvräknare.

4 Skruva ut justerskruven helt och flytta tillbaka mikrokontakten efter det att låsskruven lossats.

5 Starta motorn och öka motorvarvtalet till 2 650 rpm.

6 Skruva in justerskruven tills mätaren återgår till 0 och dra sedan fast låsskruven.

7 Nu är mikrokontakten justerad, men kontrollera funktionen genom att successivt öka motorvarvtalet till 2 650 rpm; då ska mätaren börja ge utslag.

8 Stäng av motorn, koppla loss varvräknare och vakuummätare.

Felsökning – automatväxellåda

Växellådan driver inte

Brustna drivremmar
Drivremmarna feljusterade eller också har olja kommit ut på remmarna
Växelförarstången frånkopplad eller väljarmekanismen felaktig

Kraftiga vibrationer och vinande ljud

Drivremmarna behöver justeras
Gammal, stelnad olja i de primära rörliga remskivorna
Slitna lager eller kugghjul i växellådan
Slitna drivremmar
Kardanaxelns splines slitna

Motorn övervarvar och uppväxling sker för sent

Vakuumslangar brustna eller blockerade
Vakuumkontrollventilen eller mikrokontakten felaktiga
Membranet i den primära rörliga remskivehalvan brustet eller tätar inte

Lågväxelns tvångsläge fungerar inte

Vakuumkontrollventilen felaktig
Kontakten för låg utväxling felaktig
Den elektroniska vakuumkontrollen felaktig

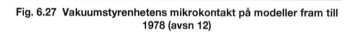

Fig. 6.27 Vakuumstyrenhetens mikrokontakt på modeller fram till 1978 (avsn 12)

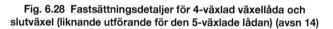

Fig. 6.28 Fastsättningsdetaljer för 4-växlad växellåda och slutväxel (liknande utförande för den 5-växlade lådan) (avsn 14)

DEL B: MANUELL VÄXELLÅDA

14 Allmän beskrivning

Den manuella växellådan är antingen fyrväxlad (M45R) eller femväxlad (M47R). Alla framåtväxlar är synkroniserade på båda. Växellådan är fastskruvad direkt mot slutväxelenheten och hela paketet är fastsatt i tvärgående balkar monterade i underredet.

Växling görs med en golvmonterad växelspak med överföringslänk till växellådan.

På B14- och B172-modeller är motor och växellåda sammankopplade med en kardanaxel.

På B19- och B200-modellerna är kardanaxeln inkapslad i ett momentrör, vilket minskar vibrationerna och vridpåkänningarna, samt ger en mer exakt växling. Växellådorna på samtliga modeller är i grunden likadana, men växellådshusens utförande varierar, beroende på om de ska anpassas till kardanaxel eller momentrör.

Slutväxeln är i stort sett densamma för de olika modellerna, men den som är monterad på B19- och B200-modellerna är av kraftigare utförande. Från och med 1982 är den förstärkta typen införd på samtliga modeller.

Notera

Sexkant- och insexskruvar har använts i stor utsträckning på växellådan och slutväxeln, varför en sats insexnycklar eller hylsnycklar behövs. Kontrollera innan arbete påbörjas att behövliga reservdelar finns att tillgå.

Volvo har ett flertal specialverktyg för isärtagning och ihopsättning av växellåda och slutväxel. Om sådana behövs är det angivet i texten. I vissa fall kan man klara sig utan dem och i stället använda standardavdragare och pressverktyg, men arbetet underlättas mycket om man har tillgång till specialverktygen.

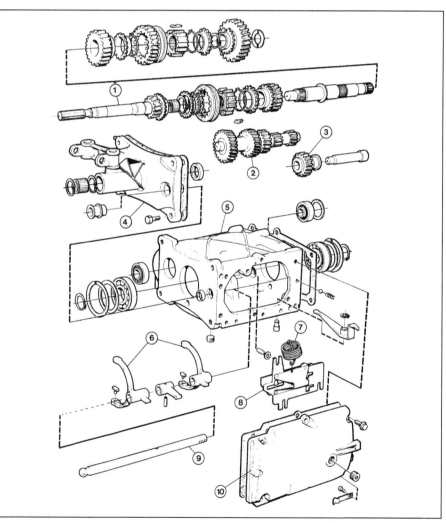

Fig. 6.29 Sprängbild av 4-växlad växellåda (avsn 14)

1 Ingående axel	3 Backväxelns	5 Växellådshus	8 Styrplåt
2 Mellanaxel	mellandrev	6 Växelförargafflar	9 Växelföraraxel
	4 Främre gavel	7 Fjäder	10 Lock

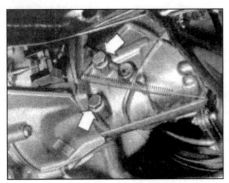

Fig. 6.30 Växellådans avtappnings- och
påfyllningspluggar (alternativa placeringar)
(avsn 15)

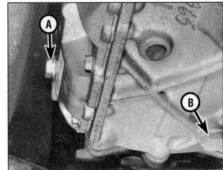

15.2 Påfyllningsplugg (A) och
avtappningsplugg (B) för växellådsolja

15.4 Slutväxelns påfyllningsplugg

15 Rutinmässigt underhåll – manuell växellåda

Följande åtgärder ska utföras vid de intervaller som anges i början av boken i avsnittet Rutinmässigt underhåll.

Smörjsystem

1 Kontrollera oljenivån i växellådan, och fyll på vid behov (se punkt 2 nedan).
2 Använd rekommenderad olja. Fyll på så mycket att nivån når upp till påfyllningshålets underkant. Häll i oljan långsamt (speciellt viktigt på femväxlade växellådor) så att alla delar i växellådan får smörjning. Vänta sedan minst en minut. Efterfyll vid behov. Montera påfyllningspluggen (se foto).

Allmänt

3 Kontrollera att kardanaxeln inte har några skador, att lagren inte är slitna och att gummidamasken är hel.
4 Kontrollera växellådan och slutväxeln med avseende på läckage. Om oljeläckage upptäcks, ska oljenivån kontrolleras och påfyllning ske vid behov, enligt den instruktion som gäller för oljepåfyllning i växellåda (se

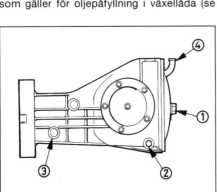

Fig. 6.31 Slutväxelns avtappnings- och
påfyllningspluggar (avsn 15)

1 Påfyllningsplugg
2 Avtappningsplugg
3 Nivåplugg (utgår – se text)
4 Ventilationsrör

foto). **Notera:** *Beroende på modell, kan det vara så att slutväxeln inte har någon avtappningsplugg, men det finns inte heller några krav på att oljan måste bytas vid bestämda intervaller. Beroende på modell och typ kan det finnas eller saknas en plugg nära slutväxelns främre gavel. Avsikten med denna plugg var att oljeläckage skulle kunna upptäckas. Eftersom pluggen då måste demonteras, rekommenderar tillverkaren nu att pluggen tas bort och att hålet får vara öppet, så att läckage kan upptäckas och behövliga reparationer göras.*

16 Växellåda (B14 och B172) – demontering och montering

1 Hissa upp bakvagnen och stöd den på pallbockar. Blockera framhjulen.
2 Demontera avtappningspluggen och tappa ur växellådsoljan i en lämplig behållare. Montera och dra fast avtappningspluggen.
3 Demontera kardanaxeln enligt beskrivning i avsnitt 19.
4 Dra undan gummidamasken och knacka ut tappen från växelförarstångens kulled. Lossa stången.
5 Skruva loss och demontera vibrationsdämparen om så behövs.
6 Demontera klipset och saxpinnen och ta loss växelstaget från växellådan.
7 Stöd växellådan med en garagedomkraft.

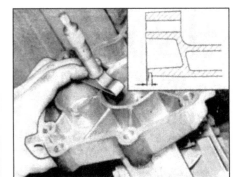

Fig. 6.32 Kopplingshylsa, växellåda till
slutväxel (vid pilen) (avsn 16)

Skruva loss muttrarna och ta bort brickor och bussningar från de främre fästskruvarna.
8 Sänk domkraften tills den främre gaveln går fri från fästskruvarna.
9 Rengör ytorna där växellåda och slutväxel är sammanfogade.
10 Demontera skruvarna så att växellådan kan skiljas från slutväxeln. Sänk ned domkraften ytterligare så att växellådan går att dra fram. Tappa inte bort justerbrickorna för utgående axel och mellanaxel.
11 Demontera packningen och dra loss kopplingshylsan från utgående axeln.
12 Innan växellådan monteras ihop med slutväxeln, måste justerbrickornas tjocklek beräknas enligt följande:
13 Placera växellådan på en arbetsbänk, med utgående axeln uppåt.
14 Håll mellanaxellagrets ytterbana intryckt mot lagrets innerring och mät avståndet mellan lagerringens ytterkant och huset med en mikrometer.
15 Lägg till 0,25 mm (packningens tjocklek) och dra ifrån 0,06 mm (mellanaxelns axialspel) från det erhållna värdet, d v s ett totalt tillägg på 0,19 mm. Summan anger tjockleken på den justerbricka som ska monteras på mellanaxelns yttre lagerbana.

Exempel:
Uppmätt avstånd . . . . 1,20 mm
Lägg till . . . . 0,19 mm
Justerbrickans tjocklek . . . 1,39 mm

Fig. 6.33 Beräkning av tjockleken på
justerbricka till slutväxelns lager med
mikrometer (avsn 16)

17.2 Drivaxelns fläns på slutväxeln

18.2 Demontering av växellådans lock

18.3A Spärrfjäderns placering

16 Mät avståndet mellan utgående axelns yttre lagerbana och huset.
17 Använd mikrometern och mät avståndet mellan slutväxelns anliggningsyta och lagersätets botten (se fig. 6.33). Observera att lagersätets överkant är lägre än slutväxel-husets ändplan.
18 Till det värde som erhållits enligt punkt 17 ska läggas 0,25 mm, vilket är packningens tjocklek. Dra ifrån det värde som erhålls enligt punkt 16. Dra ifrån ytterligare 0,10 mm för utgående axelns axialspel. Resultatet anger tjockleken på den justerbricka som ska monteras i slutväxelns lagersäte.

Exempel:

Uppmätt enligt punkt 17 . . . . 5,40 mm
Packningens tjocklek. . . . . . + 0,25 mm
                                  5,65 mm
Uppmätt enligt punkt 16 . . . – 4,78 mm
                                  0,87 mm
Utgående axelns axialspel. . . 0,10 mm
Justerbrickans tjocklek . . . . . 0,77 mm

19 Montering sker sedan i omvänd ordning mot demontering, men observera följande:
a) Rengör växellådans och slutväxelns kontaktytor, montera en ny packning
b) Håll brickorna på plats med lite fett när växellådan monteras ihop med slutväxeln
c) Mittenskruvarna i över- och underkant, som håller ihop växellåda och slutväxel, är längre än de övriga
d) Fyll på rätt mängd olja i växellådan

17 Växellåda och slutväxel (B14 och B172) – demontering och montering

1 Följ de anvisningar som ges i avsnitt 16, punkt 1 till 6.
2 Märk drivaxelns kopplingar och driv-flänsarna i förhållande till varandra, skruva loss och demontera fästskruvar och plattor. Till detta kan man behöva en insexnyckel (se foto).
3 Ta loss drivaxlarna och bind fast dem vid handbromsens vajerhylsor. Demontera flänspackningarna.
4 Stöd växellåds- och slutväxelenheten med en garagedomkraft.
5 Lossa och demontera muttrarna, brickorna

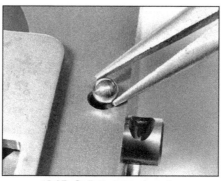

18.3B Spärrkulans placering

18.4B Styrplåten sedd uppifrån

och bussningarna från de främre fäst-skruvarna.
6 Lossa handbromsvajerns hylsa från bakre tvärbalk och lossa balkens muttrar.
7 Sänk domkraften tills handbromsvajern kan läggas ovanpå bakre tvärbalken.
8 Sänk ned växellådan och dra fram den.
9 Rengör ytorna där växellåda och slutväxel är sammanfogade.
10 Demontera skruvarna så att växellådan kan skiljas från slutväxeln. Tappa inte bort justerbrickorna för utgående axel och mellanaxel.
11 Demontera packningen och dra loss kopplingshylsan från utgående axeln.
12 Innan växellådan monteras ihop med slutväxeln, måste justerbrickornas tjocklek beräknas enligt anvisningarna i avsnitt 16, punkterna 13 till 18.

18.4A Haka av styrplåtens returfjäder

18.4C Styrplåten sedd underifrån

13 Montera i omvänd ordning, men observera anvisningarna i avsnitt 16, punkt 19 samt följande:
a) Montera nya packningar vid drivaxelflänsarna (där sådana förekommer)
b) Kontrollera oljenivån i slutväxeln, fyll på vid behov

18 Fyrväxlad växellåda – översyn

1 Demontera växellådan enligt beskrivning i avsnitt 16 och rengör den utvändigt.
2 Placera växellådan på en arbetsbänk med locket uppåt. Lossa skruvarna och lyft av locket (se foto).
3 Demontera packningen, spärrfjädern och spärrkulan, använd stavmagnet (se foto).

18.4D Styrplåtbrickornas placering

18.6 Demontering av växelföraraxel

18.7A Demontering av växelförargaffel

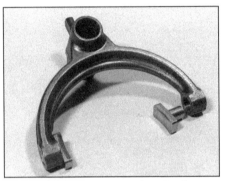

18.7B Glidskornas placering i växelförargaffeln

18.8A Demontering av dammskydd i främre gaveln

4 Haka av styrplåtens returfjäder och demontera styrplåten. Ta bort brickorna från de tre låspinnarna (se foto).

5 Knacka loss spiralspännstiftet som håller växelförarfingret med en smal tappdorn.

6 Dra ut växelföraraxeln samtidigt som växelförarfingret dras loss från axeln. Observera hur det är placerat på axeln (se foto).

7 Märk växelförargafflarna så att de kommer på rätt plats vid montering. Lyft sedan ut 3:ans/4:ans gaffel och därefter 1:ans/2:ans; var försiktig så att glidskorna inte faller ur (se foto).

8 Ta loss dammskyddet, lossa skruvarna och ta av främre gaveln. Ta vara på packningen och justerbrickan (se foto).

9 Använd en spårringstång och lyft upp spårringen från den utgående axelns bakre lager (se foto).

10 Demontera mellanaxelns yttre lagerbanor genom att trycka dem växelvis åt båda hållen. Märk upp lagrens placering (se foto).

11 Skjut in mellanaxelns bakre ände i huset och för dess främre del bort från den ingående axeln.

12 Demontera utgående axelns bakre lager; bänd med två skruvmejslar under lagrets yttre spårring så att det kommer ut en aning. Knacka försiktigt ut utgående axeln en bit genom lagret. Fortsätt med detta växelvis tills lagret lossnar (se foto). Alternativt kan Volvo specialverktyg Nr 5058 användas för att pressa ut lagret.

18.8B Skruv i främre gaveln skruvas loss

18.8C Demontering av främre gavel

18.8D Justerbricka för utgående axelns lager i främre gaveln

18.9 Demontering av spårring i utgående axelns lager

18.10 Demontering av yttre lagerbana i mellanaxelns lager

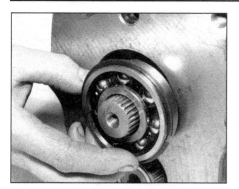

18.12 Demontering av utgående axelns bakre lager

18.13 Demontering av ingående axel

18.15 Demontering av styrlager från ingående axeln

13 Dra ut den ingående axeln och lagret genom växellådshusets framkant (se foto).
14 Demontera den övre synkringen.
15 Demontera styrlagret från ingående axeln eller utgående axeln (se foto).
16 Lyft ut utgående axeln och dreven ur växellådshuset; se till att tryckbrickan följer med (se foto).
17 Lyft ur mellanaxeln (se foto).
18 Tryck vid behov ut backväxelaxeln och demontera backväxeldrevet. Demontera spårringen och dra av backväxelns växel-väljararm (se foton).
19 Tvätta alla delar utom utgående axel och hjul med fotogen. Kontrollera att hjulen inte är slitna eller skadade och kontrollera att lagren inte är slitna. Undersök styrplåt, gafflar och axel, samt spärrkula och fjäder. Kontrollera att husen inte har skador eller sprickor. Byt ut komponenter vid behov och sätt i nya packningar och oljetätningar.
20 Om hjulen eller synkenheterna på utgående axeln är slitna ska utgående axeln tas isär.
21 Demontera spårringen och 3:ans/4:ans synkenhet (se foto). Gör detta med en universalavdragare på 3:ans drev och demontera 3:ans drev och synkenhet, eller använd två bräckjärn mot 3:ans drev och demontera synkenheten, 3:ans synkring och drev (se foto).
22 Demontera tryckbrickan från utgående axelns bakre del tillsammans med 1:ans drev och synkring (se foto).

18.16 Demontering av utgående axel med drev

18.17 Demontering av mellanaxeln

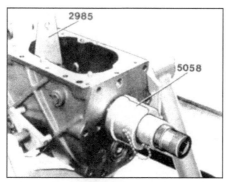

Fig. 6.34 Specialverktyg för demontering av utgående axelns bakre lager (avsn 18)

18.18A Backväxeldrev och axel

18.18B Backväxeldrev med ipressad lagerbussning

18.18C Backväxelns växelväljararm

18.21A Demontering av spårring från utgående axelns främre ände

18.21B Demontering av 3:ans/4:ans synkenhet

18.21C Demontering av 3:ans synkring

18.21D Demontering av 3:ans drev

18.21E 3:ans drev och lager

18.22A Demontering av 1:ans drev

23 Demontera spårringen och 1:ans/2:ans synkenhet (se foto). Gör detta med en universalavdragare på 2:ans drev och demontera 2:ans drev och synkenhet, eller använd två bräckjärn mot 2:ans drev och demontera synkenheten, 2:ans synkring och drev (se foto).
24 Demontera synkenheterna, märk navets läge i hylsan och hur fjädern sitter. Tryck ut navet från hylsan och ta vara på fjädrar och klackar.
25 Montera nav och hylsa i sina ursprungliga lägen enligt uppmärkningen (se foto). Sätt i glidklackarna, haka i fjäderns ände i en av klackarna med fjäderns fria ände pekande i moturs riktning, och lägg in fjädern under de två andra klackarna (se foto). Den andra

18.22B Demontering av 1:ans synkring

18.23A Demontering av spårring från 1:ans/2:ans synkenhet

18.23B Använd en universalavdragare för att demontera 2:ans drev och 1:ans/2:ans synkenhet

18.23C Demontering av 1:ans/2:ans synkenhet

18.23D Demontering av 2:ans synkring

18.23E Demontering av 2:ans drev

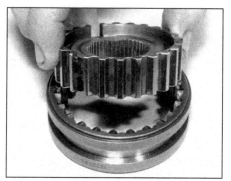

18.25A Montering av synknav i hylsan

18.25B Montering av glidklack

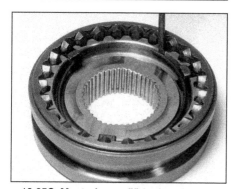

18.25C Montering av fjäder i synkenhet

fjädern sätts fast i samma klack men vänds i motsatt riktning.

26 Om ingående axelns lager är slitna, demontera spårringen och använd endera en avdragare eller sätt upp lagret i ett skruvstycke och slå loss axeln ur lagret (se foto). Montera det nya lagret med en rördorn mot lagrets innerring, sätt tillbaka spårringen.

27 Kontrollera plasthylsan och gummiringen på främre gaveln, byt ut om de är slitna, tryck ihop hylsans ben och dra bort den. Montera en ny hylsa som ska snäppa fast.

28 Använd en lång dorn för att slå loss den inre oljetätningen från främre gaveln. Bänd bort den yttre (se foto).

29 Om det är nödvändigt, ta bort både inre och yttre spårringarna från främre gaveln,

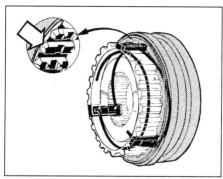

Fig. 6.35 Synkenhet (avsn 18)

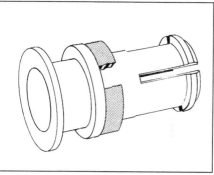

Fig. 6.36 Främre gavelns plasthylsa och gummiring (avsn 18)

18.26 Demontering av spårringen i ingående axelns lager

18.28A Främre gavelns inre oljetätning

18.28B Främre gavelns yttre oljetätning och nållager

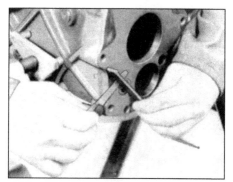

Fig. 6.37 Kontroll av backväxelaxelns läge (avsn 18)

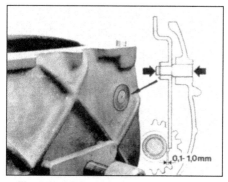

Fig. 6.38 Väljararmens spel, backväxel (avsn 18)

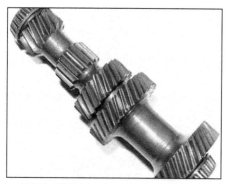

18.33A Mellanaxel med inre lagerbanor monterade

18.33B Mellanaxelns bakre lager

18.33C Mellanaxelns främre lager

18.34 Växelföraraxelns oljetätning i växellådshuset

pressa ut nållagret med en passande hylsnyckel och förlängare.

30 Montera den inre spårringen, sätt i nållagret, montera den yttre spårringen.

31 Pressa i den yttre oljetätningen så att den ligger jäms med hålkanten. Fyll lagret och oljetätningen med lithiumbaserat fett. Pressa sedan i den inre oljetätningen med läppen vänd mot gavelns anliggningsplan.

32 Byt vid behov ut främre gavelns gummibussning.

33 Om mellanaxelns lager är slitna, demontera med universalavdragare. Montera det nya lagret med en rördorn mot innerringen (se foto).

34 Tryck ut växelföraraxelns oljetätning från huset, knacka in den nya tätningen i läge (se foto).

35 Börja ihopsättningen med att montera

18.35 Utgående axeln klar för ihopsättning

2:ans drev på den utgående axeln, med drevänden först (se foto).

36 Passa in 2:ans synkring på drevet, sedan 1:ans/2:ans synkenhet. Använd en universalavdragare och en rördorn som distans för att pressa på synknavet på utgående axeln till rätt läge, kontrollera att synknavets klackar passar in i spåren på synkringen (se foto). Sätt på spårringen.

37 Montera 1:ans synkring på synkenheten, se till att urtagen passar in mot klackarna.

38 Montera 1:ans drev, med synkkonan mot synkenheten på utgående axeln, montera tryckbrickan.

39 Montera först 3:ans drev på utgående axelns främre del, sätt på synkringen på drevets kona.

40 Pressa på 3:ans/4:ans synkenhet på utgående axeln, använd en rördorn, och kontrollera att klackarna passas in i synkringens urtag.

41 Montera spårringen och sätt in 4:ans synkring i synkenheten, kontrollera att spåren hakar i klackarna (se foto).

42 Placera backväxelns väljararm på dess tapp i växellådshuset, sätt på spårringen.

43 Sätt in backväxeldrevet med styrspåret vänt mot husets bakkant och backväxelarmen inpassad i styrspåret. Tryck in backdrevets axel i huset och knacka in axeln tills axeländen ligger i plan med husets ändplan eller lite under, max 0,05 mm. Använd en stålskala för att kontrollera att axelns ände inte sticker ut.

44 Använd bladmått och kontrollera att spelet

mellan drevets styrspår och väljararmen är mellan 0,1 och 1,0 mm. Knacka i annat fall försiktigt väljararmens tapp i önskad riktning tills rätt spel uppnås.

45 Lyft in mellanaxeln i huset med storänden vänd framåt. Skjut in den bakre änden genom huset så att det stora drevet vilar mot husets botten.

46 Sätt in den utgående axelns bakre del i huset, placera lagret på axeltappen och sätt till sist på den stora spårringen (se foto).

47 Stöd den utgående axelns främre del med en träkloss, pressa på lagret på axeln med en rördorn mot innerringen. Alternativt kan ringnyckel och skruv användas (se foto).

48 Montera spårringen och kontrollera att lagret är helt inpressat i huset.

49 Montera styrlagret i ingående axeln, smörj det med lithiumbaserat fett.

50 Montera ingående axeln från husets framkant och passa in den mot utgående axeln och 4:ans synkring (se foto). Knacka in lagret i huset tills ytterringens spårring ligger an mot huset.

51 Sätt mellanaxeln i läge och kugga i dreven, sätt i mellanaxellagrens ytterringar i huset, pressa in dessa så att mellanaxeln fixeras.

52 Använd en mikrometer för att mäta avståndet mellan ingående axellagrets ytterring och husets anliggningsplan.

53 Använd mikrometer, mät avståndet från lagersätet till kontaktytan i främre kåpan (se fig. 6.39). Observera att lagersätets övre kant är lägre än anliggningsytan.

18.36 Montering av 2:ans drev och 1:ans/2:ans synkenhet på utgående axeln

18.41A Montering av 4:ans synkring

18.41 B Utgående axel och drev klara för montering

18.46 Kontrollera att utgående axelns bakre trycklager sitter på plats

18.47 Montera utgående axelns bakre lager med skruv och ringnyckel

18.50 Montering av ingående axeln och lagret

54 Till det mått som mätts upp i punkt 53, ska 0,25 mm läggas till för packningens tjocklek. Från detta ska det i punkt 52 uppmätta värdet dras ifrån. För att axeln ska ha axiell rörlighet avräknas 0,1 mm. Det siffervärde som räknats fram är tjockleken på den justerbricka som ska användas.

Exempel:

Uppmätt enligt punkt 53	.... 5,40 mm
Packningens tjocklek	.....+ 0,25 mm
	.....................5,65 mm
Uppmätt enligt punkt 52	... – 4,83 mm
	.....................0,82 mm
Ingående axelns axialspel	.– 0,10 mm
Justerbrickans tjocklek	......0,72 mm

55 Fetta in justerbrickan och sätt den på plats. Sätt på packningen och se till att dess hål stämmer med gavelns hålbild.
56 Sätt på främre gaveln på den ingående axeln, sätt i skruvarna och dra dessa i diagonal ordning till föreskrivet moment.
57 Montera dammskyddet på den ingående axeln, använd en rördorn. Lite fett underlättar monteringen så att skyddet snäpper fast.
58 Sätt fast glidskorna i växelförargafflarna, sätt på gafflarna på sina synknav. Gafflarnas fingrar måste stå mitt för varandra.
59 Skjut in växelföraraxeln i växellådshuset, genom gafflarna, och se samtidigt till att växelförarfingret sätts in mellan gafflarna och med den förlängda delen vänd framåt.
60 Passa in hålen i fingret mot axelns hål och se till att fingret hamnar på samma sida av

axeln som växellägesurtagen, knacka sedan in rörstiftet till ett mittläge (se foto).
61 Sätt på brickor på växellådshusets tappar, lägg på styrplåten så att växelfingrarna sticker upp och plåten styr på tapparna (se foto). Haka på returfjädern i hålet i huset.
62 Sätt i spärrkulan för växellägesmarkering och dess fjäder i hålet över växelföraraxeln.
63 Placera packningen på huset, sätt på locket, dra skruvarna växelvis och i diagonal ordning till angivet moment.
64 Använd en kort dorn som sätts in i växelföraraxelns hål, kontrollera att axeln kan skjutas till samtliga växellägen. Kontrollera att bakre lagrets ytterring (på mellanaxeln) inte faller ut.

19 Kardanaxel – demontering och montering (B14 och B172)

1 Hissa upp framvagn och bakvagn och stöd bilen på pallbockar.
2 Demontera värmeskölden som sitter ovanför ljuddämparen.
3 Ställ växelspaken i neutralläge. Vrid kardanaxeln så att den främre klämskruven blir synlig. Lossa skruven helt med en insexnyckel så att klämman släpper.
4 Gör på samma sätt med den bakre klämskruven.
5 Skjut kardanaxeln bakåt så långt det går. Om det krånglar kan man använda ett specialverktyg, nr 5948 (se fig. 6.23) eller liknande för att skjuta den bakåt.

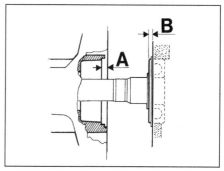

Fig. 6.39 Beräkning av justerbricka till främre gavel (avsn 18)

A Främre gavelns tjocklek
B Ingående axelns lagertjocklek

18.60 Montering av växelförarfingrets stift

18.61A Växelförarfingrets läge för montering av styrplåten

18.61B Styrplåt och fjäder

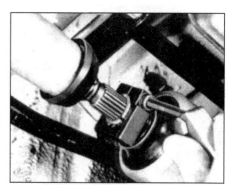

Fig. 6.40 Demontering av klämskruv för kardanaxel (avsn 19)

6 Lossa transmissionens fästmuttrar på främre tvärbalken så mycket det går utan att ta bort dem.

7 Lossa kardanaxeln från kopplingsaxeln och dra ut den från ingående axeln.

8 När kardanaxeln ska monteras, börja med att skjuta in den på kopplingens axel.

9 Se till att kardanaxeln kommer i ingrepp med växellådans ingående axel och dra sedan tvärbalkens fästmuttrar till föreskrivet moment.

10 Skjut fram kardanaxeln ända till spårringen på kopplingsaxeln.

11 Dra de båda klämskruvarna.

12 Montera värmeskölden och sänk bilen.

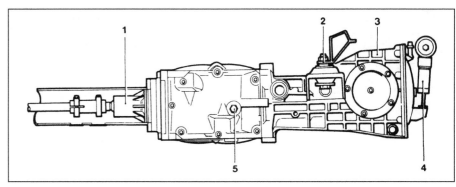

Fig. 6.41 Fyrväxlad växellåda på B19- och B200-modellerna (avsn 20)

1 Momentrör och växellådans främre del
2 Fästen och tvärbalkar
3 Slutväxel
4 Stötdämpare (har utgått, se text)
5 Påfyllnings-/nivåplugg

20 Växellåda och slutväxel (B19 och B200) – demontering och montering

1 Hissa upp bakvagnen och stöd den på pallbockar. Blockera framhjulen.

2 Demontera värmeskölden under bränsletanken.

3 Lossa växelförarstången vid växellådan och skruva loss delarna vid momentrörets mittre del.

4 Ta loss handbromsens vajerhylsa från bränsletankens högra del.

5 Där sådan finns, lossa stötdämparen från slutväxeln.

6 Haka loss de bakre gummifästena och sänk ned avgasröret.

7 Skruva loss drivaxlarna från slutväxeln och fäst dem .

8 Demontera pluggarna på momentrörets bakre del. Lossa kardanaxelns klammor med en insexnyckel. Om skruvskallen inte är åtkomlig, demontera skyddsplåten under motorns framkant, sätt på en fast nyckel på vevaxelns skruv och vrid vevaxeln.

9 Stöd växellåda och slutväxel med en garagedomkraft och skruva loss sidofästena.

10 Sänk ned växellådsenheten och, i förekommande fall, lossa kabeln till hastighetsgivaren (se foto).

11 Demontera de bakre skruvarna på momentröret, lossa växellådsenheten från momentröret och dra ut den.

12 Montera i omvänd ordning. Kontrollera oljenivåerna, fyll på vid behov.

21 Momentrör (B19 och B200) – demontering och montering

1 Demontera växellådan och slutväxeln enligt beskrivning i avsnitt 20.

2 Demontera avgasrörets U-bygel från momentrörets bakände.

3 Lossa avgassystemet vid främre röret och ta bort det. Skruva också loss främre röret från fästet.

4 Skruva loss muttrarna som håller momentröret till kopplingshuset och demontera avgasrörsfästet.

5 Dra bort momentröret och kardanaxeln från kopplingshuset.

6 Montera i omvänd ordning.

20.10 Hastighetsgivare på slutväxeln

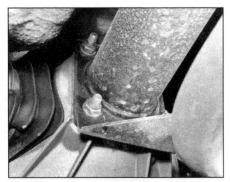

21.4 Muttrar som håller momentröret till kopplingshuset

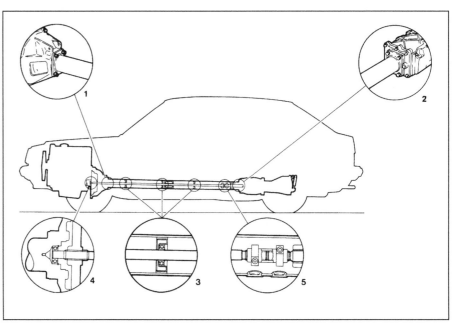

Fig. 6.42 Momentrör på B19- och B200-modellerna (avsn 21)

1 Momentrör, främre anslutning
2 Momentrör, bakre anslutning
3 Kardanaxelns lager
4 Lager i vevaxeln
5 Klämkoppling

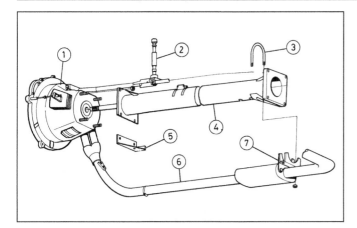

Fig. 6.43 Momentrörets komponenter (avsn 21)

1 Kopplingskåpa
2 Växlingsmekanism
3 U-bygel för avgasröret
4 Momentrör

5 Fäste för främre rör
6 Avgasrör
7 Fäste för bakre rör

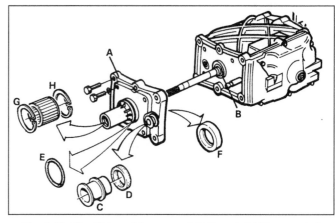

Fig. 6.44 Växellådans främre gavel (B19- och B200-modeller) (avsn 23)

A Främre gavel
B Bricka
C Nylonbussning
D Gummiring

E O-ring
F Oljetätning
G Spårring (främre)
H Spårring (bakre)

22 Växellåda, lockets packning (B19 och B200) – byte

1 Hissa upp bakvagnen och stöd den på pallbockar. Blockera framhjulen.
2 Skruva loss avtappningspluggen och tappa ur oljan i en lämplig behållare. Dra fast pluggen.
3 Demontera värmeskölden under bränsletanken.
4 Ta loss parkeringsbromsens vajerhylsa från bränsletankens högra del.
5 Haka loss de bakre gummifästena och sänk ned avgasröret.
6 Lossa stötdämparen från slutväxeln (i förekommande fall).
7 Stöd växellåda och slutväxel med en garagedomkraft och skruva loss sidofästena.
8 Sänk ned växellådsenheten så mycket som behövs för att locket ska bli åtkomligt. Skruva loss locket och demontera packningen.
9 Rengör anliggningsytorna och sätt i en ny packning, håll den på plats med lite fett. Montera i omvänd ordning. Avsluta med att fylla växellådan med olja i den mängd som anges i specifikationen.

23 Växellåda, främre gavel (B19 och B200) – demontering och montering

1 Hissa upp bakvagnen och stöd den på pallbockar. Blockera framhjulen.
2 Skruva loss avtappningspluggen och tappa ur oljan i en lämplig behållare. Dra fast pluggen.
3 Demontera växellådan och slutväxeln enligt beskrivning i avsnitt 20.
4 Skruva loss den främre gaveln från växellådshuset och avlägsna alla packningsrester.
5 Om en ny gavel ska monteras, demontera justerbrickan från växellådans ingående axel.

6 Demontera nylonbussningen, gummiringen, O-ringen och oljetätningen från gaveln.
7 För att byta nållager, demontera först spårringen, dra ut lagret med en avdragare och demontera den återstående spårringen. Smörj det nya lagret med fett, montera den inre spårringen, pressa i lagret med en mässingsdorn och montera sedan den yttre spårringen.
8 Använd en träkloss för att knacka in den nya oljetätningen.
9 Placera en ny O-ring i spåret, montera gummiringen och nylonbussningen.
10 Om en ny gavel monteras ska justerbrickans tjocklek beräknas enligt anvisningarna i avsnitt 18. Montera sedan justerbrickan på den ingående axeln.
11 Montera gaveln på växellådshuset tillsammans med en ny packning och dra skruvarna.
12 Montera växellådan och slutväxeln i omvänd ordning. Avsluta med att fylla växellådan med den mängd olja som anges i specifikationen.

24 Drivaxel – demontering, kontroll och montering

Följ anvisningarna i avsnitt 9, men hoppa över punkterna 2 och 9d.

25 Växelförarstång – demontering och montering

B14- och B172-modeller

1 Demontera kardanaxeln enligt beskrivning i avsnitt 19.
2 Skruva loss låsskruven i växelspakens nedre ände med en insexnyckel.
3 Tryck ut ledtappen och ta loss växelförarstången.
4 Dra undan gummidamasken från stångens bakre ände, knacka ut tappen i kulleden med en dorn och dra ut stången.

5 Demontera bussningarna och damasken och kontrollera alla komponenter med avseende på skador och slitage, byt ut vid behov.
6 Montera bussningarna och damasken på växelförarstången, med en O-ring mellan den vänstra bussningen och gaffeln. Smörj bussningar och kulled med grafitfett.
7 Montera i omvänd ordning, men stryk på låsvätska på ledtappens gängor innan den dras fast.

B19- och B200-modeller

8 Växellådsenheten och momentröret måste först demonteras. Följ sedan anvisningarna i punkterna 1 till 7 ovan.

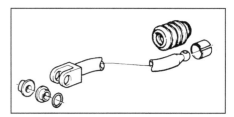

Fig. 6.45 Växelförarstångens komponenter (avsn 25)

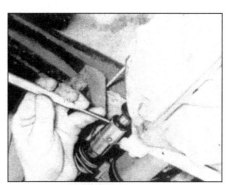

Fig. 6.46 Demontering av växelförarstången (avsn 25)

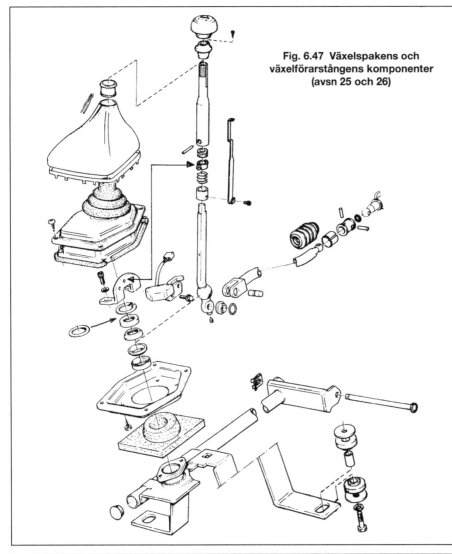

Fig. 6.47 Växelspakens och växelförarstångens komponenter (avsn 25 och 26)

26 Växelspak – demontering och montering

1 Växelspaken består av två sektioner som hålls samman med en låstapp. Den övre sektionen kan demonteras separat för åtgärder på backväxelns spärrmekanism, genom att man demonterar läderdamasken och knackar ut tappen (stöd växelspaken med ett reaktionsstag när detta görs, för att förhindra skador på synkringen).

2 Om hela växelspaken ska demonteras, måste först kardanaxeln demonteras på B14- och B172-modellerna, och på B19- och B200-modellerna dessutom momentröret och växellådsenheten.

B14- och B172-modeller

3 Efter demontering av kardanaxeln (se avsnitt 19), demontera låsskruven i växelspakens nedre ände med en insexnyckel, knacka ut ledtappen och ta loss växelförarstången.

4 Lossa batteriets negativa anslutning.

5 Fortsätt inne i bilen; lossa bandet från damaskens övre del och skruva loss plattan som håller damasken mot kardantunneln. Plattan kan vara fastsatt på olika sätt, beroende på modell och modellår, men den är endera fastsatt med snäppen eller fastskruvad.

6 Lyft undan gummidamasken och plattan.

7 Demontera gummidamasken på samma sätt.

8 Demontera skruvarna som håller backlampans kontakt och, där sådan finns, växellägesindikatorns mikrokontakt (se foto), och för dem åt sidan.

9 Använd en insexnyckel för att demontera fästet.

10 Peta loss låsbrickan och distansen (där sådan finns) och ta loss växelspaken.

11 Ta isär växelspaken; knacka försiktigt loss växelspaksknoppen, lossa skruven och ta bort backväxelspärren, gummibussningen och bälgen.

12 Knacka ut styrtappen och demontera axel och bussning, dragstång, fjäder och hylsa.

13 Ihopsättning och montering görs i omvänd ordning. Observera följande:
   a) Smörj växelspakens ledkula med fett
   b) Innan spärrens skruvar dras fast helt: lägg i 1:an och justera spärrfästets läge

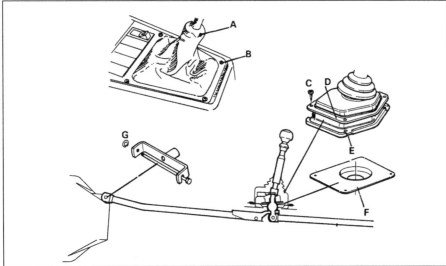

Fig. 6.48 Växelspakens och växelförarstångens komponenter på B19- och B200-modeller (avsn 25 och 26)

A Klips   C Skruv   E Gummidamask   G Stödstångens
B Skruv   D Ram   F Undre gummiskydd   främre fäste

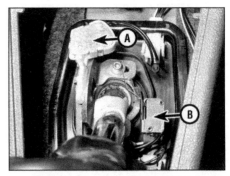

26.8 Backlampans kontakt (A) och växellägesindikatorns kontakt (B)

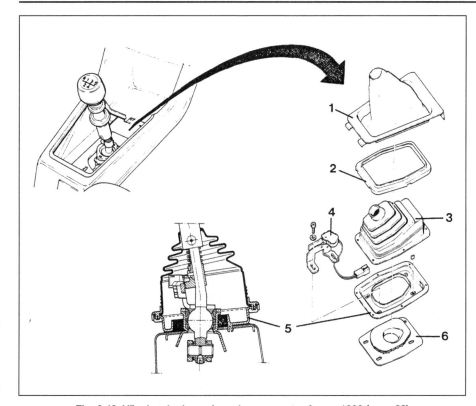

Fig. 6.49 Växelspaksdamaskens komponenter fr o m 1983 (avsn 26)

1 Läderdamask och ram   3 Gummidamask   5 Undre fäste
2 Ram   4 Backlampkontakt   6 Gummitätning

så att avståndet mellan detta och växelspaken är mellan 0,5 och 1,5 mm). Dra skruvarna och kontrollera att avståndet är detsamma när 2:an läggs i
c) Montera backlampkontakten och växellägesindikatorns mikrokontakt, se anvisningar i kapitel 10

B19- och B200-modeller

14 Börja enligt beskrivning i punkterna 2 och 4 till 9 ovan, fortsätt enligt följande.
15 Ta loss spårringen från tappen vid växelstagets stödstång, dra ut tappen ca 10,0 mm.
16 Lyft stångens framkant och dra ut spaken underifrån.
17 Montera i omvänd ordning. Observera anvisningarna i punkt 13.

27 Växellådsfästen – demontering och montering

1 Tillvägagångssättet är detsamma för alla modeller och kan göras utan att växellådan demonteras.
2 Hissa upp bakvagnen och stöd den på pallbockar. Blockera framhjulen.
3 Stöd växellådsenheten med en garagedomkraft.
4 Demontera skruvarna som sitter mitt på gummifästena (se foto).
5 Sänk försiktigt ned växellådsenheten så mycket som behövs för att gummifästena ska kunna demonteras från tvärbalkarna.

6 Montera nya gummifästen. Montera i omvänd ordning.

28 Femväxlad växellåda – allmän beskrivning

Den femväxlade växellådan har stora likheter med den fyrväxlade, men den har en tillsats för 5:ans växel. 1986 flyttades 5:ans synkring från utgående axeln till mellanaxeln. Den slutväxel som används tillsammans med den femväxlade växellådan är kortare och mer kompakt än den som finns på de fyrväxlade

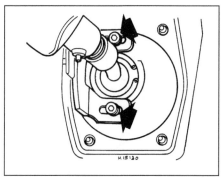

Fig. 6.50 Spärrfästets skruvar (avsn 26)

Fig. 6.51 Kontroll av spärrfästets injustering (avsn 26)

27.4 Växellådans fastsättning

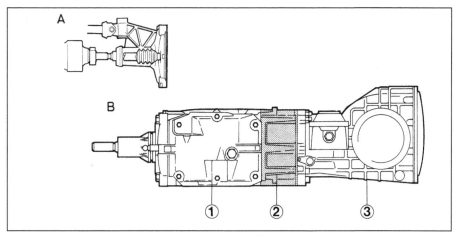

Fig. 6.52 5-växlad växellåda (avsn 28)

A B14-modell   1 Huvudväxellåda   3 Modifierad slutväxel
B B19-modell   2 Tillsatsdel för 5:an

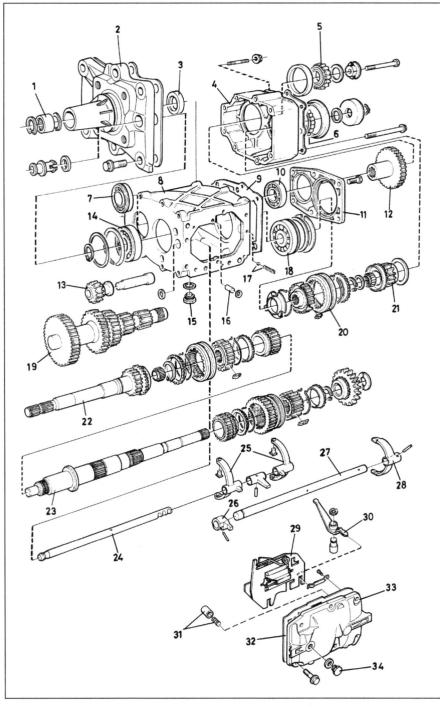

Fig. 6.53 Sprängbild av en tidig 5-växlad växellåda (avsn 28)

1 Nållager	13 Backväxelns mellandrev	24 Växelföraraxel (1:an/2:an
2 Främre gavel	14 Ingående axelns lager	och 3:an/4:an)
3 Oljetätning	15 Avtappningsplugg	25 Växelförargafflar
4 Tillsatsdel för 5:an	16 Låspinne	26 Styrklackar
5 Mellanaxelns lager	17 Spärrkula och fjäder	27 Växelföraraxel (5:an)
6 Utgående axelns lager	18 Utgående axelns lager	28 Växelförargaffel
7 Mellanaxelns lager	19 Mellanaxel	29 Styrplåt
8 Växellådshus	20 5:ans synkenhet	30 Backväxelns väljararm
9 Packning	21 5:ans hjul	31 Spärrfjäder och hylsa
10 Mellanaxelns lager	22 Ingående axel	32 Packning
11 Lagerhållare	23 Utgående axel	33 Lock
12 5:ans drev		34 Påfyllnings-/nivåplugg

växellådorna. Observera att slutväxeln på B14-modeller med femväxlad växellåda inte kan demonteras separat. Följande avsnitt tar upp de moment som skiljer den femväxlade växellådan från den fyrväxlade, medan övriga åtgärder för isärtagning och ihopsättning är desamma.

29 Femväxlad växellåda – översyn

Med undantag för följande punkter görs översynen på samma sätt som på den fyrväxlade.

Utgående axel – beräkning av justerbrickans tjocklek

1 Mät avståndet från det bakre lagerlockets anliggningsyta till lagersätets botten (mått A).
2 Mät avståndet mellan lagrets främre kant och växellådshuset (mått B).
3 Dra bort måttet B från måttet A och dra sedan bort 0,10 mm som är axelns axialspel. Det erhållna värdet motsvarar tjockleken på den justerbricka som ska sättas in i det bakre lagerlocket.

Mellanaxelns lager – beräkning av förspänning

4 Mellanaxelns lager måste ha en förspänning av 0,08 mm. Beräkna justerbrickans tjocklek så här: Montera först en justerbricka som tillåter ett litet axialspel. Mät detta spel med en mätklocka och lägg samman det erhållna värdet med justerbrickans tjocklek plus förspänningen på 0,08 mm. Det sammanlagda värdet motsvarar tjockleken på den justerbricka som ska monteras på mellanaxeln bakre del.

5:ans hus – demontering och montering

5 Sätt in en tvåbent avdragare genom hålen i huset, placera ett lämpligt distansstycke på mellanaxelns ände. Montera huset genom att knacka fast det över de två lagren.

Utgående axelns krage – demontering och montering

6 Kragen kan demonteras med en universalavdragare. När den ska monteras, värm den först till 180°C och knacka den snabbt i läge med en lämplig rördorn.

Mellanaxelns främre lager – demontering och montering

7 En specialavdragare för invändig utdragning krävs för att ta bort lagret. Utdragarens klor måste fästa mellan lagrets rullar. Använd därför Volvo specialverktyg 5261.
8 Lagret monteras med hjälp av en lämplig rördorn.

Utgående axelns bakre kullager – demontering och montering

9 Demontera spårringen från den yttre lagerbanan.

10 Sätt in avdragarens klor i spåret. Placera en distans mellan synkenheten och ingående axeln för att undvika skador på den främre synkringen. Pressa avdragaren mot utgående axeln för att demontera lagret.

11 Montera spårringen i spåret på lagrets ytterring och pressa sedan in lagret i läge med hjälp av en passande rördorn mot lagrets ytterring.

Ingående axelns lager – demontering och montering

12 Utförs på samma sätt som beskrivs i punkterna 9 till 11.

Yttre lagerbanan i 5:ans hus – demontering och montering

13 Använd en mässingdorn för att demontera den yttre lagerbanan. Montera lagerbanan med lämplig rördorn.

Mellanaxelns bakre lager – demontering och montering

14 Med mellanaxeln urtagen, använd en lämplig avdragare mot lagrets innerring för att dra av lagret. Använd lämplig rördorn för att pressa på lagret.

Modifierad version av 5:ans drev och synknav (fr o m 1986) – demontering och montering

15 Den modifierade versionen visas i fig. 6.59, och de ingående komponenterna i fig. 6.60.

16 Demontering görs enligt följande:

17 Demontera stiften från 5:ans växel-förargaffel och demontera gaffeln och växelförarenheten.

18 Demontera de två övre skruvarna från lagerhuset och spårringen som håller drevet på utgående axeln. Använd en avdragare med långa skänklar för att dra loss drevet från axeln. **Notera:** *Lås axlarna mot varandra genom att lägga i backväxel och en framåtväxel.*

19 Dra i en lämplig skruv i mellanaxeln, minst sex gängor, använd sedan en trebent avdragare för att dra bort synkenheten från mellanaxeln.

20 Sätt upp en 42 mm hylsa i skruvstycke och placera synkenhetens mutter i hylsan. Använd Volvo specialverktyg 5986 för att ta bort drevet och navet från muttern.

21 Använd en skruvmejsel för att ta bort tryckbrickan från navet. Fortsätt isärtagningen på samma sätt som för den fyrväxlade växellådan.

22 Efter kontroll och behövliga byten, sätt ihop synknavet enligt anvisningarna för den fyrväxlade lådan, och montera sedan tillbaka komponenterna på utgående axel och mellanaxel enligt följande:

23 Pressa först på drevet och distansringarna på den utgående axeln.

24 Montera en ny tryckbricka på synknavet; använd specialverktyg 2413.

25 Använd en självlåsande mutter till synknavsenheten och dra den till föreskrivet moment.

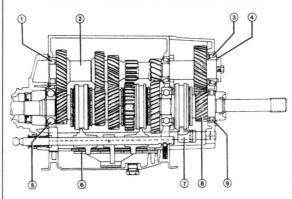

Fig. 6.54 Generella olikheter mellan fyrväxlad och femväxlad växellåda (avsn 29)

1 Annan typ av lager
2 Längre mellanaxel
3 Annan typ av lager
4 Annan placering av bricka för axialspel
5 Ingående axelns kullager sitter med presspassning
6 Annan typ av styrplåt
7 5:ans växelföraraxel
8 Längre utgående axel
9 Annan typ av lager

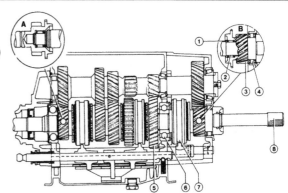

Fig. 6.55 Skillnader på utgående axeln i den fem-växlade växellådan (avsn 29)

A Ingående axelns nållager
B 5:ans växelkomponenter
1 Distans
2 Nållager
3 5:ans drev
4 Rullager
5 1:ans drev
6 Kullager
7 5:ans synkenhet
8 Utgående axel

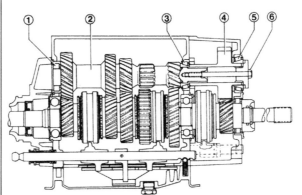

Fig. 6.56 Skillnader på mellanaxeln i den femväxlade växellådan (avsn 29)

1 Rullager
2 Mellanaxel
3 Koniska lager/rullager
4 5:ans drev
5 Koniska rullager
6 Skruv

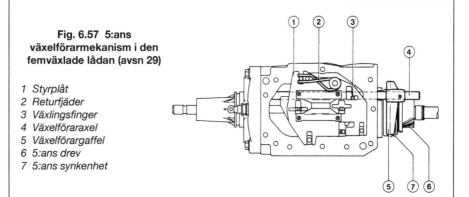

Fig. 6.57 5:ans växelförarmekanism i den femväxlade lådan (avsn 29)

1 Styrplåt
2 Returfjäder
3 Växlingsfinger
4 Växelföraraxel
5 Växelförargaffel
6 5:ans drev
7 5:ans synkenhet

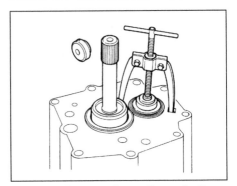

Fig. 6.58 Demontering av 5:ans växelhus (avsn 29)

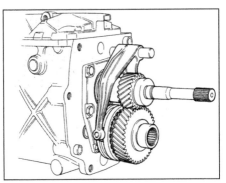

Fig. 6.59 5:ans modifierade synkenhet (avsn 29)

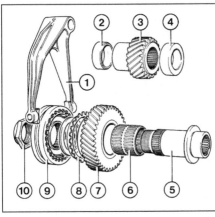

Fig. 6.60 Sprängbild av komponenter på den modifierade 5:ans växel (avsn 29)

1 Växelförargaffel
2 Distanshylsa
3 5:ans drev
4 Distanshylsa
5 Mellanaxelns förlängning
6 Nållager
7 5:ans hjul
8 Synkroniseringsnav
9 Synkroniseringshylsa
10 Låsmutter

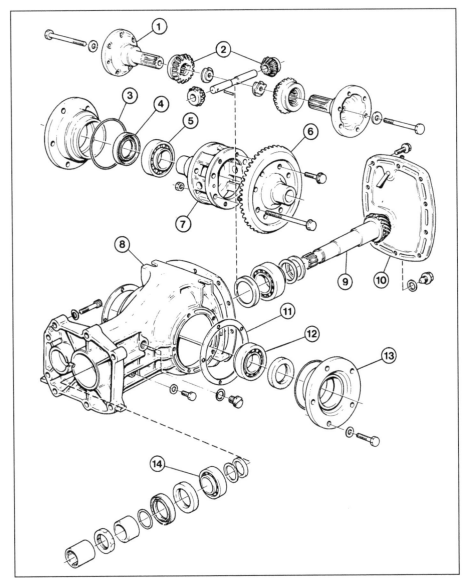

Fig. 6.62 Sprängbild av slutväxel på fyrväxlad växellåda (avsn 30 och 31)

1 Drivfläns
2 Diffdrev och -hjul
3 O-ring
4 Oljetätning
5 Lager
6 Kronhjul
7 Differential
8 Slutväxelhus
9 Pinjongaxel
10 Bakre lock
11 Packning
12 Lager
13 Lagerhållare
14 Pinjonglager

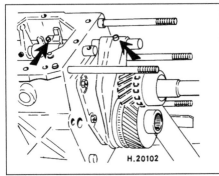

Fig. 6.61 Låspinnar för 5:ans växelförarstång (avsn 29)

26 Montera kopplingshylsan på synknavet och placera hela enheten på mellanaxeln.
27 Placera väljargaffeln på kopplingshylsan och sätt tillbaka växelväljaren med den plana sektionen vänd framåt.
28 Sätt tillbaka stiften i väljarmekanismen. Stiftet på gaffeln måste slås in så att det ligger jäms med gaffelns yta.

30 Slutväxel – demontering och montering

B14 – fyrväxlade modeller

1 Ställ växelspaken i neutralläge. Rengör ytorna där växellåda och slutväxel är sammanfogade. Tappa ur oljan från både växellåda och slutväxel. **Notera:** *Om avtappningsplugg saknas, kan oljan tömmas ut när man väl har slutväxeln på arbetsbänken.*
2 Koppla loss drivaxlarna från slutväxeln och fäst dem så att de inte är i vägen (se avsnitt 24).
3 Stöd växellådan på en pallbock, skruva loss muttrarna från bakre tvärbalken och sänk försiktigt ned slutväxeln.

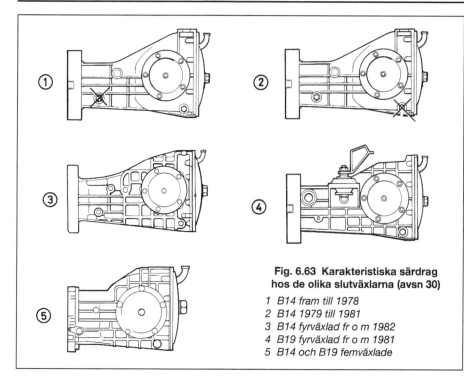

Fig. 6.64 Demontering av drivflänsens oljetätning (avsn 31)

Fig. 6.63 Karakteristiska särdrag hos de olika slutväxlarna (avsn 30)

1 B14 fram till 1978
2 B14 1979 till 1981
3 B14 fyrväxlad fr o m 1982
4 B19 fyrväxlad fr o m 1981
5 B14 och B19 femväxlade

4 Haka av handbromsens vajerhylsor och lägg dem över tvärbalken.
5 Demontera skruvarna som håller slutväxeln till växellådans fläns och demontera slutväxeln. Håll noga reda på justerbrickorna till utgående axel och mellanaxel samt gummibälgen.

B19 – fyrväxlade modeller

6 Följ anvisningarna i punkterna 1 till 3 ovan, demontera stötdämparen med fäste, om sådan finns. Stötdämparen används inte längre och kan kasseras.
7 Demontera skruvarna från tvärbalken och sänk enheten så pass mycket att man kommer åt att demontera skruvarna mellan växellådan och slutväxelns fläns.
8 Demontera slutväxeln genom att dra den bakåt och vrida den åt ena sidan. Håll noga reda på justerbrickorna mellan utgående axel och mellanaxel samt gummibälgen.

B14 – femväxlade modeller

9 På dessa modeller kan slutväxeln inte demonteras separat, utan måste demonteras som en enhet tillsammans med växellådan enligt beskrivning i avsnitt 17.

B19 – femväxlade modeller

10 Utförs på samma sätt som beskrivits för fyrväxlade modeller, men fr o m 1984 års modeller måste bladfjädrarna tas loss så att bakaxeln kan sänkas för att ge utrymme för demontering av slutväxeln.

B172-modeller

11 Följ anvisningarna för B14-modeller.

B200-modeller

12 Följ anvisningarna för B19-modeller.

31 Slutväxelfläns och oljetätning – demontering och montering

1 Hissa upp bakvagnen och stöd den på pallbockar. Blockera framhjulen.
2 Märk drivaxelns inre kopplings och drivflänsens läge i förhållande till varandra, demontera fästskruvar och plattor. Till detta behövs en insexnyckel.
3 Ta loss drivaxeln och fäst den så att den inte är i vägen. Demontera flänspackningen.
4 Placera en bricka e dyl under drivflänsen.
5 Montera tillfälligt två skruvar bredvid varandra på drivflänsen och placera en stång mellan skruvarna så att drivflänsen hålls stilla. Lossa fästskruven och dra ut drivflänsen (se foto).
6 Bänd loss oljetätningen från lagerlocket med en skruvmejsel.
7 Torka ren oljetätningens säte, knacka i den nya tätningen med en passande rördorn (se foto).
8 Smörj oljetätningarna med olja, montera drivflänsen och dra fästskruven till angivet moment.
9 Anslut drivaxeln, tillsammans med en ny packning, och dra fästskruvarna till angivet moment.
10 Sänk ned bilen, demontera påfyllnings-/nivåpluggen och fyll på olja om så behövs. Dra fast pluggen.

31.5A Drivflänsens fästskruv på slutväxeln

31.5B Demontering av drivfläns

31.7 Montering av drivflänsens oljetätning

32.3A Demontering av slutväxelns bakre gavel

32.3B Differentialen synlig när bakre gaveln demonterats

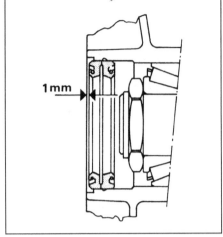

Fig. 6.65 Korrekt montering av pinjongaxelns oljetätningar i den femväxlade lådan (avsn 33)

32 Slutväxel, bakre gavelns packning – byte

1 Hissa upp bakvagnen och stöd den på pallbockar. Blockera framhjulen.
2 Placera ett lämpligt kärl under slutväxeln.
3 Lossa skruvarna och demontera slutväxelns gavel och packning (se foto).
4 Låt all olja rinna ut och torka av anliggningsytorna på gavel och slutväxel. Montera gaveln och en ny packning och dra skruvarna i diagonal ordning till föreskrivet moment.
5 Sänk ned bilen, demontera påfyllnings-/ nivåpluggen och fyll slutväxeln med olja till påfyllningsöppningens underkant. Dra fast pluggen.

33 Slutväxel, pinjongtätningar – byte

1 Demontera slutväxeln enligt beskrivning i avsnitt 30.
2 Använd en skruvmejsel och bänd loss tätningarna. Var försiktig så att tätningarnas säte inte skadas. **Notera:** *Det finns två tätningar, monterade mot varandra.*
3 Smörj lageryta och tätningsläppar. Montera den första tätningen med den öppna sidan vänd inåt. Använd en styrdorn av lämplig storlek för att knacka in den i huset, så att den kommer precis innanför kanten.
4 Montera den andra tätningen intill den första med den öppna sidan vänd utåt, och knacka in den så mycket att den är ca 1 mm innanför kanten.
5 Montera ihop slutväxeln med växellådan enligt beskrivning i avsnitt 30.

Felsökning – manuell växellåda

Missljud från växellådan

Slitna lager
Slitna eller skadade drev/hjul

Dålig synkronisering

Slitna synkroniseringsenheter

Växlarna hoppar ur

Sliten spärrkula och fjäder
Slitna synkroniseringsenheter
Sliten växelförarmekanism

Växlarna svåra att lägga i

Kopplingen släpper inte helt
Sliten växelförarmekanism

Missljud från slutväxeln

För lite olja
Slitna lager eller drev/hjul

Kapitel 7 Bromssystem

Innehåll

Specifikationer

System
Fyrhjuls hydrauliskt, skivbromsar fram, självjusterandetrumbromsar bak. Mekanisk handbroms verkande på bakhjulen

Bromsvätska
Typ/specifikation . . . . Se *Rekommenderade smörjmedel och vätskor*

Frambromsar

	Modeller fram till 1980	Modeller fr o m 1980
Skivor:		
Diameter	232,7 mm	239,0 mm
Tjocklek (ny)	9,85 mm	12,85 mm
Min tjocklek efter bearbetning	9,1 mm	11,8 mm
Max kast	0,15 mm	0,15 mm
Skivbromsbelägg:		
Tjocklek (nya)	9,7 mm	14,3 mm
Min tjocklek	2,0 mm	2,0 mm

Bakbromsar (B14 och B172)

Trummor:	
Diameter (nya)	203,2 mm
Max diameter efter bearbetning	204,2 mm
Bromsbelägg:	
Tjocklek (nya)	4,5 mm
Min tjocklek	2,0 mm

Bakbromsar (B19 och B200)

Trummor:	
Diameter (nya)	228,6 mm
Max diameter efter bearbetning	229,6 mm
Bromsbelägg:	
Tjocklek (nya)	5,0 mm
Min tjocklek	1,0 mm

Huvudcylinder
Typ . . . . Tvåkrets med varningskontakt för låg bromsvätskenivå. Hydraulisk bromsljuskontakt upp till chassinummer 321597. Fr o m 1978 års modeller, automatisk styrkontakt för modeller med steglöst variabel transmission (CVT)

Servo

Typ:
  B14:
    Upp till chassi nr 451742 .... Girling 38SV
    Fr o m chassi nr 451743 .... Bendix 7,5"
    Fr o m 1985 .... Isovac 9,0"
  B172 .... Isovac 9,0"
  B19:
    Fram till 1985 .... Bendix 9,0"
    Fr o m 1985 .... Isovac 9,0"
  B200 .... Isovac 9,0"

Handbroms

Spakens justering:
  B14 och B172 .... 3 till 4 hack
  B19 och B200 .... 5 till 7 hack

Åtdragningsmoment

	Nm
Ok, skruvar (modeller fram till 1980)	67
Ok, husskruvar (modeller fr o m 1980)	117
Bromsskiva (till nav), skruvar	47
Ok, skruvar för styrpinnar (modeller fr o m 1980)	33
Bromssköld, skruvar	21
Servo, fästmuttrar	24
Huvudcylinder, muttrar:	
Modeller fram till 1980	23
Modeller fr o m 1980	14
Hjulcylinder, muttrar:	
B14 och B172	6
B19 och B200	8
Pedalled (skruv)	21
Bromsledningar, anslutning	11
Luftningsnipplar	10

1 Allmän beskrivning

Bromssystemet är ett tvåkrets hydraulsystem med skivor fram och självjusterande trumbromsar bak. En vakuumservo är standardutrustning. Handbromsen verkar mekaniskt på bakhjulen.

De främre bromsoken på modeller fram till 1980 är fasta med två rörliga kolvar. Från och med 1980 används rörliga ok med en kolv.
En bromskraftregulator i kretsen till bakhjulen förhindrar hjullåsning innan framhjulen vid kraftig inbromsning.

Från och med 1978 är huvudcylindern på automatväxelmodeller försedd med en högtryckskontakt som manövrerar växellådans lågområde vid kraftig bromsning.

De självjusterande bromsarna på B19-modellen skiljer sig något från de på tidigare modeller, och från och med 1983 ändrades handbromsvajern för att underlätta justering.

1986 modifierades bromsskivorna och bromssköldarna fick kylslitsar. Dessa nya skivor och sköldar kan monteras på tidigare modeller, men tidigare typ utan kylslitsar får aldrig monteras på modeller med stålfälg på grund av risken för överhettning.

Från och med 1986 är alla bromsbelägg asbestfria.

2 Rutinmässigt underhåll

Utför följande underhåll vid de intervaller som anges i början av boken:

Bromsvätska

1 Ta bort påfyllningslocket, kontrollera bromsvätskenivå, fyll på vid behov. Kontrollera bromssystemet beträffande läckage om vätska ofta måste fyllas på.
2 Byt bromsvätska vid lämpliga intervaller (avsnitt 13).

Servo (avsnitt 17 till 20)

3 Kontrollera servofunktionen.
4 Byt luftfilter.

Handbroms (avsnitt 14)

5 Kontrollera handbromsen beträffande justering.

Bromsbelägg (avsnitt 3 och 4)

6 Kontrollera bromsklossar och bromsbackar beträffande slitage.

Allmänt (avsnitt 11 och 12)

7 Kontrollera alla bromsslangar och rör beträffande korrosion, skavning, läckage och anslutning.

3 Skivbromsbelägg – kontroll och byte

1 Hissa upp framänden på bilen och stöd den på pallbockar, ta bort hjulen.
2 Arbeta på en sida i taget, vrid ratten så att öppningen i oket pekar utåt.
3 Mät beläggets tjocklek på varje bromskloss, jämför med den angivna tjockleken i specifikationerna.
4 Om något belägg är slitet under angiven gräns, byt alla främre beläggen samtidigt.

Fram till 1980

5 Ta bort fjäderklammorna från låspinnarna, slå ut pinnarna från oket, använd lämplig dorn vid behov.
6 Ta bort bromsklossarna, använd tång om de sitter hårt på grund av rost.

Från och med 1980

7 Använd en öppen nyckel, lossa okets nedre fästskruv (se foto).
8 Vik oket uppåt från bromsskivan, ta sedan bort bromsklossarna (se foto).

Alla modeller

9 Borsta bort damm och smuts i urtagen i oket, se till att inte andas in dammet. Använd sedan en plan träbit för att pressa kolven in i

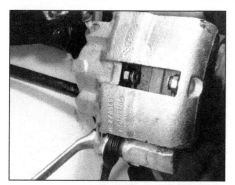

3.7 Demontering av okets nedre fästskruv (modeller fr o m 1980)

3.8 Demontering av bromskloss (modeller fr o m 1980)

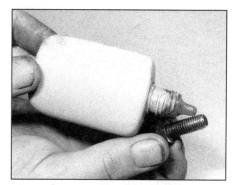

3.11 Låsvätska läggs på en fästskruv för ok (modeller fr o m 1980)

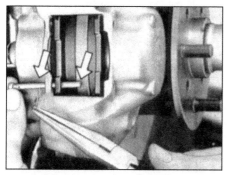

Fig. 7.1 Demontering av bromsklossarnas fjäderklammor och låspinnar på modeller fram till 1980 (avsn 3)

Fig. 7.2 Demontering av bakbromsens nylonstopp så att en sliten trumma ska kunna demonteras (avsn 4)

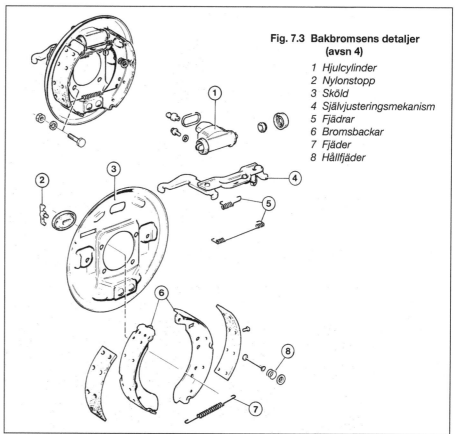

Fig. 7.3 Bakbromsens detaljer (avsn 4)

1 Hjulcylinder
2 Nylonstopp
3 Sköld
4 Självjusteringsmekanism
5 Fjädrar
6 Bromsbackar
7 Fjäder
8 Hållfjäder

oket, så att de nya klossarna får plats. Kontrollera samtidigt att bromsvätskan i behållaren inte rinner över, tappa av vid behov.

Från och med 1980

10 Kontrollera okets styrpinnar beträffande slitage och rörelse, kontrollera gummidamaskerna beträffande sprickor. Byt damasker vid behov, smörj pinnarna med lite fett.

Alla modeller

11 Montera nya bromsklossar i omvänd ordning. På modeller från och med 1980, använd låsvätska på okets fästskruvar (foto). Tryck ner fotbromsen hårt några gånger så att beläggen sätter sig. Kontrollera bromsvätskenivån, fyll på vid behov.

4 Bakre bromsbackar – kontroll och byte

B14- och B172-modeller

1 Hissa upp bakänden på bilen, stöd den på pallbockar.
2 Märk hjulets läge i förhållande till hjulbultarna, ta sedan bort det.
3 Släpp handbromsen helt.
4 Använd en träklubba eller annan mjuk klubba, knacka sedan bort bromstrumman från nav och hjulbultar. Om detta är svårt, beroende på slitna bromstrummor, lossa då handbromsjusteringen vid spaken (avsnitt 14). Använd en skruvmejsel och bryt hand-

bromsens manöverarm bort från bromsskölden och ta bort nylonstoppet från armens gummidamask. Då armen åter släpps, kommer bromsbackarna att gå tillbaka så mycket att trumman kan tas bort.
5 Borsta bort damm (andas inte in dammet) och kontrollera beläggen. Om de är slitna så att nitskallarna bara ligger 1 mm under beläggets yta, eller om beläggets totala tjocklek understiger 2 mm, byt alla backar. Om beläggen är i god kondition, rengör bromstrumman invändigt och sätt tillbaka den.
6 Om backarna ska bytas, skaffa nya eller renoveradeutbytesbackar.
7 Notera placering av retur- och låsfjädrar så att de kan sättas tillbaka riktigt.
8 Ta bort backhållarstiften. Detta görs genom

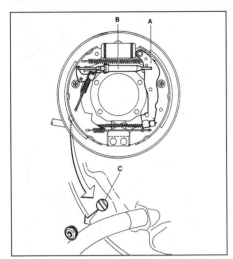

Fig. 7.4 Bakbromsens detaljer på B19- och B200-modeller (avsn 4)

A Handbromsspak
B Tryckstång för automatjustering
C Inspektionshål för belägg

att man tar tag om den kupade brickan med en tång, trycker in den och vrider 90 °. Bricka och fjäder kan sedan tas bort, pinnen tas bort åt andra hållet.

9 Använd en skruvmejsel eller en skiftnyckel, lossa backarna från den undre ankarbulten, haka loss returfjädern (se foto).

10 Dra ut den främre backen från spåret i hjulcylindern, lossa den sedan från självjusteringsmekanismen. Haka loss den

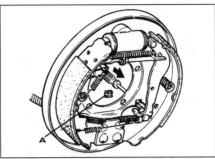

Fig. 7.5 Metod för frigöring av bromsbackar vid demontering av bromstrumma (avsn 4)

A Plastplugg

övre returfjädern från den bakre backen, ta sedan bort främre backen.

11 Haka loss återstående returfjädrar från den bakre backen, ta sedan bort den bakåt.

12 Rengör bromsskölden och kontrollera hjulcylindern beträffande slitage. Om tydligt slitage förekommer, byt eller renovera cylindern.

13 Rör inte bromspedalen när backarna är demonterade.

14 Kontrollera att justermekanismen rör sig fritt, smörj den sparsamt, torka bort överskottsolja. Stryk lite bromsfett i ändarna på backen där den går mot bromscylinder eller ankarbult. Ställ självjusteringsmekanismen i startläge.

15 Montera i omvänd ordning, men notera följande tillkommande punkter:

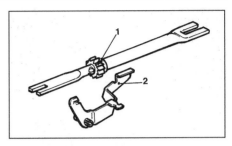

Fig. 7.6 Tryckstång för bakbromsens autojustering (1) och fjäderhållare (2) (avsn 4)

a) Pilarna på de nya backarna ska peka uppåt mot hjulcylindern
b) Se till att alla fjädrar är rätt monterade; kontrollera särskilt att backhållarstiften står i rät vinkel mot slitsarna i de kupade brickorna (se foto)
c) Montera handbromsarmens nylonstopp vid behov
d) Montera bromstrumma och hjul, tryck sedan ned fotbromsen åtskilliga gånger för att manövrera självjusteringsmekanismen, justera handbromsen enligt beskrivning i avsnitt 14

16 Sänk ner bilen på marken.

B 19- och B200-modeller

17 Arbetet tillgår på samma sätt som för B14- och B172-modellerna; se berörda illustrationer (fig. 7.4, 7.5 och 7.6) samt fotografier.

4.9 Bakre bromsbackar och undre ankarbult

4.15 Bakre bromsbackar monterade

4.17A Bakre fjäder och hållare för autojustering (B19-modeller)

4.17B Placering för undre och övre returfjäder på bakbromsarna (B19-modeller)

4.17C Stång för autojustering på B19-modeller (vid pilen)

4.17D Handbromsvajerns placering på B19-modeller (vid pilen)

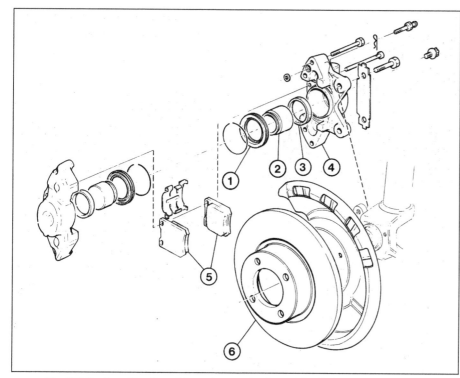

Fig. 7.7 Sprängskiss över främre bromsok på modeller fram till 1980 (avsn 5)

1 Dammskydd
2 Kolv
3 Tätningsring
4 Hus
5 Bromsklossar
6 Skiva

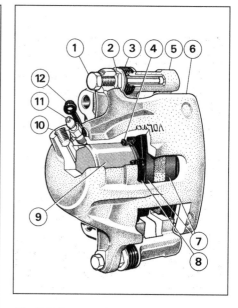

Fig. 7.8 Genomskärning av främre oket på modeller fr o m 1980 (avsn 5)

1 Styrbult för ok
2 Styrpinne
3 Damask
4 Tätningsring
5 Okfäste
6 Ok
7 Bromsklossar
8 Dammskydd
9 Kolv
10 Slanganslutning
11 Luftningsnippel
12 Dammskydd

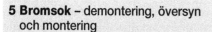

5 Bromsok – demontering, översyn och montering

1 Hissa upp framänden på bilen, stöd den på pallbockar. Ta bort hjulen.
2 Demontera bromsklossarna enligt beskrivning i avsnitt 3.
3 Ta bort locket till bromsvätskebehållaren och placera en bit plastfolie över öppningen, sätt tillbaka locket. Detta förhindrar förlust av bromsvätska under arbetet. Alternativt kan man använda en slangtång för att blockera slangen till oket.
4 Lossa slanganslutningen ett kvarts varv.

Modeller fram till 1980

5 Lossa och ta bort okets två fästskruvar, böj först undan låsblecken. Låt inte oket hänga i bromsslangen.
6 Lossa slangen från oket, täck för öppningen med maskeringstejp så att inte smuts kommer in.
7 Spänn upp oket i ett skruvstycke med mjuka backar.
8 Rengör oket utvändigt med sprit. Lossa under inga omständigheter muttrarna som håller ihop okets två delar.
9 Ta bort låsfjädrarna och dammskydden i änden på kolvarna.
10 Använd två skruvmejslar som hävarmar, se till att inte skada kolvarna, bryt sedan ut kolvarna från oket. Notera var varje kolv har suttit. Alternativt kan man använda en cykelpump ansluten till öppningen för

bromsslangen, med luftningsnippeln stängd. Linda in oket i en trasa och håll fast en kolv då den andra demonteras, håll sedan för öppningen och ta bort den andra kolven.
11 Använd en plast- eller kopparskrapa och ta bort tätningsringen från loppen i oket.

Modeller fr o m 1980

12 Dra bort ok och pinne från infästningen.
13 Lossa oket från bromsslangen, täck för öppningen med maskeringstejp så att inte smuts kommer in.
14 Lossa skruven och ta bort den övre styrpinnen från oket.
15 Rengör oket utvändigt med sprit och sätt upp det i ett skruvstycke med mjuka backar.
16 Dra ut kolven ur oket med fingrarna, eller använd en pump ansluten till bromsvätskeinloppet.

Fig. 7.9 Slangtång används för att undvika vätskeförlust när slanganslutningen lossas (vid pilen) (avsn 5)

17 Demontera dammskyddet, bryt sedan ut tätningsringen med en skrapa av plast eller koppar.

Alla modeller

18 Rengör kolv (-ar) och cylinderlopp med sprit, kontrollera ytorna beträffande repor, rost eller blankslitna områden; om sådana finns måste oket bytas.
19 Är detaljerna i gott skick, skaffa en reparationssats med nya tätningar.
20 Montera nya tätningar, använd endast fingrarna för att sätta dem på plats i spåren.
21 Doppa kolven i ren bromsvätska, sätt den på plats helt rakt i cylindern.
22 Använd specialfettet i reparationssatsen (då sådant medföljer), för att smörja insidan på dammskydden.
23 Installera dammskydd, samt låsring där

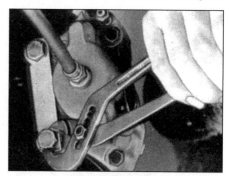

Fig. 7.10 Låsblecket böjs undan – modeller fram till 1980 (avsn 5)

5.23 Dammskydd korrekt monterat på ok och kolv (modeller fr o m 1980)

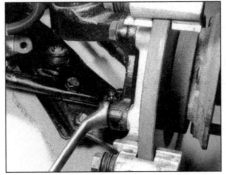

6.2A Demontering av okfästets skruvar (modeller fr o m 1980)

6.2B Demontering av okfäste (modeller fr o m 1980)

sådan används. På modeller från och med 1980, se till att dammskyddet sitter rätt i spåret i kolven (se foto).
24 Montera sedan i omvänd ordning, men notera följande punkter:
a) Dra åt alla skruvar och anslutningar till angivet moment. På modeller fram till 1980, lås skruvarna genom att böja över låsbleckets flikar; på modeller från och med 1980, använd låsvätska på skruvgängorna
b) Efter montering får inte bromsslangen vara vriden. Nya slangar har en vit linje som visar att slangen sitter rätt
c) Efter att plastfilmen tagits bort från huvudcylindern, eller klamman från bromsslangen, lufta systemet enligt beskrivning i avsnitt 13

6.6 Använd en insexnyckel vid demontering av skivans skruvar till navet

6 Bromsskiva – kontroll, demontering och montering

1 Demontera oket enligt beskrivning i avsnitt 5, men lossa inte bromsslangen. Häng oket i en tråd i spiralfjädern.
2 På modeller från och med 1980, lossa okinfästningen från fjäderbenet (se foto).
3 Kontrollera skivan beträffande djupa repor och spår, smärre repor är normalt. Är skadorna stora, bör skivan demonteras och bearbetas av en fackman, om detta kan ske inom gränsvärdena (se specifikationen).
4 Kontrollera skivans kast med en mätklocka, eller mot en fast punkt med bladmått på flera ställen utmed skivan.
5 Vid demontering av skivan, dra först bort navet enligt beskrivning i kapitel 8.
6 Lossa och ta bort de fyra skruvarna som håller skivan till navet. Gör detta genom att montera navet på ett hjul och dra åt hjulmuttrarna. Placera sedan hjulet plant på marken och lossa de fyra skruvarna; en insexnyckel krävs (se foto).
7 Använd en träklubba eller annan mjuk klubba, lossa försiktigt skivan från navet.
8 Rengör bromsskölden (se foto), samt om den gamla skivan monteras, rengör den omsorgsfullt från rost och beläggningar. Kontaktytan mot navet bör också rengöras noggrant.
9 Montera i omvänd ordning, notera dock följande:

a) Dra åt skruvarna till angivet moment
b) Montera och justera hjullager enligt beskrivning i kapitel 8
c) Kontrollera att skivans kast är inom gränsvärdena. Prova annars genom att vrida skivan ett halvt varv på navet
d) För att bromsarna inte ska dra snett rekommenderas att bägge framskivorna bearbetas eller byts samtidigt

7 Hjulcylinder – demontering, översyn och montering

1 Demontera bromsbackarna enligt beskrivning i avsnitt 4.
2 Demontera locket på bromsvätskebehållaren, placera en bit plastfilm över öppningen, sätt tillbaka locket. Detta hindrar förlust av bromsvätska under arbetet. Alternativt, använd en slangtång och kläm åt slangen till hjulcylindern.
3 Placera en liten behållare under hjulcylindern och ta bort dammskydden och kolvarna, notera var de sitter och ta sedan bort fjädern.
4 Rengör cylindrarna invändigt med sprit, kontrollera loppen beträffande repor eller blanka partier. Rengör på liknande sätt kolvarna, kontrollera beträffande slitage.
5 Om detaljerna är i gott skick, skaffa en monteringssats och montera nya tätningar. Montera de nya tätningarna med fingrarna. Montera fjädern, doppa sedan kolvarna i ren

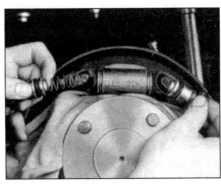

Fig. 7.11 Isärtagning av bakre hjulcylinder (avsn 7)

Fig. 7.12 Demontering av bakre hjulcylinderpackning (avsn 7)

6.8 Åtdragning av sköldens skruvar

bromsvätska och för in dem i cylindrarna. Montera dammskydden och låsringarna.

6 Om detaljerna är mycket slitna, måste hjulcylindern bytas. Vid demontering, lossa bromsledningarna (eller ledning och luftningsnippel), lossa och ta sedan bort fästskruvarna, ta bort hjulcylinder och packning från skölden.

7 Montera i omvänd ordning, notera dock följande:

a) Demontera ny packning mellan hjulcylinder och sköld

b) Dra åt skruvar och anslutningar till angivet moment

c) Efter montering av backar, enligt beskrivning i avsnitt 4, ta bort plastfilmen från bromscylinderpåfyllningen, lufta systemet enligt beskrivning i avsnitt 13

8 Bromstrumma – kontroll och renovering

1 När en bromstrumma demonteras, ska den kontrolleras beträffande slitage och sprickbildning.

2 Efter lång körsträcka kan trummorna bli något ovala och även ha djupa repor. Är så fallet bör de bytas eller bearbetas, om detta kan ske inom gränsvärdena (se specifikationer).

9 Huvudcylinder – demontering, översyn och montering

1 Huvudcylindern för dubbla kretsar är monterad framtill på servoenheten (se foto). Lossa först batteriets negativa anslutning.

2 Demontera reservhjulet (på högerstyrda bilar, demontera luftrenaren enligt kapitel 3).

3 Där sådan finns, demontera kablaget från bromsljuskontakten på huvudcylindern. Lossa kabeln från varningskontakten för bromsvätskenivå (se foto).

4 Placera en liten behållare under huvudcylindern, avlägsna om möjligt vätskan från bromsvätskebehållaren.

5 Lossa bromsledningarna från huvudcylindern. Täck igen öppningarna på ändarna så att inte smuts kommer in.

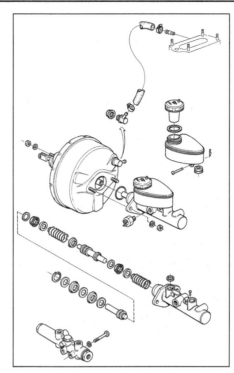

Fig. 7.13 Sprängskiss över huvudbromscylinder och servo av tidigt utförande (avsn 9 och 17)

6 Lossa fästskruvarna och ta bort huvudcylindern från servoenheten. Töm behållaren på vätska, vätskan ska inte återanvändas.

7 Spänn upp cylindern i ett skruvstycke med mjuka backar, ta sedan bort vätskebehållaren genom att lossa låsklipsen och ta bort de två stiften.

8 Demontera tätningsringen mellan cylinder och servo.

9 Ta bort bromsvätskebehållarens tätningar ur de två öppningarna.

10 Lossa och ta bort bromsljuskontakt och bricka, där sådan finns.

11 Tryck in primärkolven, dra sedan ut låsstiftet från den främre öppningen med en spetstång.

12 Med kolven fortfarande intryckt, använd en

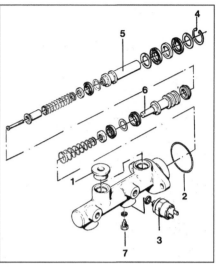

Fig. 7.14 Sprängskiss över huvudcylinder på modeller fr o m chassinummer 451743 (avsn 9)

1 Tätning
2 O-ring
3 Högtryckskontakt (endast mod med steglöst variabel transmission)
4 Spårring
5 Primärkolv
6 Sekundärkolv
7 Stoppskruv

spårringstång och ta bort spårringen i cylinderöppningen.

13 Ta bort primär- och sekundärkolvar tillsammans med fjäder, notera hur detaljerna är monterade. Knacka cylinderänden mot ett trästycke om någon av detaljerna är svår att få bort.

14 Rengör alla delar i sprit, låt dem torka, kontrollera sedan kolv och cylinderlopp beträffande repor eller blankslitna områden. Om sådana skador finns, måste cylindern bytas.

15 Om detaljerna är i gott skick, skaffa en reparationssats och montera nya tätningar.

16 Montera den nya tätningen med enbart fingrarna. Se till att tätningsläpparna är vända åt rätt håll.

17 Smörj detaljerna som ska sitta i cylinderloppet med bromsfettet som medföljer

9.1A Placering av huvudcylinder och servo (tidiga modeller)

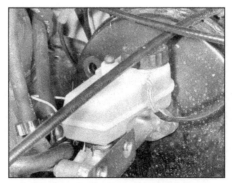

9.1B Huvudcylinder och servo (senare modeller)

9.3 Demontering av nivåvarningskontakt (1981 års modell)

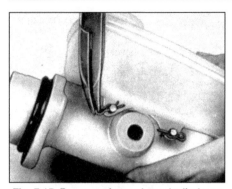

Fig. 7.15 Demontering av huvudcylinderns låsklips (avsn 9)

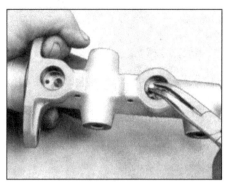

Fig. 7.16 Demontering av huvudcylinderns låsstift (avsn 9)

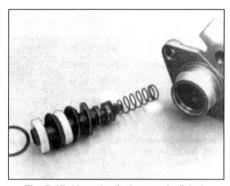

Fig. 7.17 Huvudcylinderns primärkolv (avsn 9)

Fig. 7.18 Huvudcylinderns sekundärkolv (avsn 9)

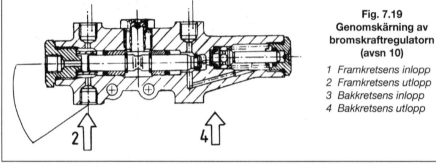

Fig. 7.19 Genomskärning av bromskraftregulatorn (avsn 10)

1 Framkretsens inlopp
2 Framkretsens utlopp
3 Bakkretsens inlopp
4 Bakkretsens utlopp

reparationssatsen, doppa dem annars i ren bromsvätska, sätt sedan samman cylindern omvänt mot demontering.

18 Tryck in primärkolven så att låsstift och spårring kan monteras.

19 Montera sedan huvudcylindern i omvänd ordning, men nu måste bromsvätska fyllas på och systemet måste luftas enligt beskrivning i avsnitt 13.

10 Bromskraftregulator – beskrivning, demontering och montering

1 Enheten är placerad på vänster sida i motorrummet (se foto) och innehåller två kolvar. En fjäderreglerad kolv finns i bakkretsen, som effektivt begränsar bromskraften till bakhjulen. Detta för att största bromskraften vid extrem inbromsning ska gå till framhjulen, så att bakhjulen inte låser sig.

2 Om den främre kretsen faller bort, påverkar tryckskillnaden en kolv, vilken öppnar en överströmningskanal som gör att regulatorn inte längre fungerar.

3 Regulatorn kan inte repareras, skulle ett fel uppstå måste den bytas.

4 Demontering sker helt enkelt genom att man lossar ledningarna.

5 Montera i omvänd ordning, men bromssystemet måste luftas enligt beskrivning i avsnitt 13.

11 Bromsslangar – kontroll, demontering och montering

1 Bromsslangarna bör kontrolleras regelbundet beträffande slitage och skador. Om slangarna är ansvällda eller skavda måste de bytas.

2 Vid demontering av slang, placera först en bit plastfilm under locket till bromsvätskebehållaren.

3 Lossa anslutningen på röret, håll samtidigt slangens anslutning stilla (se foto).

4 Demontera fjäderklamman och ta bort slangen, lossa sedan anslutningen i slangens andra ände.

5 Montera i omvänd ordning, men se till att

10.1A Bromskraftregulator sedd uppifrån (vid pilen) – tidigt utförande

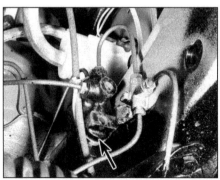

10.1B Bromskraftregulator sedd underifrån (vid pilen) – tidigt utförande

10.1C Senare utförande av bromskraftregulator (vid pilen)

11.3 Främre anslutning mellan bromsrör och bromsslang

slangen inte är vriden då framhjulen är i läge rakt fram. Slangen får inte gå mot någon del av chassi eller hjul. Bromssystemet måste efteråt luftas enligt beskrivning i avsnitt 13.

12 Bromsrör – kontroll, demontering och montering

1 Rengör regelbundet bromsrören, kontrollera beträffande tecken på korrosion eller skador av stenar.
2 Kontrollera fästklammorna, justera dem vid behov så att vibrationer från röret inte orsakar skavning.
3 Kontrollera att rören inte vidrör kringliggande detaljer, böj dem försiktigt vid behov.
4 Om rören är rostiga måste de bytas. Lossa anslutningarna i rörets ändar, använd om möjligt en bromsrörsnyckel (se foto).
5 Montera nya rör, se till att böja dem så lite som möjligt. Dra åt anslutningarna till angivet moment och lufta sedan systemet enligt beskrivning i avsnitt 13.

13 Hydraulsystem – luftning

1 Om någon av delarna i hydraulsystemet har tagits bort eller lossats, eller om bromsvätskenivån blivit alltför låg, är det oundvikligt att luft kommer in i systemet. Att få bort denna luft är nödvändigt för att bromsarna ska fungera riktigt, processen kallas luftning.

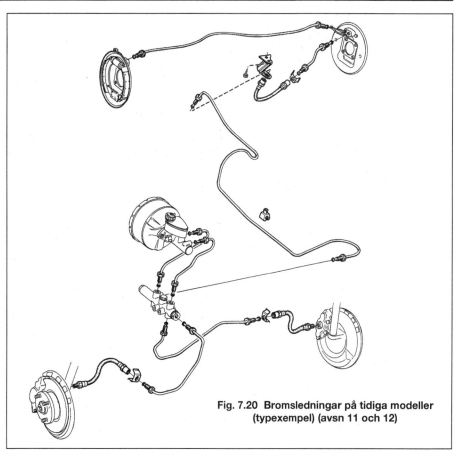

Fig. 7.20 Bromsledningar på tidiga modeller (typexempel) (avsn 11 och 12)

2 Det finns ett antal olika hjälpmedel med vilka man ensam kan lufta bromsarna. Vi rekommenderar att sådan utrustning anskaffas, eftersom det underlättar luftningen samt reducerar risken att luft går tillbaka i systemet.
3 Om sådan utrustning inte är tillgänglig, måste man ta fram en ren burk och en bit klar plastslang som passar exakt på luftningsnippeln. Man måste också ha en medhjälpare.
4 Innan luftning påbörjas, kontrollera att alla bromsrör och slangar är i god kondition samt att alla anslutningar är täta. Se till att bromsvätska inte kommer på bilens lack, då den kan skadas. Tvätta omedelbart bort utspilld vätska med kallt vatten.

5 Om bromsvätska försvunnit ur cylindern på grund av läckage i systemet, se till att felet lokaliseras och åtgärdas, så att inget allvarligt fel på bromssystemet uppstår.
6 Vid luftning, rengör området kring luftningsnippeln på hjulcylinder eller ok, ta bort gummiskydd (se foto). Om bromssystemet endast delvis öppnats och lämpliga åtgärder vidtagits mot vätskeförlust, bör endast denna del av systemet behöva luftas. Ska däremot hela systemet luftas, börja med det bakhjul som har luftningsnippel (höger sida på tidigare modeller, vänster på senare).
7 Demontera locket på bromsvätskebehållaren och fyll den. Kontrollera med jämna mellanrum vätskenivån under luftningen, fyll på vid behov. Montera om möjligt en

12.4 Anslutning, högre bakre bromsrör till bromsslang

13.6 Placering av främre bromsokets luftningsnippel (modeller fr o m 1980)

13.7A Montering av automatnivåbehållarens mellanstycke

13.7B Montering av automatnivåbehållaren

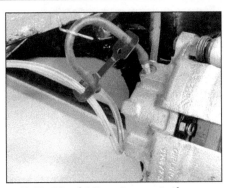

13.8A Rör på främre bromsok då man luftar ensam

13.8B Luftning av bromsar utan assistans

automatnivåbehållare (se foto). Om det behövs, kan luftrenaren demonteras för bättre åtkomlighet.

8 Om utrustning för luftning används, anslut utloppsröret till luftningsnippeln, öppna den sedan ett halvt varv (se foto). Placera om möjligt enheten så den är synlig från bilen, tryck sedan ned pedalen mot golvet och släpp den sakta (se foto). Backventilen i utrustningen hindrar att luft går tillbaka i ledningen. Upprepa detta tills ren bromsvätska (fri från luftbubblor) kan ses i slangen. Dra nu åt luftningsnippeln och ta bort slangen. Sätt tillbaka gummiskyddet.

9 I annat fall, anslut plastslangen till luftningsnippeln, doppa ned den andra änden i en behållare med ren bromsvätska, se till att den hela tiden ligger under vätskeytan. Öppna luftningsnippeln ett halvt varv och låt medhjälparen trampa ner bromspedalen mot golvet och sedan sakta släppa den. Dra åt luftskruven varje gång pedalen är helt nedtrampad så att inte luft kommer tillbaka in i systemet. Upprepa tills ren bromsvätska, fri från luftbubblor, kan ses i slangen. Dra åt

luftningsnippeln, ta bort slangen. Sätt tillbaka gummiskyddet.

10 Om hela systemet luftas, ska nu denna procedur upprepas för vänster respektive höger framhjul. Glöm inte att regelbundet kontrollera bromsvätskenivån, fyll på vid behov.

11 Då arbetet avslutats, kontrollera på nytt bromsvätskenivån, fyll på vid behov, sätt tillbaka locket. Kontrollera hur bromspedalen känns, den får inte vara "svampig", vilket tyder på att luft finns kvar i systemet.

12 Bromsvätska som använts ska inte fyllas på, eftersom den förorenats av smuts och luftens fuktighet.

14 Handbroms – justering

1 Innan justering av handbroms, se till att bromsbackarna är helt utjusterade genom att trycka ner bromspedalen åtskilliga gånger. Detta manövrerar den självjusterande mekanismen.

2 Hissa upp bakänden, stöd den på pallbockar.

3 På B14-modeller fram till 1982, sitter justermuttern inne i bilen bakom handbromsen. På senare B14- och på B172-modeller är justeringen placerad ovanpå växellådan, eller primärenheten på automatlådan. På B19-modeller sitter justeringen mellan avgasrör och kardanaxel (se foto).

4 Vrid justeringen tills bakhjulen inte kan vridas runt då handbromsen är åtdragen 3–4 hack på B14 och B172, eller 5–7 hack på B19 och B200.

5 Efter justering, dra åt låsmuttern på justeringen, sänk ner bilen.

15 Handbromsvajrar – demontering och montering

1 Hissa upp bakänden på bilen, stöd den på pallbockar.

2 Släpp handbromsen helt, dra tillbaka gummidamasken, lossa sedan vajern från spaken.

3 Under bilen, lossa främre vajern från utjämningsstycket. På modeller med automatlåda måste man först ta bort växellådshöljet.

4 Dra fram vajern.

5 Vid demontering av bakre handbromsvajer, släpp handbromsen helt och lossa justermuttern på främre vajern.

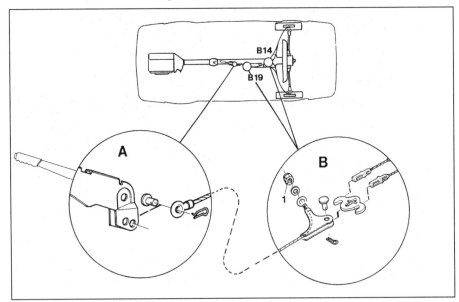

Fig. 7.21 Handbroms på modeller fr o m 1983 (avsn 14)

A Handbromsspak   B Justering och vagga   C Justermutter

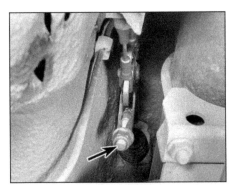

14.3 Handbromsvajerns justermutter på B19-modeller

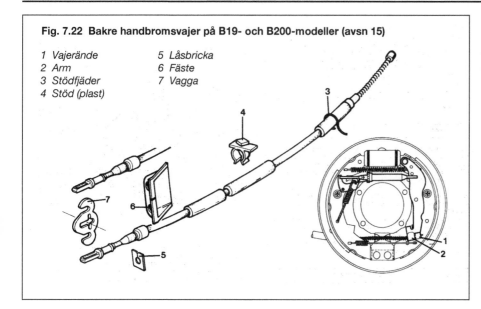

Fig. 7.22 Bakre handbromsvajer på B19- och B200-modeller (avsn 15)

1 Vajerände   5 Låsbricka
2 Arm   6 Fäste
3 Stödfjäder   7 Vagga
4 Stöd (plast)

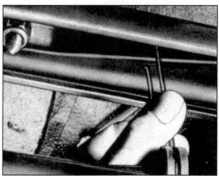

Fig. 7.23 Demontering av
handbromsvajerns stödfjäder (avsn 15)

15.9 Bakre handbromsvajer och
manöverarm

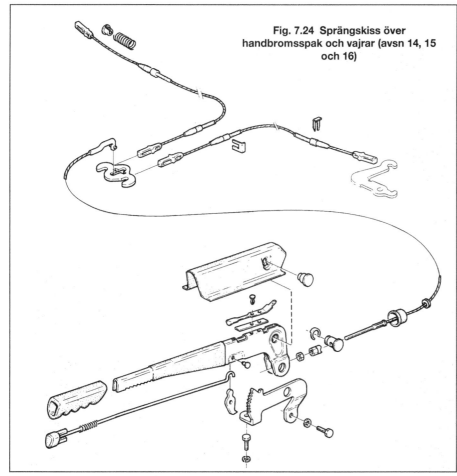

Fig. 7.24 Sprängskiss över
handbromsspak och vajrar (avsn 14, 15
och 16)

16 Handbromsspak –
demontering och montering

1 Skjut fram vänster stol så långt som möjligt.
2 Se beskrivning i kapitel 9, ta sedan bort inredningsdetaljerna så att handbromsspaken friläggs.
3 Lossa vajerns låsmutter samt justermutter, ta bort vajern.
4 Lossa kablarna till handbromsens varnings-kontakt.
5 Lossa och ta bort handbromsspakens fästskruvar, ta sedan bort spaken från infästningen.
6 Montera i omvänd ordning, men hand-bromsen måste justeras enligt beskrivning i avsnitt 14.

17 Bromsservo – beskrivning

En bromsservo är monterad till hydraul-systemet för att minska erforderligt pedaltryck. Enheten är monterad mellan pedal och huvudcylinder, samt fastsatt på torpedväggen.
    Servon fungerar med vakuum från insugningsröret, den består huvudsakligen av ett membran och en reglerventil.
    Under normala förhållanden utsätts membranets bägge sidor för vakuum, membranet rör sig därför inte. Då broms-

6 Under bilen, lossa vajern från utjämnings-stycket.
7 Lossa klamman för främre vajerns hölje.
8 Frigör upphängningskroken från fästet, ta sedan bort det hjul som berörs.
9 Lossa kabelklamman från De Dion-axelns fäste och haka loss vajern från manöverarmen (se foto). Vajern kan nu tas bort.

10 Montera i omvänd ordning, men hand-bromsen måste justeras enligt beskrivning i avsnitt 14.
11 På modeller från och med 1983 har handbromsspaken två hål för vajer. Det främre hålet är för B200-modeller, det bakre för B14- och B172-modeller.

18.3 Anslutning mellan pedal och servotryckstång (vid pilen)

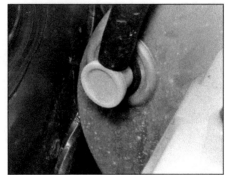

20.1 Backventil för servo

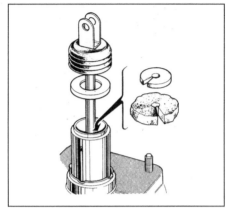

Fig. 7.25 Servofiltrets placering (avsn 19)

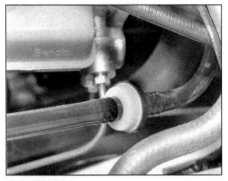

20.4 Backventil (vit sida mot servon)

pedalen trycks ner, stänger reglerventilen av vakuum till ena sidan på membranet, och öppnar till atmosfärtryck. Luften som strömmar in trycker kolven framåt och förstärker kraften på bromspedalen. En backventil håller kvar vakuum i servon om motorn stannar eller stängs av. Tillräckligt vakuum finns sedan för två eller tre inbromsningar. När vakuum utjämnats stiger erforderligt pedaltrycket markant.

Luft kommer in i enheten genom ett litet luftfilter, och de enda servicearbeten som ska

utföras på bromsservon är byte av backventil (avsnitt 20) samt luftfilter (avsnitt 19). Om fel uppstår på servosystemet, fungerar bromssystemet fortfarande men, extra pedaltryck krävs.

18 Bromsservo – kontroll, demontering och montering

1 Vid kontroll, tryck ner bromsen åtskilliga gånger så att inget vakuum finns i systemet, tryck sedan ned pedalen och starta motorn. Om servoenheten fungerar riktigt, kommer pedalen att röra sig nedåt lite när motorn startar. Om bromsservon upphör fungera omedelbart sedan motorn stängts av, är backventilen felaktig.
2 Vid byte av servo, ta först bort huvudcylindern enligt beskrivning i avsnitt 9.
3 Lossa tryckstången från bromspedalen inne i bilen genom att dra ut låsstiftet och ta bort ledpinnen (se foto).
4 Lossa vakuumslangen.
5 Lossa bromsservons muttrar och skruvar, lyft bort enheten från bilen.
6 Montera i omvänd ordning, det är sedan nödvändigt att lufta systemet enligt beskrivning i avsnitt 13.

19 Bromsservo, luftfilter – byte

1 Demontera bromsservon enligt beskrivning i avsnitt 18.
2 Dra tillbaka dammkåpan och bryt ut locket med en skruvmejsel.
3 Demontera filterstyckena och kasta dem.
4 Montera nya filter i omvänd ordning.

20 Bromsservo, backventil – byte

1 Demontera vakuumslangen från backventilen (se foto).
2 Lossa ventilen från gummiinfästningen med en skruvmejsel. Ta bort infästningen från huset.
3 Montera i omvänd ordning. Lite gummifett eller bromsvätska bör användas för att underlätta monteringen av ventilen.
4 På senare modeller finns det också en backventil i vakuumslangen. Notera att den vita sidan av ventilen är vänd mot bromsservon (se foto).

Felsökning – bromssystem

Lång pedalväg innan bromsarna tar

Låg bromsvätskenivå
Läckande ok eller hjulcylinder
Läckande huvudcylinder (bubblor i vätskebehållaren)
Brusten slang eller bromsledning
Otäta anslutningar
Bromsbackar kraftigt slitna
Defekta tätningar i huvudcylindern

Bromspedalen fjädrar

Nya belägg som inte slitits in
Bromsskivor eller trummor kraftigt slitna eller spräckta
Huvudcylinderns muttrar eller skruvar lösa

Svampig bromspedal

Läckande ok eller hjulcylinder
Läckande huvudcylinder (bubblor i vätskebehållaren)
Spräckt slang eller bromsledning
Otäta anslutningar
Luft i systemet

Högt pedaltryck erfordras för att få stopp på bilen

Defekt bromsservo
Kraftigt slitna belägg
Nya belägg som ännu inte slitits in
Felaktiga belägg (för hårda)
Bromsvätska eller olja på beläggen

Bromsarna tar ojämnt eller drar åt någon sida

Ojämnt eller felaktigt däcktryck
Beläggen felaktiga eller förorenade med olja eller bromsvätska
Fjädring eller styrleder lösa
Bromsok löst
Bromsskivor eller trummor kraftigt slitna eller spräckta

Bromsarna ligger på eller kärvar

Ok eller hjulcylinder sitter fast
Luft i systemet
Kärvande handbromsvajrar
Handbromsen överjusterad

Kapitel 8 Fjädring och styrning

Beträffande ändringar och information om senare modeller, se Supplement i slutet av boken

Innehåll

Specifikationer

Framfjädring

Typ	MacPherson fjäderben bestående av spiralfjädrar och inbyggda teleskopdämpare, krängningshämmarstag

Hjulinställning:
  Camber:
    B14 . . . . +30' ± 30'
    Alla övriga modeller . . . . -30' ± 30'
  Caster:
    B172 . . . . 7° 30' ± 30'
    Alla övriga modeller . . . . 7° 35' ± 45'
  Spindelbultlutning:
    B172 . . . . 9° 35' ± 30'
    Alla övriga modeller . . . . 9° 30' ± 30'
  Toe-in (alla modeller) . . . . 4,0 ± 1,0 mm

Bakfjädring

Typ	De Dion-axel, friktionsfria bladfjädrar av parabeltyp, teleskopdämpare

Hjulinställning:
  Camber . . . . -2° ± 30'
  Toe-in . . . . 0 ± 3,0 mm

Styrning

Typ	Kuggstångsstyrning, rattstång av sammantryckbar säkerhetstyp

Rattvarv mellan ändlägen:
  B14 4,13
  Alla övriga modeller 4,40
Pinjonglager, axialspel/förspänning:
  B14 fram till mars 1981 . . . . 0,04 mm axialspel, 0,07 mm försp.
  Alla övriga modeller . . . . 0,10 mm axialspel, max
Moment för vridning av pinjongaxel . . . . 1,5 Nm, max
Smörjning av styrväxel:
  T o m chassinr 398385 . . . . 100 cc Tivela compound (Shell)
  Fr o m chassinr 398386 . . . . 50 cc Alvania R1 (Shell)

Anm: *För serviceändamål – använd Volvo fett 1161001. Volvofettet och Tivela compound får aldrig blandas. Om styrväxeln har varit fylld med Tivela compound måste den rengöras noggrant innan Volvofett fylls på.*

Hjul och däck

Fälgar:
Typ .... Stål eller lättmetall
Dimension .... 4½J x 13, 5J x 13, 5½J x 13 (lättmetall) eller 5½J x 14 (lättmetall)

Däckdimensioner: :
4½J x 13 .... 155 SR 13 eller 155 D 13 (reserv – vissa marknader)
5J x 13* .... 155 SR 13, 175/70 SR 13 eller 175/70 R 13T
5½J x 13 .... 175/70 R 13T
5½J x 14 .... 185/60 HR 14

*Hjul med denna dimension är inte helt utbytbara mellan olika modellår. Rådfråga auktoriserad Volvoverkstad

Däcktryck (kalla däck):
Fram .... 1,9 kp/cm²
Bak (normallast) .... 2,1 kp/cm²
Bak (fullastad) .... 2,4 kp/cm²
Reservhjul special .... 2,5 kp/cm²

Åtdragningsmoment

Nm

Framfjädring och styrning
Kuggstångshusets fästskruvar 22
Rattmutter 55
Skruvarna för tryckklossens lock 22
Styrstagets inre kulleder 70
Spindelleder 55
Stötdämparens mutter 120
Fjäderbensfästets skruvar 22
Styrledskulans mutter 55
Reaktionsstag till undre bärarm 60
Vibrationsdämparens skruv 22
Framaxeltappens mutter .... Se avsnitt 9
Bakfjädring
Fjäderfästenas muttrar 52
Fästplattans muttrar 52
Stötdämparens mutter 22
Lagerhusets axelmutter 245
Lagerhus, bromssköldsskruvar 52
Fälgar
Fälgmuttrar 115

1 Allmän beskrivning

Den separata framhjulsfjädringen är av MacPherson-typ med spiralfjädrar. Stötdämparna är inbyggda i fjäderbenen och på senare modeller är de av utbytbar insatstyp. Från och med 1986 års modeller har krängningshämmaren modifierats, och den är numera kopplad till fjäderbenen med kulledsförsedda länkar.

Bakfjädringen består av en De Dion-axel med bladfjädrar och dubbelverkande teleskopdämpare.

Styrningen är av kuggstångstyp, monterad framför framaxelbalken. Alla modeller har rattstång av sammantryckbar säkerhetstyp.

2 Rutinmässigt underhåll

Följande åtgärder ska utföras vid de intervaller som anges i avsnittet Rutinmässigt underhåll i början av boken.

Däck (avsnitt 24)

1 Kontrollera däcktrycket på alla däck, inklusive reservhjulet (kalla däck). Kontrollera också däcken vad gäller slitage, skärskador, bulor (glöm inte de inre däcksidorna) och mönsterdjup.

Allmänt

2 Kontrollera alla komponenter i fjädrings- och styrsystemet beträffande slitage och skador. Kontrollera alla kulleder och bussningar; använd bräckjärn för att upptäcka slitage. Kontrollera att alla gummidetaljer och damasker är i god kondition. Kontrollera stötdämpare och rattstång beträffande läckage. Kontrollera att rattspelet inte är för stort.

3 Främre spiralfjäder – demontering och montering

1 Öppna huven och lossa den centrala muttern ett eller två varv.
2 Lossa de tre fästskruvarna för fjäderbenet, men demontera dem inte (se foto).
3 Hissa upp framvagnen och stöd den på pallbockar.
4 Dra ut saxpinnen från styrleden och demontera muttern. Använd en kulledsavdragare och ta loss styrleden från styrarmen.
5 När den vänstra fjädern ska demonteras, lossa hastighetsmätarvajern genom att dra ut den ur gummibussningen.

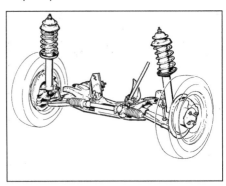

Fig. 8.1 Framfjädringen (1)

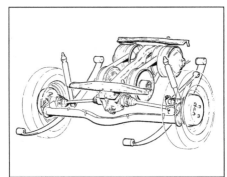

Fig. 8.2 Bakfjädringen (bilden visar automatväxlad modell) (avsn 1)

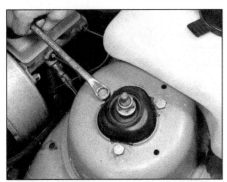

3.2A Främre fjäderbenets övre fäste på B14-modeller

3.2B Främre fjäderbenets övre fäste på B172-modeller

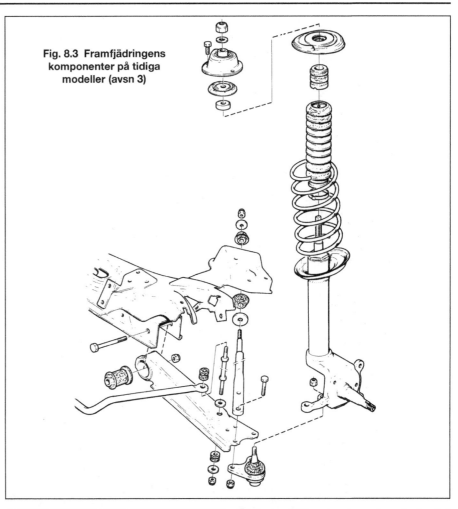

Fig. 8.3 Framfjädringens komponenter på tidiga modeller (avsn 3)

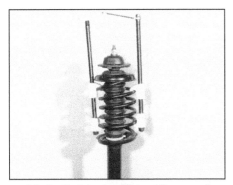

3.9 Användning av fjäderspännare på främre fjäderbenet

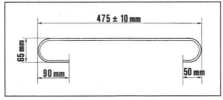

Fig. 8.4 Fjäderbenskrokens mått (avsn 3)

475 ± 10 mm
65 mm
90 mm
50 mm

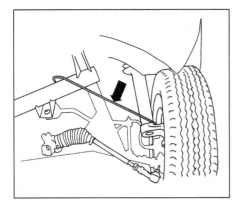

Fig. 8.5 Fjäderbenskroken på plats – vid pilen (avsn 3)

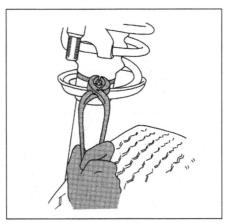

Fig. 8.6 Knip fast skyddsklammorna (avsn 3)

6 Lossa reaktionsstagets mutter ett eller två varv, skruva sedan loss och ta bort krängningshämmarens fästmutter från den undre bärarmen.

7 Gör en krok av rundstål med diametern 6 mm enligt fig. 8.4. Haka fast den över fjäderbenets nederdel och motorbalken, detta för att förhindra skador på bromsledningar och kulleder.

8 Stöd fjäderbenet på en garagedomkraft, skruva sedan loss och ta bort fjäderbenets övre fästskruvar. Sänk domkraften och styr samtidigt fjäderbenet nedåt tills det kan tas bort från framflygeln.

9 Montera en fjäderspännare med fyra fjädervarv mellan hakarna (se foto).

10 Komprimera fjädern, skruva sedan loss och demontera stötdämparens fästmutter.

11 Lossa klammorna som håller gummi-skyddet och ta bort det tillsammans med tätning och lager.

12 Lyft av fjädersätet, fjädern och gummi-bufferten.

13 Demontera fjäderspännaren från fjädern.

14 Kontrollera att gummiskyddet inte är skadat. Byt ut vid behov.

15 Montering sker i omvänd ordning mot demontering. Observera följande:
a) Gummistopp ska monteras med den plana sidan uppåt

b) Använd en tång för att klämma fast nya klammor
c) Om originalskruvarna används vid monteringen, måste låsvätska läggas på
d) Demontera vid behov navkapsel och navkåpa på vänster sida och sätt tillbaka hastighetsmätarvajern
e) Dra alla muttrar till angivna moment, men vänta med att dra fast stötdämparens mutter tills bilen står på hjulen
f) Montera nya saxpinnar där så behövs

4 Främre stötdämpare – demontering, översyn och montering

Tidigare modeller utan insatsdämpare

1 Demontera spiralfjädern enligt beskrivning i avsnitt 3, punkterna 1 till 12.
2 Använd specialverktyg (Volvo No 5862) för att skruva loss och demontera stötdämparens fästmutter. På höger sida behöver fjäderbenet stödas med en träbit mellan fjäderbenets nedre del och fälgen.
3 Ta bort tätningen och hållaren.
4 Dra långsamt ut kolvstången och innerröret och sug ut dämpvätskan ur röret med en spruta.
5 Torka röret invändigt med en luddfri trasa indränkt med metylalkohol.
6 Rengör kolvstången. Om den är mer än 0,1 mm skev eller sliten ska den bytas ut.

6.4A Demontera saxpinnen . . .

6.5A Använd en kulledsavdragare för att pressa loss spindelleden

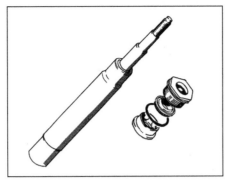
Fig. 8.7 Främre stötdämparens komponenter (avsn 4)

7 Skaffa en renoveringssats och montera stötdämparen i omvänd ordning mot demontering. Fyll innerhylsan med den vätska som ingår i renoveringssatsen.
8 Se till att kolvstångtätningen monteras med fjädern vänd nedåt och dra alla muttrar till angivna moment. När vänster stötdämpare ska dras fast behöver fjäderbenet stödas med en träbit mellan fjäderbenets nedre del och fälgen.

Senare modeller med insatsdämpare

9 Följ anvisningarna i punkterna 1 till 3 ovan.
10 Demontera insatsdämparen från fjäderbenshuset och rengör huset invändigt.
11 Montera den nya insatsdämparen.
12 Fortsätt monteringen i omvänd ordning mot demontering.

6.4B . . . och ta bort kronmuttern

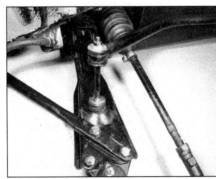
6.5B Undre bärarm med spindelled

Allmänt

13 Insatsdämpare kan även monteras med tidigare typer av fjäderben.
14 Stötdämpare ska alltid bytas parvis (d v s båda främre eller båda bakre tillsammans).
15 Den undre fjäderskålen på modeller fr o m 1980 är placerad 10 mm högre upp på fjäderbenet än på de tidigare modellerna. Fjäderbenen är därför inte sinsemellan utbytbara.

5 Främre undre bärarm – demontering och montering

1 Hissa upp framvagnen och stöd den på pallbockar. Demontera skyddsplåten.
2 Lossa och ta bort krängningshämmarens fästmutter och ta bort krängningshämmaren från den undre bärarmen.
3 Lossa det bakre reaktionsstagets mutter några varv och ta bort skruvarna som håller staget vid den undre bärarmen.
4 Lossa och ta bort återstående skruvar vid bärarmens yttre del.
5 Lossa och ta bort muttern vid bärarmens inre led och ta bort skruven; bärarmen kan nu sänkas ned och tas ut.
6 Bänd loss gummibussningen mellan krängningshämmaren och undre bärarm.
7 Kontrollera bärarmens ledbussning och, om den behöver bytas ut, pressa ut den från armen med hjälp av brickor med lämplig diameter, rörstump och dorn. Doppa den nya bussningen i bromsvätska eller tvålvatten för att underlätta monteringen.
8 Montering sker i omvänd ordning mot demontering, men vänta med den slutliga åtdragningen av muttrarna tills bilen står med full vikt på hjulen.

6 Spindelled – demontering och montering

1 Hissa upp framvagnen och stöd den på pallbockar.
2 Vid arbete på den vänstra spindelleden, lossa hastighetsmätarvajern genom att dra ut den ur gummibussningen.
3 Skruva loss och ta bort de två muttrarna och skruvarna som håller spindelleden till undre bärarmen.
4 Ta bort saxpinnen, skruva loss och ta bort kronmuttern från leden (se foto).
5 Använd en kulledsavdragare för att pressa loss spindelleden och ta bort den från fjäderbenet. Om det inte finns tillräcklig plats för verktyget, måste man skaffa ett specialverktyg (Volvo No 5866); arbetet kan också underlättas om styrstaget demonteras (se foto).
6 Montera i omvänd ordning mot demontering, men vänta med att dra muttern till angivet moment tills bilen har full vikt på hjulen. Vid arbete på vänster sida – demontera navkapsel och navkåpa på vänster sida och sätt tillbaka hastighetsmätarvajern. Montera nya saxpinnar vid behov.

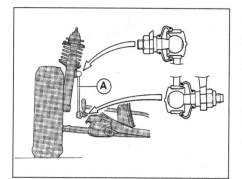

Fig. 8.8 Länk (A) som förbinder krängningshämmarstaget med fjäderbenet på modeller fr o m 1986 (avsn 7)

7.2 Krängningshämmarstagets främre fäste

8.2 Höger reaktionsstag och fjädringsdetaljer

7 Främre krängningshämmare – demontering och montering

Modeller fram till 1986

1 Hissa upp framvagnen och stöd den på pallbockar. Demontera skyddsplåtarna.
2 Lossa de främre fästskruvarna och demontera fästena (se foto).
3 Skruva loss muttrar och brickor på stagets båda sidor, håll fast staget med en tång.
4 Ta bort krängningshämmarstaget från bilen. Eftersom stagets armar är krökta, ska båda sidor märkas för att underlätta monteringen.
5 Demontera alla bussningar från krängningshämmarstaget. Slitna eller skadade bussningar ska bytas ut. Om bussningarna doppas i tvålvatten underlättas monteringen.
6 Montera i omvänd ordning, men dra fast de främre fästena innan stagen dras fast.

Modeller fr o m 1986

7 På senare modeller är krängningshämmarstaget direkt kopplat till fjäderbenen med kulledslänkar.
8 Staget kan demonteras genom att man tar loss kullederna på båda sidor. Länken kan lossas från fjäderbenet om man skruvar loss muttern och tar loss kulleden.

8 Främre reaktionsstag – demontering och montering

1 Hissa upp framvagnen och stöd den på pallbockar.
2 Skruva loss stagets bakre fästmutter, demontera bricka och gummibussning och skruva sedan loss skruvarna som håller staget vid den undre bärarmen och ta bort staget (se foto).
3 Kontrollera gummibussningarna med avseende på slitage och skador, byt ut vid behov.
4 Montera i omvänd ordning mot demontering. Observera följande:
a) Byt ut alla självlåsande muttrar
b) Den stora brickan och den stora gummibussningen måste sättas på staget innan det skjuts in i fästet (se fig. 8.9)
c) Ställ bilen på hjulen och dra alla muttrar till föreskrivna moment

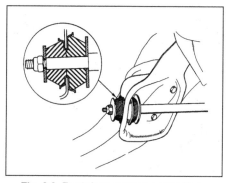

Fig. 8.9 Reaktionsstagets bakre fäste (avsn 8)

9 Främre nav, lager och tätning – demontering och montering

1 Hissa upp framvagnen, demontera hjulet och stöd bilen på pallbockar.
2 Bänd försiktigt loss navkåpan från navet med en skruvmejsel (se foto); hastighetsmätarvajern är monterad i navkåpan på vänster sida.
3 Demontera bromsoket (och på modeller fr o m 1981 även fästet) enligt beskrivning i kapitel 7, och fäst det med en vajer så att det inte är i vägen.
4 Skruva loss och ta bort axeltappsmuttern. Ta vara på brickan och yttre lagret när lagret lyfts bort från axeltappen (se foto).
5 Bänd loss oljetätningen från navets innersida (se foto) och lyft ut det inre lagret.

9.2 Demontering av det främre navets kåpa

9.4A Demontering av det främre navets tryckbricka

9.4B Demontering av det främre navets yttre lager

9.5 Demontering av det främre navets oljetätning

9.6 Använd en dorn (se pil) för att knacka loss det inre lagrets innerring

9.10 Montering av inre lager i det främre navet

9.11 Montering av det främre navets oljetätning

9.13A Justering av det främre navets lager

9.13B Låsning av det främre lagrets axeltappsmutter

6 Använd en mässingdorn och knacka loss lagrens innerringar från navet (se foto).

7 Kontrollera lagrens kondition genom att rotera dem med fingrarna. Om det låter knastrigt, roterar ojämnt eller om lagerytorna är repiga, måste lagren bytas ut.

8 Avlägsna allt fett med varnolen, torrtorka med en trasa som inte luddar.

9 Fyll på lagerfett tills lagren är fyllda till en tredjedel. Fetta in hjullagren väl.

10 Pressa in det yttre hjullagrets yttre lagerbana, följt av det inre lagrets yttre lagerbana med hjälp av en lämplig rördorn. Se noga till att de äntrar plant. Sätt i lagrens innerringar (se foto).

11 Rengör oljetätningens säte och knacka försiktigt in oljetätningen i läge med tätningsläppen vänd mot navet (se foto).

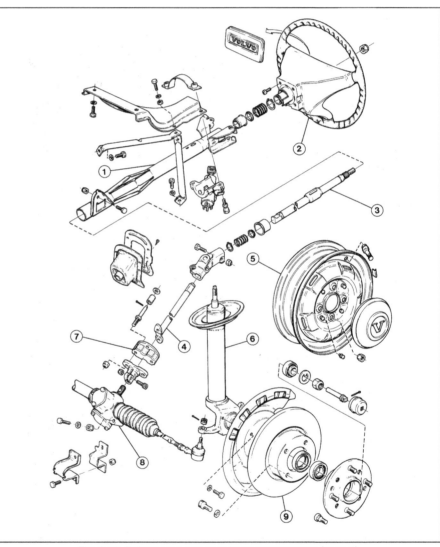

Fig. 8.10 Främre nav och styrningskomponenter (avsn 9)

1 Yttre rattrör	4 Rattaxel	7 Vibrationsdämpare
2 Ratt	5 Fälg	8 Styrväxel
3 Inre rattrör	6 Fjäderben	9 Bromsskiva

12 Fortsätt i omvänd ordning. Avslut med att justera lagren enligt följande:

13 Dra axeltappsmuttern till ett moment av 52 Nm, lossa sedan muttern 90° (lika med 1¹/₂ nyckeltag). Lås sedan muttern genom att knacka in låskragen mot axeln (se foto).

14 Fyll navkåpan med nytt fett innan den monteras.

10.2 Bakre fjäderhänke

10.4 Bakfjäderns fästplatta

10.8 Böjd fjäderände på modeller fr o m 1984

10 Bakfjäder –
demontering och montering

1 Hissa upp bakvagnen och stöd den på pallbockar. Demonteringen underlättas om hjulen precis nuddar underlaget.
2 Lossa det bakre hänkets övre mutter ett eller två varv (se foto).
3 Skruva loss och ta bort muttrarna från fjäderbladets främre och bakre fästen.
4 Skruva loss och ta bort muttrarna och skruvarna för fjäderbladets fästplatta (se foto).
5 Hissa fjädern något så att det går att flytta fästplattan åt ena sidan och ta bort låsplattorna av plast.
6 Slå ut skruvarna vid fjäderändarna och lyft bort fjädern.
7 Montera i omvänd ordning mot demontering. Notera följande:
 a) Smörj låsplattorna före montering
 b) Där detaljnumret är instansat på fjäderns undersida, måste denna del vara vänd framåt
 c) Innan muttrarna dras till föreskrivna moment, måste bilen stå på hjulen och dessutom ha 50 kg i bagageutrymmet
 d) Reaktionsstagets muttrar ska lossas och dras åt för att staget ska sätta sig i läge, och samtidigt ska den excentriska tappen i reaktionsstagets bakre del justeras så att den centreras i bussningarna
8 Notera: *På modeller fr o m 1984 är fjäderbladets bakre fäste modifierat så att fjädern blir lägre, men detta påverkar inte de åtgärder som beskrivits ovan (se foto).*

11 Bakfjäder, bussningar –
demontering och montering

1 Demontera fjädern enligt beskrivning i avsnitt 10.
2 Använd en lång dorn, rör och distanser för att pressa ut bussningarna ur fjädern och hänket.
3 Doppa de nya bussningarna i tvålvatten eller smörj dem med lämpligt fett.
4 Montering sker i omvänd ordning mot demontering, se avsnitt 10.

12 Bakre reaktionsstag –
demontering och montering

1 Hissa upp bakvagnen och stöd den på pallbockar.
2 Skruva loss och ta bort de två muttrarna. Den bakre skruven är excentrisk, håll reda på hur justerbrickorna är monterade.
3 Ta bort reaktionsstaget.
4 Använd en lång dorn, rör och distanser för att pressa ut bussningarna.
5 Doppa de nya bussningarna i tvålvattten eller smörj dem med lämpligt fett innan de monteras.
6 Montera i omvänd ordning mot demontering. Innan muttrarna dras till föreskrivna moment, måste bilen stå på hjulen och dessutom ha 50 kg i bagageutrymmet. Innan den bakre skruven dras fast ska den justeras så att den centrerar i reaktionsstagets bussning.

13 De Dion-axel –
demontering och montering

1 Hissa upp bakvagnen och stöd den på pallbockar.
2 Demontera bakhjulen.
3 Använd en speciell tång för att klämma ihop höger sidas bromsslang och lossa slangkopplingen. Alternativt kan man ta av locket på bromsvätskebehållaren, lägga polyetenfolie över och trycka tillbaka locket.
4 Koppla isär de två drivaxlarna vid de yttre drivflänsarna genom att ta bort skruvarna. En insexnyckel behövs och flänsarnas inbördes lägen ska märkas upp så att de kan monteras i samma läge.
5 Använd svetstråd eller ett kraftigt snöre för att binda upp drivaxlarna så att de inte är i vägen.
6 Demontera bromstrummor och -backar enligt beskrivning i kapitel 7.
7 Demontera de yttre, korta axlarna enligt beskrivning i avsnitt 15.
8 Lossa handbromsens vajerhylsa från bromsskölden.
9 Lossa bromsledningarna från axeln men inte vid hjulcylindrarna.

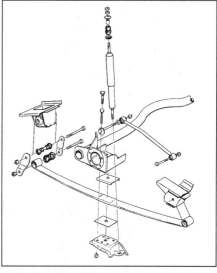
Fig. 8.11 Bakfjädringens komponenter (avsn 10)

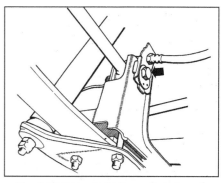
Fig. 8.12 Excenterbultens placering på bakre reaktionsstaget – vid pilen (avsn 12)

10 Skruva loss och ta bort bromssköldarnas skruvar och lyft bort bromssköldarna.
11 Skruva loss och ta bort de excentriska skruvarna från reaktionsstagens fästen.
12 Skruva loss och demontera muttrar och skruvar och vrid bromssköldarna åt sidan.
13 Ta bort fjädrarnas låsplattor av plast.
14 Lyft ut De Dion-axeln från bilen.
15 Montera i omvänd ordning mot demontering. Observera följande:

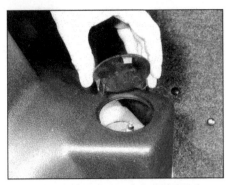

14.2A Demontering av locket till bakre stötdämparens övre fäste

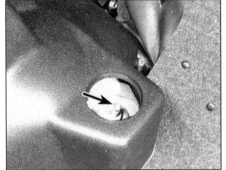

14.2B Bakre stötdämparens övre fästmutter (vid pilen)

14.2C Bakre stötdämparfäste på 360 GLE

a) Smörj låsplattorna före montering
b) Montera nya packningar på drivaxelflänsarna
c) Se avsnitt 15 och kapitel 7 vid behov
d) Innan muttrarna dras till föreskrivna moment, måste bilen stå på hjulen och dessutom ha 50 kg i bagageutrymmet
e) Lufta bromssystemet (se kapitel 7)

14 Bakre stötdämpare – demontering och montering

1 Demontera hyllan under bakrutan och fäll fram baksätet för att bakre stötdämparnas övre fästen ska bli åtkomliga.
2 Ta bort locket, skruva loss och ta bort de två muttrarna och brickan (se foto).
3 Hissa upp bakvagnen och stöd den på pallbockar.
4 Skruva loss och ta bort muttrarna vid undre fästet och lyft ut stötdämpare, bussningar och brickor (se foto).
5 För att prova stötdämparnas funktion: kläm fast stötdämparens undre fäste i ett skruvstycke med mjuka backar så att den står vertikalt, dra ut och skjut in den helt tio till tolv gånger. Det ska kännas ett jämnt motstånd när man drar ut den och det ska gå lite lättare att skjuta in den. Om den går knyckigt eller alltför lätt, betyder det att den är felaktig och måste bytas ut.
6 Kontrollera gummibussningarna och byt ut dem vid behov.
7 Montera i omvänd ordning mot

demontering. Dra muttrarna till föreskrivna moment.

15 Bakre nav, lager och tätning – demontering och montering

1 Hissa upp bakvagnen och stöd den på pallbockar, demontera skyddsplåtarna.
2 Demontera hjulet och sedan bromstrumman (se kapitel 7).
3 Skruva loss och demontera drivaxelflänsens fästskruvar efter att först ha märkt upp flänsarnas läge i förhållande till varandra, fäst sedan upp drivaxelns ytterände med en bit ståltråd eller snöre så att den inte är i vägen.
4 Skruva loss och demontera flänsmuttern, montera hjulet tillfälligt och använd det för att kunna hålla axeln stilla när muttern lossas.
5 Använd en avdragare med två eller tre skänklar för att dra av flänsen från axeln.
6 Knacka loss axeln ur lagret från insidan med en mässingdorn.
7 Lossa skruvarna på bromsskölden, flytta bromsskölden och lyft bort lagerhuset. Ta loss bromsledningen från axeln om så behövs.

B14-modeller fram till 1986
8 Använd en skruvmejsel för att demontera inre och yttre oljetätningar.
9 Värm lagerhuset med en blåslampa och knacka genast loss lagren från endera sidan med en mässingdorn.
10 Rengör huset med varnolen och avlägsna allt fett från lagren. Kontrollera lagren med

avseende på slitage genom att rotera dem och kontrollera att det inte finns något axiellt spel. Slitna och skadade lager måste bytas ut.
11 Montera i omvänd ordning mot demontering. Observera följande:
a) Packa lagren med lithiumbaserat fett
b) Montera oljetätningarna så att tätningsläppen är vänd inåt mot lagret
c) Stryk låsvätska på drivaxelns inre gängor
d) Dra alla muttrar till föreskrivna moment

B19- och B200-modeller fram till 1986
12 Använd en mässingdorn och pressa ut lager och distans ur huset och demontera O-ringen.
13 Använd en lämplig avdragare och dra av lagrets innerring från axeln.
14 Rengör alla komponenter med varnolen och torka dem. Kontrollera dem med avseende på slitage och byt ut vid behov.
15 Fettsmörj huset där lagret ska sitta och placera lagret i huset med detaljnumret vänt utåt. Använd ett metallrör mot ytterringen när lagret ska pressas i.
16 Placera O-ringen i spåret och pressa i distansen.
17 Montera lagerhus och bromssköld på axeln och dra skruvarna till föreskrivet moment. Fäst bromsledningen på axeln.
18 Pressa på nya oljetätningar på axeln och drivflänsen. Smörj de yttre tätningsläpparna sparsamt.

14.4 Bakre stötdämpare och undre fäste

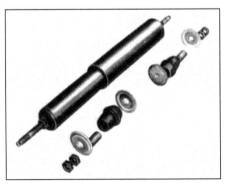

Fig. 8.13 Bakre stötdämparens komponenter (avsn 14)

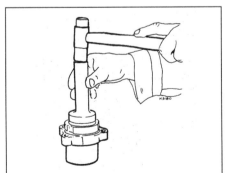

Fig. 8.14 Montering av bakre navens oljetätningar (avsn 15)

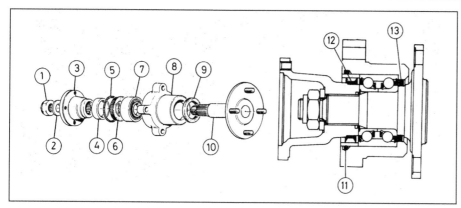

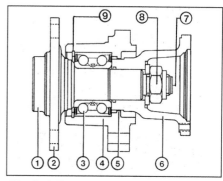

Fig. 8.15 Bakre nav och lager på B19- och B200-modeller fram till 1986 (avsn 15)

1 Självlåsande mutter	5 O-ring
2 Bricka	6 Oljetätning
3 Drivfläns	7 Lager
4 Distans	8 Lagerhus

9 Oljetätning	12 Drivflänsens
10 Axel	oljetätning
11 O-ring	13 Axelns oljetätning

Fig. 8.16 Bakre nav och lager på modeller fr o m 1986 (avsn 15)

1 Styrtapp	6 Drivfläns
2 Fläns	7 Axel
3 Vinkelkontaktlager	8 Låsmutter och
4 Lagerhus	bricka
5 Labyrinttätning	9 Spårring

19 Stryk låsvätska på drivflänsens inre splines och placera flänsen i huset. Sätt i axeln, stöd flänsen och huset ordentligt när axeln pressas i med hjälp av en trä- eller mässinghammare. Använd Volvos specialverktyg nr 5947 som mothåll om det finns att tillgå.
20 Montera brickan och en ny mutter, dra muttern till föreskrivet moment och håll samtidigt axeln stilla.
21 Montera bromstrumma, drivaxel och hjul och sänk ned bilen.

B172 och alla modeller fr o m 1986

22 Det modifierade lagret liknar det som är monterat i B19-/200-modellerna, men har förbättrad tätning. Isärtagning görs enligt följande.
23 Följ anvisningarna i punkterna 1 till 7 ovan.
24 Demontera lagerbanan från drivflänsen. För detta kan det bli nödvändigt att använda Volvos specialverktyg 5433 och 5434.
25 Demontera spårringen från lagerhuset, pressa sedan ut lagret ur huset med hjälp av lämplig pressanordning.
26 Rengör alla detaljer med lämpligt lösningsmedel och kontrollera dem sedan med avseende på slitage. Detaljer som visar tecken på slitage ska bytas ut.
27 Använd ett lithiumbaserat smörjfett för lagersätena, vänd lagren med styrkragen på utsidan och använd en lämplig dorn för att pressa i lagret i huset.
28 Montera spårringen, montera sedan huset till bromsskölden.
29 Smörj axeln med lithiumbaserat fett och skjut in den så långt som möjligt i lagerhuset. Använd måttlig kraft, annars kan lagren skadas.
30 Stryk på en låsvätska med hög låseffekt på både splines och drivfläns och montera flänsen på axeln. Använd en ny självlåsande mutter som dras till föreskrivet moment (se specifikationer). **Notera:** *Låt låsvätskan härda ordentligt innan bilen används.*
31 Montering sker i omvänd ordning mot demontering.

16 Ratt –
demontering och montering

1 Ställ framhjulen i läge för körning rakt framåt.
2 Bänd loss dekorplattan vid rattnavet (se foto).
3 Använd hylsa och förlängare för att skruva loss och demontera muttern som håller ratten (och brickan där sådan förekommer) (se foto).
4 Märk rattens läge i förhållande till rattaxeln med körnslag på axel och rattnav.
5 Använd båda händerna för att dra loss ratten från rattaxeln. Om den sitter hårt, försök att slå loss den med handflatorna, men slå inte så hårt att rattstången skadas eller att ratten släpper så snabbt att det finns risk för skador.
6 Montera i omvänd ordning mot demontering. Dra fast muttern till föreskrivet moment.

17 Tändningskontakt/rattlås –
demontering och montering

1 Lossa batteriets negativa anslutning.
2 Demontera ratten enligt beskrivning i avsnitt 16.
3 Skruva loss chokereglaget, demontera sedan skruvarna och ta bort de två rattstångskåporna.
4 Lossa tändningskontaktens kablar, notera deras placering.
5 Använd en 9 mm borr och borra genom rattlåsets fästskruvar, demontera rattlåset och dra ut skruvarna med en tång.
6 Montera i omvänd ordning mot demontering, men dra först de nya skruvarna med fingrarna och kontrollera att rattlåset fungerar riktigt innan skruvarna dras tills skruvskallarna klipps av.

16.2 Bänd loss dekorplattan vid rattnavet

16.3 Demontering av muttern som håller ratten

18 Rattstång – demontering,
översyn och montering

1 Demontera tändningskontakten/rattlåset enligt beskrivning i avsnitt 17.
2 Skruva loss fästskruvarna och demontera kontakterna för blinkersindikator och vindrutetorkare från rattstången; låt dem hänga på ena sidan.
3 Skruva loss och demontera den nedre

18.3 Rattstångens klämskruv (högerstyrd visad, vänsterstyrd liknande)

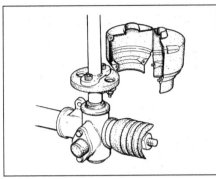

Fig. 8.17 Vibrationsdämpare på B19- och sena B14-modeller (avsn 19)

20.6 Styrväxel sedd framifrån

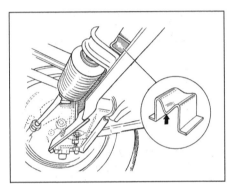

Fig. 8.18 Fäste för kuggstångshus, höger sida. Nedpressningen skall vara vänd mot hjulet (avsn 20)

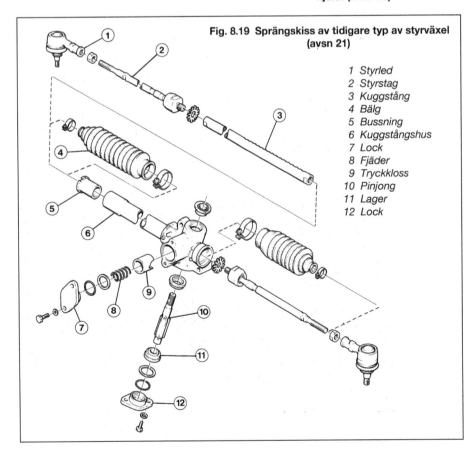

Fig. 8.19 Sprängskiss av tidigare typ av styrväxel (avsn 21)

1 Styrled
2 Styrstag
3 Kuggstång
4 Bälg
5 Bussning
6 Kuggstångshus
7 Lock
8 Fjäder
9 Tryckkloss
10 Pinjong
11 Lager
12 Lock

klammans skruv och rattstångfästets skruv och ta ut rattstången från bilen (se foto).
4 Sätt upp rattstången i ett skruvstycke. Använd en avdragare med två skänklar för att trycka in rattaxeln så mycket att spårringen i dess andra ände kan tas bort. Samtidigt ska fjädern och fjädersätet demonteras.
5 Demontera spårringen, fjädern och fjädersätet från rattstångens övre ände.
6 Värm båda ändarna på rattstången med en blåslampa när lagerbussningarna ska tryckas ut med hjälp av rattaxeln.
7 Rengör alla komponenter med varnolen och kontrollera lagren med avseende på slitage; om de är slitna ska de bytas ut.
8 Montera i omvänd ordning mot demontering. Observera följande:
   a) Knacka in lagerbussningarna i rattstången tills de ligger jäms med änden
   b) Se avsnitt 17 beträffande montering av tändningskontakt/rattlås

19 Rattaxelns vibrationsdämpare – demontering och montering

1 Hissa upp framvagnen och stöd den på pallbockar.
2 Ställ framhjulen i läge för körning rakt framåt.
3 Demontera skyddsplåtarna under motorn.
4 Lossa och demontera skruvarna som håller den nedre rattaxelflänsen vid kuggstångsflänsen.
5 Skruva loss och demontera kuggstångsflänsens klämskruv. Lyft bort flänsen och vibrationsdämparen.
6 Sätt upp vibrationsdämparen i ett skruvstycke och lossa de två flänsmuttrarna; flänsen och dämparen kan nu tas isär.
7 Montera i omvänd ordning. Observera följande:
   a) Se till att säkra flänsens pinnskruvsbrickor med nya saxpinnar
   b) Dra fast rattaxelns skruvar innan klämskruven dras fast

20 Styrväxel – demontering och montering

1 Hissa upp framvagnen och stöd den på pallbockar.
2 Ställ framhjulen i läge för körning rakt framåt och demontera, där sådana förekommer, motorns skyddsplåtar.
3 Ta bort saxpinnarna från båda styrlederna och skruva loss kronmuttrarna.
4 Använd en kulledsavdragare för att ta loss styrlederna.
5 Märk upp rattstångens nedre del i förhållande till vibrationsdämparen, skruva loss och ta bort de två fästskruvarna.
6 Skruva loss och demontera styrväxelns fästen, lyft bort styrväxeln från bilen (se foto).
7 Montera i omvänd ordning mot demontering, Observera följande:
   a) Byt ut alla självlåsande muttrar och saxpinnar

b) Före montering avstyrväxeln ska pinjongdrevet vridas medurs till ändläge och sedan två varv moturs
c) Det inre högra sätet för överfallet har en djup nedpressning på kanten; denna måste vara vänd mot hjulet
d) Dra fast styrväxelfästenas muttrar innan rattaxelskruvarna dras
e) Justera hjulinställningen enligt beskrivning i avsnitt 23

21 Styrväxel – översyn

Notera: Fyra olika typer av kuggstångsenheter förekommer, beroende på modell och tillverkningsår. De är i grunden lika, men åtgärderna för översyn och justering skiljer. I följande punkter beskrivs dessa åtgärder där de skiljer sig från ursprungliga typen av styrväxel. Specialverktyg och mätutrustning behövs för korrekt justering av styrväxeln. Om detta ej finns att tillgå rekommenderas att översyn och justering överlåts till en Volvoverkstad.

B14-modeller fram till mars 1981 (till chassinr 593524)

1 Rengör styrväxeln utvändigt med varnolen och torka den (demontering beskrivs i avsnitt 20).
2 Sätt upp styrväxeln i ett skruvstycke och vrid pinjongdrevet helt medurs.
3 Märk husets läge under dämparflänsens klämma för att underlätta montering, skruva sedan loss klämmans skruv och dra loss flänsen tillsammans med vibrationsdämparen.
4 Kontrollera styrstagens inre kulleder med avseende på onormalt glapp och observera i vilka lägen det uppstår.
5 Lossa låsmuttrarna och skruva loss de yttre styrlederna, notera hur många varv de är inskruvade.
6 Ta bort låsbanden från gummibälgarna vid kuggstångshuset och styrstagen.
7 Använd en skruvmejsel för att peta upp tandbrickans låsläpp vid den inre kulleden. Använd en U-nyckel för att hålla fast kuggstången när styrstaget skruvas bort.
8 Lossa och demontera skruvarna som håller tryckklossens lock, ta bort fjädern, juster-brickorna och klossen.
9 Lossa och demontera skruvarna på locket över pinjongdrevet, ta bort lagersätet och justerbrickorna. Knacka på drevet för att få loss locket.
10 Dra ut kuggstången från huset.
11 Dra ut pinjongdrevet och tätningen, använd en mässingdorn för att knacka loss lagrets ytterring.
12 Tryck in de två låsklackarna som finns på kuggstångens bussning och dra ut bussningen.
13 Rengör noga alla komponenter med varnolen och torka dem torra med trasor som inte luddar. Undersök alla komponenter noga beträffande skador och onormalt slitage, byt ut vid behov. Använd nya tätningar till styrväxeln.

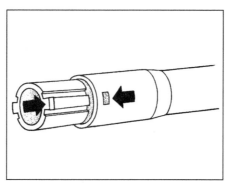
Fig. 8.20 Låsning av bussning med styrtappar i urtagen (avsn 21)

21.33 Styrväxelhus på modeller fr o m 1981

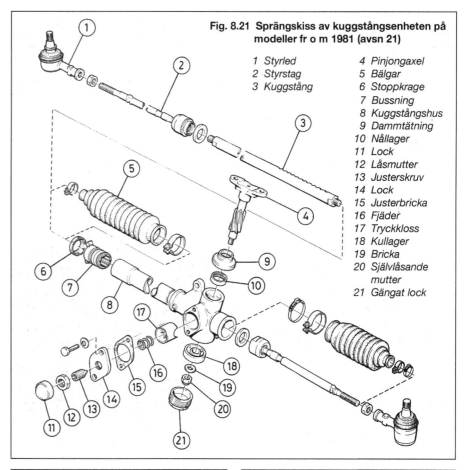
Fig. 8.21 Sprängskiss av kuggstångsenheten på modeller fr o m 1981 (avsn 21)

1 Styrled
2 Styrstag
3 Kuggstång
4 Pinjongaxel
5 Bälgar
6 Stoppkrage
7 Bussning
8 Kuggstångshus
9 Dammtätning
10 Nållager
11 Lock
12 Låsmutter
13 Justerskruv
14 Lock
15 Justerbricka
16 Fjäder
17 Tryckkloss
18 Kullager
19 Bricka
20 Självlåsande mutter
21 Gängat lock

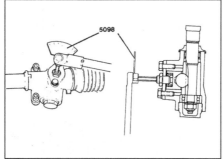
Fig. 8.22 Justering av senare modell av styrväxelns tryckkloss med Volvo specialverktyg 5098 (avsn 21)

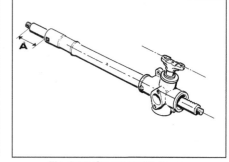
Fig. 8.23 Grundinställning av kuggstångsstyrningen (avsn 21)

A = 73 mm

14 Innan montering påbörjas, smörj alla rörliga delar och kontaktytor med ett lithiumbaserat fett.

15 Använd ett rör med lämplig diameter för att knacka in lagrets innerring på pinjongaxeln, och på samma sätt knackas ytterringen in i styrväxelhuset.

16 Montera kuggstångsbussningarna i kuggstångsröret och se till att de två låsklackarna snäpper fast i rörets urtag.

17 Montera pinjongdrevet och lagren och pressa i det undre lagrets ytterring.

18 Skjut in kuggstången i huset från pinjongänden tills den sticker ut 71 mm i andra änden.

19 Montera pinjonglocket och dra fast det med skruvarna. Kontrollera att kuggstången fortfarande sticker ut lika mycket.

20 Med pinjongdrevet vänt uppåt; knacka försiktigt på axeln för att lagren ska sätta sig och mät axialspelet med en mätklocka.

21 Demontera pinjonglocket och montera lämpliga justerbrickor så att lagrens axialspel/förspänning hålls inom föreskrivna toleranser.

22 Montera locket tillsammans med en ny O-ring.

23 Montera pinjongtätningen. Upp t o m chassinr 384505 är tätningen låst med en klämring som måste tryckas fast ordentligt.

24 Montera tryckklossen och använd en mikrometer för att mäta avståndet från klossen till husets kant, samtidigt som klossen hålls nedtryckt mot kuggstången. Mät på samma sätt avståndet från lockets insida till den yttre anliggningsytan.

25 Välj justerbricka som tillåter ett spel på 0,20 ± 0,08 mm mellan locket och tryckklossen.

26 Montera justerbricka, fjäder, O-ring och lock; dra skruvarna jämnt.

27 Använd en momentnyckel och vrid pinjongdrevet så att kuggstången intar ändlägena och kontrollera att momentet inte i något läge är större än 1,5 Nm. Efterjustera vid behov. Om det är omöjligt att uppnå rätt moment, eller om kuggstången rör sig ojämnt när tryckklossen är borttagen, är kuggstången deformerad och måste bytas ut.

28 Dra fast styrstagen i läge med två U-nycklar och lås fast dem genom att vika låsbrickans läppar mot kuggstången och kullederna.

29 Montera damaskerna och dra fast klämbanden. Se till att den högra damasken sitter över låsklackarna.

30 Skruva på styrlederna i sina ursprungslägen och dra fast låsmuttrarna.

31 Placera flänsen enligt de tidigare gjorda markeringarna, men dra inte fast klamman förrän kuggstångsenheten är fastdragen.

32 Ta tillfälligt bort tryckklossens lock, fjäder, justerbricka och klossen och fyll huset med lithiumbaserat fett, pressa sedan klossen i läge och montera justerbrickan, fjädern och locket.

Alla modeller fr o m mars 1981 till 1985

33 Den största skillnaden jämfört med tidigare styrväxlar är att pinjongdrevets övre rullager har ersatts av ett nållager och att drevets lock har ersatts av ett gängat lock (se foto).

34 Justeringen med justerbrickor för den tidigare styrväxeln enligt beskrivning i punkt 21 är inte tillämplig, och justering av tryckklossen utförs enligt följande:

35 Med styrväxeln på plats, vrid ratten till läge för körning rakt framåt.

36 Demontera skyddslocket över tryck-klossens justermutter, lätta på låsmuttern och skruva ut justerskruven.

37 Sätt Volvo specialverktyg 5098 på en momentnyckel och dra justerskruven till ett moment av 1,3 Nm, använd specialverktyget som hjälpmedel och lossa skruven 40°.

38 Dra låsmuttern och montera locket. Om det vid provkörning visar sig att styrningen inte fungerar tillfredsställande, måste styrväxeln demonteras från bilen enligt beskrivning i avsnitt 20 och åtgärderna upprepas, men med kuggstången centrerad i den punkt där motståndet är störst. Denna punkt kan man hitta med hjälp av en momentmätare på pinjongaxeln.

39 När pinjongaxeln monteras måste flänsen passas in mot kuggstångsenheten enligt fig. 8.23.

Alla modeller fr o m 1985

40 Den modifierade styrväxel som monterades på alla modeller under 1985 känns igen på de tre urtagen i husets botten.

41 Invändigt är rull- och nållager låsta i läge.

42 Komponenterna i dessa nya enheter går inte att ersätta separat. Om någon del är felaktig, måste hela kuggstångsenheten bytas ut. Den äldre typen av styrväxel på tidigare modeller måste också bytas som en enhet.

43 Styrväxeln kan demonteras enligt beskrivning i avsnitt 20, och översyn av växeln görs enligt beskrivning för tidigare versioner, men med följande skillnader:

44 Med kuggstång och pinjongdrev demonterade från huset, knacka ut rullagret med en dorn.

45 Demontera spårringen, använd en avdragare för att demontera nållagret ur styrväxelhuset.

46 Smörj lagersätena med lithiumbaserat fett innan lagren monteras. Monteringen görs i omvänd ordning mot demontering; använd en dorn för att knacka in lagren i styrväxelhuset.

47 Montera kuggstång och pinjongdrev enligt beskrivning för tidigare versioner och justera sedan tryckklossens spel med hjälp av det specialverktyg som beskrivs i punkt 37 enligt följande:

48 Ställ kuggstången i läge för körning rakt framåt och dra tryckklossens justermutter till ett moment av 1,0 Nm, backa sedan av skruven 40°. Dra åt låsmuttern och sätt tillbaka locket.

49 Mät det moment som krävs för att vrida pinjongaxeln; det bör vara mellan 0,6 och 1,7 Nm.

50 Montera en ny låsmutter, dra den till 37 Nm och lås kragen mot de tre urtagen i huset med körnslag. Notera: På en del tidiga 1985 års modeller kan låsmutter i äldre utförande förekomma; den ska då kasseras och ersättas med låsmutter i det nyare utförandet.

22 Styrleder – kontroll och byte

1 Kontrollera regelbundet styrledernas kondition (se foto). Om det finns glapp i vertikal riktning när styrstaget rörs uppåt och nedåt, måste styrleden bytas ut.

2 För att demontera leden, hissa upp framvagnen och stöd den på pallbockar. Demontera hjulet.

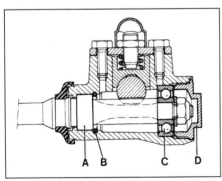

Fig. 8.24 Genomskärning av styrväxelhus på modeller fr o m 1985 (avsn 21)

A Nållager   C Kullager
B Spårring   D Gängat lock

22.1 Styrledens placering

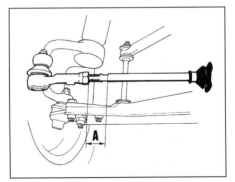

Fig. 8.25 Styrledens kontrollmått (A) (avsn 22)

22.3A Demontera saxpinnen . . .

22.3B . . . och styrledens mutter

22.4 Använd avdragare för att ta loss styrleden från styrarmen

3 Ta bort saxpinnen och skruva loss muttern (se foto).
4 Använd en avdragare för att dra loss leden från styrarmen (se foto).
5 Lossa låsmuttern och skruva loss styrleden, anteckna antalet varv som behövs för att demontera den.
6 Montera en ny styrled i samma läge som den gamla hade och dra låsmuttern. Avståndet från låsmuttern till nyckeltaget på styrstaget (fig. 8.25) får inte variera mer än 2 mm mellan höger och vänster sida.
7 Sätt i styrleden i styrarmen, dra åt muttern och montera en ny saxpinne.
8 Sänk ned bilen. Justera hjulinställningen enligt beskrivning i avsnitt 23.

23 Styrvinklar och framhjulsinställning

1 Bra styregenskaper och jämnt däckslitage beror i stor utsträckning på en riktig framhjulsinställning.
2 Innan framvagnen kontrolleras, tänk på att slitage/glapp i styrleder, felaktigt däcktryck, slitna eller feljusterade hjullager, felaktig fjädring och skadade hjul kan ge felaktiga värden.
3 Det finns fyra faktorer att ta hänsyn till:
Camber som anger vinkeln mellan hjulens rotationsplan och lodlinjen sett framifrån. Om hjulets överdel lutar utåt kallas detta positiv camber.
Caster som anger vinkeln mellan styraxeln och lodlinjen sett från sidan. Om styraxeln lutar bakåt i överkant kallas detta positiv caster.
Spindelbultlutning som anger vinkeln mellan lodlinjen och en tänkt linje genom styraxeln sett framifrån.
Toe-in som betyder att avståndet mellan fälgkanternas insidor ska vara något mindre framför hjulaxeln än bakom den, uppmätt i navhöjd.
4 Exakt kontroll av styrvinklarna kan bara göras med speciell mätutrustning och utförs bäst av en kompetent verkstad. Camber- och castervinklarna är inte justerbara. Om de är felaktiga måste styrnings- och fjädringsdetaljerna kontrolleras med avseende på slitage och skador. Detsamma gäller för spindelbultlutning.

5 För justering av toe-in, ställ bilen plant med framhjulen i läge för körning rakt framåt.
6 Gör i ordning en mätbygel som kan ställas om för att mäta avståndet mellan fälgarnas inner- eller ytterkant i höjd med navet.
7 Placera mätanordningen på fälgens bakkant och markera kontaktpunkterna med krita på däcket.
8 Ta bort mätanordningen och rulla bilen framåt så att hjulen rullar ett halvt varv.
9 Placera mätanordningen mellan framkanterna på framhjulens fälgar vid kritmarkeringarna. Det uppmätta spelet motsvarar toe-in-värdet (se Specifikationer).
10 Om justering behöver göras: lossa styrledens låsmuttrar och styrstagets damaskklamma om så behövs.
11 Vrid styrstagen lika mycket tills inställningen är riktig, dra sedan låsmuttrarna. Styrledernas läge på styrstagen får inte skilja mer än 2 mm mellan höger och vänster (mått A i fig. 8.25).

24 Hjul och däck – allmänt underhåll

Hjul och däck bör inte orsaka några problem under förutsättning att man är uppmärksam på om däcken slits onormalt eller har skador. Observera följande:
Kontrollera regelbundet att däcken har rätt lufttryck. Detta ska göras när däcken är kalla. När däcken är varma efter körning är trycket högre eftersom luften utvidgas av värmen. Släpp aldrig ut luft ur varma däck – detta resulterar i att däcktrycket blir för lågt.
För lågt däcktryck orsakar överhettning p g a för stora rörelser i korden, och däckmönstret får fel kontakt med vägbanan, med dåligt väggrepp och onormalt slitage som följd. Det finns också risk för plötsligt däckhaveri p g a överhettning.
För högt däcktryck medför snabbt slitage av slitbanans mitt, försämrat väggrepp, hårdare gång och risk för bristningar i däckstommen.
Kontrollera regelbundet att däcken inte har skärskador eller bulor, särskilt på däcksidorna. Ta bort spikar eller stenar som har fastnat i mönstret innan de tränger igenom däcket och orsakar punktering. Om det då visar sig att en

spik har trängt igenom – sätt tillbaka den för att markera var skadan finns. Kör inte med däcket i sådant skick. Om du upptäcker skador på ett däck och är tveksam över vad skadorna kan medföra – rådfråga en gummiverkstad.
Ta regelbundet av alla hjul och rengör dem. Kontrollera att fälgarna inte visar tecken på rost, korrosion eller andra skador. Lättmetallfälgar kan lätt få skador i samband med parkering vid trottoarkontakt, och på samma sätt kan stålfälgar få bucklor. Om en fälg är skadad är fälgbyte oftast den enda utvägen.
Balansering av hjulen är viktig, inte bara med tanke på däckslitage, utan även slitage på styrning och fjädringsdetaljer. Obalans märks ofta i form av vibrationer i karossen, men är kanske oftast mest kännbart i ratten. Omvänt kan skador på styrning och fjädring vara orsak till onormalt däckslitage. Orunda eller skeva däck, skadade fälgar och hjullagerslitage/feljustering hör också till denna felkategori, som inte kan avhjälpas med balansering.
Hjulen kan balanseras på bilen eller demonterade. Om balansering görs med hjulen på bilen, ska hjulets läge på navet märkas upp så att man vet det balanserade läget.
Däckslitaget påverkas till stor del av körsätt; kraftiga inbromsningar, snabb acceleration och hård kurvtagning bidrar till att slita däcken snabbt. Skiftning av hjul ger jämnare slitage, men ska bara göras om alla däck är av samma typ. Detta innebär också att man senare måste byta alla däck samtidigt, vilket kan medföra en stor utgift.
Om däcken på framhjulen slits ojämnt, kan det bero på felaktig hjulinställning. Se till att hjulinställningen alltid hålls enligt tillverkarens specifikationer.
Slitaget på framhjulen kan bli ojämnt och orsakas då av felaktig hjulinställning. Hjulinställningen fram måste alltid vara i enlighet med tillverkarens specifikationer.
Bilen är typgodkänd med viss däckutrustning. Olika dimensioner och däck- och mönstertyper får inte användas samtidigt. Vid tveksamhet – rådfråga en auktoriserad Volvo-verkstad.

Felsökning – fjädring och styrning

Bilen drar åt en sida

Olika lufttryck i däcken
Fjädringssystemets geometri felaktig
Bromsarna ligger an
Veka stötdämpare
Felaktig framhjulsinställning
Feljusterade eller slitna hjullager
Slitna kulleder i fjädringen

Onormal krängning och gungning vid kurvtagning och bromsning

Fel på stötdämpare
Vek eller brusten fjäder

Styrningen är tung eller kärvar

Lågt däcktryck
Kärvande kulled
Brist på smörjmedel i styrväxeln
Felaktig framhjulsinställning
Skador på rattstången

Rattspelet för stort

Sliten eller feljusterad styrväxel
Slitna kulleder i styrningen
Dåligt fastdragna skruvar i styrsystemet

Hjulen skevar och vibrerar

Obalans
Skadade fälgar
Slitna kulleder i styrningen
Fel på stötdämpare
Fel på däcken

Onormalt däckslitage

Felaktigt däcktryck
Framhjulsinställningen felaktig
Obalans i hjulen

Kapitel 9 Kaross och detaljer

Beträffande ändringar och information om senare modeller, se Supplement i slutet av boken

Innehåll

1 Allmän beskrivning

Kaross och chassi är en självbärande konstruktion som innehåller många säkerhetsdetaljer. Passagerarutrymmet är utformat som en förstärkt bur, energin vid kollisioner tas upp av fram och bakdel och passagerarutrymmet ska då inte påverkas. Förstyvande balkar är också inbyggda i dörrarna.

Framflyglar och front är skruvade till karossen, de är därför lätta att byta.

B19-modellen introducerades 1981 och de tidigare B14-modellerna moderniserades samma år.

Framänden modifierades 1982, vilket innebar ny grill, huv samt framflyglar. En ändrad instrumentpanel infördes 1983, då även sedanversionen introducerades.

1984 togs de små sidorutorna bort, rutan blev då hel. Ventilationsintagen flyttades från C-stolpen till öppningar undertill i bagageutrymmet. B172-modellen introducerades 1986 och liksom övriga modeller genomgick den ett flertal ändringar.

2 Underhåll – kaross och underrede

Karossens tillstånd är det som mest påverkar fordonets värde. Underhåll är enkelt men måste utföras regelbundet. Försummas detta, särskilt efter mindre skada, kan detta leda till större angrepp och stora reparationskostnader. Det är också viktigt att man håller kontroll på delar som inte är direkt synliga, t ex undersidan, insidan på hjulhusen samt undre delen av motorrummet.

Grundläggande underhåll för kaross är tvättning, företrädesvis med mycket vatten från en slang. Det är viktigt att smuts spolas bort så att inte partiklar skadar lacken. Hjulhus och underrede kräver tvättning på samma sätt för att ta bort smutsansamlingar, vilka kan hålla kvar fukt och utgöra risk för rostangrepp. Paradoxalt nog är det bäst att tvätta underrede och hjulhus då de redan är våta och leran fortfarande är genomblöt och mjuk. Vid mycket våt väderlek rengörs ofta underredet automatiskt och detta är ett bra tillfälle för kontroll.

Det är också lämpligt att periodiskt, utom på fordon med vaxbaserat rostskydd, rengöra underredet med ånga, inklusive motorrum. Detta underlättar kontroll beträffande skador. Ångtvätt kan fås på många ställen och tvättar effektivt bort oljeansamlingar o dyl. Om ångtvätt inte är tillgänglig, finns en del

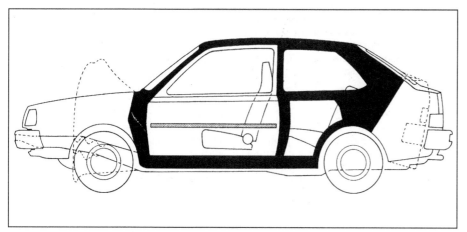

Fig. 9.1 Karossens säkerhetsbur (avsn 1)

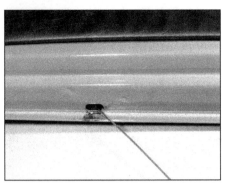

2.4A Dörrens dräneringshål

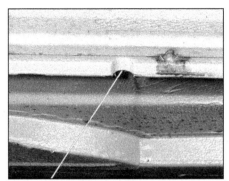

2.4B Karossens dräneringshål

utmärkta avfettningsmedel, som kan läggas på med borste, på marknaden. Smutsen kan sedan helt enkelt spolas av. Notera att dessa metoder inte skall användas på bilar med vaxbaserat rostskydd eftersom detta då löses upp. Sådana fordon skall inspekteras årligen, helst just före vintern, då underredet bör tvättas rent och all ev skada på rostskyddet bättras på. Helst skall ett helt nytt lager läggas på och vaxbaserade produkter för hålrum bör övervägas som extra säkerhet mot rostangrepp, om sådant skydd inte ombesörjes av tillverkaren.

Då lacken har tvättats, torka den torr med sämskskinn för bästa finish. Ett lager vax ger ökat skydd mot kemiska föroreningar. Om glansen har mattats eller oxiderats, använd rengörings/polermedel i kombination, för att återställa glansen. Detta kräver lite arbete, men den matta ytan är ofta resultatet av försummad tvättning. Särskild omsorg bör ägnas åt metallack, eftersom polermedel utan slipmedel måste användas. Kontrollera att alla ventilationshål i dörrar och på andra ställen är öppna så att ev vatten kan rinna ut (se foton). Blanka detaljer bör behandlas på samma sätt som lacken. Vind- och andra rutor kan hållas rena från beläggning genom användning av ett speciellt glasrengöringsmedel. Använd aldrig vax eller annat polermedel för lack eller kromglans på glas.

3 Underhåll – klädsel och mattor

Mattorna bör borstas eller dammsugas regelbundet för att hållas fria från smuts. Är de mycket fläckiga, ta bort dem från bilen för rengöring och se till att de är torra innan de läggs tillbaka.

Säten och klädsel kan hållas rena genom att man torkar med fuktig trasa eller använder speciellt rengöringsmedel. Blir de fläckiga (vilket ofta händer på ljusa färger), använd lite rengöringsmedel och mjuk nagelborste. Glöm inte att hålla taket rent på samma sätt som klädseln. Då rengöringsmedel används inuti bilen, använd inte för mycket. Överskott kan gå in i sömmar och stoppade detaljer och då orsaka fläckar, lukt eller till och med röta. Blir bilen blöt invändigt av någon anledning, kan

det vara värt att torka ut den ordentligt, särskilt mattorna. *Lämna inte kvar elektriska värmare i fordonet för detta ändamål.*

4 Skador på kaross (mindre omfattande) – reparation

Reparation av mindre repor i lacken

Om repan är ytlig och inte tränger ner till metallen, är reparationen enkel. Gnugga området med vax som innehåller färg, eller en mycket fin polerpasta, för att ta bort lös färg från repan. Rengör kringliggande partier från vax och skölj sedan området med rent vatten.

Lägg på bättringsfärg eller lackfilm med en fin borste; fortsätt att lägga på tunna lager färg tills repan är utfylld. Låt färgen torka minst två veckor, jämna sedan ut den mot kringliggande partier med hjälp av vax innehållande färg eller mycket fint polermedel, s k rubbing. Vaxa till sist ytan.

Om repan gått igenom färgskiktet i plåten och orsakat rost, krävs annan teknik. Ta bort lös rost från botten av repan med en pennkniv, lägg sedan på rostförebyggande färg för att förhindra att rost bildas igen. Använd en gummi- eller nylonspackel för att fylla ut repan med lämplig produkt. Vid behov kan denna förtunnas enligt tillverkarens anvisningar. Innan spacklet härdas, linda en bit mjuk bomullstrasa runt fingertoppen, doppa fingret i selulosathinner och stryk snabbt över repan; detta bör att toppen på spacklet blir något urholkat. Repan kan sedan målas över enligt beskrivning tidigare i detta avsnitt.

Reparation av bucklor i karossen

Då en djup buckla uppstår i karossen, är den första uppgiften att trycka ut den, så att karossformen blir nästan den ursprungliga. Metallen är skadad och området har sträckt sig, det är därför omöjligt att återställa karossen helt till sin ursprungliga form. Räta ut plåten tills den är ca 3 mm lägre än omgivande partier. Om bucklan är mycket grund från början, lönar det sig inte alls att försöka trycka ut den.

Om undersidan på bucklan är åtkomlig, kan den hamras ut försiktigt från baksidan med

hjälp av en plast- eller träklubba. Håll samtidigt ett lämpligt trästycke på utsidan som mothåll så att inte en större del av karossen trycks utåt.

Är bucklan på ett ställe där plåten är dubbel, eller den av annan anledning inte är åtkomlig bakifrån, måste man förfara på annat sätt. Borra flera små hål genom plåten inom det skadade området, speciellt i den djupare delen. Skruva sedan i långa självgängande skruvar så att de får gott grepp i plåten. Nu kan bucklar rätas ut genom att man drar i skruvarna med en tång.

Nästa steg är att ta bort färgen från det skadade området och några cm runt omkring. Detta görs bäst med hjälp av en stålborste eller slipskiva i en borrmaskin, även om det också kan göras för hand med hjälp av slippapper. Förbered ytan för spackling genom att repa den med en skruvmejsel eller liknande. Man kan också borra små hål i området, vilket ger gott fäste för spacklet.

Se vidare avsnitt om spackling och sprutning.

Reparationer av rost- och andra hål i karossen

Ta bort all färg från det berörda området och några cm runt omkring med hjälp av slippapper eller en stålborste i en borrmaskin. Några slippapper och en slipkloss gör annars jobbet lika effektivt. När färgen är borttagen kan man bedöma skadans omfattning och avgöra om en ny detalj behövs (om det är möjligt) eller om den gamla kan repareras. Nya karossdetaljer är inte så dyra som man många gånger tror och det går oftast snabbare och bättre att sätta på en ny detalj än att försöka laga stora områden med rostskador.

Ta bort alla detaljer i det skadade området, utom sådana som behövs för att återställa ursprunglig form på den skadade detaljen (strålkastare, sarg etc). Klipp eller såga sedan bort löst eller kraftigt korroderad metall. Knacka in hålkanten lite för att åstadkomma en fördjupning för spacklet. Stålborsta den berörda ytan för att ta bort rostrester från ytan runt omkring. Måla sedan med rostskyddande färg; om baksidan av det angripna området är åtkomlig, behandla även den.

Innan utfyllnad kan göras, måste stöd läggas i hålet på något sätt. Detta kan göras med hjälp av aluminium- eller plastnät, eller aluminiumtejp.

Aluminiumnät eller plastnät, eller glasfibermatta, är förmodligen det bästa materialet för stora hål. Klipp ut en bit som täcker hålet, placera den sedan så att kanterna är under den omgivande karossplåtens nivå. Den kan hållas på plats med flera klickar spackel.

Aluminiumtejp kan användas för mycket små och mycket smala hål. Forma en bit till ungefär samma storlek och form som hålet, dra loss skyddspapperet (om sådant finns) och placera tejpen över hålet; flera lager kan användas om inte ett är tillräckligt. Tryck till kanten på tejpen med skruvmejsel eller liknande, så att den fäster ordentligt.

Karossreparationer – spackling och sprutning

Innan detta avsnitt används, se tidigare anvisningar beträffande reparation av bucklor, repor, rost- och andra hål.

Många typer av spackel förekommer, men generellt fungerar de reparationssatser som består av grundmassa och en tub härdare bäst. En bred, flexibel spackel av plast eller nylon är ovärderlig för att forma spacklet efter karossens konturer.

Blanda lite spackel på en skiva – mät härdaren noggrant (följ tillverkarens anvisningar), annars kommer spacklet att härda för snabbt. Det finns också en-komponentsprodukter, men för dessa krävs dagsljus för härdning.

Stryk på spacklet; dra spackelspaden över ytan så att spacklet antar samma kontur som den ursprungliga. Så snart formen någorlunda överensstämmer med den tänkta, avbryt bearbetningen – arbetar man för länge blir massan kletig och fastnar på spackelspaden. Stryk på tunna lager med 20 min mellanrum tills området har byggts upp så att det är något för högt.

Så snart spacklet har härdat, kan överskottet tas bort med en fil eller annan lämpligt verktyg. Sedan skall allt finare slippapper användas. Starta med nr 40 och sluta med nr 400 våtslippapper. Använd alltid någon form av slipkloss, annars blir ytan inte plan. Under det avslutande skedet skall våtslippapperet då och då sköljas i vatten. Detta garanterar en mycket jämn yta.

Området kring bucklan bör nu bestå av ren metall, som i sin tur skall omgivas av den uttunnade lackeringen. Skölj ytan med rent vatten tills allt damm från slipningen har försvunnit.

Spruta hela området med ett tunt lager grundfärg, så att eventuella ojämnheter i ytan framträder. Åtgärda dessa ojämnheter med filler eller finspackel och jämna på nytt ut ytan med slippapper. Om finspackel används, kan det blandas med förtunning, så att man får en riktigt tunn massa, perfekt för att fylla små hål. Upprepa sprutnings- och spacklingsproceduren tills du är nöjd med ytan och utjämningen runt om skadan. Rengör området med rent vatten och låt det torka helt.

Området är nu klart för slutbehandling. Sprutning av färgskikt måste ske i en varm, torr, drag- och dammfri omgivning. Dessa villkor kan uppfyllas om man har en stor arbetslokal, men om man tvingas arbeta utomhus måste man välja en tidpunkt omsorgsfullt. Arbetar man inomhus, kan man binda dammet genom att hälla vatten på golvet. Om den reparerade ytan begränsar sig till en panel, maskera omkringliggande partier; detta hjälper till att begränsa effekten av nyansskillnad. Detaljer som kromlister, dörrhandtag etc måste också maskeras. Använd riktig maskeringstejp och flera lager tidningspapper.

Innan sprutningen påbörjas, skaka flaskan omsorgsfullt, gör sedan ett sprutprov (t ex på en gammal konservburk) tills du behärskar tekniken. Täck området med grundfärg; lagret skall byggas upp av flera tunna lager, inte av ett tjockt. Slipa ytan med nr 400 våtslippapper tills den är helt slät. Under slipningen skall området sköljas över med vatten och papperet emellanåt sköljas i vatten. Låt ytan torka helt innan den sprutas igen. Spruta på färglagret, bygg på nytt upp tjockleken med flera tunna lager.

Börja spruta mitt i området, arbeta sedan utåt genom att röra burken från sida till sida. Fortsätt arbeta utåt tills hela området och ca 50 mm utanför har täckts. Ta bort maskeringen 10 till 15 min efter sprutning.

Låt det nya färgskiktet torka minst två veckor, bearbeta sedan ytan med vax innehållande färg eller mycket fin polerpasta, s k rubbing. Jämna ytorna mot den gamla lackeringen. Vaxa slutligen bilen.

Plastdetaljer

Allt fler detaljer av plast används vid tillverkningen (t ex stötfångare, spoiler och i vissa fall hela karossdetaljer). Reparation av omfattande skada på sådana detaljer har inneburit att man antingen överlåter arbetet till en specialist eller byter detaljerna. Sådana reparationer är i regel inte lönsamma att göra själv, då utrustning och material är dyra. Den grundläggande tekniken innebär att man gör ett spår längs sprickan i plastdetaljen med hjälp av en roterande fil i borrmaskinen. Den skadade detaljen svetsas sedan samman med hjälp av en varmluftspistol som värmer och smälter ihop plasten, eventuellt med tillsatsmaterial i spåret. Överskottsplast kan sedan tas bort och området poleras till en jämn yta. Det är mycket viktigt att man använder tillsatsmaterial av rätt plast, eftersom dessa detaljer kan tillverkas av olika material (som polykarbonat, ABS, polypropylen).

Mindre omfattande skador (skavning, mindre sprickor etc.) kan repareras genom att man använder en två-komponents epoxyprodukt, eller en motsvarande enkomponentsprodukt. Dessa produkter används efter blandning, eller i vissa fall direkt från tuben, på samma sätt som spackel. Produkten härdar inom 20-30 min och är då redo för slipning och målning.

Om man byter en hel detalj, eller har reparerat med epoxy, återstår problemet att hitta en lämplig färg som kan användas på den plast det är fråga om. Tidigare var det omöjligt att använda en och samma färg till alla detaljer p g a skillnaden i materialets egenskaper. Standardfärg binder inte tillfredsställande till plast eller gummi, men specialprodukter kan fås från återförsäljaren. Nu är det också möjligt att köpa en speciell färgsats, bestående av förbehandling, en grundfärg och färg, och normalt medföljer kompletta instruktioner. Metoden går i korthet ut på att man först lägger på förbehandlingen, låter den torka i 30 min innan grundfärgen läggs på. Denna får torka i drygt 1 timme innan till sist färglagret läggs på. Resultatet blir en korrekt finish där färgen överensstämmer och skikten kan böja sig med plast- eller gummidetaljer. Detta klarar normalt inte en standardfärg.

5 Skador på kaross (omfattande) – reparation

Där större skador har inträffat, eller stora partier måste bytas p g a dåligt underhåll, måste hela paneler svetsas fast. Detta är ett arbete som bäst överlåts åt fackmannen.

Om skadan beror på en kollision, måste man också kontrollera att kaross och chassi inte har blivit skeva, och detta kan endast göras av en auktoriserad Volvoverkstad med speciella jiggar. Om karossen inte riktas upp, kan det vara farligt att köra bilen, eftersom den inte uppför sig riktigt. Det kan också orsaka ojämn belastning på styrning, motor och växellåda, vilket kan leda till onormalt slitage eller haveri, även onormalt slitage på däcken.

6 Underhåll – gångjärn och lås

1 Smörj gångjärn till huv, baklucka och dörrar med några droppar tunn olja regelbundet. Det kan vara lämpligt efter att bilen tvättats.
2 Smörj huvens lås och ledstift samt huvens styrrullar.
3 Smörj inte lås och anslag alltför rikligt.

7 Dörr – lokalisering och åtgärdande av skrammel

1 Kontrollera först att dörrarnas gångjärn inte är glappa, se till att låset håller dörren ordentligt stängd. Kontrollera också att dörren passar riktigt i dörröppningen.
2 Om gångjärnen är glappa eller om dörren inte passar riktigt, måste gångjärnens sprintar eller hela gångjärnen bytas. Byte av sprintar kan lätt göras, men eftersom gångjärnen är svetsade, måste själva gångjärnet bytas av en fackman.
3 Om låsspärren håller dörren riktigt, ska dörren vara helt stängd och passa mot karossen; i annat fall erfordras justering. Någon del av låsmekanismen kan också vara sliten och behöva bytas.
4 Annat skrammel från dörren orsakas ofta av slitna eller lösa fönsterhissar, rutlister och klädseldetaljer, eller dörrens låsmekanism.

8 Framflyglar och front – demontering och montering

1 Framflyglar och front är skruvade till karossen och det är därför enkelt att byta dessa detaljer.
2 Se fig. 9.2 beträffande fästskruvarnas placering samt kapitel 10 beträffande demontering av strålkastare och (på senare modeller) sidoblinkerslampor.
3 Montera i omvänd ordning, men andvänd nytt tätningsmedel och rostskydda även undersidan av detaljerna. Utsidan sprutas givetvis med matchande färg.

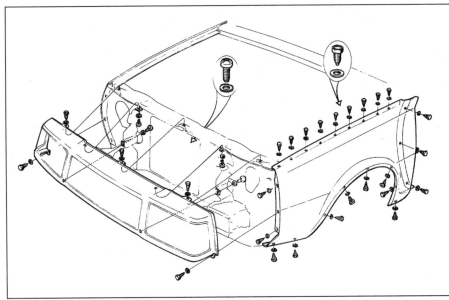

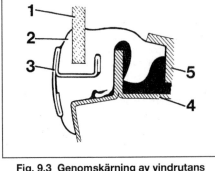

Fig. 9.3 Genomskärning av vindrutans tätningslist (avsn 9)

1 Vindruta   4 Kaross
2 Tätningslist   5 Instrumentbräda
3 Täcklist

Fig. 9.2 Placering av skruvar för framflygel och front på tidiga modeller (senare modeller liknande) (avsn 8)

9 Vindruta –
demontering och montering

1 Demontering och montering av vindruta överlåts bäst till en specialist, men en beskrivning på arbetet ges här för de som dock är villiga att prova.

2 På grund av ändringar i produktionen, skiljer metoden mellan årsmodellerna, men de anvisningar som ges här täcker de flesta modeller.

3 På alla modeller, demontera vindrutetorkararmar och invändig backspegel.

4 Demontera panelerna vid A-stolparna samt vindrutepanelen.

5 På modeller t o m 1978, lossa instrumentbrädan och dra bort den en aning.

6 På modeller från och med 1979, demontera defrosterpanel samt stöd för vindrutans list.

7 På modeller från och med 1983, demontera panelerna under instrumentbrädan så att stöden för rutlisten är åtkomliga, ta sedan bort dem.

8 För alla modeller ska tätningslisten demonteras, använd en skruvmejsel.

9 Ta hjälp av någon, lägg ett konstant tryck på rutan inifrån med hjälp av fötterna, tryck så vindrutan ut ur ramen komplett med list och tätningslist.

10 Innan montering av vindrutan, rengör grundligt vindruta, tätningslist samt täcklist med sprit.

11 Montera tätningslist och täcklist på vindrutan, använd diskmedel som smörjmedel.

12 Placera en bit starkt snöre i tätningslistens kanal hela vägen runt, överlappande i mitten.

13 För upp vindrutan mot ramen, för in snörändarna i bilen.

14 Tryck konstant utifrån på vindrutan, dra samtidigt i snöret så att inre delen av tätningslisten dras över ramkanten.

15 Knacka försiktigt runt kanten på ruta och tätningslist med en gummiklubba så att den sätter sig ordentligt.

16 Montera liststöd, instrumentpanel, klädsel samt torkararmar.

17 Vid montering av vindruta med metallist, stryk tätningsmedel mellan vindruta och tätningslist, samt mellan tätningslist och rutram, använd munstycke och pump.

10 Vindrutepanel –
demontering och montering

1 Demontera solskydd, innerbelysning samt solluckans öppningsmekanism, beroende på modell.

2 På modeller till och med 1978, dra övre delen av dörrens tätningslist från ramen, demontera de övre skruvarna i A-panelen och dra ner klädseln från taket.

3 På modeller från och med 1979, demontera fästskruvarna från panelen och dra loss den från taket.

4 Montera i omvänd ordning.

11 A-paneler –
demontering och montering

1 A-panelerna är de klädseldetaljer som täcker vindrutans sidostolpar.

2 Vid demontering, ta först bort solskydd vid behov samt skruvarna som håller panelen till stolpen.

3 Montera i omvänd ordning.

12 B-paneler –
demontering och montering

1 B-panelerna är de klädseldetaljer som täcker mittstolparna.

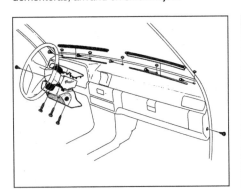

Fig. 9.4 Tidigare utförande av instrumentbrädans fästskruvar (avsn 9)

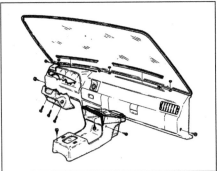

Fig. 9.5 Senare utförande av instrumentbrädans fästskruvar (avsn 9)

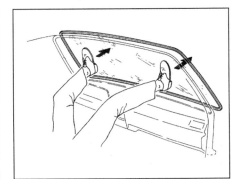

Fig. 9.6 Demontering av vindruta (avsn 9)

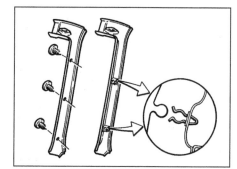

Fig. 9.7 A-panel (avsn 11)

2 Där sidoruta med gångjärn förekommer, demontera denna, komplett med gångjärnen.
3 Demontera säkerhetsbältets infästning upptill och nedtill, vilket som är nödvändigt.
4 Demontera panelens fästskruvar.
5 Dra undan tätningslisten från ramen vid behov.
6 Demontera panelen genom att dra ut den i underkant först.
7 Montera i omvänd ordning.

13 C-paneler –
demontering och montering

1 C-panelerna täcker övre delen på C-stolparna bak.
2 Lossa kablaget från bakluckans infästning (vid behov).
3 Lossa tätningslisten så som erfordras från baklucka samt rut-/dörram.
4 Demontera infästning för bakre säkerhetsbälte.
5 Vissa modeller har en liten panel i det bakre övre hörnet som också ska demonteras – den hålls av en plåtskruv.
6 Lyft panelen uppåt och åt sidan vid demontering.
7 Montera i omvänd ordning.

14 Sidoruta (fast) –
demontering och montering

1 Ta hjälp av någon som stöder rutan på utsidan, placera två tygbitar på insidan av rutan, använd sedan fötterna att trycka ut rutan.

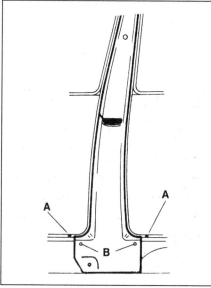

Fig. 9.8 B-panel (avsn 12)

A Tröskellistens fästskruvar   B Panelskruvar

2 Ta bort täcklist och kopplingsstycke.
3 Demontera tätningslisten från rutan.
4 Vid montering, montera tätningslist, täcklist samt kopplingsstycke på rutan.
5 Använd metoden beskriven i avsnitt 9, sätt tillbaka rutan i uttaget. Inget tätningsmedel behövs till tätningslisten.

15 Sidoruta (med gångjärn) –
demontering och montering

1 Demontera stjärnskruvarna som håller gångjärn och stag till rutan, lyft sedan bort rutan.
2 Ta bort gummigenomföringar och muttrar från rutan.
3 Ta bort gångjärnen, lossa täckbrickorna och ta bort skruvarna.
4 Vid demontering av spärr på modeller till och med chassinummer 426261, demontera först C-panel (avsnitt 13). På modeller från och med chassinummer 426262 demontera pluggen i C-panelen. För alla modeller, demontera insexskruvarna och ta bort spärren.
5 Montera i omvänd ordning.

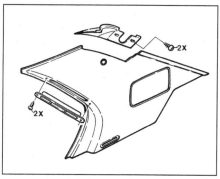

Fig. 9.9 C-panel (avsn 13)

16 Bakruta (kombikupé och sedan) –
demontering och montering

1 Proceduren är lika som för vindrutan (avsnitt 9) beakta bock följande:
2 Lossa anslutning för bakrutevärme, ta bort hatthyllan.
3 Påpekandet om tätningsmedel vid montering av ruta med metallist gäller även bakrutan.
4 Från och med 1986 är bakrutan limmad, demontering och montering bör överlåtas till en fackman.

17 Dörruta fram –
demontering och montering

Modeller fram till 1984

1 Demontera dörrklädsel enligt beskrivning i avsnitt 22, samt dörrklädselns fäste om sådant finns.
2 Demontera plastpluggarna från dörren, demontera skyddsfolien samt täckluckor där sådana förekommer (se foto).
3 Veva ner fönstret helt.
4 På modeller med liten ruta, demontera skruvarna som håller rutlisten (på vissa modeller finns en nit upptill, denna måste då borras ut).
5 Bryt loss inre handtaget från dörren.
6 Demontera täcklisten från rutlisten, tryck ner listen och sedan upp och ut ur dörren.
7 Hissa upp fönstret tills hissmekanismen är

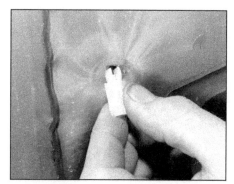

17.2A Demontering av plastplugg från dörren före demontering av skyddsfolie

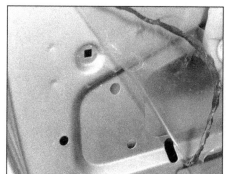

17.2B Skyddsfolien lossas

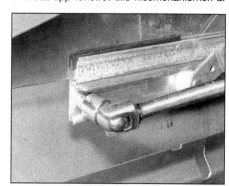

17.9A Demontering av rutfästets skruv

17.9B Den andra skruven är åtkomlig genom hålet

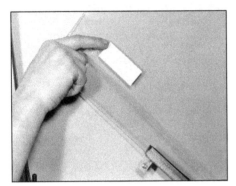

17.10 Rutan tas bort

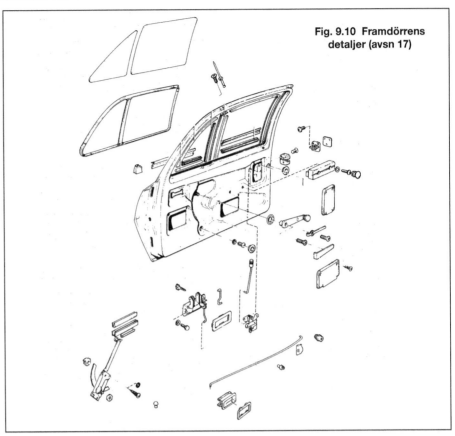

Fig. 9.10 Framdörrens detaljer (avsn 17)

horisontal, dra bort armen från rutfästet, ta bort rutan.

Modeller från och med 1984

8 Utför momenten 1 och 2.
9 Ställ rutan så att rutfästets skruvar kan lossas (se foto).
10 Lossa muttrarna, dra hissmekanismen från ruta och rutfäste, lyft rutan ut ur dörren mot utsidan i vinkel (se foto).

Alla modeller

11 Om rutlisten ska överföras till en ny dörr, mät avståndet från kanten på rutan till framkant på rutfästet, montera listen på den nya rutan i samma läge.
12 Montera i omvänd ordning, men dra inte åt rutfästets skruvar innan rutan är på plats. Hissa sedan upp rutan så att glaset centeras och dra åt skruvarna. **Notera:** *Det är viktigt att skyddsfolien monteras korrekt och tätar runt kanten, så att inte fukt kommer in mot klädseln.*

18 Hörnruta, framdörr – demontering och montering

1 Demontera rutlist enligt beskrivning i avsnitt 17, punkterna 1 till 4.
2 Ta bort gummilisten och dra ut hörnrutan.
3 Montera i omvänd ordning, men stryk lite såpvatten på gummilisten för att underlätta montering. Dra inte åt rutlistens skruvar innan fönstret har öppnats och stängts flera gånger.

19 Dörruta bak och hörnruta – demontering och montering

Arbetet beskrivs i avsnitten 17 och 18, tätningslisten är dock monterad på rutan.

20 Rutlist (modeller fr o m 1983) – demontering och montering

Notera: *Gäller modeller utan hörnruta.*
1 Demontera dörrklädseln enligt beskrivning i avsnitt 22, ta bort skyddsfolien.
2 Demontera skruvarna i underkant på listen.
3 Dra ut tätningslisten ur rutlisten, ta sedan ut listen genom den undre öppningen.
4 Om u-klamman upptill i listen stannar kvar i

dörren, ta bort den och sätt tillbaka den på listen.
5 Montera i omvänd ordning, men då listen trycks uppåt skall man höra ett "klick" då den kommer på plats, vilket visar att u-klamman har fäst ordentligt. Det är viktigt att skyddsfolien monteras riktigt och tätar runt kanterna.

21 Dörr – demontering och montering

1 Öppna dörren och lossa dörrstoppet (se foto). På framdörren slår man bort låsstiftet med en lämplig dorn underifrån. På bakdörren lossar man de två skruvarna i dörrkanten.
2 Då dörren har högtalare monterade, centrallås eller elfönsterhissar, demontera

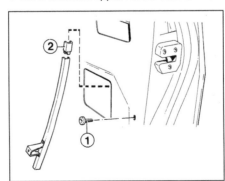

Fig. 9.11 Framdörr, rutlist (avsn 20)
1 Skruv   2 U-profil

21.1 Framdörrstopp och undre gångjärn

21.5 Demontering av innerhandtag

21.6 Framlåsets spärrhake

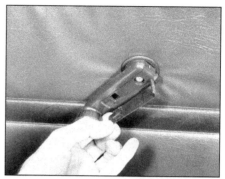

22.2A Ta bort plastskyddet . . .

klädseln och lossa ledningarna, mata dem genom hålet i dörren.

3 Demontera plastpluggarna från gångjärnen (där sådana finns), knacka ut den undre gångjärnssprinten, sedan den övre. Den undre sprinten måste knackas uppåt genom gångjärnet, den övre nedåt genom gångjärnet.

4 Lyft bort dörren.

5 Om ny dörr monteras, måste ruta, hiss, dörrlås samt handtag flyttas över, se respektive avsnitt i detta kapitel (se foto).

6 Montera i omvänd ordning och justera låshaken (se foto). Lossa låshakens skruvar, justera så att överkanten är horisontell samt att dörren varken lyfts eller trycks ned då den stängs. Kontrollera att låset låser i andra läget då dörren är helt stängd samt att dörren passar mot bakflygel eller bakdörr.

22 Dörrklädsel –
demontering och montering

1 Stäng fönstret helt och notera fönstervevens läge, så att den kan monteras på samma sätt.

2 Bryt ut plastskyddet från veven (där sådant förekommer), demontera fästskruven (se foto).

3 På tidiga modeller, demontera skruvarna och ta bort armstödet. På vissa modeller täcks skruvarna av plastpluggar som måste tas bort. Då armstödet inkluderar ett handtag, vrid armstödet 90° så att övre infästningen lossar (se foto).

22.2B . . . och fönstervevens skruv (tidiga modeller)

22.2C Ta bort plastskyddet . . .

22.2D . . . och fönstervevens skruv (senare modeller)

22.3A Ta bort pluggen . . .

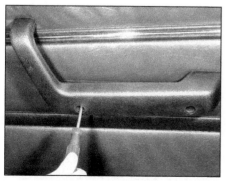

22.3B . . . skruvarna . . .

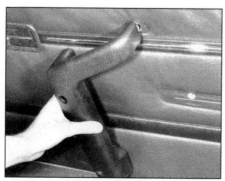

22.3C . . . och armstödet (345 visad)

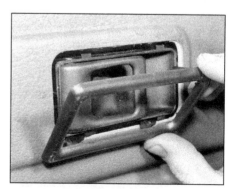

22.5 Skjut innerhandtagets ram bakåt vid demontering

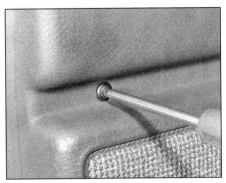

22.6A Demontering av skruv för dörrklädsel

22.6B På vissa modeller finns en skruv i dörrfickan

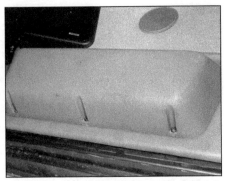

22.6C De undre skruvarna i undersidan på förvaringsfacket

4 På 1986 års modeller är armstödet en del av dörrklädseln.

5 För innerhandtagets ram bakåt så att den lossnar (se foto). Ta bort mellanstycket, om sådant förekommer.

6 På 1986 års modeller, demontera fästskruvarna (se foto) samt (för alla modeller), använd en bredbladig skruvmejsel för att bryta ut klädselns fästklammor bort från dörren (se foto).

7 Lossa ledningar till dörrmonterade högtalare (se foto), centrallås samt elfönsterhissar där sådana förekommer.

8 Montera i omvänd ordning.

22.6D Fäste för dörrklädseln

22.7 Koppla loss högtalaren

23 Dörrlås – demontering och montering (alla modeller)

1 Demontera dörrklädseln enligt beskrivning i avsnitt 22.

2 På modeller fram till 1983, demontera bakre delen av klädseln från öppningen. På senare modeller, ta bort täckplåten på insidan av dörren (där sådan förekommer) (se foto).

3 Lossa stängerna från dörrlåset.

4 Demontera låsets fästskruvar och sedan låset (se foto).

5 Montera i omvänd ordning.

24 Dörrhandtag, yttre – demontering och montering

1 Demontera klädseln enligt beskrivning i avsnitt 22.

2 Demontera den bakre täckplåten från dörren.

Modeller fram till 1983 (framdörr)

3 Lossa stängerna till låset.

4 Demontera skruv och mutter, ta bort handtaget (se foto).

5 Demontera tätningsringen.

Modeller fram till 1983 (bakdörr)

6 På höger dörr, tryck ned den undre styrningen.

7 Ta bort dragstången från styrningarna, lossa den undre styrningen från låsstången sedan låsbrickan demonterats.

8 Lossa fästskruven och ta bort handtaget så att dragstången kan hakas loss.

Modeller fr o m 1983 (framdörr)

9 Demontera rutlisten (avsnitt 20).

10 Demontera handtagets fästskruv.

11 På 4/5 dörrars modeller, demontera skyddslocket.

12 Dra stängerna från handtaget, ta bort handtaget genom öppningen.

Modeller fr o m 1983 (bakdörr)

13 Arbetet sker på samma sätt som för tidigare modeller.

Alla modeller

14 Montera i omvänd ordning.

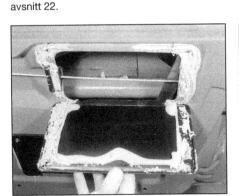

23.2 Demontering av bakre täckplåt

23.4 Framdörrens fästskruvar för låset

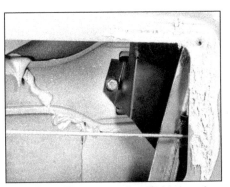

24.4 Framdörrens yttre handtag, placering av fästskruv

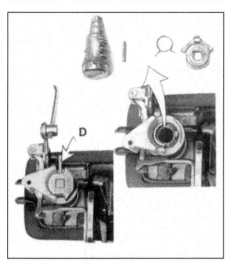

Fig. 9.12 Låscylinder, demontering
(avsn 25)

D Låsstift

25 Låscylinder –
demontering och montering

1 Demontera yttre handtag enligt beskrivning i
avsnitt 24.
2 Låscylindern kan demonteras från
handtaget genom att man knackar ut låsstiftet
med en dorn samt demonterar låsplatta och
fjäder.
3 Montera i omvänd ordning, men sätt
nyckeln i låset först, vilket garanterar att
villorna i låset är i rätt läge.

26 Fönsterhiss –
demontering och montering

För elfönsterhissar, se avsnitt 28
1 Demontera dörrklädseln enligt beskrivning i
avsnitt 22.

Framdörr – modeller fram till 1983

Tredörrars modeller

2 Sänk ner rutan helt.

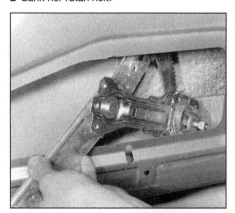

26.18A Demontering av hissmekanism från
dörren (1983 års modeller)

26.7 Framrutans lyftarm och fäste

3 Lossa den mittre täckpanelen genom att ta
bort de två skruvarna och lyfta panelen från
den undre kanten.
4 Från och med chassinummer 388532,
demontera även den främre skyddspanelen.
5 Ta bort de fyra skruvarna som håller
fönsterhissmekanismen till dörren.
6 På modeller med chassinummer före
388532, dra bort lyftarmen från rutfästet, ta
bort mekanismen genom öppningen, rotera
samtidigt lyftarmen framåt.
7 På modeller från och med chassinummer
388532, dra loss lyftarmen från rutfästet (se
foto), sätt sedan tillbaka veven och vrid den
helt moturs. Ta bort mekanismen i öppningen i
dörren.
8 Montera i omvänd ordning.

Femdörrars modeller

9 Demontera bakre och mittre panel.
10 Lossa rutfästets två skruvar; den undre
skruven är åtkomlig sedan pluggen tagits bort.
11 Hissa upp fönstret helt och stöd det med
en träbit.
12 Ta bort de fyra skruvarna som håller
hissmekanismen till dörren (se foto).
13 Använd en skruvmejsel, flytta den undre
delen på rutfästet bakåt, lossa sedan
mekanismen från dörren och ta bort den från
rutfästet.
14 Ta bort mekanismen genom den undre
öppningen i dörren.
15 Montera i omvänd ordning.

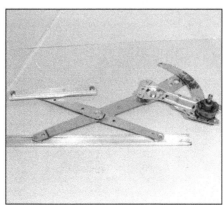

26.18B Hissmekanism (1983 års modeller)

26.12 Framrutans hiss och fästskruvar

Framdörr – 1983 års modeller

16 Demontera fästskruvarna för fönsterhissen
samt rutfästet (se avsnitt 17).
17 Veva mekanismen till stängt läge, tills den
kopplar loss, tryck sedan mekanismen bort
från rutfästet.
18 Vid demontering av mekanism från dörren,
måste den vridas till halvöppet läge och tas
bort genom den främre öppningen i dörren (se
foto).
19 Montera i omvänd ordning, men
kontrollera att armen är placerad på rätt sida
av rutfästet då mekanismen förs in i dörren.
20 Vrid mekanismen till helt öppet läge, tills
de gängade hålen kommer i ett läge då
skruvarna kan monteras och dras åt.

Framdörr – modeller från och med
1984

21 Demontera rutan enligt beskrivning i
avsnitt 17.
22 På tredörrars modeller, ställ rutan i halvt
öppet läge, för övriga modeller i stängt läge,
tills mekanismen kopplar loss.
23 Ta bort de två skruvarna från rutfästet och
skruvarna för hissmekanismen, ta sedan bort
mekanismen från dörren genom den bakre
öppningen.
24 Montera i omvänd ordning.

Bakdörr – alla modeller

25 Ta bort den undre panelen.
26 Ta bort de fyra skruvarna som håller
hissmekanismen till dörren.
27 Stöd rutan och dra lyftarmen från rutfästet.
För upp fönstret helt och stöd det med en
träbit.
28 Ta bort mekanismen genom den undre
öppningen.
29 Montera i omvänd ordning.

27 Baklucka (kombikupé) –
demontering och montering

1 Öppna bakluckan och lossa elanslutningen.
2 Låt någon hålla i luckan, ta sedan bort
låsbrickorna och lossa gasfjädrarna från
kullederna (se foto).
3 Lossa taket i bakkant, eller täcklocket så att
gångjärnsskruvarna blir åtkomliga.

27.2 Bakluckans gasfjäder med kulled

27.5A Bakluckans styrning

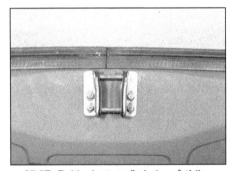

27.5B Bakluckans spärrhake på tidiga modeller

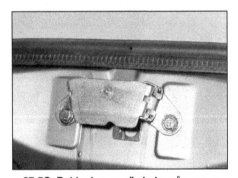

27.5C Bakluckans spärrhake på senare modeller

4 Lossa skruvarna och ta bort bakluckan.
5 Montera i omvänd ordning, kontrollera dock att bakluckan passar ordentligt då den är stängd. Justering i luckans överkant kan göras om man lossar gångjärnsskruvarna. Styrningarna i underkant har spår som medger justering av luckan (se foto). Kontrollera att bakluckan hålls ordentligt stängd utan spel, justera vid behov spärrhaken (se foto).

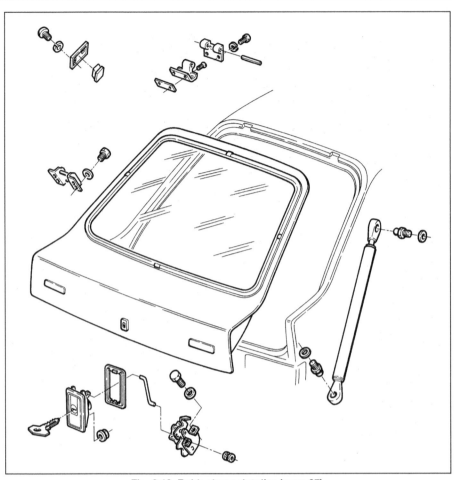

Fig. 9.13 Bakluckans detaljer (avsn 27)

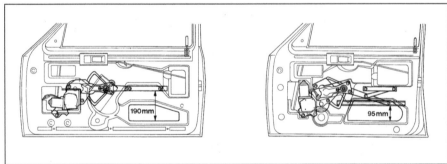

Fig. 9.14 Hissmekanismens läge i förhållande till öppning i dörrklädseln (avsn 28)

28 Elfönsterhiss – demontering och montering

1 Demontera rutan enligt beskrivning i avsnitt 17.
2 Ställ fönsterhissen i det läge som fig. 9.14 visar (detta beroende på öppningarna i dörren).
3 Lossa elanslutningen från motorn.
4 Demontera skruvarna från rutfästet och motorn, ta bort enheten komplett genom den undre öppningen (se foto).
5 För att få bort motorn från mekanismen, demontera de tre skruvarna. **Notera:** På

28.4A Motor för elfönsterhiss

28.4B Fjäder för elfönsterhiss

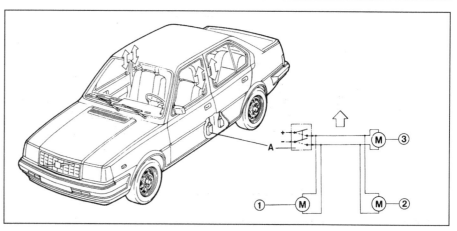

Fig. 9.16 Centrallås (avsn 29)

A Strömställare   1, 2, och 3 Elmotorer

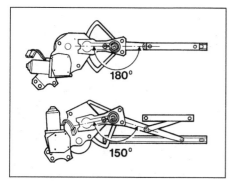

Fig. 9.15 Hissmekanismens läge vid montering i förhållande till öppning i dörrklädseln (avsn 28)

Se även fig. 9.14

tredörrars modeller är en av dessa skruvar en försänkt insexskruv, på grund av utrymmesbrist får denna aldrig bytas mot en vanlig skruv.
6 Montera i omvänd ordning, ställ mekanismen enligt fig. 9.15.
7 För information om strömställarna, se kapitel 10.

29 Centrallås

Allmän beskrivning

1 Detta system förekommer på vissa modeller

och gör att alla dörrar (utom baklucka) kan låsas samtidigt som förarens dörr.
2 Förardörren innehåller ett signaldon som, då förardörren låses, aktiverar elektriska motorer i övriga dörrar som i sin tur manövrerar låsmekanismen.

Sändare – demontering och montering

3 Demontera dörrklädseln från förardörren enligt beskrivning i avsnitt 22.
4 Demontera de två skruvarna som håller sändaren i dörren, haka sedan loss tryckstången och koppla loss elledningarna innan sändaren tas bort.
5 Montera i omvänd ordning.

Låsmotorer – demontering och montering

6 Lossa dörrklädslar enligt beskrivning i avsnitt 22.
7 Haka loss tryckstången under låsknappen samt (på förardörren) från sändaren.
8 Demontera de två skruvarna som håller motorfästet, ta bort motorn och lossa ledningarna.
9 Montera i omvänd ordning, men om nya motorer monteras, flytta över fästena från de gamla.

Allmänt

10 För information om strömställare, se kapitel 10.

30 Bakluckans lås (kombikupé) – demontering och montering

1 Lossa locket på bakluckans insida.
2 Lossa och ta bort länkstång mellan handtag och lås.
3 Lossa och ta bort fästskruvarna, sedan låset. Handtaget kan vid behov tas bort genom att man lossar muttern (se foto).
4 Montera i omvänd ordning.

31 Motorhuv – demontering och montering

Tidiga modeller

1 Öppna huven helt och markera gångjärnens läge.
2 Låt någon hålla i huven, ta bort låsbleck och bricka från vänster gångjärnssprint.
3 Då spolarmunstyckena är monterade på huven, lossa plastslangen.

30.3A Bakluckans lås på tidiga modeller

30.3B Bakluckans handtag sett bakifrån

30.3C Bakluckans lås på senare modeller

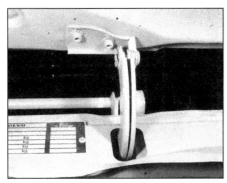

31.5 Höger huvgångjärn på tidiga modeller

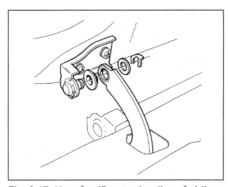

Fig. 9.17 Huvgångjärnets detaljer på tidiga modeller (avsn 31)

31.6A Huvens bakre låsbleck

31.6B Huvens styrrulle

31.7A Gångjärnsstångens låsstift på senare modeller (vid pilen)

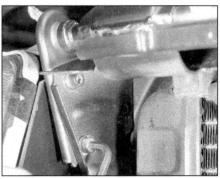

31.7B Demontering av gångjärnsskruvar på senare modeller

31.7C Vänster gångjärn och jordledning

32.2 Gångjärnsstång och fjäder på tidiga modeller

32.3A Huvlåsets fästskruvar på tidiga modeller . . .

32.3B . . . och på senare modeller

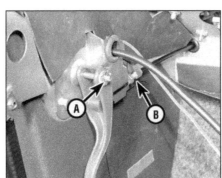

32.6 Öppningsarm för huv inuti bilen

A Låsbleck   B Justering

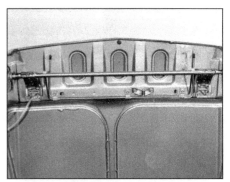

32.9 Modifierad gångjärnsstång och torsionsfjädrar (huven demonterad)

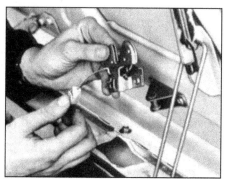

Fig. 9.18 Demontering av huvlås (avsn 32)

33.2A Demontering av grillens mittre skruvar

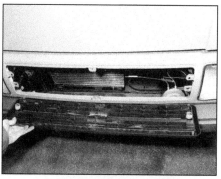

33.2B Demontering av grill

4 Lossa staget från främre tvärbalken.
5 Lossa gångjärnsskruvarna på höger sida och dra huven åt vänster (se foto). Vid behov, ta bort klamman och höger gångjärn från armen, ta sedan bort vänster gångjärn från huven.
6 Montera i omvänd ordning, men kontrollera att huven passar riktigt i karossen då den är stängd, samt att spalterna runt om är lika. Justering i längdled utförs vid gångjärnen, främre höjd vid huvlåset (efter demontering av grill), höjd i bakkant vid låsblecken. Framtill i tvärled med spärrhaken och baktill med rullstyrningarna (se foto).

Senare modeller

7 På modeller som har modifierade gångjärn och torsionfjäder sker arbetet på samma sätt som tidigare, men grillen måste demonteras så att man kommer åt gångjärnens skruvar (se foto). Glöm inte att lossa jordledningen.

32 Motorhuvens lås – demontering och montering

Tidiga modeller

1 Demontera grillen och öppna huven.
2 Lossa de två returfjädrarna mitt på gångjärnsstången (där sådana förekommer) (se foto).
3 Lossa låsets fästskruvar, dra sedan kabelklamman från tvärbalken (se foto).
4 Ta bort låset, haka loss vajern och demontera klamman.
5 Demontera reservhjul och låsvajer från klammorna i motorrummet.
6 Inuti bilen, demontera klamma och bricka, för armen bort från ledstiftet och haka loss innervajern (se foto).
7 Lossa ytterhöljet från stödet, dra den sedan genom torpedväggen och ta bort den från motorrummet. Demontera genomföringen.
8 Montera i omvänd ordning, men justera vid behov ytterhölje och spak.

Senare modeller

9 På senare modeller med ändrade gångjärn och torsionsfjäder (se foto), bortse från anmärkningen om demontering av fjädrar.

33.4A Snabbfästen håller grill av senare utförande . . .

33.6 Undre styrning

33 Grill – demontering och montering

Tidiga modeller

1 På tidiga modeller, vrid snabblåsen vid sidan på grillen 90° så att de kan föras genom spåren.
2 Demontera de två skruvarna mitt i grillen och ta bort grillen (se foto).
3 Vid montering, se till att de två stöden monteras så att ett spel på 1,5 mm erhålls mellan grill och front.

Senare modeller

4 På senare modeller, öppna huven och lossa de två snabbfästena upptill på grillen samt klamman i mitten (se foto).

33.4B . . . med en skruv i mitten

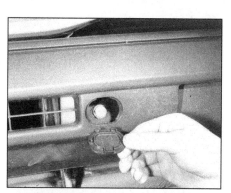

34.3A Demontering av täcklock för stötfångarskruv på tidiga modeller . . .

5 Grillen kan nu lyftas ut ur fronten.
6 Vid montering, se till att de undre styrningarna hakar i hålen i fronten (se foto).

34 Stötfångare – demontering och montering

Främre stötfångare

1 Där sådana är monterade, demontera strålkastarspolarslangar och demontera armen, se kapitel 10.
2 Lossa sidoblinkerslyktan där sådan finns i stötfångaren, se kapitel 10.
3 Demontera plastlocken framtill på stötfångaren, som täcker fästskruvarna. Dessa varierar beroende på modell (se foto).

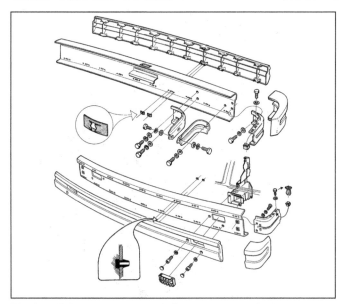

Fig. 9.19 Främre och bakre stötfångare, detaljer för modeller fram till 1981 (avsn 34)

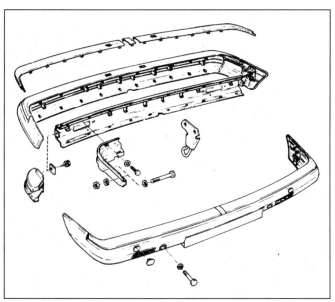

Fig. 9.20 Främre och bakre stötfångare, detaljer för modeller fr o m 1981 till 1985 (avsn 34)

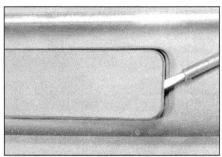

34.3B ... och på senare modeller

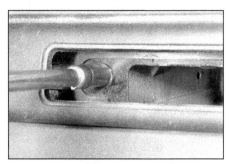

34.4 Demontering av stötfångarskruv

4 Demontera och ta bort skruvarna (se foto), dra sedan stötfångaren framåt bort från fästena (gäller endast svängda stötfångare) och lyft bort den.

5 Vid behov kan lister och sidostycken demonteras genom att man hakar loss dem eller tar bort skruvarna.

6 Montera i omvänd ordning.

Bakre stötfångare

7 Arbetet går till på samma sätt som för den främre stötfångaren, men lossa även nummerskyltbelysning i förekommande fall. Demontera skruvar och fästen, åtkomliga underifrån.

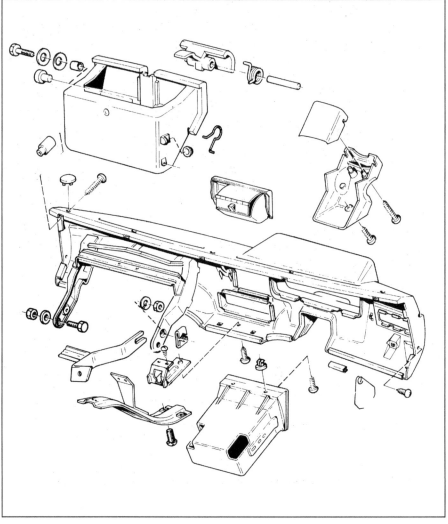

Fig. 9.21 Instrumentbräda, detaljer för modeller fram till 1979 (avsn 35)

35 Instrumentbräda –
demontering och montering

1 Lossa batteriets negativa anslutning.
2 Demontera ratten (se kapitel 8).
3 Lossa och ta bort ratten för chokereglaget samt rattstångskåpan.
4 Lossa och ta bort fästskruvarna, sedan strömställare för blinkers och torkare (gäller ej modeller fr o m 1983).

Modeller fram till 1979

5 Lossa kontaktstycket till tändningslåset samt kabeln till chokevajern.
6 Lossa askoppen, ta bort skruvarna och sedan facket under värmereglagen.
7 Lossa alla kontaktstycken från instrumentbrädan, notera deras placering.
8 Lossa hastighetsmätarvajern.
9 Lossa slangarna från de två yttre ventilationsmunstyckena.
10 Använd en skruvmejsel, bänd ut defrostermunstyckena.
11 Lossa och ta bort fästskruvarna, sedan instrumentbrädan; notera att de övre skruvarna är täckta av lock som först måste tas bort.

Modeller fr o m 1979 till 1983

12 Demontera skruvarna, ta bort övre delen av panelen (mot vindrutan).
13 Lossa fästskruvarna till vänster.
14 Lossa hastighetsmätarvajern från hastighetsmätaren.
15 Lossa defrosterslangarna.
16 Lossa elanslutning från bromsljuskontakt, kickdownkontakt (automatväxellåda), tändningslås, signalhorn, choke samt innerbelysning.
17 Ta bort skruvarna och sidopanelerna för konsolen.
18 Demontera radiofack (fyra skruvar) samt konsolfästena (fyra skruvar).
19 Demontera skruven inuti uttaget för askoppen.
20 Dra ut askoppen och ta bort det undre fästet.
21 Demontera de övre skruvarna och ta bort

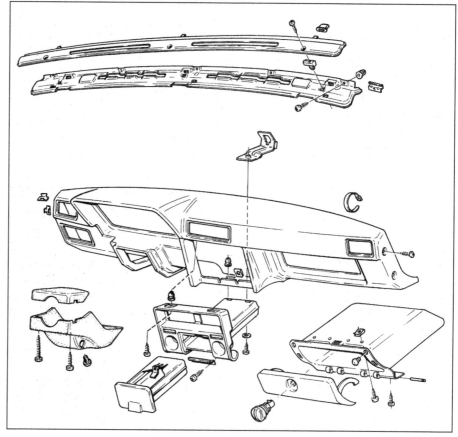

Fig. 9.22 Instrumentbräda, detaljer för modeller fr o m 1979 till 1983 (avsn 35)

strömställarpanelen genom att trycka in spärrtapparna i öppningen för askoppen.
22 Lossa den elanslutningen från askkoppsbelysning, cigarettändare, värme-reglage samt belysning för värmereglage-panelen.
23 Demontera handskfacksbelysning, vrid den 90° och tryck hållaren bakåt genom öppningen.
24 Demontera skruvarna, ta bort handskfacket och lossa elkablarna.
25 Lossa kontaktstycket för konsolens strömställare, sedan alla övriga kablar till instrumentbrädan.

26 Lossa fästskruvarna till höger, lyft brädan något och ta bort den.

Modeller fr o m 1983

27 Demontera panelerna under instrumentbrädan (se foto).
28 Se kapitel 10, demontera instrumentpanelen.
29 Demontera därefter skruvarna från instrumentpanelens kåpa och för kåpan åt sidan (se foto).
30 För upp handen bakom instrumentbrädan, lossa slangarna för sidoventilatorerna.

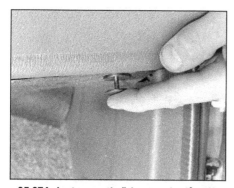

35.27A Instrumentbrädans undre låsstift

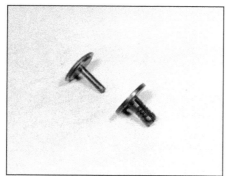

35.27B Låsstiftets delar

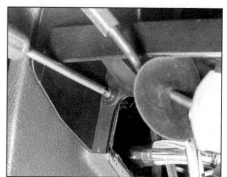

35.29 Demontering av skruvar för instrumentpanelens infästning (h-styrd visad, v-styrd liknande)

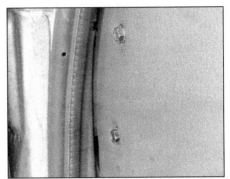

35.31 Instrumentbrädans sidoskruvar

35.32 Demontering av skruvar under mittsektionen (h-styrd visad, v-styrd liknande)

35.33 Demontering av skruvar inuti radiouttaget (vid pilen) (h-styrd visad, v-styrd liknande)

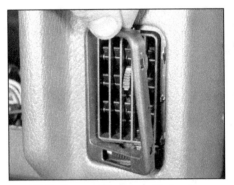

35.38 Sargen för sidoventilatorerna snäpper på plats

36.1A Demontering av skruv från mittkonsol (1986 års modell) . . .

36.1B . . . och från sidan

31 Demontera skruvarna i varje ände på instrumentbrädan (se foto).
32 Demontera de två skruvarna under mittsektionen (se foto).
33 Demontera radio/kassettbandspelare eller täcklocket. Ta sedan bort de två skruvarna i sidan på öppningen (se foto).
34 Lossa kabelstammen under instrumentbrädan.
35 Se kapitel 10, demontera handskfacksbelysning. Demontera även belysning för tändningslås där sådan finns.
36 Se avsnitt 36, demontera mittkonsolen.
37 För instrumentbrädan försiktigt framåt, se till att inte skada strömställarna på rattstången. Lossa handskfacksbelysningens negativa

anslutning, ta sedan bort instrumentbrädan från bilen.
38 Sargen för sidoventilatorerna hålls på plats av plasthakar (se foto).

Alla modeller

39 Montera i omvänd ordning, men se till att inga elektriska ledningar kommer i kläm mellan instrumentbräda och torpedvägg.

36 Mittkonsol (kardantunnel) – demontering och montering

1 Flera olika modeller förekommer beroende på tillverkningsår, men konsolen är lätt att

demontera om man ser efter i fig. 9.23 och 9.24 var skruvarna sitter (se foto).
2 Växelspaksdamask och reglagepanel ska demonteras först. På vissa modeller måste luftmunstyckena för baksätet lossas och demonteras med konsolen (se foto).
3 Skruvarna är ibland täckta av lock och kan även finnas under askoppen (se foto).
4 Lyft försiktigt bort konsolen och lossa alla kablar, dessa varierar också med tillverkningsår och utrustning.
5 Montera i omvänd ordning.
6 Stödet för instrumentbrädan på senare modeller (se foto) kan monteras även på tidigare modeller om så önskas (se foto), men spår måste tas upp i konsolen enligt fig. 9.25.

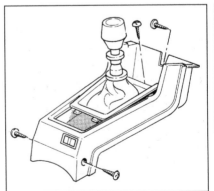

Fig. 9.23 Tidigare utförande av mittkonsol (avsn 36)

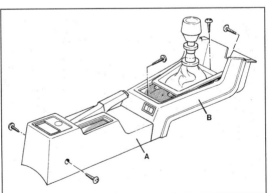

Fig. 9.24 Senare utförande av mittkonsol (avsn 36)

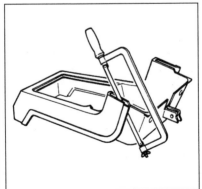

Fig. 9.25 Upptagning av spår i mittkonsol (avsn 36)

36.2A Växelspaksdamasken sätts på plats

36.2B Bakre luftutsläpp (vid pilarna) (h-styrd visad, v-styrd liknande)

36.3 Demontering av skruv inuti mittkonsolen (h-styrd visad, v-styrd liknande)

36.6A Instrumentbrädans stöd under mittkonsolen (konsolen delvis undanförd)

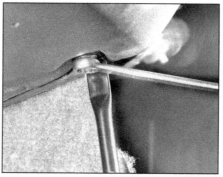

36.6B Demontering av stödets skruv

36.6C Fästets undre skruvar

37 Askopp bak – demontering och montering

1 Lossa askoppen från huset (se foto).
2 Demontera de fyra skruvarna, dra sedan bort askkoppshuset (se foto).
3 Montering sker i omvänd ordning.

38 Baklucka (sedan) – demontering och montering

1 Öppna bakluckan och märk gångjärnens läge (se foto).
2 Ta hjälp av någon, lossa skruvarna och ta bort bakluckan.

37.1 Demontera askkoppen . . .

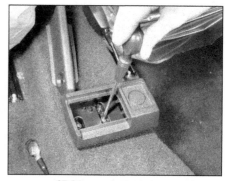

37.2A . . . skruvarna . . .

37.2B . . . och sedan huset

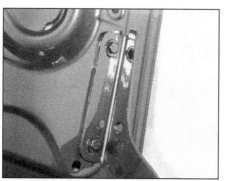

38.1 Bakluckans gångjärn på 360 GLE

38.3A Bakluckans spärrhake på samma modell . . .

38.3B . . . och låset

39.1 Demontering av skruv till dörrspegel av tidigare utförande

39.3 Reglagehandtagets fästskruv

3 Montering sker i omvänd ordning. Justera vid behov luckans läge mot gångjärnen så att den sitter mitt i uttaget. Justera spärrhaken så att låset fungerar tillfredsställande samt att luckan hålls tryckt mot tätningslisten (se foto).
4 Balansfjäderns spänning kan justeras genom att fjädern hakas i olika hål i infästningen.

39 Dörrbackspeglar – demontering och montering

Ej fjärrmanövrerade

1 Demontera de två skruvarna som håller spegeln till dörren, ta sedan bort spegeln (se foto).
2 Glaset kan demonteras från spegeln om man lossar plastsargen runt glaset med en liten skruvmejsel, börja i den smala änden.

Fjärrmanövrerade speglar

3 Demontera skruvarna från reglagehandtaget på insidan och ta bort handtaget (se foto).
4 Lossa panelen på dörren, ta sedan bort de tre fästskruvarna som håller spegeln (håll i spegeln så att den inte faller) och ta bort den från dörren (se foto).
5 Vid demontering av glas, tryck glaset inåt i den yttre kanten så att en bredbladig skruvmejsel kan föras in i spåret på den inre kanten. Bryt sedan försiktigt loss glasets kulled.
6 Smörj kulleden med vaselin, för det nya

glaset över reglagestången, tryck den ordentligt över kulleden.

Alla speglar

7 Montering sker i omvänd ordning.

40 Sollucka – demontering, montering och justering

1 Ställ solluckan i ventilationsläge, dra sedan bort bladfjädern från klammorna på båda sidor.
2 Demontera klädseln framtill på luckan, ta bort klädseln bakåt med luckan halvöppen.
3 Lossa de två främre skruvarna och stäng sedan luckan.
4 Lossa kabelstyrningens muttrar, ta bort de två låsstiften och sedan luckan.
5 Vid montering av sollucka, lägg den i läge och dra åt de främre skruvarna med fingrarna. Notera att måttet B i fig. 9.24 skall vara 12 mm.
6 Montera låsstiften i de undre spåren och dra åt låsmuttrarna.
7 Innan klädsel och bladfjäder monteras, justera solluckan enligt följande.
8 Placera stoppen (A i fig. 9.28) så långt bakåt som möjligt.
9 Kontrollera att bakänden på luckan börjar lyftas så snart luckan öppnas 5–8 mm.
10 Flytta i annat fall stoppen framåt.
11 Lossa de främre skruvarna och vrid justeringarna tills främre delen på luckan är 1 mm under takkanten.
12 Lossa länkplattans skruvar och vrid de

små spärrkopplingarna tills bakänden på luckan är 1 mm över takkanten. Dra åt skruvarna.
13 Med de främre skruvarna lösa, justera luckans läge i längdled genom att ändra mått B i fig. 9.27. Dra åt skruvarna.

41 Solluckans handtag – demontering och montering

1 Demontera skruvarna mitt på handtaget, ta sedan bort handtaget från axeln.
2 Demontera knoppen från lägesreglaget.
3 Demontera skruvarna som håller handtagets bricka från taket.
4 Vid behov kan vevmekanismen demonteras genom att man lossar de två skruvarna.
5 Montera i omvänd ordning.

42 Värmesystem – beskrivning

Systemet tar in friskluft genom ett galler under vindrutan. Värme tas från motorns kylsystem genom en justerbar kran.
Reglage på instrumentbrädan styr temperaturen och justerar luftspjällen för värme och defroster.
Luften passerar värmepaketet med hjälp av en elektrisk fläkt med flera hastigheter.
Kranen för temperaturreglering har en termostat som håller bilens innertemperatur konstant.
Senare modeller har värmekanaler även till baksätet.

39.4A Bänd loss täckpanelen . . .

39.4B . . . ta bort skruvarna . . .

39.4C . . . och sedan spegeln

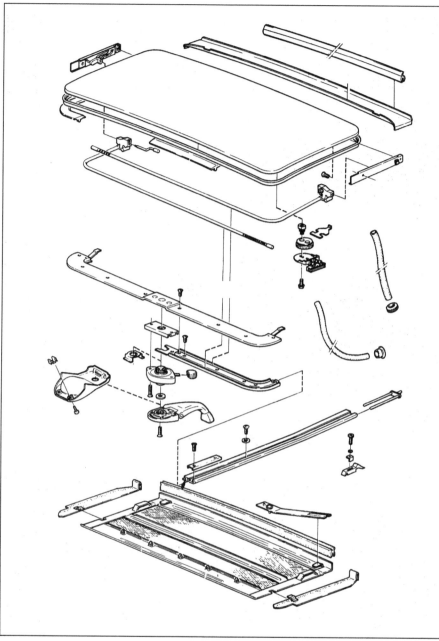

Fig. 9.26 Solluckans detaljer (avsn 40)

43 Värmeaggregat –
demontering och montering

1 Lossa batteriets negativa anslutning.
2 Tappa av kylsystemet enligt beskrivning i kapitel 2, se till att reglagen står på max värme samt att luftningsnippeln är öppnad.
3 Lossa matnings- och returledningar i motorrummet.

Modeller fram till sent 1977

4 Lossa och ta bort fästskruvarna, sedan det lilla facket under reglagesystemet.
5 Lossa elledningarna och strömställarna på mittkonsolen.
6 Lossa täcklocken för konsolens fästskruvar, ta bort skruvarna och sedan konsolen.
7 Demontera värmefästet under reglage-panelen.
8 Sträck in armen under instrumentbrädan och lossa hastighetsmätarvajern, ta sedan bort hastighetsmätaren.
9 Lossa defrostermunstyckena och ta bort askkoppen.
10 Lossa slangarna från ventilatorer och värmeanläggning, tryck ut låsklammorna, ta sedan bort munstyckena.
11 Lossa elledningarna från reglagepanelen, ta bort lampan.
12 Ta bort de två stängerna från reglage-armarna.
13 Lossa värmereglagevajern, bryt samtidigt instrumentbrädan utåt. Sänk ner bakre delen på brädan och ta bort reglagepanelen.
14 Lossa gasvajern vid pedalen.
15 Lossa avluftningsslangen upptill på värmeaggregatet samt kylvätskeslangarna undertill.
16 Lossa och ta bort de undre fästskruvarna för värme, lossa motorns kontaktstycke.
17 I motorrummet, lossa luftningsslang och returslang från luftintaget. Vrid nippeln ett kvarts varv och dra den från intaget.
18 Lyft av locket till luftintaget, lossa och ta bort de fyra fästskruvarna och sedan intaget. Notera att på vissa tidiga modeller sitter de övre skruvarna inifrån, de är åtkomliga om man flyttar instrumentbräda och klocka.
19 Ta bort värmeaggregatet från bilen.

Modeller från sent 1977 till 1978

20 Demontera stjärnskruvarna för luftintaget.
21 Ta bort förvaringsbrickan, lossa ström-ställarna på konsolen, notera kontakt-styckenas placering och ta loss dem.
22 Demontera skruvarna och ta bort konsolen.
23 Demontera instrumentpanelen enligt anvisning i kapitel 10.
24 Ta bort de två defrostermunstyckena samt askkopp, klocka och handskfack.
25 Demontera skruv (-ar) och sedan fästet för värmehuset.
26 Lossa flexslangarna från värmehuset.
27 Ta bort skruven i mitten och sedan sidokanalerna från värmehuset.
28 Demontera klamman och lossa avluft-ningsslangen.

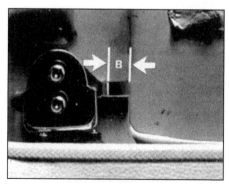

Fig. 9.27 Sollucka, inställning av mått B (avsn 40)

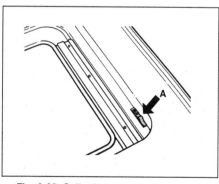

Fig. 9.28 Solluckans stoppklackar (A) (avsn 40)

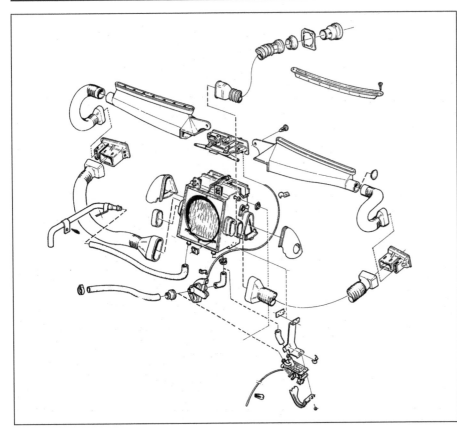

Fig. 9.29 Tidigt värmesystem (avsn 43)

29 Lossa elanslutningen till reglagepanelen, ta bort dragstängerna, sedan panelen från instrumentbrädan. Låt den hänga i reglagevajern.
30 Lossa slangarna från värmeaggregatet.
31 Arbeta genom askkoppens öppning, ta bort den övre skruven.
32 Lossa kontaktstycket.
33 Lossa de undre skruvarna och ta bort värmeaggregatet nedåt.

Modeller fr o m 1978 till 1983

34 Ta bort stjärnskruvarna för luftintaget.
35 Demontera instrumentbrädan enligt anvisning i avsnitt 35.
36 Demontera flexslangarna från värme-aggregatet.
37 På 1979 års modeller, lossa de övre defrostermunstyckena.
38 Demontera mittskruven om sådan förekommer, ta sedan bort värmekanalerna på sidorna.
39 Demontera klamman och lossa avluft-ningsslangen.
40 Lossa kontaktstycket.
41 Ta bort de övre stjärnskruvarna.
42 Ta bort värmeaggregatet från bilen. På 1979 års modeller, lyft huset ur fördelnings-stycket.

Modeller fr o m 1983 till 1986

43 Demontera instrumentbräda och mitt-konsol enligt beskrivning i avsnitt 35.
44 Lossa värmeslangarna i motorrummet.
45 Lossa reglagevajrar och stänger.

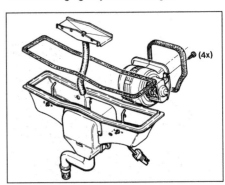

Fig. 9.31 Luftintag, modeller fr o m 1981 (avsn 43)

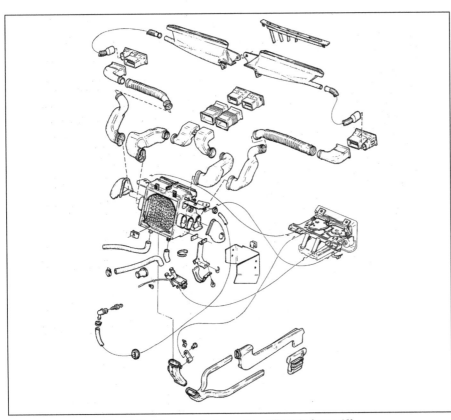

Fig. 9.30 Värmesystem, senare utförande (avsn 43)

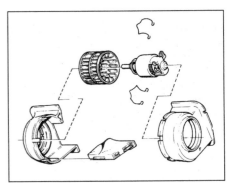

Fig. 9.32 Fläktmotor på modeller fr o m 1981 (avsn 43)

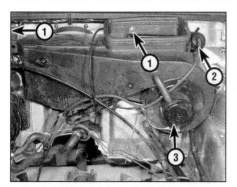

43.48 Luftintag på modeller fr o m 1986 (h-styrd visad, v-styrd liknande)

1 Fästskruvar 2 Vakuumslang 3 Elanslutning

44.4 Lossa luftkanalerna (h-styrd visad, v-styrd liknande)

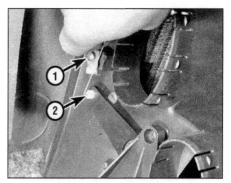

44.5 Vajer till spjäll för luftfördelning lossas (h-styrd visad, v-styrd liknande)

1 Klamma 2 Vajerkrok

46 Lossa luftkanalerna från värmeaggregatet.
47 Lossa fästskruvarna, två inuti bilen och två i motorrummet, och ta sedan bort värme-aggregatet på sidan.

Modeller fr o m 1986

48 Demontera luftintaget genom att lossa de två skruvarna i motorrummet, samt den undre skruven från den undre infästningen inuti bilen (se foto).
49 Lossa slangen från vakuumventilen samt kontaktstycket från fläktmotorn. Ta sedan bort luftintaget från motorrummet.
50 Fläktmotorn kan demonteras utan att luftintaget tas bort. Lossa de fem fäst-skruvarna, lossa jordledningen och lyft motorn från intaget.
Notera: *Om motorn demonterats på B14-modeller med luftintaget på plats, måste först vindrutespolarbehållaren demonteras.*
51 Vid demontering av fläkthjul från motor, bryt försiktigt loss det från axeln med en mejsel på bägge sidor, ta sedan bort stopplattan från axeln.
52 Det kan finnas små balansvikter på fläkthjulet, dessa ska inte rubbas.
53 Ytterligare demontering av luftintaget är okomplicerat.

Alla modeller

54 Montera i omvänd ordning, fyll på kylsystemet enligt beskrivning i kapitel 2. På

senare modeller behöver inte systemet luftas då värmeaggregatet har omkonstruerats.

44 Värmepaket (modeller fr o m 1986) – demontering och montering

1 Värmepaketet av aluminium är placerat inuti luftfördelningshuset i bilen.
2 Vid demontering, lossa först luftkanalerna i motorrummet enligt beskrivning i avsnitt 43.
3 Tappa av kylsystemet (kapitel 2).
4 Demontera skumplasten under värme-paketet, lossa kylarslangarna, var beredd på spill. Demontera sedan luftkanalerna. Dessa kan helt enkelt dras bort (se foto).
5 Lossa reglagevajer till fördelningsspjället samt vajern till kranen, genom att lossa klämskruvarna och haka loss vajern (se foto).
6 Lossa de fyra skruvarna som håller värmepaketet på torpedväggen och lotsa ut det.
7 Värmepaketet kan demonteras från luftfördelningshuset om man skär igenom tätningsringen samt tar bort stål- och plastklammor så att huset kan delas.
Notera: *Värmepaket som inte återfylls inom 48 timmar bör spolas med rent vatten och torkas, om möjligt med tryckluft.*
8 Montera i omvänd ordning och fyll till sist på kylsystemet enligt anvisning i kapitel 2.

45 Värmereglagepanel (modeller fr o m 1986) – demontering och montering

1 Demontera vänster panel under instrumentbrädan samt sidopanelerna på mittkonsolen.
2 Demontera radio eller täckplåt från mittkonsolen (se kapitel 10).
3 Demontera de två skruvarna inuti radiouttaget, ta bort den vågiga panelen (se foto).
4 Demontera de två skruvarna som håller reglagepanelen på sidorna (se foto), ta bort panelen framåt.
5 Demontera belysning, fläktmotorström-

45.3A Fästskruv för panel (vid pilen) (h-styrd visad, v-styrd liknande)

45.3B Demontering av panel (h-styrd visad, v-styrd liknande)

45.4 Reglagepanelens skruv (vid pilen) (h-styrd visad, v-styrd liknande)

45.5 Demontering av strömställare innan kablarna lossas (h-styrd visad, v-styrd liknande)

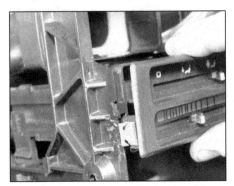

45.7 Demontering av reglagepanel

45.8 Reglageknapparna dras loss

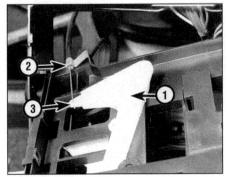

46.2 Reglagearmsenhet (h-styrd visad, v-styrd liknande)

1 Arm   2 Klamma   3 Kabelkrok

ställare, strömställare för luftkonditionering (där sådan förekommer), samt deras kontaktstycken (se foto).
6 Lossa klamman för reglagevajern, haka loss yttervajer och innervajer från reglagearmarna.
7 Lossa vakuumslangen från återcirkulationskontakten, ta sedan bort reglagepanelen från mittkonsolen (se foto).
8 Tryckreglage och strömställare snäpper fast i panelen, monteringen ger sig själv sedan knapparna tagits bort (se foto).
9 Montera i omvänd ordning, men se nästa avsnitt beträffande montering och justering av reglagevajer.

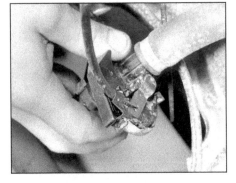

46.6 Värmekranens låsfjäder

46 Värmereglagevajrar (modeller fr o m 1986) – montering och justering

1 Vajrarna ska först monteras vid reglaget.
2 Haka innervajern på plats i reglagearmen, tryck ytterhöljet mot armen tills det tar stopp och dra åt klamman (se foto).
3 Ställ reglaget helt till vänster.
4 För vajern till värmekranen genom uttaget i torpedväggen.
5 Haka innervajern i det yttersta hålet i kranens reglagearm.
6 Dra ytterhöljet stramt, stäng värmekranen (för reglagearmen bort från kabelklamman), dra sedan åt kabelklammans skruv (tidiga modeller), eller montera låsfjädern (senare utförande) (se foto).
7 Haka innervajern för luftspjället i spjällets reglagearm, ställ spjället i stängt läge.
8 Dra ytterhöljet stramt och dra åt klamman (se foto).
9 Kontrollera att båda reglagen rör sig fritt samt att kran och spjäll öppnar och stänger helt.

47 Ventilationssystem – allmänt

1 Kupéluften ventileras genom munstycken i C-stolparna på tidigare kombikupé modeller samt sedan.

2 På kombikupé (från och med 1984) finns inte uttag i C-stolparna, utan luften ventileras genom uttag på varje sida på botten på bagageutrymmet. Detta system används även på sedan och det finns då ventilationshål längs kanten på hatthyllan.
3 Man kan montera luftuttag även på modeller som saknar sådana, men rådfråga då en Volvoverkstad.
4 Friskluftintagen på instrumentbrädan samt ovanför reglagepanelen hålls på plats av plasthakar.
5 Vid demontering av munstycken måste hakarna tryckas in (se foto), samtidigt som munstycket dras utåt. Vid montering snäpper hakarna på plats.

48 Vakuumventil för återcirkulation (modeller fr o m 1986) – demontering och montering

1 Modeller med det nya värme- och ventilationssystemet, producerat sedan 1986, har ett system för återcirkulation, där ingen luft tas in utifrån och kupéluften cirkulerar genom värmesystemet.
2 Systemet styrs av en vakuummanövrerad ventil monterad på höger sida av luftintaget i motorrummet. Ventilen är förbunden med en slang till reglaget och insugningsröret (se foto).
3 Normalt är ventilen öppen, och luftspjället är då också öppet.
4 Då man väljer läge "återcirkulation", förs vakuum till ventilen som stänger spjället för

46.8 Åtdragning av klamma för vajerhölje

47.5 Tryck in hakarna vid demontering av ventilationsmunstycken

48.2 Vakuumventil för återcirkulation (h-styrd visad, v-styrd liknande)

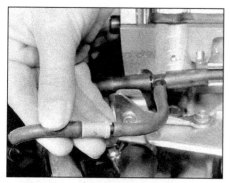

48.9 Pilen på backventilen pekar mot återcirkulationsventilen (h-styrd visad, v-styrd liknande)

49.1A Ankarskruv för främre bältesrulle . . .

49.1B . . . och övre infästning

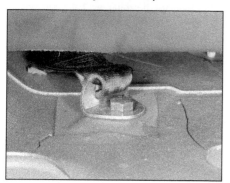

49.1C Fästpunkt för bakre säkerhetsbälte under baksätet

49.2A Demontering av ankarskruv till bakre bältesrullen

49.2B Bakre bältesrulle under sidopanelen

luftintaget. Motorn måste vara igång för att systemet ska fungera, men det finns en backventil i vakuumslangen till insugnings-röret, vilken hindrar spjället att stänga om motorn stängs av efter det att man valt läge återcirkulation.

5 Vid problem, kontrollera vakuumslangar beträffande läckage. Är dessa hela, byt vakuumventil enligt följande.

6 Lossa vakuumslangarna från ventilen, ta bort klamman och de två skruvarna som håller ventilen till luftintaget.

7 Lossa armen till spjället i luftintaget, ta bort ventilen.

8 Montera ny ventil i omvänd ordning.

9 Vid byte av backventil i vakuumslangen från motorn, ska pilen på ventilen peka mot vakuumventilen (se foto).

49 Säkerhetsbälten – demontering och montering

1 Alla fästpunkter för säkerhetsbältena är lika, fästena är förstärkta och fästa med en skruv (se foto).

2 Vid demontering av fästskruvarna, ta först bort klädsel eller matta så som erfordras. Den främre bältesrullen sitter under en panel på tröskelbalken (se foto), den bakre i bagageutrymmet (se foto).

3 På senare kombikupémodeller går bältesbandet runt en stång infäst i balken,

vilket förbättrar platsen i baksätet (se foto).

4 På vissa modeller är de bakre undre infästningarna placerade under sätet, dessa demonteras enligt anvisning i avsnitt 50.

5 Montera i omvänd ordning.

50 Säten – demontering och montering

Fram

1 Vid demontering av framstolar, ta bort de fyra skruvarna som håller skenorna till golvet (se foto), lyft sedan bort stolen komplett (om stolarna har elvärme, lossa först kablarna).

2 Montera i omvänd ordning.

49.3 Bakre fästskruv på bältets fäststång

50.1 Fästskruv för stolskena

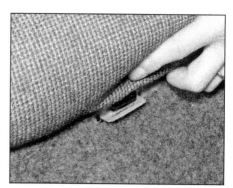

50.3 Baksätets låstunga och spår

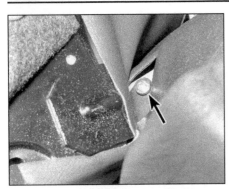

**50.4 Bakre ryggstödets undre fästskruv –
vid pilen (kombikupé)**

Bak – kombikupé

3 Sätena är antingen fästa till golvet med gångjärn, eller slitsar och tungor. I bägge fallen demonteras sätet genom att man fäller det framåt och tar bort sprintarna, eller helt enkelt lyfter sätet så att tungorna går ur spåren (se foto).

4 Vid demontering av ryggstöd, ta först bort plåten undertill på ryggstödet i bagageutrymmet. Lossa sedan spärrarna och dra sätet framåt, ta bort skruvarna som håller de undre gångjärnen (se foto).

5 Demontera i omvänd ordning.

Bak – sedan

6 Lossa de tio skruvarna som håller ryggstödet från bagageutrymmet (om nackstöd finns är det arton skruvar). Lossa sedan de två skruvarna inuti bilen från vänster och höger hjulhus.

7 Ta bort ryggstödet från bilen.

8 Sätet är fäst på liknande sätt som på kombikupémodellerna.

9 Montera i omvänd ordning.

51 Spoiler (bak) –
demontering och montering

1 Bakspoilern är skruvad till bakluckan, skruvarna är åtkomliga genom hål på insidan.

2 Om en spoiler demonteras, måste allt gammalt lim tas bort från spoiler och baklucka innan monteringen. Dubbelhäftande tejp ska fästas på spoilern.

3 En mall för borrning av hål i bakluckan medföljer ny spoiler.

Kapitel 10 Elsystem

Beträffande ändringar och information om senare modeller, se Supplement i slutet av boken

Innehåll

Specifikationer

System typ . . . .   12 volt, negativ jord

Batteri

Kapacitet:

B14	36 Ah
B172	36 Ah
B19A t o m 1982	55 Ah
B19A fr o m 1983	45 Ah
B19E	55 Ah
B200E	55 Ah
B200K	45 Ah

Generator

Typ:

		Max ström
B14	Ducellier	36 A
B14 t o m chassinr 379887	SEV Marchal	50 A
B14 fr o m chassinr 379888	Paris-Rhone A 13R 222 eller A 13N 64	50A
B172	Paris-Rhone A 13N 89	50 A
B19	Bosch	55 A
B200	Bosch	55 A

Min kollängd:

B14	8,0 mm
B172	8,0 mm
B19	5,0 mm
B200	5,0 mm

Startmotor

Typ:

B14	Ducellier eller Paris-Rhone
B172	Paris-Rhone
B19	Hitachi
B200	Bosch

Ankare, axialspel:

B14 Ducellier	0,50 mm
B14 Paris-Rhone	0,21 till 1,10 mm
B172	0,80 mm
B19	0,03 till 0,10 mm
B200	0,10 till 0,30 mm

Min kollängd:

B14 Ducellier	8,0 mm
B14 Paris-Rhone	9,0 mm
B172	2,0 mm
B19	11,0 mm
B200	8,5 mm

Lampor

	Effekt
Strålkastare (standard)	45/40
Strålkastare (halogen)	60/55
Främre dimljus	55
Parkeringsljus	4
Blinkers:	
Fram	21
Bak	21
Sido-	5
Bakljus	10
Bak-/bromsljus	5/21
Dimbakljus	21
Backljus	21
Nummerskyltbelysning:	
Fram till 1980	10
Fr o m 1981	5
Innerbelysning	5
Handskfacksbelysning	3
Tändningslåsbelysning	3
Instrumentbelysning	1,2
Strömställarbelysning	1 (24V)
Bagageutrymmesbelysning	3
Växelväljarbelysning (automatväxellåda)	1 (24V)
Varnings- och indikatorlampor	1,2
Reglagepanel, värme:	
T o m 1978	2
Fr o m 1979	1,2
Ljusströmställare, belysning	1,2
Cigarettändarbelysning	1,2
Nyckelhålsbelysning	1,2 (1,5V)
Askkoppsbelysning	1,2
Ledljus i reglageknappar	1,2
Klockbelysning	1,2
Varningslampa, lågväxel	1,2

Säkringar och relän (typexempel, tidigare modeller)

Säkring	Märkström	Skyddar
1	8A	Blinkers
2	8A	Bakrutevärme, torkare, lågväxel tvångsläge och dimbakljuskontakt
3	8A	Voltmeter, spänningsregulator, kupéfläkt och instrumentvarningslampor
4	8A	Vindrutetorkarmotor, bromsljus och frikopplingsmekanism
5	8A	Växelväljare och strålkastartorkare-/spolare
6	8A	Halvljus, vänster
7	8A	Halvljus, höger
8	8A	Helljus, vänster och indikatorlampa
9	8A	Helljus, höger
10	8A	Vänster parkeringsljus och vänster bakljus
11	8A	Höger parkeringsljus och höger bakljus
12	16A	Helljusblink och varningsblinkers
13	8A	Klocka, radio och bagageutrymmesbelysning
14	8A	Cigarettändare, instrumentbelysning och innerbelysning
15	16A	Bakrutevärme
16	8A	Signalhorn

Relä

		Strömkrets
A	....	Blinkers
B	....	Varningsblinkers
C	....	Signalhorn
D	....	Strålkastare
E	....	Belysning
F	....	Startspärr
G	....	Bakrutevärme
H	....	Strålkastartorkare/-spolare

Säkringar (typexempel, senare modeller)

Säkring	Märkström		Skyddar
1	8A	....	Höger halvljus och dimbakljus (vissa marknader)
2	8A	....	Vänster halvljus
3	8A	....	Vänster helljus och varningslampa
4	8A	....	Höger helljus
5	8A	....	Vänster parkeringsljus och instrumentbelysning
6	8A	....	Höger parkeringsljus
7	8A	....	Blinkers och cigarettändare (vissa marknader)
8	8A	....	Bränsleavstängningsrelä, frikopplingsmekanism och vakuumstyrenhet
9	8A/25A	....	Varningslampor på instrumentpanel, strålkastartorkare (parkeringsläge) och elhissar
10	8A	....	Stolvärme (förarsäte), backljus, tomgångssolenoid och startspärrelä
11	16A	....	Signalhorn och kylfläktmotor
12	25A	....	Fläktmotor, bromsljus och radio
13	8A	....	Varningsblinkers
14	16A	....	Innerbelysning, bagageutrymmesbelysning, handskfacksbelysning, tändningslåsbelysning, centrallås, cigarettändare och klocka
15	8A	....	Vänster bakljus och nummerskyltbelysning
16	8A	....	Höger bakljus
17	8A	....	Reserv
18	16A	....	Bakrutevärme
19	16A	....	Strömställare, fläkt
20	8A	....	Torkarmotor, spolarpump och strålkastartorkare/-spolare

Tillsatssäkringar:

Bakom handskfack	8A	....	Dimbakljus
Extra säkringsdosa	2 x 8A	....	Bränslepump och dimljus

Åtdragningsmoment

Alla muttrar och skruvar inoljade

Generatorns fästskruvar:

		Nm
Ducellier	....	Anges ej
SEV Marchal	....	Anges ej
Paris-Rhone:		
A 13R 222	....	5,3
A 13N 64 och A 13N 89	....	6,3
Bosch	....	4,0
Generator, remskivans mutter:		
Ducellier och Bosch	....	40
SEV Marchal och Paris-Rhone	....	45

1 Allmän beskrivning

Elsystemet arbetar med 12 volt och har negativ jord. Batteriet laddas av en remdriven växelströmsgenerator. På tidigare modeller förekommer separat laddningsregulator på höger sida av motorrummet, bredvid batteriet. På senare modeller (fr o m 1979) är regulatorn inbyggd.

Även om reparation omsorgsfullt beskrivs i detta kapitel, bör man, med tanke på den långa livslängd detaljerna har, överväga att skaffa en utbytesenhet om fel uppstår.

2 Rutinmässigt underhåll

Utför nedanstående åtgärder vid de intervaller som anges i avsnittet Rutinmässigt underhåll i början av boken.

Batteri (avsnitt 4)

1 Kontrollera elektrolytnivån, håll batteri och bricka rena och torra.
2 Kontrollera poler beträffande korrosion och anslutning, höljet beträffande sprickor.
3 Kontrollera syravikten (densiteten) i varje cell.

Generator (avsnitt 7)

4 Håll generatorn ren och torr.
5 Kontrollera elanslutningarna.
6 Kontrollera drivremmarnas spänning.

Torkare (avsnitt 27, 32 och 33)

7 Kontrollera funktionen hos alla spolar-/torkarsystem.

Allmänt

8 Kontrollera all belysning, signalhorn och övriga elektriska enheter.

3.1 Batteri och fästklamma

3 Batteri – demontering och montering

1 Batteriet är placerat på höger sida, framtill i motorrummet (se foto).
2 Lossa den negativa anslutningen, sedan den positiva. På vissa senare modeller är pluspolen skyddad av ett plastlock (se foto).
3 Demontera batteriklamman och lyft batteriet från brickan, spill inte elektrolyt på kaross, kläder eller kroppsdelar.
4 Montera i omvänd ordning, se dock till att polariteten är rätt innan kablarna ansluts. Dra inte klamman för hårt. Sätt dit jordledningen sist.

4 Batteri – underhåll

1 Utför underhåll enligt beskrivning i avsnitt Rutinmässigt underhåll i början av boken.
2 Rengör ovansidan på batteriet, avlägsna all smuts och fukt.
3 Polerna ska hållas rena och instrukna med vaselin, det är också viktigt att ovansidan på batteriet, särskilt vid cellocken, hålls ren och torr. Detta förhindrar korrosion och minskar risken för urladdning genom föroreningarna.
4 Demontera regelbundet batteriet och kontrollera fästskruvar, fästklamma, batteri-bricka och kablar beträffande korrosion. Den yttrar sig som en svampig, spröd vit substans på metallytor. Den här typen av beläggning ska helst tvättas bort med ammoniak. Metallen ska sen rengöras och målas med rost-skyddsfärg.
5 Kontrollera samtidigt höljet beträffande sprickor. Sprickor uppstår ofta upptill på batteriet vintertid om man fyller på batterivatten *efter* och inte före körning. Vattnet får då ingen chans att blanda sig med syran, utan kan frysa och åstadkomma sprickor i höljet.
6 Om vatten ofta måste fyllas i batteriet och det inte beror på att höljet läcker, överladdas batteriet förmodligen av generatorn. Laddningsregulatorn måste då kontrolleras.
7 Med batteriet på bänken, mät syravikten med en hygrometer för att fastställa elektrolytens kondition. Variationen mellan cellerna får inte vara stor; om den är över 0,025 beror det på:

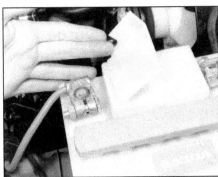

3.2 Plastlocket över pluspolen (senare modeller)

a) Förlust av elektrolyt genom spill eller läckage, vilket medför en sänkning av syravikten då rent vatten fylls på för att återställa nivån
b) Kortslutning p g a deformerade plattor eller liknande, vilket kan leda till att batteriet blir obrukbart inom kort
8 Syravikten för ett fulladdat batteri varierar med temperaturen. I tabell A här nedan anges syravikten för ett fulladdat batteri i förhållande till temperatur. Tabell B ger syravikten för ett helt urladdat batteri.

Tabell A
Syravikt – fulladdat batteri
1,268 vid 38°C elektrolyttemperatur
1,272 vid 32°C elektrolyttemperatur
1,276 vid 27°C elektrolyttemperatur
1,280 vid 21°C elektrolyttemperatur
1,284 vid 16°C elektrolyttemperatur
1,288 vid 10°C elektrolyttemperatur
1,292 vid 4°C elektrolyttemperatur
1,296 vid -1°C elektrolyttemperatur

Tabell B
Syravikten – helt urladdat batteri
1,098 vid 38°C elektrolyttemperatur
1,102 vid 32°C elektrolyttemperatur
1,106 vid 27°C elektrolyttemperatur
1,110 vid 21°C elektrolyttemperatur
1,114 vid 16°C elektrolyttemperatur
1,118 vid 10°C elektrolyttemperatur
1,122 vid 4°C elektrolyttemperatur
1,126 vid -1°C elektrolyttemperatur

5 Batteri – påfyllning av elektrolyt

1 Om batteriet är fulladdat men syravikten i en cell visar 0,025 enheter lägre värde än de övriga och kontroll har gjorts med voltmeter beträffande kortslutning, är det troligt att cellen förlorat elektrolyt vilket påverkar avläsningen.
2 Fyll cellen med en lösning av 1 del svavelsyra till 2,5 delar vatten. Är cellen full, måste en del vätska avlägsnas med pipette.
3 Vid blandning av svavelsyra, *tillsätt aldrig vatten till svavelsyran – tillsätt alltid syran långsamt och försiktigt till vattnet i en glasbehållare. Om vatten tillsätts svavelsyra sker en explosion.*
4 Fyll på och ladda batteriet tills syravikten blir densamma som i övriga celler.

6 Batteri – laddning

1 Vintertid, när stora krav ställs på batteriet, exempelvis vid kallstart, och när mycket elektrisk utrustning är inkopplad, kan det vara bra att emellanåt ladda batteriet från en extern källa.
2 Lossa batterikablarna (jordkabeln först) och anslut en laddare enligt tillverkarens anvisningar. Ladda batteriet med 3,5 till 4 ampere. Fortsätt ladda tills syravikten inte längre ökar inom en fyra timmars period.
3 Alternativt kan en reducerad laddström på 1,5 ampere användas över natten.
4 Så kallad snabbladdning måste användas med försiktighet, eftersom blyplattorna kan skadas genom överhettning.

7 Generator – underhåll och speciella föreskrifter

1 Torka regelbundet bort smuts och fett som samlats på generatorn, kontrollera samtidigt att ledningarna har god anslutning.
2 Kontrollera remspänning, justera vid behov enligt beskrivning i kapitel 2, vid de intervaller som anges i Rutinmässigt underhåll i början av boken.
3 Var mycket försiktig vid anslutning av elektriska kretsar i bilen, annars kan generatorn skadas. Förväxla inte batterikablarna då batteriet ansluts. Innan elsvetsning utförs på bilen, lossa alltid anslutningar till batteri och generator. Lossa batterikablarna innan batteriladdare används. Kör inte generatorn utan att strömledningen är ansluten. Kontrollera alltid polariteten då startkablar från ett annat batteri används.

8 Generator – demontering och montering

B14-modeller

1 Demontera reservhjulet, lossa sedan batteriets negativa anslutning.
2 Lossa generatorinfästningens fäst- och justerskruvar, vik generatorn in mot motorn (se foto).
3 Demontera remmen från remskivan.
4 Lossa och ta bort muttrarna för strömkabel och övriga ledningar, notera var de ska sitta.

8.2 Generator och pivotskruv (vid pilen) på tidiga modeller

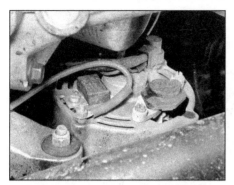

8.8 Bosch generator på B19/B200-modeller, sedd bakifrån

8.11 Generator och drivremmar på en B19/B200-motor

8.15 Flerpoligt kontaktstycke och övriga anslutningar (vid pilarna) på B172-modell

8.17 Generatorns pivotskruv på B172-modeller

5 Demontera fäst- och justerskruvar, ta bort generatorn.
6 Montera i omvänd ordning, men justera drivremmen enligt beskrivning i kapitel 2.

B19- och B200-modeller

7 Lossa batteriets negativa anslutning och förvärmarslangen till insugningssystemet.
8 Lossa kablarna baktill på generatorn och demontera muttern från kabelklamman (där sådan finns) (se foto).
9 Hissa upp framänden och stöd den på pallbockar. Dra åt handbromsen.
10 Demontera motorns stänkplåtar.
11 Lossa fäst- och justerskruvar, vik generatorn mot motorn och demontera bägge drivremmarna (se foto).
12 Demontera skruvarna och ta bort generatorn från bilen.
13 Montera i omvänd ordning, men spänn drivremmarna enligt beskrivning i kapitel 2.

B172-modeller

14 Lossa batteriets negativa anslutning.
15 Lossa elledningar och kontaktstycke baktill på generatorn (se foto), glöm inte jordledningen.
16 Lossa fästskruven, sedan justerskruven. Vik generatorn in mot motorn och demontera drivremmen.
17 Demontera skruven som håller justeringen till generatorn, och pivotskruven (se foto). Demontera generatorn.
18 Montera i omvänd ordning, spänn drivremmen enligt kapitel 2.

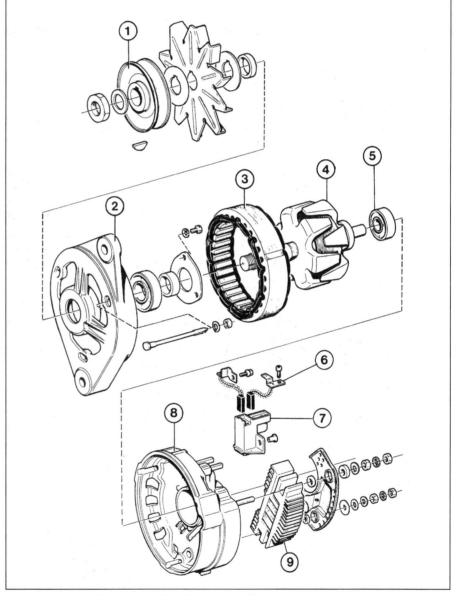

Fig. 10.1 Sprängskiss av Ducellier generator (avsn 9)

1 Remskiva
2 Gavel
3 Stator
4 Rotor
5 Lager
6 Kol
7 Kolhållare
8 Gavel
9 Diodbrygga

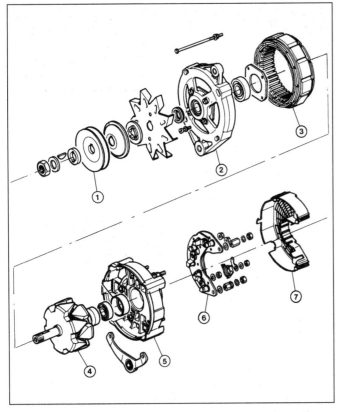

Fig. 10.2 Sprängskiss av Paris-Rhone generator (avsn 9)

1 Remskiva	4 Rotor	6 Diod och kolhållare
2 Gavel	5 Gavel	7 Lock
3 Stator		

Fig. 10.3 Sprängskiss av SEV Marchal generator (avsn 9)

1 Kolhållare	4 Stator	7 Rotor
2 Gavel	5 Gavel	8 Remskiva
3 Diodbrygga	6 Lager	

9 Generator – isärtagning, översyn och ihopsättning

1 Demontera generatorn enligt beskrivning i avsnitt 8 och rengör den med en bränslefuktad trasa.

B14-modeller

Notera: Detta underavsnitt beskriver proceduren för Ducellier generatorn. Paris-Rhone och SEV Marchal generatorer är av liknande konstruktion, men se här fig. 10.2 och 10.3.

2 Demontera skruvarna och ta bort kolhållaren.

3 Märk gavlar och stator i förhållande till varandra, ta sedan bort muttrarna till de tre genomgående skruvarna. Demontera brickorna och skruvarna.

4 Använd två skruvmejslar i de avsedda urtagen, bryt stator och kolhållargavel bort från gaveln vid drivningen. Skada inte stator-lindningarna.

5 Spänn upp rotorn i ett skruvstycke med mjuka backar, lossa remskivans mutter.

6 Ta bort remskiva, fläkt och kil.

7 Driv rotorn ut ur gaveln med en träklubba.

8 Lossa skruvarna till lagerhållarplattan på drivgaveln och driv ut lagret.

9 Demontera lagret från släpringssidan på rotorn med en lämplig avdragare.

10 Vid behov, lossa muttrarna och locket från kolhållargaveln. Notera placeringen på brickorna.

11 Kontrollera att kolen kan röra sig fritt, byt dem om de är slitna mer än tillåtet.

12 Rengör delarna i bensin eller varnolen och torka dem helt torra. Doppa dock inte statorlindningarna i bensin, torka dem i stället med en bensinfuktad trasa.

13 Kontrollera släpringarnas yta; om de har djupa spår, se till att de svarvas plana.

14 För en korrekt kontroll av rotor- och statorlindningar krävs specialutrustning, men ett enkelt prov kan göras med ett 12 volt batteri, test- lampa och kablar. Vid kontroll av

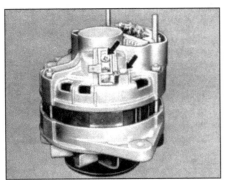

Fig. 10.4 Kolhållarens fästskruvar – vid pilarna (avsn 9)

Fig. 10.5 Demontering av stator och gavel med släpring (avsn 9)

Fig. 10.6 Generatorns remskivemutter lossas (avsn 9)

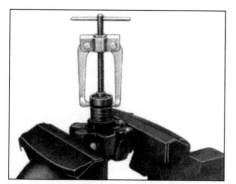

Fig. 10.7 Demontering av lager från generatorns rotoraxel (avsn 9)

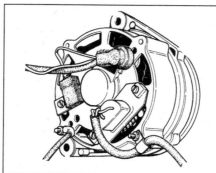

Fig. 10.8 Bosch generator sedd bakifrån (avsn 9)

10 Startmotor – beskrivning

Startmotorn är av solenoidtyp och har två kol i kontakt med lamellerna framtill på ankaret.

Solenoiden, monterad på drivsidan, för startmotordrevet i ingrepp med startkransen med hjälp av en gaffel när startnyckeln förs till läge "start" på tändningslåset. När solenoiden når ändläget, sluts inbyggda kraftiga kontaktplattor och strömmen kan passera till lindningarna. Drevet har en frihjulskoppling som gör att drevet inte skadas då motorn tänder.

11 Startmotor – kontroll monterad

rotorns isolering, anslut minuskabeln till rotoraxeln och den negativa till släpringarna i tur och ordning. Lampan tänds inte om isoleringen är tillfredsställande. Vid kontroll av rotorledningarna beträffande avbrott, anslut kablarna till varsin släpring; testlampan lyser om lindringarna är hela.

15 Kontrollera lagren beträffande slitage, byt vid behov.

16 Montera i omvänd ordning, notera dock följande:

a) Se till att kolen kan röra sig fritt i hållarna, använd vid behov en fin fil för att jämna ut ojämnheter på sidorna av kolen

b) Driv lagret på plats med en lämplig rörbit

c) Dra remskivans mutter till rätt moment

B19- och B200-modeller

17 På tidigare Bosch generatorer är spänningsregulatorn separat monterad i motorrummet. På senare modeller är den inbyggd i generatorn.

18 Isärtagning bör begränsas till demontering av kolen, vilka på senare modeller är en del av spänningsregulatorn. Lossa då kablaget på tidiga modeller. Ta bort de två skruvarna och dra ut kolen.

19 Kontrollera kolen beträffande slitage, byt vid behov. Kontrollera släpringarna enligt punkt 13.

20 Montera i omvänd ordning.

B172-modeller

21 Demontera den gula kabeln från anslutningen, ta sedan bort skyddet (se foto).

22 Lossa kablarna från diodhållaren (se foto).

23 Demontera de två skruvar som håller spänningsregulatorn till generatorn, dra sedan ut regulatorn (se foto). Kolens längd kan nu kontrolleras (se specifikationer).

24 Ytterligare isärtagning och kontroll av generatorn bör överlåtas åt en fackman.

25 Vid demontering av remskivans mutter, använd en ringnyckel samt en insexnyckel i drivaxeländen så att axeln inte vrider sig (se foto).

26 Ihopsättning görs i omvänd ordning mot isärtagning.

1 Om startmotorn inte arbetar, kontrollera först batteriet genom att slå på strålkastarna. Lyser de starkt, för att mattas efter några sekunder, behöver batteriet laddas.

2 Är batteriet i god kondition, kontrollera polanslutningarna. Kontrollera också att jordkabeln har god förbindelse med karossen. Kontrollera vidare solenoidens kabelanslutningar på startmotorn.

3 Om startmotorn fortfarande inte fungerar, kontrollera att solenoiden får manöverström. Anslut därför en testlampa mellan startmotorkabelns anslutning på solenoiden och jord. Då startnyckeln förs till läge start, ska lampan tändas. I annat fall är det antingen avbrott på matningen på grund av kabelbrott,

9.21 Demontering av skydd baktill på Paris-Rhone generator (B172-modeller)

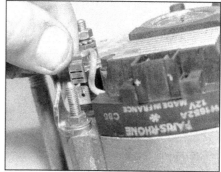

9.22 Diodhållarens anslutning lossas

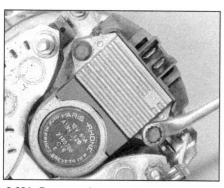

9.23A Demontering av spänningsregulator

9.23B Placering av kol (vid pilarna)

9.25 Remskivans fästskruv och drivaxel med invändig sexkantfattning

12.2 Startmotorfäste på tidiga modeller (notera solenoiden upptill)

12.11 Startmotorns elanslutning på B172-modeller

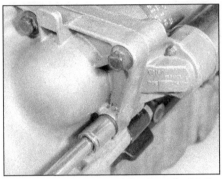

12.12 Demontering av skruvar från B172 startmotor

felaktigt tändningslås eller fel på solenoidlindningen. Kommer strömmen fram genom solenoiden måste felet ligga i startmotorn.

12 Startmotor – demontering och montering

B14-modeller

1 Öppna huven och lossa batteriets negativa anslutning.
2 Skruva loss och demontera skruven som håller startmotorns fäste på motorblocket (se foto).
3 Skruva loss och demontera startmotorns skruvar på kopplingshuset.
4 Lyft startmotorn från kopplingshuset och lossa kabelkontakterna.
5 Montera i omvänd ordning, men om den övre skruven är svår att få på plats – linda en ståltråd runt skruvskallen, för in skruven i hålet och ta bort ståltråden. Dra alltid startmotorns skruvar innan fästets skruv dras.

B19- och B200-modeller

6 Lossa batteriets negativa anslutning.
7 Koppla loss kablarna från startmotorn (se foto).
8 Lossa fästskruvarna och ta loss startmotorn.
9 Montera i omvänd ordning.

B172-modeller

10 Lossa batteriets negativa anslutning.
11 Ta loss kabelkontakterna från startmotorn (se foto).
12 Demontera skruvarna som håller start-motorn (se foto) och lyft ut den.
13 Montering sker i omvänd ordning mot demontering.

13 Startmotor – översyn

B14-modeller

Notera: *Följande anvisningar avser den Ducellier startmotor som användes fram till 1980. Därefter övergick man till en Paris-Rhone startmotor. Åtgärderna för de båda*

typerna är i stort sett desamma, men specifikationerna skiljer sig åt.
1 Demontera startmotorn enligt beskrivning i avsnitt 12.
2 Lossa muttern som håller kabeln på solenoidens anslutning.
3 Använd en mässingdorn och slå ut tappen som håller inkopplingsgaffeln.
4 Lossa muttrarna som håller gaveln vid kollektorn. Lossa även de fyra muttrar som håller solenoiden.

5 Dra ut gaveln från startmotorhuset och även solenoiden tillsammans med inkopplings-gaffeln från startmotorhuset.
6 Bänd loss kolhållarplattan från start-motorhuset och skjut ut det med ankaret tills kolhållarna blir synliga.
7 Lyft upp kolens fjädrar och dra ut kolen ur hållarna.
8 Ta bort startmotorhuset och fält-lindningarna, sätt upp ankaret i ett skruvstycke med mjuka backar.

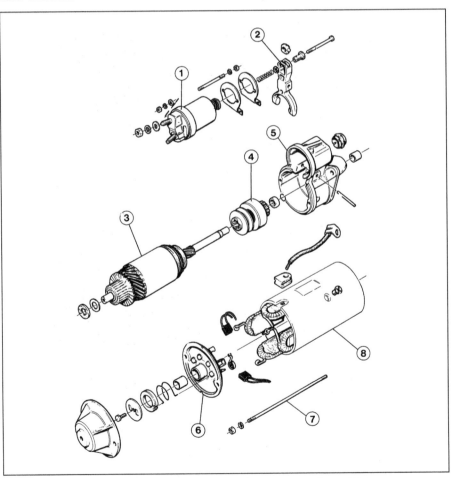

Fig. 10.9 Sprängskiss av Ducellier startmotor (avsn 13)

1 Solenoid 3 Ankare 5 Hus 7 Skruv
2 Gaffel 4 Frihjulskoppling 6 Kolhållare 8 Startmotorhus

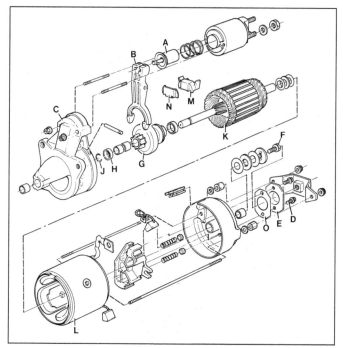

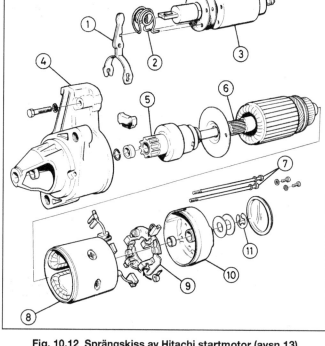

Fig. 10.10 Sprängskiss av Paris-Rhone startmotor monterad på B14-modeller (avsn 13)

A Ankare (solenoid)
B Gaffel
C Främre gavel
D Skruvar
E Lock
F Skruv
G Drev
H Spärrbricka
J Spårring
K Ankare (motor)
L Startmotorhus
M Gummitätning
N Plåt
O Lock

Fig. 10.12 Sprängskiss av Hitachi startmotor (avsn 13)

1 Gaffel
2 Fjäder
3 Solenoid
4 Gavel
5 Drev
6 Ankare
7 Skruvar
8 Startmotorhus
9 Kolhållare
10 Lock
11 Spårring

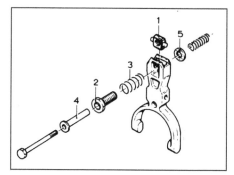

Fig. 10.11 Startmotorns inkopplingsgaffel (avsn 13)

1 Mutter
2 Justerhylsa
3 Fjäder
4 Plastslang
5 Fiberbricka

9 Lossa och ta bort skruven på axeländen, ta vara på alla brickor och fjädern, lyft av kolhållarplattan.

10 Rengör alla delar med lämplig tvättvätska, men doppa inte ankarets lindningar i vätskan; använd en fuktad, luddfri trasa för att rengöra dem.

11 Kontrollera alla detaljer med avseende på slitage och skador, byt ut vid behov. Om kolen är kortare än minsta tillåtna längd så måste de bytas.

12 Kontrollera kollektorns kondition. Finns mindre repor kan de putsas bort med fin smärgelduk. Djupare skador kräver omsvarvning.

13 Använd ett avbrutet bågfilsblad för att rensa kollektorns lamellspår. Spårdjupet ska vara 0,5 mm.

14 Kontrollera slitaget i axelbussningarna, byt ut vid behov. Använd ett skruvstycke och en rörstump när den nya bussningen ska pressas i. Kom ihåg att om flera detaljer måste bytas, kan det vara billigare att skaffa en fabriksrenoverad eller begagnad startmotor. Axelbussningen i kolhållarplattan måste pressas in så långt att den ligger kant i kant med plattan på den sida där kolhållarna sitter. Nya lagerbussningar ska ligga minst 30 minuter i oljebad, SAE 80, innan de monteras.

15 Kontrollera slitaget, och om skador finns på startdrevets tänder, byt ut vid behov. Ta bort spårringen, dra loss startdrevet. Smörj splinen med lite grafitfett före montering av drevet.

16 Misstänker man fel i ankarets lindning och i fältlindningarna, kan detta provas med en testlampa och 12V batteri. Prova ankarlindningarnas isolation genom att ansluta ankarets axel till jord och prova sedan med testlampan mot varje enskild lamell. Om isolationen är bra kommer lampan att vara släckt. Ankarlindningarna kan provas genom att man ansluter testlampan till ett segment på motsatt sida om kollektorn. Om lindningen är felfri lyser lampan.

17 Ihopsättningen görs i stort sett i omvänd ordning mot isärtagningen, men observera följande:

18 Med rotorn monterad i huset, ska avståndet från husets kant till drevets bortre

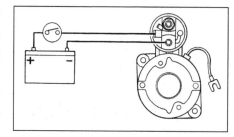

Fig. 10.13 Inkoppling av Hitachi startmotorsolenoid (avsn 13) . . .

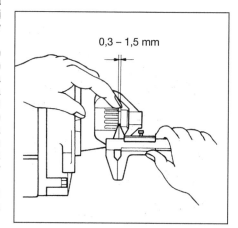

Fig. 10.14 . . . för kontroll av pinjongdrevets spel (avsn 13)

0,3 – 1,5 mm

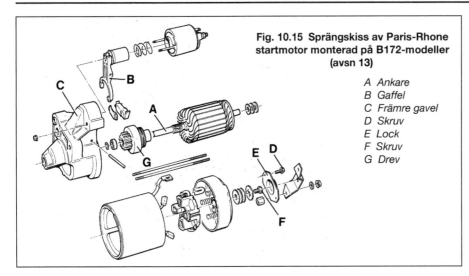

Fig. 10.15 Sprängskiss av Paris-Rhone startmotor monterad på B172-modeller (avsn 13)

A Ankare
B Gaffel
C Främre gavel
D Skruv
E Lock
F Skruv
G Drev

13.31A Framände på B172 startmotor

13.31B Bakände på B172 startmotor

ände vara mellan 58,4 och 59,6 mm. Om inte, ska behövliga justerbrickor placeras vid kollektoränden så att detta mått uppnås.

19 Skjut startdrevet till inkopplat läge och kontrollera att avståndet, uppmätt enligt punkt 18, nu är mellan 69,5 och 71,5 mm.

20 När startmotorn är komplett ihopsatt, kontrollera att inkopplingsgaffeln fungerar riktigt. Detta görs genom att man trycker in skruven på solenoidens ankare så långt det går och kontrollerar att avståndet från startdrevets kant till stoppet är mellan 0,05 och 1,50 mm. Om inte, justera skruvens ytterhylsa tills rätt mått erhålls.

21 Om justeringen inte kan utföras på grund av en felaktig gaffel måste denna bytas ut; i fig. 10.11 visas den riktiga placeringen av justerdetaljerna. Observera att om plasthylsan finns behövs inte fiberbrickan och vice versa.

B19- och B200-modeller

22 Ta loss startmotorn och rengör den.

23 Ta loss fältlindningens kabel från startreläet, skruva loss de två skruvarna och dra bort solenoiden.

24 Peta loss dammskyddsbrickan, spårryttaren och justerbrickorna.

25 Lossa och ta bort skruvarna, ta av ändkåpan och kolhållaren, lyft ur de positiva kolen ur hållarna.

26 Ta isär statorhus, rotor och gaffeln från främre gaveln.

27 Använd ett metallrör för att knacka in stoppkragen, ta bort spårringen. Ta bort kragen, drevet och stödlagret från rotorn.

28 Rengör alla delar med lämplig tvättvätska på samma sätt som beskrivs för B14-modellen.

29 Före ihopsättning, fyll olja i lagerbussningarna och pressa in oljan genom att trycka på bussningen med tumme och pekfinger så att oljan pressas in i porerna. Fettsmörj drevet, axeln, gaffeln och solenoidens dragstång.

30 Ihopsättning sker i omvänd ordning mot isärtagning. Vid behov kan en avdragare användas för att pressa in kragen över låsringen. Kontrollera drevets läge genom att ansluta spänning till solenoiden, se fig. 10.13, tryck tillbaka drevet. Använd ett skjutmått för att mäta avståndet mellan drev och stoppkrage. Om avståndet inte stämmer med föreskrivna mått, kan det justeras genom byte av passbrickan mellan solenoiden och fästet.

B172-modeller

31 Åtgärderna är i stort sett desamma som beskrivs för B14-modellerna men med användande av gällande specifikation. Startmotorn visas i en sprängbild, fig. 10.15, och på foton.

14 Spänningsregulator – allmänt

1 På de flesta modeller är spänningsregulatorn sammanbyggd med generatorn, men för den Bosch- generator som användes till tidiga B19- modeller, är den monterad separat i motorrummet.

2 Om spänningsregulatorn är felaktig ska hela enheten bytas ut, den går inte att reparera.

15 Säkringar och relän – allmänt

1 Säkringsdosan är på alla modeller placerad på höger sida i motorrummet (se foto). På modeller med bränsleinsprutning finns en extra säkringsdosa bredvid batteriet (se foto). På vissa modeller finns säkringarna för främre dimljuslamporna i denna extradosa.

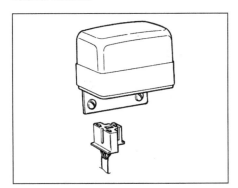

Fig. 10.16 Spänningsregulator för tidig Bosch generator (avsn 14)

15.1A Placering av säkringsdosa och relän på senare modeller

15.1B Placering för tillsatssäkringar

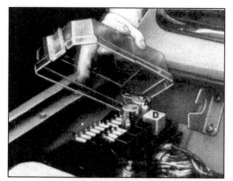

Fig. 10.17 Säkringsdosa på tidiga modeller
(avsn 15)

A Blinkersrelä   D Helljusrelä

15.5 Extra relän under instrumentbrädan
(brädan demonterad)

16.2 Demontering av strålkastarlock

2 Antalet säkringar och vilka kretsar de skyddar varierar dels från modell till modell, dels beroende på vilken utrustning bilen har.
3 Om en säkring behöver bytas, ska den nya säkringen ha samma amperetal. Om säkringar behöver bytas ofta, måste man ta reda på orsaken. Oftast beror det på kortslutning, orsakad av brusten eller skavd kabel.
4 I säkringsdosan finns också relän. Relän använder en låg ström för att med sina kontaktgrupper kunna koppla höga strömstyrkor till respektive förbrukare. Strömställarna på instrumentpanelen manövrerar låg ström och fjärrmanövrerar stora strömförbrukare, t ex strålkastare.
5 Det finns ytterligare relän för olika kretsar i elsystemet. De är vanligtvis placerade bakom

eller under instrumentbrädan (se foto), eller i motorrummet.

16 Belysning – byte av lampor

Strålkastare

1 Öppna huven. Demontera reservhjulet om det är lampan på vänster sida som ska bytas.
2 Vrid locket moturs och ta bort det (se foto).
3 Ta loss flerstiftskontakten från kontaktstycket (se foto).
4 Standardlampor: Bänd upp de två fjäderklämmorna och dra ut lampan, håll inte i lampglaset.
5 Halogenlampor på tidigare modeller: Pressa

ned de två nabbarna och vrid ringen moturs, lyft bort ringen och ta ut lampan utan att röra glaset.
6 Halogenlampor på senare modeller: Haka loss fjädern och dra ut lampan (se foto). Rör inte glaset.
7 På modeller från 1982: Tryck ned och vrid hållarringen moturs och ta bort den innan lampan, som har bajonettfattning, demonteras (se foto).

Främre parkeringslampor

8 De främre parkeringslamporna ingår som en del i strålkastarenheten.
9 På tidigare modeller är lamphållaren fasttryckt i strålkastarenheten, och lampan sitter med bajonettfattning i hållaren (se foto).

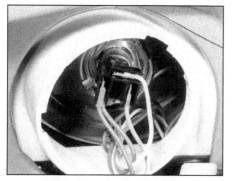

16.3 Flerstiftskontakt för strålkastarlampa

16.6 Låsfjäder för strålkastarlampa (senare modeller)

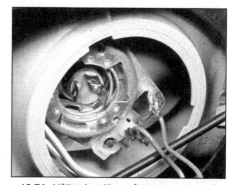

16.7A Hållarring för strålkastarlampa på modeller fr o m 1982

16.7B Strålkastarlampa demonteras från hållaren på modeller fr o m 1982

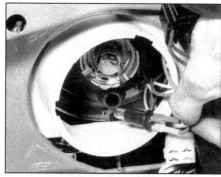

16.9 Demontering av främre parkeringslampa på tidiga modeller

16.10 Parkeringslampa placerad i huvudstrålkastarens lampfäste på senare modeller

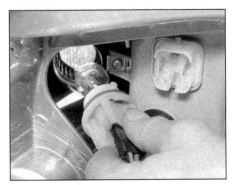

16.11 Demontering av blinkerslampa inifrån motorrummet

16.12 Demontering av sidoblinkerslampa från framflygel

16.13A Hållaren för sidoblinkerslampan lossas från stötfångaren

16.13B Demontering av lampa och lamphållare från linsen

10 På senare modeller finns lampan i samma lamphållarfäste som strålkastarlampan (se foto). Följ anvisningarna för byte av strålkastarlampa för att komma åt parkeringslampan. Lampan sitter med bajonettfattning.

Främre blinkerslampor

11 Åtgärderna är desamma på alla modeller. Tryck in lamphållaren och vrid den moturs för att ta ut den. Lampan sitter med bajonettfattning i hållaren (se foto).

Sidoblinkerslampor

12 På modeller där lampan sitter på framflygeln, demontera skruven och dra loss lampenheten. Dra ut lampan, den sitter med bajonettfattning i hållaren (se foto).

13 På senare modeller, där lampan är monterad i stötfångaren, gör man ungefär på samma sätt, men lampenheten bänds loss från stötfångaren (se foto).

Främre dimljuslampor

14 Demontera locket så att lampenheten blir åtkomlig (se foto), lossa låsfjädern, ta ut lamphållaren och byt glödlampa (se foto). När den nya lampan monteras, se till att urtaget kommer i rätt läge.

Baklyktenhet

15 Alla lamporna i baklyktenheten blir åtkomliga efter demontering av locket i bagageutrymmet (se foto).
16 Ta ut lamphållaren (se foto) och vrid loss lampan.

16.14A Främre dimljuslampa, locket demonterat

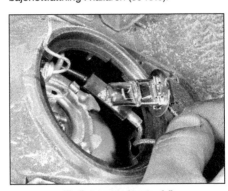

16.14B Demontering av främre dimljuslampa

16.15A Lock för baklyktenheten . . .

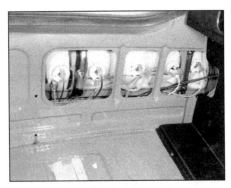

16.15B . . . borttaget

16.16 Demontering av lampa från baklyktenheten

16.17 Demontering av nummerskyltbelysningens lamphållare från stötfångaren

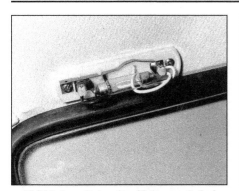
16.21A Innerbelysning (tidiga modeller) med täckglaset borttaget

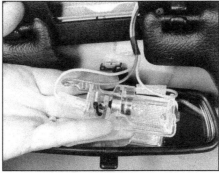
16.21B Demontering av innerbelysning (senare modeller)

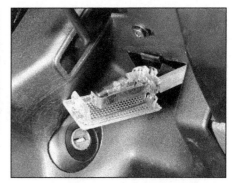
16.21C Demontering av lampa för tändningslåsbelysning

Nummerskyltbelysning

17 På tidigare modeller är lampan monterad i stötfångaren. Bänd loss lampenheten från stötfångaren och dra ut lamphållaren. Lampan sitter med bajonettfattning i hållaren (se foto).
18 Tryck fast lampenheten ordentligt vid montering.
19 På senare modeller ingår lampan för nummerskyltbelysning i baklyktenheten, se ovan.

Innerbelysning

20 Följande lampor finns: innerbelysning, tändningslåsbelysning, handskfacksbelysning och bagageutrymmesbelysning.
21 Alla är i grunden lika, och lampan blir åtkomlig när man har bänt loss täckglaset (se foton).

16.21D Demontering av lampa för bagageutrymmesbelysning (senare modeller)

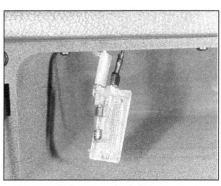
16.21E Lampa för handskfacksbelysning borttagen från huset

17 Strålkastare, främre blinkers och främre dimljuslampor – demontering och montering

Strålkastare – modeller fram till 1982

1 Öppna huven. Demontera reservhjulet och reservhjulsfästet. Lossa batteriets negativa anslutning.
2 Skruva loss och demontera frontens inre fästskruvar, åtkomliga genom öppningen för reservhjulsfästet och luftrenaren; vrid luftrenarens luftintag åt sidan.
3 Skruva loss och demontera de tre övre skruvarna (se foto).
4 Demontera grillen enligt beskrivning i kapitel 9 och skruva sedan loss och demontera de två övre skruvarna, åtkomliga genom grillöppningen.
5 Skruva loss och demontera de två skruvarna på sidan, precis ovanför stötfångaren.
6 Demontera strålkastare, parkerings- och blinkerslampor enligt beskrivning i avsnitt 16, och lossa flerstiftskontakten (se foto).
7 Dra fronten något ifrån karossen och lossa kabelkontakten till signalhornet.
8 Ta loss fronten helt (se foto).
9 Skruva loss och demontera de fyra skruvarna och lyft ut strålkastarenheten (se foto).
10 Om så behövs, kan strålkastaren tas isär

17.3 Demontering av övre fästskruv för fronten

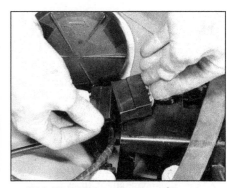
17.6 Flerstiftskontakt för strålkastare

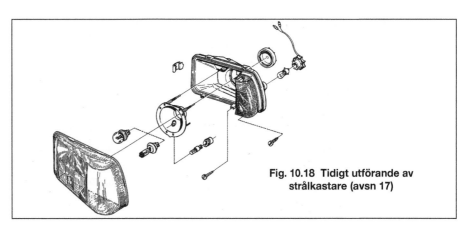
Fig. 10.18 Tidigt utförande av strålkastare (avsn 17)

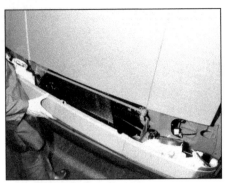

17.8 Demontering av fronten komplett med strålkastare (tidiga modeller)

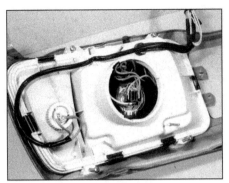

17.9 Demontering av strålkastare från fronten

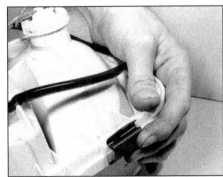

17.10A En fjäderklamma håller glaset

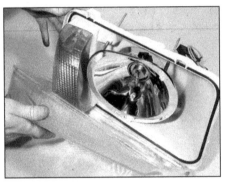

17.10B Demontering av glas

17.10C Strålkastarens reflektor

17.10D Demontering av glas för blinkers

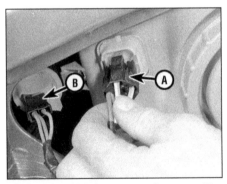

17.12 Kontaktstycken för strålkastare (A), och blinkers (B) lossas

17.15 Demontering av strålkastarens fästskruvar

17.17A Skruv för blinkerslykta (vid pilen)

17.17B Demontering av blinkerslykta

17.18 Strålkastarglasets fästklamma lossas

17.23 Justering för främre dimljus (vid pilen)

genom att man trycker undan fjäder-
klammorna så att lampglaset kan tas loss.
Skruva loss de två skruvarna och ta bort
blinkerslampans glas (se foto).
11 Montera i omvänd ordning.

Strålkastarlampor – modeller fr o m 1982

12 Lossa slangen till strålkastarspolaren och
lossa kabelkontakterna till strålkastare,
blinkerslampa och strålkastartorkarmotorn (se
foto).
13 Se avsnitt 31 och demontera strålkastar-
torkararmen.
14 Se kapitel 9 och demontera stötfångaren.
15 Demontera de fyra skruvarna som håller
strålkastarenheten och lyft ut denna (se foto).
16 Se avsnitt 31 och demontera strålkastar-
torkarmotorn.
17 Demontera skruven (se foto) för att
demontera blinkerslampan; denna byts som
en komplett enhet vid behov.
18 Strålkastarglaset kan demonteras genom
att man lossar fästklamman (se foto).
19 Montera i omvänd ordning mot
demontering. Justera strålkastarinställningen
enligt beskrivning i avsnitt 18.

Dimljuslampor

20 De främre dimljuslamporna är placerade i
spoilern.
21 Demontera skruvarna som håller
lampenheten, lossa kabelkontakten och
demontera lampenheten.
22 Montera i omvänd ordning mot
demontering.
23 Dimljuslampinställningen kan justeras på
samma sätt som beskrivs för strålkastare i
avsnitt 18, med justerknappar (se foto).

18 Strålkastare – inställning

1 Strålkastarinställning bör utföras av en
verkstad som har tillgång till rätt utrustning. I
nödfall kan strålkastarinställning göras enligt
följande:
2 Ställ bilen på plan mark ca 5 m framför, och i
rät vinkel mot, en vertikal yta, t ex en vägg eller
garageport. Bilen skall ha körklar vikt (se
Dimensioner, vikter och volymer) med en

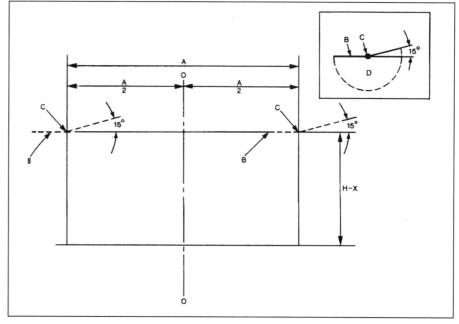

Fig. 10.19 Skiss för inställning av strålkastare (avsn 18)

A Avstånd mellan strålkastarnas mittpunkter
B Gräns mörker/ljus
C Halvljusets mittpunkt
D Halvljusets ljusmönster
H Höjd från marken till strålkastarens mittpunkt
X 10 till 12 cm, helst med full tank
00 Bilens mitt

person i förarsätet och däcken ska ha rätt
lufttryck.
3 Dra en vertikal linje på väggen, motsvarande
bilens mitt (mittpunkten kan bestämmas om
man markerar mitten på vindrutan och på
bakrutan och sedan tittar mot väggen bakifrån
bilen).
4 När mittlinjen är korrekt dragen, dra de
andra linjerna enligt fig. 10.19
5 Slå på halvljuset och kontrollera ljusbilden.
Täck över en strålkastare med ett tygstycke.
Justera den andra strålkastaren så att
ljusstrålens centrum hamnar på "C" på rätt
sida i diagrammet. Flytta över tygstycket och
justera den andra strålkastaren.
6 Justering i höjdled görs med den undre
skruven, som ska skruvas ut eller in efter
behov. Den horisontella justeringen görs
genom att man skruvar en av de övre

skruvarna in eller ut, och därefter den andra
skruven lika mycket men i motsatt riktning (se
foto). Observera att den första justeringen i
horisontalled ska vara hälften av den totala
justeringen. Justerskruvarna är åtkomliga
inifrån motorrummet.
7 På senare modeller har skruvarna ersatts
med räfflade knoppar (se foto).

19 Baklyktenhet – demontering och montering

1 Demontera täckplattan (se foto).
2 Demontera muttern som håller baklykt-
enheten vid karossen (se foto).
3 Lyft ut enheten och lossa kabelkontakterna
(se foto).

18.6 Justerskruv för strålkastare på tidiga modeller . . .

18.7 . . . och räfflade knoppar på senare modeller

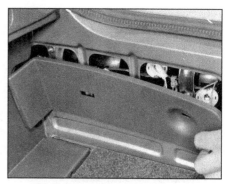
19.1 Demontering av täckplatta för baklyktenheten

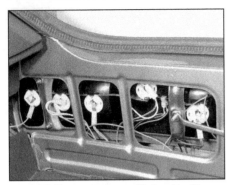

19.2 Demontering av fästmutter för baklyktenheten

19.3 Demontering av baklyktenhet

20.1 Relä för blinkers/varningsblinkers (vid pilen) placerat bakom instrumentpanelen (demonterad)

4 Enheten är komplett och om det finns defekter (t ex sprucket lampglas) måste hela enheten bytas.
5 Montera i omvänd ordning.

20 Blinkers/varningsblinkers – beskrivning

1 Från och med de senare modellerna 1979 sitter ett kombinerat blinkers-/varningsblinkersrelä bakom instrumentpanelen (se foto). På alla modeller dessförinnan sitter separata relän i säkringsdosan.
2 Fel på endera systemet kan bero på trasiga lampor, lösa kablar, trasig säkring, felaktig

22.5A Demontering av skruv från flänsen

strömställare eller korroderade lampkontakter. Om detta inte är orsak till felet ska reläet bytas. På modeller före 1979 tar man bort det gamla reläet ur säkringsdosan och sätter i ett nytt. På senare modeller, demontera instrumentpanelen enligt anvisningar i avsnitt 25, lossa sedan kabelkontakten och demontera reläet. Montera det nya reläet i omvänd ordning mot demontering.

21 Tändningskontakt/rattlås – demontering och montering

Åtgärderna beskrivs i kapitel 8 eftersom de medför arbete på rattstången.

22 Strömställare på rattstången – demontering och montering

1 Lossa batteriets negativa anslutning.
2 Se kapitel 8 och demontera ratten.
3 Skruva loss och demontera chokereglaget.
4 Demontera rattstångskåporna.
5 De två strömställarna är monterade på en plastfläns som sitter på rattstången. Lossa skruven på undersidan (se foto), lossa kabelkontakterna och lyft av hela enheten (se foto).
6 Varje strömställare sitter på flänsen med två skruvar. Demontera skruvarna för att kunna ta loss strömställarna.
7 Montera i omvänd ordning mot demontering.

23 Strömställare på instrumentbrädan – demontering och montering

1 Tre typer av strömställare förekommer: vipp-, "tryck-tryck"- och vridströmställare.
2 Lossa batteriets negativa anslutning innan någon strömställare demonteras.
3 Vippströmställare: Bänd loss strömställaren från instrumentpanelen, lossa kabelkontakterna efter att ha märkt upp deras placering.
4 "Tryck-tryck"-strömställare: Lossa den flerpoliga anslutningen på baksidan och tryck ut strömställaren från panelen.
5 Vridströmställare: Dra loss knoppen så att fästmuttern blir åtkomlig. Demontera om så behövs panelen, eller försök att komma åt strömställarens baksida underifrån. Lossa kabelkontakterna, märk upp deras placering om så behövs. Skruva loss muttern och demontera strömställaren.
6 Montera i omvänd ordning mot demontering, se noga till att strömställarna sitter ordentligt på plats i panelen.
7 Vissa strömställare har invändig belysning. Lampan kan bytas efter det att strömställaren har demonterats och lamphållaren dragits ut. Lamporna trycks in i sina hållare (se foto). När det gäller strömställaren som sitter omedelbart till höger om instrumentpanelen, är lampan åtkomlig underifrån.
8 Montera i omvänd ordning mot demontering.

22.5B Strömställaren lyfts bort från rattstången

23.7A Demontering av strömställare på instrumentbräda

23.7B Lampan dras ut

24 Hastighetsmätarvajer – demontering och montering

1 Lossa batteriets negativa anslutning.
2 Sträck in handen bakom instrumentpanelen och lossa hastighetsmätarvajern genom att trycka på plastklipset. På senare modeller hålls vajern med bajonettfattning, vrid denna för att koppla loss.
3 Hissa upp vänster sida av framvagnen och placera pallbockar under bilen. Demontera det vänstra framhjulet.
4 Ta loss vajern från fästet på fjäderbenet och dra ut vajern.
5 Om så behövs, knacka loss navkåpan, demontera saxpinnen och ta loss hastighetsmätarvajerns medbringartapp.
6 Rengör hålet i spindelledsfästet och vajerns gummibussning.
7 När hastighetsmätarvajern ska monteras, vilket görs i omvänd ordning mot demontering, kan gummibussningen först doppas i tvållösning.
Notera: *Om lättmetallfälgar monteras på en bil som tidigare varit utrustad med stålfälgar, ska en kortare hastighetsmätarvajer, som inte kan komma i kontakt med hjulet, monteras*

25 Instrumentpanel – demontering och montering

1 Lossa batteriets negativa anslutning.
2 Sträck in handen bakom instrumentpanelen

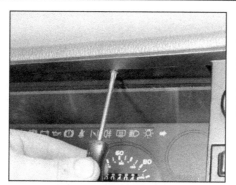

25.3 Demontering av skruv för instrumentpanel

och lossa hastighetsmätarvajern (se avsnitt 24).
3 Demontera skruvarna från instrumentpanelens överdel (se foto).
4 Fäll fram panelen så mycket som behövs för att lossa flerstiftkontakterna, håll reda på deras placering (se foto).
5 Lossa, där sådan förekommer, på tidigare modeller, ställknappens kabel från klockans baksida (se foto).
6 Dra loss instrumentpanelen.
7 Även om instrumentpanelerna har förändrats genom åren, är de fortfarande i grunden desamma. Varnings- och instrumentlampor kan alla bytas genom att man demonterar lamphållaren och drar loss lamporna (se foto).

25.4 Panelen lutas framåt

8 Enskilda instrument sitter med skruvar eller muttrar (se foto), men om något av dem skulle vara felaktigt rekommenderar vi att reparationen utförs av en bilelektriker.
9 Montera i omvänd ordning mot demontering.

26 Temperatur- och bränslemätare – kontroll, demontering och montering

1 Vid fel på temperatur- och bränslemätare, kontrollera först spänningsstabilisatorn, eftersom den har mycket stor betydelse för hur mätarna fungerar.
2 Demontera sedan instrumentpanelen och

25.5 Flerpoligt kontaktstycke för instrumentpanel och ställknapp för klockan

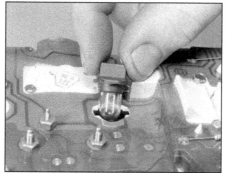

25.7A Hållare för instrumentlampa

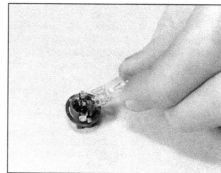

25.7B Demontering av lampa från hållaren

25.7C Varningslampa och hållare tas bort

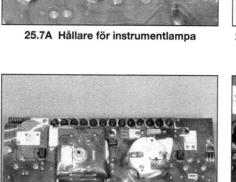

25.8A Instrumentpanelen sedd bakifrån

25.8B Närbild på kretskortet, hastighetsmätaranslutning (senare utförande) och fästmuttrar (vid pilarna)

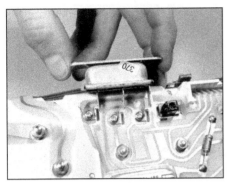

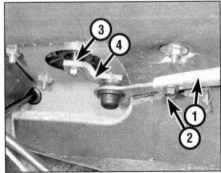

26.2 Demontering av spänningsstabilisator baktill på instrumentpanelen (tidiga modeller)

27.2 Demontering av torkarblad med axeltapp

27.4 Strålkastartorkarblad med plastgaffel

lokalisera spänningsstabilisatorn på panelens baksida (se foto). Anslut en voltmeter mellan stabilisatorns stift *I* och *E* . Spänningen ska variera mellan 0 och 5V, i annat fall är stabilisatorn felaktig och måste bytas.
3 Om bränslemätaren ändå inte fungerar, demontera bränsletanken (se kapitel 3) och anslut en ohmmeter mellan kontakten och höljet. Med flottören i läge tom ska resistansen vara 250 ohm, och med flottören i läge full ska resistansen vara 19 ohm.
4 Om flottören fungerar som den ska, undersök kablarna till bränslemätaren och varningslampans stift på baksidan av instrumentpanelen. Om inga fel upptäcks ska mätaren bytas ut. För att göra detta måste först de åtta skruvarna lossas och tas bort så att instrumentpanelens baksida kan tas bort.
5 Om temperaturmätaren inte fungerar, kontrollera mätarens resistans. När motorn har arbetstemperatur ska resistansen vara mellan 35 och 45 ohm. Om ohmmeter inte finns att tillgå, kan man pröva om felet försvinner med en ny givare.
6 Om givaren verkar felfri, kontrollera kabeln till temperaturmätarens stift på baksidan av instrumentpanelen. Om det inte är något fel på kabeln, skruva loss och demontera de åtta skruvarna, ta av locket och byt ut mätaren.
7 Montera i omvänd ordning mot demontering.

27 Torkarblad – byte

1 Torkarbladen ska bytas så snart de inte fungerar effektivt.
2 På torkarblad som sitter med en axeltapp, tryck ned spärrklacken på torkararmen och lyft ut bladet (se foto).
3 På torkarblad som sitter med en krok, tryck in klämman på torkararmen och dra ut bladet.
4 Strålkastartorkarbladen är fasttryckta i ett gaffelfäste på torkararmarna (se foto).
5 Bänd loss bladet från fästet. Se till att den längre delen på det nya bladet pekar bort från torkararmen vid montering.
6 Montera i omvänd ordning mot demontering.

28 Torkarlänkage – demontering och montering

1 Lossa batteriets negativa anslutning.
2 Demontera vindrutetorkarbladen enligt beskrivning i avsnitt 27.
3 Lyft torkararmarnas kåpor och skruva loss muttrarna (se foto). Bänd loss torkararmarna från tapparna med en bredbladig skruvmejsel.
4 Skruva loss och demontera fästmuttrarna och distanserna från tapparna.
5 Arbeta vidare inne i bilen, markera läget för

länkstångens justering och vevarmens läge i förhållande till motoraxeln (se foto).
6 Lossa och demontera muttrarna och ta bort vevarmen och den korta länkstången från motoraxeln.
7 Lossa defroster och defrosterslang på vänster sida, demontera askkoppen.
8 Demontera den vänstra luftkanalen från värmeelementet efter att ha lossat det mittre fästet.
9 Skruva loss axelflänsens fästskruvar.
10 Sänk ned och demontera länkarna från undersidan av panelen.
11 Montera i omvänd ordning mot demontering. Observera följande:
   a) Passa in de tidigare gjorda märkena mot varandra innan länkstångens muttrar dras åt
   b) Smörj axlarna med några droppar motorolja
   c) Justera vid behov torkarbladen så att de i parkeringsläge är parallella med vindrutans underkant. För att göra detta, lossa länkstångens muttrar och ändra längdinställningen

29 Vindrutetorkarmotor – demontering och montering

1 Lossa batteriets negativa anslutning.
2 Skruva loss muttern och demontera veven från motoraxeln.

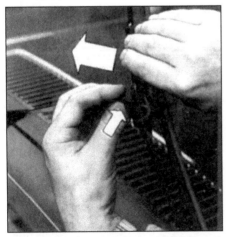

Fig. 10.20 Demontering av torkarblad med krokfastsättning (avsn 27)

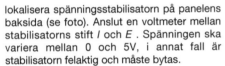

28.3 Mutter för vindrutetorkararm

28.5 Torkarlänkage inuti bilen (instrumentbrädan demonterad)

1 Länkstång   3 Motoraxel
2 Justerskruv   4 Vevarm

29.3A Vindrutetorkarmotor (tidig modell)

29.3B Torkarmotor av senare utförande

3 Lossa kabelkontakterna, skruva loss fästskruvarna och ta ut vindrutetorkarmotorn (se foto).
4 Montera i omvänd ordning mot demontering.

30 Vindrutetorkarmotor – översyn

1 Demontera vindrutetorkarmotorn enligt beskrivning i avsnitt 29.
2 Skruva loss och demontera skruvarna som håller locket över växelhuset och lyft av locket.
3 Ta bort spårringen och ta ut kugghjul och brickor ur växelhuset. På vissa modeller har spårringen utgått.
4 Skruva loss och demontera fästmuttrarna och demontera växelhuset från rotorn tillsammans med kolen.
5 Lyft ut rotorn.
6 Kontrollera alla komponenter med avseende på slitage och rengör dem med varnolen . Smärre repor på kollektorn kan putsas med fin smärgelduk. Byt ut kolen om de är onormalt slitna, kablarna kan då behöva lödas loss. På vissa modeller måste de tre gummi-tapparna demonteras så att kolhållaren går att ta los.
7 Om motorns lager eller växelenheten är slitna, kan det vara mer ekonomiskt att skaffa en fabriksrenoverad eller bra begagnad enhet.
8 Ihopsättning görs i omvänd ordning mot isärtagning. Observera följande:
   a) Smörj snäckväxeln sparsamt
   b) På Femsa-motorer kan rotorns axialspel

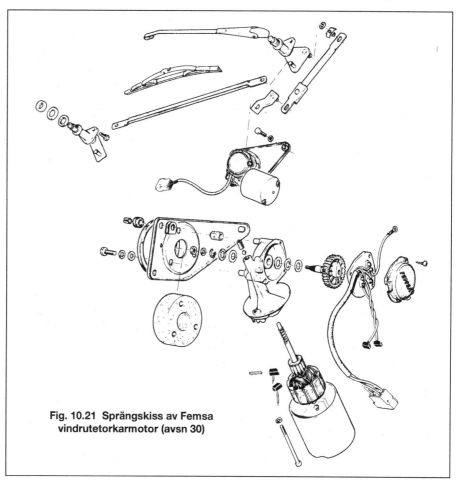

Fig. 10.21 Sprängskiss av Femsa vindrutetorkarmotor (avsn 30)

justeras genom att man vrider justerskruven som sitter på kullagret
   c) På övriga motorer kan snäckväxelns axialspel justeras genom att man lossar låsmuttern och vrider justerskruven medurs så långt det går. Lossa sedan skruven ett kvarts varv och dra låsmuttern. Om låsmutter saknas ska skruven låsas med låsvätska

31 Strålkastartorkarmotor – demontering och montering

1 Lossa batteriets negativa anslutning.
2 Lossa slangen, lyft kåpan över muttern, skruva loss muttern och demontera torkar-armen från motoraxeln (se foto).
3 Demontera främre panelen.
4 Demontera dammskyddet, skruva loss muttern och demontera distansen (se foto).
5 Lossa kabelkontakten och ta ut torkar-motorn.
6 Montera i omvänd ordning mot demontering, men se till att vågbrickan placeras på motoraxeln och fyll dammskyddet med vattenbeständigt fett. Innan armen monteras, anslut batteriet tillfälligt så att torkarmotorn intar parkeringsläge.
7 I parkeringsläge ska torkararmen vara ca 10 mm ovanför strålkastarens underkant. Justera i annat fall torkararmens läge på motoraxeln.

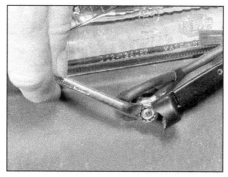

31.2 Demontering av mutter från strålkastartorkararm

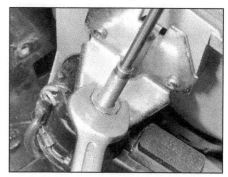

31.4 Demontering av mutter som håller motorn vid fästet

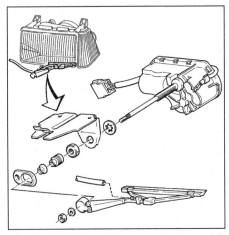

Fig. 10.22 Strålkastartorkarmotor (avsn 31)

32 Bakrutetorkarblad och -motor – demontering och montering

1 Lossa batteriets negativa anslutning.
2 Demontering av torkarblad och torkararm görs på samma sätt som beskrivits för vindrutetorkarbladen i avsnitt 27 och 28.
3 Öppna bakluckan och demontera locket på bakluckans insida genom att trycka på spärrarna (se foto).
4 Lossa kabelkontakterna till torkarmotorn och demontera de två skruvarna som håller motorfästet (se foto).

33.1 Spolarpumpens placering på tidiga modeller

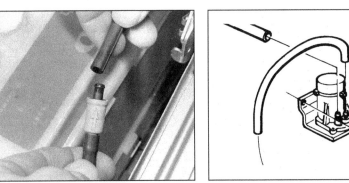

33.8 Pilen på backventilen ska peka mot spolarmunstyckena

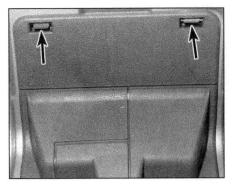

32.3 Spärrar för lock till bakre torkarmotor

5 Demontera motorns två fästskruvar och ta loss motorn från fästet.
6 Om motorn är felaktig ska den bytas ut.
7 Montera i omvänd ordning mot demontering.

33 Vindrutespolare – underhåll

1 Kontrollera regelbundet slanganslutningarna. Kontrollera att kablarna är väl anslutna till den elektriska pumpen (se foto).
2 Kontrollera vätskenivån varje vecka och håll behållaren välfylld. Blanda vatten, rengöringsmedel och frostskydd i lämpliga delar beroende på årstid. Använd aldrig kylarglykol!

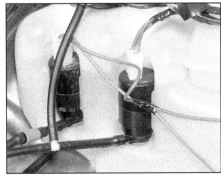

33.4 Spolarpump av senare utförande

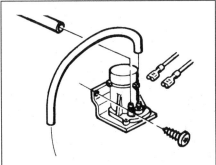

Fig. 10.23 Spolarpump för B14-modeller (avsn 33)

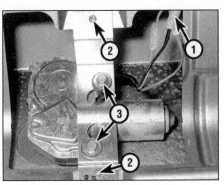

32.4 Bakrutetorkarmotor

1 Elanslutningar   2 Fästets skruvar
3 Motorns skruvar till fästet

3 Justera spolarmunstyckena genom att sticka in en nål i munstycket och vrida till önskad vinkel.
4 På tidigare modeller är pumpen (-arna) skilda från spolvätskebehållaren, på senare modeller är de monterade på spolvätskebehållaren (se foto).
5 För att demontera en pump, lossa kabel- och slanganslutningarna.
6 På tidigare modeller, demontera de självgängande skruvarna. På senare modeller är pumparna fasttryckta i spolvätskebehållaren.
7 Montera i omvänd ordning.
8 Backventiler (se foto) i slangarna ska monteras med pilen pekande i riktning mot spolarmunstyckena.

34 Signalhorn – beskrivning, demontering och montering

1 Tidigare modeller är försedda med tvåtonshorn. Från och med 1981 monteras entonshorn (se foto).
2 Mellan säkringsdosa och horn finns ett relä som minskar belastningen på signalhornskontakterna.
3 Vid demontering, lossa först batteriets negativa anslutning, demontera sedan kylargrillen enligt anvisningar i kapitel 9.
4 Lossa kabelkontakterna (se foto), skruva loss fästet från karossen och ta ut hornet.
5 Montera i omvänd ordning mot demontering.

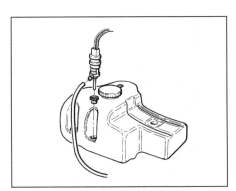

Fig. 10.24 Spolarpump för B19-, B200- och B172-modeller (avsn 33)

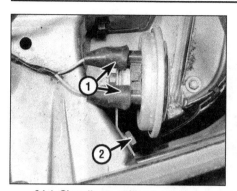

34.1 Signalhorn, grillen borttagen

1 Elledningar   2 Skruv för fäste

34.4 Ledningar till signalhorn lossas

Fig. 10.25 Tryck in hakarna (vid pilarna) vid demontering av signalhornets släpring från ratten (avsn 35)

35 Signalhornskontakt – demontering och montering

1 Lossa batteriets negativa anslutning.
2 Använd en liten skruvmejsel för att bända loss signalhornsknapparna.
3 Demontera ratten enligt beskrivning i kapitel 8.
4 Tryck ihop hakarna på signalhornets släpringsenhet och demontera denna.
5 Koppla loss anslutningarna och tryck loss släpkontakterna från rattstångens överdel.
6 Montera i omvänd ordning mot demontering.

36 Säkerhetsbälten, varningssystem – beskrivning

1 Senare modeller har ett system med varningslampa för att påminna förare och/eller passagerare att ta på bilbältet. Systemet har en tryckkontakt i sätet och kontakter i bälteslåset (se foto). När tändningen är på, blinkar lampan om någon sitter i förar- eller passagerarstolen utan att ha bältet på.

37 Stolvärme – allmänt

1 På vissa modeller är förarstolen försedd med värmedynor och på några modeller är

även passagerarstolen fram utrustad med sådana.
2 Elanslutningarna för dessa finns under stolarna (se foto) och ska tas loss om stolen ska demonteras. Anslut dem när stolen monterats på plats igen.
3 Reparation och kontroll av de eluppvärmda stolarna överlåts lämpligen till Volvo-verkstaden.

38 Bromsljuskontakt – demontering, montering och justering

1 Från och med chassinummer 321597 är bromsljuskontakten placerad på broms-pedalfästet, ovanför bromspedalen (se foto).
2 För att demontera kontakten, lossa kabelkontakterna, skruva loss låsmuttern och lyft bort kontakten från fästet.
3 Montera i omvänd ordning mot demontering, och justera kontakten så att bromsljuset tänds när pedalen trycks ned 15 mm.

Notera: *Före ovanstående chassinummer var bromsljuskontakten hydraulmanövrerad och monterad i bromshuvudcylindern. Ingen justering behöver utföras, men vid montering, när kontakten dragits fast, måste broms-pedalen tryckas ned så att huvudcylindern luftas.*

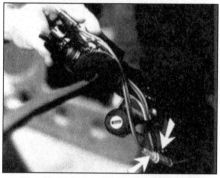

Fig. 10.26 Lossa anslutningarna (vid pilarna) för att ta bort släpkontakterna (avsn 35)

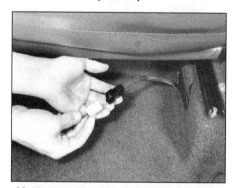

36.1A Kontaktstycke för bältespåminnare

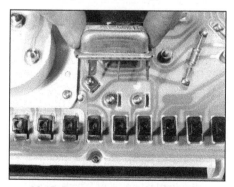

36.1B Demontering av blinkdon för bältespåminnare från baksidan av instrumentpanelen

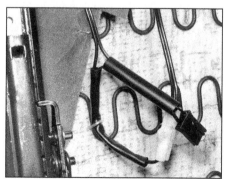

37.2 Anslutning för stolvärme

38.1 Bromsljuskontakt (vid pilen)

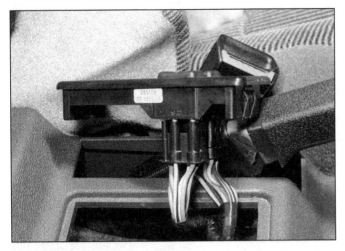

40.2 Demontering av strömställare för elfönsterhiss

42.2A Krok för demontering av radio

42.2B Radion tas bort

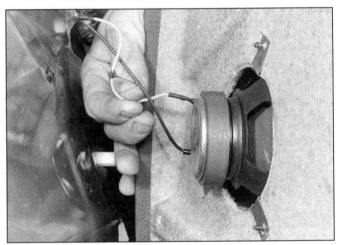

43.1 Dörrhögtalarens anslutningar lossas

39 Backljuskontakt – demontering, montering och justering

1 Backlampkontakten sitter i mittkonsolen, vid växelväljarspakens undre del.
2 För att kontakten ska bli åtkomlig, måste konsolen demonteras (kapitel 9). På modeller med automatväxellåda fr o m 1979, lossa kontaktpanelen från konsolen, lossa sedan växelväljarindikatorn och vrid den 90°.
3 Demontera de två skruvarna eller muttrarna som håller kontakten. På automatväxlade modeller, lossa även låsklämman. Lossa kabelkontakterna från backlampkontakten, eller från det intilliggande kontaktstycket, och gör anteckningar om placeringen om så behövs för monteringen.
4 Montera i omvänd ordning mot demontering. Justera kontakten så att backlampan tänds när backväxeln läggs i och släcks när växelspaken förs tillbaka till neutralläge.

40 Elfönsterhissar, strömställare – demontering och montering

1 De elmanövrerade fönsterhissarnas strömställare finns i konsolen intill handbromsspaken.
2 För att demontera strömställarna, lossa batteriets negativa anslutning, bänd loss och dra upp kontaktpanelen (se foto) och lossa kabelkontakterna.
3 Montera i omvänd ordning mot demontering.

41 Växlingsindikator – allmän beskrivning

1 Växlingsindikatorsystemet manövreras elektroniskt av styrenheten i Renix tändsystem.
2 Den elektroniska styrenheten är ansluten till en mikrokontakt vid växelspakens nedre del, och den känner också av förändringar av vakuumet i vakuumförställningssystemet.

3 Med den information styrenheten får på detta sätt kan den sända "uppväxlingssignaler" till indikatorn i instrumentpanelen i exakt rätt ögonblick.
4 Mikrokontakten är nitad på ett fäste som är fastskruvat i kardantunneln.

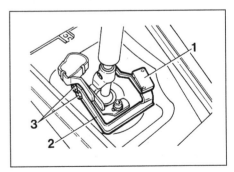

Fig. 10.27 Växlingsindikatorns mikrokontakt nertill på växelspaken (avsn 41)

1 Mikrokontakt 2 Fäste 3 Skruvar

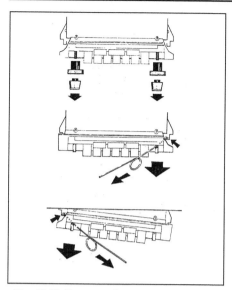

Fig. 10.28 Demontering av standardradio (avsn 42)

5 För att demontera mikrokontakten, ta loss kabelkontakterna, demontera skruvarna från fästet och sätt upp enheten i ett skruvstycke.
6 Borra bort nitarna med en 3 mm borr och demontera sedan mikrokontakten.
7 Montera en ny mikrokontakt och nita fast den på fästet.
8 Fortsätt sedan i omvänd ordning mot demontering.
9 Om fel uppstår i systemet, låt en Volvoverkstad testa det eftersom det krävs speciell utrustning.

42 Radio/kassettbandspelare, standard – demontering och montering

1 Den radio Volvo monterar som standard sitter i mittkonsolen.
2 För att demontera radion, dra loss reglageknopparna med den speciella kroken (levereras tillsammans med radion) som visas i fig. 10.28, lossa klammorna först från den ena sidan och därefter från den andra, och dra ut radion (se foto).
3 Lossa antenn- och elkablar och lyft ut radion.
4 Vid montering, anslut antenn- och elkablar, tryck in radion i öppningen tills klammorna snäpper fast.
5 Montera reglageknopparna.

43 Dörrhögtalare – demontering och montering

1 Demontera de tre skruvarna som håller ramen runt högtalaren och dra ut högtalaren så mycket att kabelkontakten går att ta loss (se foto).
2 Montera i omvänd ordning.
   Notera: *Det är inte alls nödvändigt att demontera dörrklädseln som bilden visar för att demontera högtalaren; detta har gjorts endast för att förtydliga och för att visa förfarandet vid demontering av dörrklädseln.*

Felsökning – elsystem

Startmotorn kan inte dra runt motorn; ingen spänning vid startmotorn

Batteriet urladdat
Battericell defekt
Batterikablarna inte ordentligt fastsatta eller jordkabeln inte ordentligt fäst vid karossen
Avbrott i startmotorns krets
Startmotorkontakten eller solenoiden felaktig

Startmotorn kan inte dra runt motorn; spänning finns vid startmotorn

Startmotordrevet låst i startkransen
Startmotorns kol nedslitna, har fastnat eller anslutningar lösa
Kollektorn igensatt, sliten eller bränd
Startmotorns rotor defekt
Fältlindningar kortslutna

Startmotorn drar runt motorn mycket långsamt

Låg batterikapacitet
Startmotorns kol nedslitna, har fastnat eller anslutningar lösa
Anslutningar i startmotorkretsen har lossnat

Startmotorn arbetar utan att dra runt motorn

Startdrevet eller startkransen skadad

Startmotor låter illa eller rasslar vid inkoppling

Startdrevet eller startkransen skadad
Startmotorns fästskruvar lösa

Batteriet håller inte laddning

Inre fel i batteriet
Elektrolytnivån för låg eller syravikten felaktig
Plattornas separatorer skadade
Plattorna sulfaterade
Generatorremmen slirar
Batteriets polklämmor lösa eller korroderade
Generatorn har inte tillräcklig kapacitet
Kortslutning i belysningskretsen orsakar kontinuerlig urladdning
Laddningsregulatorn fungerar inte normalt

Kontrollampan för laddning släcks inte

Generatorremmen slirar eller har brustit
Generatorkolen slitna eller har fastnat
Generatorkolens fjäder svag eller brusten
Laddningsregulatorn fungerar inte normalt
Inre fel i generatorn

Bränsle- eller kylvätsketemperaturmätaren ger inget utslag

Avbrott i kretsen, kontaktfel
Bränsletankens givare felaktig
Kylvätsketemperaturgivaren felaktig
Instrumenten felaktiga

Bränsle- eller kylvätsketemperaturmätaren står på toppen av skalan hela tiden

Bränsletankens givare felaktig
Kylvätsketemperaturgivaren felaktig
Ledning kortsluten till jord
Instrumenten felaktiga

Instrumentens utslag ökar med ökande motorvarvtal

Spänningsstabilisatorn felaktig

Signalhornet fungerar inte

Trasig säkring
Avbrott i kabel eller anslutning
Signalhornet feljusterat
Signalhornet felaktigt
Signalhornsreläet felaktigt

Signalhornet ljuder hela tiden

Signalhornskontakten har fastnat
Kortslutning i signalhornskretsen

Belysningen tänds inte

Om motorn inte är igång, är batteriet urladdat
Trasig glödlampa
Avbrott i ledning, kabelkontakt ej ansluten
Strömställaren kortsluter eller ger inte kontakt

Belysningen tänds men är svag

Nedsmutsade lampglas
Reflektorerna matta eller nedsmutsade
Felaktig strålkastarinställning

Belysningen fungerar ojämnt

Batteriets polklämmor har lossnat eller dålig jordförbindelse
Strömställare felaktig

Torkarna fungerar inte

Trasig säkring
Avbrott i ledning, kabelkontakt ej ansluten
Kol eller rotor sliten

Torkarna arbetar mycket långsamt

Kollektorn nedsmutsad eller sliten
Kärvande länkar
Rotorn har fastnat
Kolen slitna

Kapitel 11 Supplement:
Ändringar och information om senare modeller

Innehåll

1 Introduktion

Supplementet innehåller information som kompletterar eller ersätter materialet i föregående tio kapitel. Bäst nytta av supplementet får man om man först läser respektive avsnitt i supplementet, innan aktuellt kapitel i boken.

Sedan boken först publicerades har Volvo 340 och 360 serierna genomgått få stora förändringar, så när som på införandet av katalysator.

En del av följande information baserar sig på modell- eller produktionsår; detta överensstämmer inte nödvändigtvis med registreringsdatum. Är inte tillverkningsdatum känt, kan varje auktoriserad Volvoverkstad fastställa detta med hjälp av bilens identifikationsnummer.

2 Specifikationer

Specifikationerna nedan är ändringar eller komplement till de i tidigare kapitel. Modeller med B14.4E-D, B172K-D eller B200F motorer är likadana som de tidigare 1,4; 1,7 eller 2,0 liters modellerna, där inte annat anges.

Bränsle- och avgassystem

Oktantal

B14.4E, B172K, B200K	96 RON blyhaltig, 95 RON blyfri
B14.4E-D, B172K-D	95 RON **endast** blyfri
B200E – utan katalysator	92 RON blyhaltig, 91 RON blyfri
B200E – med katalysator, B200F	91 RON **endast** blyfri

CO-halt vid tomgång – B200F ....

0,4 till 0,8 %

Åtdragningsmoment

Nm

Syresensor (Lambdasond) 50

Fjädring och styrning

Servostyrning

Antal rattvarv mellan fulla utslag 3,1
Olja .... Se *Rekommenderade smörjmedel och vätskor*

Åtdragningsmoment

Nm

Styrväxelfästen, muttrar och skruvar	21
Klämskruv och mutter, rattstångens undre universalknut	21
Styrledens låsmutter	55
Slanganslutningar:	
Vid pumpen	26
Vid styrväxeln	35
Fästskruvar för pump och låsmutter för justering	21

3 Rutinmässigt underhåll

Modeller fr o m 1989

Allmänt

1 Underhållsprogrammet har ändrats något för alla modeller från och med 1989. Som tidigare förutsätts en genomsnittlig årlig körsträcka på 20 000 km och underhållet består av en större och en mindre service. Service ska utföras vid angivna tidsintervall, eller vid specificerad körsträcka om den överstiger den tidigare angivna.

2 Liten service ska utföras var sjätte månad eller efter10 000 km, vilket som först inträffar.

3 Stor service ska utföras en gång om året eller efter 20 000 km, vilket som först inträffar.

4 Viktiga punkter är som följer:

Drivrem, generator/vattenpump – B172

5 Drivremmen ska kontrolleras vid den **första** mindre servicen (efter sex månader eller 10 000 km), men sedan krävs inte kontroll förrän vid **andra** större servicen (efter 2 år eller 40 000 km).

6 Vid den **fjärde** större servicen (4 år eller 80 000 km), måste remmen bytas, oavsett skick.

7 Cykeln upprepas sedan så att remmen kontrolleras vid mindre service efter byte (54 månader eller 90 000 km), vid andra större service efter byte (6 år eller 120 000 km) för att åter bytas vid fjärde större service efter första bytet (8 år eller 160 000 km).

CO-halt och tomgång – B200F

8 Detta ska kontrolleras vid varje stor service, men som påpekas i avsnitt 5 i detta kapitel, måste detta dock göras av en fackman.

Byte av tändstift – alla modeller

9 Tändstiften ska bytas vid varje stor service oavsett skick. Som påpekas i kapitel 4, behöver inte rengöring eller justering av elektrodavstånd göras mellan bytena.

Kontroll av remskiveavstånd och drivrem – modeller med automatväxellåda

10 Kontrollen ska nu utföras vid varje större service.

Kontroll av lamellcentrum för centrufigalkoppling – modeller med automatväxellåda

11 Denna kontroll ska nu utföras vid **varannan** stor service (2 år eller 40 000 km); se kapitel 5, avsnitt 2.

Kontroll av oljenivå, växellåda – alla modeller

12 Vid varje mindre service, kontrollera hela kraftöverföringen (primär- och sekundärenheter eller konventionell växellåda och slutväxel) beträffande oljeläckage. Kontrollera nivån och fyll på vid behov enligt beskrivning i respektive avsnitt i kapitel 6.

13 Om läckage påträffas, måste detta åtgärdas så snart som möjligt.

14 Notera att rekommendationerna för byte av olja är desamma. Oljan i automatväxellådans primär- och sekundärenhet måste bytas vid **varannan** stor service (2 år eller 40 000 km), men det finns däremot inget angivet intervall för byte av olja i manuell växellåda.

Kontroll av kardanaxel – alla modeller

15 Kontrollen utförs varannan stor service (2 år eller 40 000 km).

Kontroll av bromsservo, byte av servofilter – alla modeller

16 Man bör notera att även om dessa arbeten inte inkluderas i det ändrade schemat, bör bromssystemens funktion kontrolleras regelbundet, vilket naturligtvis unkluderar kontroll av servo enligt beskrivning i kapitel 7, avsnitt 18.

Servostyrning – där sådan förekommer

17 Vid varje mindre service, kontrollera vätskenivå och tecken på läckage på någon del av systemet, se avsnitt 6 i detta kapitel.

18 Vid varje stor service, kontrollera pumpens drivrem, byt vid behov. Kontrollera även remspänning och justera vid behov. Se avsnitt 6 i detta kapitel.

Kontroll av generator – alla modeller

19 Kontroll av fastsättning och renhet finns inte längre med i schemat, men man bör dock kontrollera allmänt skick och infästningar vid kontroll av drivremmen.

Torkare-/spolare, kontroll – alla modeller

20 Det bör noteras att även om kontrollen endast specifieras vid varje stor service, bör vindrute-, bakrute- strålkastarspolare och torkare kontrolleras regelbundet (d v s en gång i veckan, eller före lång resa); detta för att bilen ska uppfylla lagenliga krav.

21 Kontrollera att spolarbehållaren är full (kontrollera vintertid att även frostskyddssvätska finns), att spolmunstycken är rena och riktigt justerade samt att torkarbladen torkar rent utan att lämna kvar rester. Byt bladet då det inte längre fungerar tillfredsställande.

4 Motor

B14.4E-D och B172K-D motorer

1 Monterade i respektive 340 1,4 och 1,7 liters modeller från och med 1989, har dessa modeller ändrad förgasarinställning och nödvändig utrustning för katlysator. Bortsett från detta, så långt som kunnat konstateras när boken skrevs, finns inga skillnader jämfört med motorer, detaljer och system som tidigare beskrivits.

B200F motor

2 Motorn är monterad på vissa 360 modeller från och med 1987. Så långt som kunnat konstateras, skiljer den sig inte från B200E, tidigare beskriven, annat än beträffande syresensor (Lambda) och katalysator.

5 Bränsle- och avgassystem

Justering av CO-halt och tomgång – B14.4E-D, B172K-D och B200 E

Notera: *Om CO-halten är felaktig eller om andra symptom påfräffas vilket tyder på fel, kontrollera alltid att luftfiltret är rent, tändstiften är i god kondition och har rätt elektrodavstånd, att ventilation- och vakuumslangar är rena och fria från skador, att inget läckage förekommer i insugningsrör, förgasar-/gasspjällhus eller insugningsrör, samt att gasvajern är riktigt justerad (kapitel 3). Om motorn går mycket ojämnt, kontrollera ventilspel och tag kompressionsprov (kapitel 1). Kontrollera att alla elkablar och anslutningar är korrekta, att kontaktstiften sitter fast, att bränslefiltret har bytts vid rekomenderat intervall, samt att avgassystemet är helt fritt från läckage, vilket annars kan äventyra katalysatorns funktion.*

1 Proceduren är i huvudsak enligt beskrivning i respektive avsnitt i kapitel 3, notera dock följande.

2 Kontrollen kräver utrustning såsom avgasanalysator och nödvändiga kunskaper för att inte äventyra avgasreningssystemet; i de flesta fall är det bäst att låta en fackman utföra kontroll och justering. Den som har både utrustning och tillräckliga kunskaper, kan fortsätta som följer.

3 Vid kontroll av CO-halt på B14.4E-D och B172K-D motorer, använd avgasanalysator ansluten till mätpunkten framför katalysatorn (skruva bort pluggen och för in mätproben). Kontrollen måste utföras med kylfläkten bortkopplad och inom tre minuter sedan termostaten öppnat. Om avläsningen inte kan göras inom denna tid, öka motorvarvet tillfälligt till 1 500 rpm så att eventuella bränsledroppar i insugningsröret försvinner och svalare bränsle kommer till förgasaren.

4 Vid kontroll av CO-halt på B200E motorer, använd en avgasanalysator ansluten till mätpunkten framför katalysatorn (skruva bort pluggen och för in proben), mätning ska utföras inom fem minuter sedan termostaten öppnat.

5 På alla modeller, om CO-halten är för hög men motorn förefaller fungera normalt (startar, går jämt under uppvärmning, normal bränsleförbrukning och prestanda), kan en orsak vara att motoroljan spätts ut med bensin (vanligtvis p g a mycket stopp/start körning, eller körning i låg hastighet), så att vevhusventilationsgaserna påverkar avläsningen. Om detta misstänks, kan det vara värt att lossa vevhusventilationsslangen från insuget och plugga anslutningen så att inte luft

tränger in. CO-halten brukar sjunka något på grund av detta, men om den sjunker kraftigt, tyder det på att oljan är utspädd och att oljefiltret måste bytas så snart som möjligt. Glöm inte att ansluta ventilationsslangen.

Bosch LU-Jetronic bränsleinsprutning (B200F) – beskrivning

6 Systemet fungerar i huvudsak enligt beskrivningen i kapitel 3, dock tillkommer ett system med sluten krets för reglering av bränsleblandning och trevägskatalysator.

7 Syresensorn (Lambda) är monterad i främre avgasröret och förser den elektroniska styrenheten med information om blandnings-förhållandet. Styrenheten reglerar sedan bränsleblandningen därefter – detta kallas sluten krets – och katalysatorn får då bästa arbetsförhållanden.

8 Innan sensorn är helt uppvärmd, förs ingen information tillbaka till den elektroniska styrenheten, vilken då använder förinställda värden (öppen krets) vid bestämning av insprutningspulsens längd. Då sensorn når normal arbetstemperatur, sänder spetsen (som är känslig för syre) en varierande spänning till styrenheten, beroende på syrehalten i avgaserna. Om blandningen är för fet, finns lite syre i avgaserna, så sensorn sänder en lågspänd signal. Spänningen stiger tvärt då blandningen blir magrare och syrehalten i avgaserna stiger. Avgasrenings-systemet bygger på att bränsle-blandningsförhållandet hålls vid det kemiskt korrekta värdet av 14,7 delar luft (vikt) till en del bränsle (det stoisiometriska förhållandet). Syresensorns utspänning ändras kraftigt vid denna punkt, styrenheten använder signalen för att justera bränsleblandningen och därmed insprutningspulsens längd.

CO-halt och tomgångsvarv – kontroll och justering

Notera: Se först noteringen i början av avsnittet.

9 Kontrollen kräver en noggrann och rätt kalibrerad avgasanalysator, vilket är mer än vad de flesta hemmamekaniker kan åstadkomma. Notera också att motorstyrningssystemet övervakar bränsleblandningen, vilken därför inte behöver justeras annat än om ett fel uppstår. För de flesta är det enklast att överlåta arbetet åt en fackman. Den som har utrustning, nödvändiga kunskaper och erfarenhet, fortsätt som följer.

10 Kontrollen ska utföras med analysatorn ansluten till mätpunkten framför katalysatorn (skruva bort pluggen och stoppa in proben), inom 5 minuter efter det att termostaten öppnat. Om avläsningen inte kan utföras under denna tid, höj tillfälligt motorvarvet till 1 500 rpm så att bränsledroppar försvinner från insugningsröret och svalare bränsle kommer till systemet.

11 Kontrollera först tomgångsvarv enligt beskrivning i kapitel 3, justera vid behov.

12 Lossa kontaktstycket från syresensorn

och avläs CO-halten. Arbeta så snabbt som möjligt, men se till att resultaten blir korrekta. Om CO-halten är hög men motorn förefaller fungera normalt (startar bra, går jämt under uppvärmning, har normal förbrukning och normal prestanda), tänk på möjligheten av bensinutspädning av motoroljan (se paragraf 5 ovan). Kontrollera då CO-halten med vevhus-ventilationsslangen bortkopplad.

13 Om justering erfodras, följ anvisningarna i kapitel 3, avsnitt 34.

14 Då inställningen är riktig, anslut syre-sensorn och kontrollera tomgångsvarvtal och CO-halt på nytt.

Syresensor (Lambdasond) – demontering och montering

15 Notera att sensorn är ömtålig; se till att inte tappa den eller att den inte kommer i kontakt med bränsle eller silikonprodukter.

16 Starta motorn och låt den gå tills den har normal arbetstemperatur, stäng sedan av den och lossa batteriet. För bättre åtkomlighet underifrån, hissa upp bilen och stöd den på pallbockar. Ta sedan bort stänkplåtarna från undersidan av motorrummet.

17 Följ kablarna från sensorn till kopplingsstycket, lossa sedan klämmor och band samt lossa kopplingsstycket innan sensorn skruvas bort.

18 Använd lämplig nyckel och kraftiga handskar för att skydda mot värme från avgassystem och sensor. Skruva sedan bort sensorn.

19 Vid montering, använd medel mot kärvning på gängorna.

20 Sensorn måste dras åt till angivet moment, vilket erfordrar antingen en djup hylsa med spår för kablaget eller en öppen nyckel och fjädervåg. Vid momentdragning av en detalj med en öppen nyckel, haka fjädervågen i nyckelns yttre ände och dra i vågen. Multiplicera dragkraften med nyckelns längd från skruvcentrum till fjädervågens angreppspunkt. Exempelvis krävs en kraft på 333 N (Newton, ca 34 kp) för att åstadkomma ett moment på 50 Nm på den effektiva nyckellängden är15 cm.

Katalysator – allmän information och föreskrifter

21 Avgaserna från en förbränningsmotor (oavsett hur väl justerad den är) som använder bensin, består huvudsakligen (ca 99%) av kväve (N_2), koldioxid (CO_2), syre (O_2), andra gaser samt vattenånga (H_2O). Återstående 1% utgörs av föroreningar som för närvarande ses (för utom CO_2) som de största hoten mot miljön; koloxid (CO), oförbrända kolväten (HC), kväveoxider (NOx) och vissa andra produkter, inklusive små mängder bly.

22 De flesta av dessa ämnen tror man så småningom kommer att brytas ner (CO och NOx, till exempel, bryts ner i de övre atsmosfärlagren och bildar CO_2), men först efter att ha orsakat miljöproblem på marknivå. Den stora ökningen av bilar totalt i världen, samt nuvarande miljöprogram, har medfört att

varierande avgasreningslagar införts i de flesta länder.

23 Den vanligaste detaljen i avgasrenings-systemet är en katalysator. Den monteras i bilens avgassystem och använder ädelmetaller (platina, palladium eller rhodium) som katalysator vid reaktion mellan föroreningar och syre i bilens avgaser. CO och HC oxideras till H_2O och CO_2 och (i en trevägskatalysator) reduceras NOx till N_2. **Notera**: *Katalysatorn kan inte betraktas som ett filter; den åstadkommer en kemisk reaktion men deltar inte själv i reaktionen.*

24 Katalysatorn består av ett keramiskt element ungefär som en bikaka, belagd med en kombination av ädelmetaller så att en stor yta åstadkoms över vilka avgaserna får passera; alltsammans är inneslutet i en rostfri låda. En enkel "oxidations" (eller tvåvägs-) katalysator kan endast ta hand om CO och HC; en "reduktions-" (eller trevägs-) katalysator kan ta hand om CO, HC och NOx. Trevägskatalysator kan ytterligare delas in i katalysator för öppen krets som kan ta bort mellan 50 och 70% av föroreningarna samt katalysator för sluten krets som kan ta bort över 90% av föroreningarna.

25 Katalysatorerna på B14.4E-D, B172K-D och B200E motorer är trevägskatalysatorer för öppen krets, medan katalysatorn för B200F motorer är en trevägskatalysator för sluten krets.

26 Katalysatorn är en tillförlitlig och enkel detalj som inte behöver något underhåll, men man bör vara medveten om vissa saker för att katalysatorn ska fungera riktigt under sin livstid.

a) ANVÄND INTE blyhaltig bensin i bilar med katalysator – detta orsakar en blybeläggning av ädelmetallerna, vilket reducerar deras effektivitet och till slut förstör katalysatorn. Det råder viss tveksamhet om hur mycket bly en katalysator kan tåla, samt om den kan återhämta sig om endast blyfritt bränsle används efteråt; det är därför säkrast att aldrig använda blyhaltigt bränsle.

b) Se till att tändnings- och bränslesystem får det underhåll tillverkaren föreskriver (rutinmässigt underhåll samt avsnitt 3 i detta kapitel) – kontrollera särskilt att luftfiltret är rent och att bränslefilter och tändstift byts vid rätt intervall. Om bränsleblandningen tillåts bli lite för fet på grund av vanvård, kommer oförbränt bränsle att nå katalysatorn och där orsaka överhettning, vilket till slut förstör katalysatorn.

c) Om motorn misständer, kör inte bilen alls (eller åtminstone så lite som möjligt) tills felet är avhjälpt – misständningen låter oförbränt bränsle nå katalysatorn med skador enligt ovan som följd.

d) Bil med katalysator får aldrig startas genom bogsering eller liknande åtgärder – detta medför att oförbränt bränsle når katalysatorn vilket orsakar överhettning då motorn startar – se (b) ovan.

e) STÄNG INTE av tändningen vid motorvarv – om tändningen slås av vid högre varvtal än tomgångsvarv, kommer oförbränt bränsle att träffa den mycket varma katalysatorn, bränslet kan då antändas och orsaka överhettning och skador.

f) ANVÄND INTE BRÄNSLE- ELLER OLJETILLSATSER – dessa kan innehålla skadliga detaljer för katalysatorn.

g) ANVÄND INTE bilen om den drar mycket olja (blå rök från avgasröret) – koksrester kan då täppa till kanalerna i katalysatorn och reducera effektiviteten och i svåra fall orsaka överhettning.

h) Kom ihåg att katalysatorn arbetar med mycket höga temperaturer, därför finns en värmesköld för bilens chassi. Katalysatorn blir varm nog att antända material som kommer i beröring med den, så PARKERA INTE på torr mark, över långt gräs eller lövhögar.

i) Kom ihåg att katalysatorn är ÖMTÅLIG, slå inte på den med verktyg under arbetet. Se till , vid arbeten på avgassystemet, att katalysatorn går fri från eventuella domkrafter och andra lyftanordningar, kör inte bilen över ojämn mark, stora gupp eller dylikt så att avgassystemet slår i marken.

j) I vissa fall, speciellt när bilen är ny eller används på korta körsträckor, kan en lukt liknande ruttna ägg förekomma från avgassystemet. Detta är vanligt för många katalysatorförsedda bilar och förefaller bero på små mängder svavel som finns i bensinen. Dessa reagerar med syre i avgaserna och producerar då svaveldisulfid (H_2S), vilket är en giftig gas, men den förekommer inte i sådan koncentration att den utgör ett problem. Då bilen körts längre sträckor bör problemet försvinna – tills dess kan ändring av körstil eller bränsle påverka situationen.

k) Katalysatorn på en väl underhållen bil bör hålla mellan 8 000 och 16 000 mil. Efter detta bör noggranna kontroller av CO-halten utföras vid service för att garantera att katalysatorn fortfarande fungerar. Är katalysatorn inte längre effektiv, måste den bytas.

Katalysator – demontering och montering

27 Katalysatorns kondition kan endast kontrolleras genom kontroll av CO-halten. Jämför värdena framför och bakom katalysatorn. Om värdena knappt skiljer sig, ligger felet i katalysatorn som då måste bytas.

28 Demontera katalysatorn, lossa muttrarna i ändarna, bryt sedan bakre delen av avgassystemet bort från katalysatorn tills den kan tas bort. Ta vara på eventuella packningar.

29 Vid montering, rengör tätningsytorna noggrant, montera nya packningar (i förekommande fall) och dra åt muttrarna ordentligt. Är katalysatorn märkt med en pil ska den peka bakåt.

Bränslerekommendation – alla modeller

30 Alla 340 och 360 modeller fram t o m 1986 måste använda blybensin.

31 Alla 340 och 360 modeller fr o m 1987 utan katalysator, kan använda antingen blyhaltig eller blyfri bensin. Ingen justering (t ex tändläge) erfordras för att dessa bilar skall kunna använda blyfri bensin.

32 Alla bilar utrustade med katalysator får använda endast blyfri bensin.

6 Fjädring och styrning

Styrväxeldamasker (alla modeller) – byte

1 Demontera styrled och låsmutter (kapitel 8, avsnitt 22). Skär av, ta bort eller lossa (beroende på utförande) damaskens yttre klamma.

2 Lossa på samma sätt den inre klamman mot styrväxeln.

3 Kontrollera damasken beträffande sprickor, skador eller åldring; byt om sådana defekter förekommer eller om damaskerna sitter löst på styrväxel eller styrstag. Klammorna bör bytas om de är skadade eller inte fäster ordentligt.

4 Rengör styrstag och styrväxelhus grundligt, använd fin slipduk för att avlägsna korrosion, grader eller skarpa kanter som annars kan skada damasken vid montering.

5 Vid montering, smörj damaskens tätningsläppar och kräng den på plats. Fäst klamman och fyll på eventuellt förlorad vätska.

6 Sätt damasken på plats över styrstaget, fäst klamman.

7 Montera styrleden och låsmuttern enligt beskrivning i kapitel 8.

8 Kontrollera styrväxelns funktion, se till att damaskerna inte klämmer eller kommer fel vid styrutslag. Lossa i annat fall klammorna och ändra damaskens läge.

Servostyrning

Kontroll av vätskenivå

9 Styrservobehållaren (svart plast) sitter på vänster sida av motorrummet.

10 Kontrollen utförs med bilen på plan mark, motorn ska vara kall och avstängd. Torka först rent locket och området omkring på behållaren. Skruva bort locket och torka ren stickan, se till att trasan inte luddar. Sätt tillbaka locket och skruva ned det helt. Ta åter bort locket och avläs stickan. Nivån ska vara mellan 'MAX' och 'MIN' markeringarna på stickan (området utmärks ibland av ett räfflat parti). Nivån ska helst vara vid 'MAX' märket men får aldrig vara lägre än 'MIN' markeringen.

11 Behöver vätska fyllas på, använd rekommenderad typ och fyll till 'MAX' märket. Se till att inte smuts kommer in i systemet, fyll inte heller på för mycket. Behöver systemet ofta fyllas på, tyder detta på läckage som måste åtgärdas. Sätt tillbaka locket.

12 Kontrollera slangarna beträffande skavning eller andra defekter, samt rör- och slanganslutningar beträffande läckage. Kontrollera också om läckage förekommer under tryck vid styrväxelns damasker. Detta tyder på defekta tätningar i styrväxeln.

Luftning av systemet

13 Detta krävs endast om någon del av systemet lossats eller om vätskenivån tillåtits bli så låg att pumpen sugit luft.

14 Ta bort påfyllningslocket, fyll på vätska vid behov. Fyll till 'MAX' märket, använd rekommenderad vätska.

15 Med avstängd motor, för ratten sakta mellan ändlägena några gånger så att luften kan försvinna. Fyll åter på vätska vid behov. Upprepa tills vätskenivån inte längre sjunker.

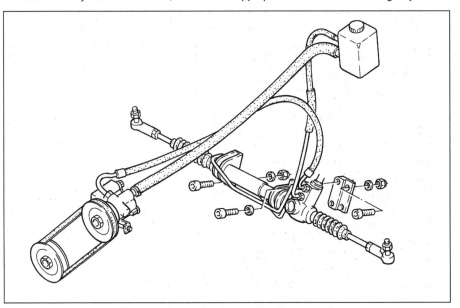

Fig. 11.1 Servostyrningens detaljer (avsn 6)

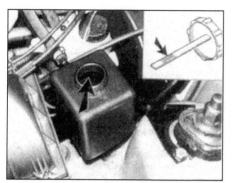

Fig. 11.2 Kontroll av styrservons
vätskenivå – mätstickans räfflade märkning
för "MAX" ochd "MIN" vid pilen (avsn 6)

Fig. 11.3 Styrservopump sedd underifrån,
kontrollpunkt för remspänning och
justerskruv vid pilarna (avsn 6)

Fig. 11.4 Styrservopumpens infästning och
justering (avsn 6)

A Justeringens låsmutter
B Fästskruv
C Justerskruv

Fig. 11.5 Slangarna lossas från behållaren
(avsn 6)

Fig. 11.6 Behållaren lossas från fästet
(avsn 6)

Fig. 11.7 Slangarna lossas från pumpen
(avsn 6)

A Matarledning mellan behållare och pump
B Högtrycksslang mellan pump och styrväxel

16 Upprepa proceduren med motorn igång
(endast tomgångsvarv), fyll på vätska vid
behov.
17 Provkör och kontrollera att styrningen
uppför sig normalt, lyssna efter ovanliga ljud.
Om det finns luft i systemet brukar ett
klickande eller surrande ljud höras. Låt sedan
motorn kallna helt, kontrollera vätskenivån en
sista gång och fyll på vid behov.
18 När systemet fylls på efter reparation, kan
vätskan till en början innehålla mängder av
små luftbubblor, vilka får styrningen att kännas
svampig. Vänta en god stund innan systemet
luftas så att luften hinner samlas.

Kontroll av drivrem, justering och byte

19 Ta bort stänkplåtarna under motorn så att
pumpen blir åtkomlig underifrån.
20 Med motorn avstängd, kontrollera hela
remmen beträffande sprickor eller åldring, vrid
runt motorn så att remmen kan kontrolleras
grundligt. Vrid remmen mellan remskivorna så
att båda sidor kan kontrolleras. Kontrollera
också att inte remmen har fransar eller
blankslitna partier. Kontrollera remskivorna
beträffande bucklor, sprickor, formändring
eller korrosion.
21 Vid byte, slacka remmen enligt beskrivning
nedan, ta sedan bort den. Montera ny rem och
justera enligt beskrivning.
22 Kontrollera remspänningen genom att
trycka med fingret på remmen, halvvägs
mellan remskivorna på den längsta fria delen.

Remmen ska kunna tryckas in mellan 5 och
10 mm).
23 Om justering erfordras, lossa pumpens
fästskruv och justeringens låsmutter (B resp A
i fig. 11.4), vrid sedan justerskruven (C i fig.)
medurs för att spänna remmen, moturs för att
slacka den. Dra åt fästskruv och låsmutter,
kontrollera spänningen.
24 Låt motorn gå i fem minuter, kontrollera på
nytt remspänningen. Justera vid behov.

Vätskebehållare – demontering och montering

25 Skär av, ta bort eller lossa (beroende på
modell) klammorna och slangarna från
behållaren. Samla upp vätskan i lämpligt kärl.
26 Bryt loss behållaren från fästet. Fästet kan
skruvas loss vid behov.
27 Montera i omvänd ordning, använd nya
klammor vid behov. Fyll behållaren med ren
vätska enligt specifikation, lufta systemet
enligt anvisning i styckena 14 till 18 i detta
avsnitt.

Pump – demontering och montering

28 Lossa stänkplåtarna under bilen så att
pumpen blir åtkomlig underifrån. Lossa
insugningsluftkanalen om extra utrymme
önskas.
29 Kläm åt bägge pumpslangarna med
slangtänger och ställ en behållare under
pumpen för att samla upp vätskan.
30 Skär av, ta bort eller lossa (beroende på

utförande) klamman, ta sedan loss slangen
mellan pump och behållare vid pumpen och låt
vätskan rinna ner i behållaren. Lossa
anslutningen för högtrycksslangen vid
pumpen.
31 Ta bort drivremmen enligt beskrivning i
punkt 21 ovan; kontrollera beträffande slitage
och skador, byt vid behov.
32 Lossa fästskruvarna och ta bort pumpen.
33 Montera i omvänd ordning, notera dock
följande.
a) Dra skruvarna växelvis så att inte pump
   eller fäste utsätts för spänningar
b) Dra alla muttrar och skruvar till angivet
   åtdragningsmoment
c) Spänn remmen enligt anvisning i
   punkterna 22 till 24 i detta avsnitt.
d) Kontrollera högtrycksslangens
   tätningsbricka (där sådan förekommer),
   byt vid beho. Använd ny slangklamma
   om den gamla inte är tillfredsställande
e) Lufta systemet enligt anvisningar i
   punkterna 14 till 18 i detta avsnitt

Pump – renovering

34 Renovering av pumpen rekommenderas
inte även om reservdelar är tillgängliga. Skaffa
en ny eller renoverad.

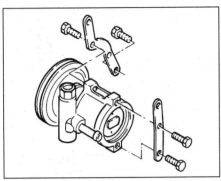

Fig. 11.8 Fäste för styrservopump (avsn 6)

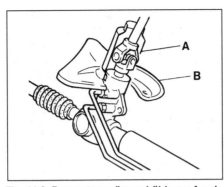

Fig. 11.9 Demontera värmesköldarna A och B vid demontering av styrväxel (avsn 6)

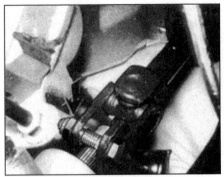

Fig. 11.10 Demontera klämskruv och mutter (vid pilen) som håller undre rattstångsknuten till styrväxelaxeln (avsn 6)

Styrväxel- demontering och montering

35 Ställ hjulen i riktning rakt fram, koppla in rattlåset.

36 Hissa upp framänden och stöd den på pallbockar. Ta bort stänkplåtarna så att styrväxeln är åtkomlig underifrån.

37 Demontera värmeskölden (A i fig. 11.9) vid undre rattstångsknuten, sedan värmeskölden (B i fig. 11.9) vid styrväxeldamaskerna.

38 Lossa och ta bort mutter och klämskruv för undre rattstångsknuten. Se efter om det finns passmärken för styrväxelaxel och hus, gör annars egna som visar mittläget.

39 Lossa styrlederna från styrarmarna (kapitel 8, avsnitt 22).

40 Använd slangtänger på bägge styrväxelslangarna, ställ ett kärl under som kan samla upp eventuellt spill. Notera hur slangarna sitter eller märk dem så att inte högtrycks- och returledning förväxlas.

41 Lossa anslutningarna och sedan slangarna. Plugga slangar och anslutningar så att inte smuts kommer in.

42 Se fig. 11.12, lossa och ta bort insexskruvarna och muttrarna som håller styrväxeln vid fästet. Dra undan värmeskölden (1) och distansen (2). Vrid sedan vänster hjul så långt åt vänster det går.

43 Vik styrväxeln framåt så att styrxäxelaxeln lossar från undre knuten. Manövrera styrväxeln bort från bilen åt vänster.

44 Montera i omvänd ordning, notera dock följande.

a) Om en ny styrväxel monteras, flytta över fästplåt och klamma från den gamla; placera klamman ungefär där den ska vara och dra endast den övre skruven till rätt moment. Dra åt undre skruven med fingrarna tills klamman sitter rätt och styrväxeln är monterad.

b) Fastställ styrväxelns mittläge genom att lossa damaskerna i ena änden. Vrid sedan styrväxeln mellan fulla styrutslag. Mät minsta respektive största utstick på styrstagen. Vrid sedan styrväxeln tillbaka så att styrstagen rör sig halva slaglängden. Märk styrväxelaxel och -hus i detta läge. Sätt tillbaka damaskerna.

c) Glöm inte att sätta värmesköld och distans på plats då styrväxeln monteras. Se till att rattaxel och styrväxel är i läge rakt fram innan axeln kopplas samman med undre knuten.

d) Dra alla muttrar och skruvar till rätt moment.

e) Notera att högtrycksslangen ska sitta på den övre anslutningen.

f) Kontrollera, i förekommande fall, slangens tätningsbrickor, byt vid behov.

g) Lufta systemet enligt anvisning i punkterna 14 till 18 i detta avsnitt.

h) Kontrollera framhjulsinställningen, justera vid behov (kapitel 8).

Styrväxel- renovering

45 I likhet med pumpen bör inte styrväxeln renoveras hemma. Använd en ny eller renoverad.

Styrleder – allmänt

46 Styrlederna har självlåsande muttrar vid infästningen i styrarmarna. Dessa **måste** bytas då de en gång lossats, och dras till rätt moment.

7 Kaross och detaljer

Stötfångare – demontering och montering

1 Stötfångarna på 1986 års modeller och framåt har ändrats något, se fig. 11.13. Ska stötfångaren repareras, är det bäst att demontera den komplett och sedan ta isär den.

Fig. 11.11 Lossa slangarna (anslutningar vid pilarna) från styrväxeln (avsn 6)

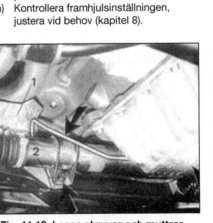

Fig. 11.12 Lossa skruvar och muttrar (pilarna) vid demontering av styrväxel (avsn 61)

1 Värmesköld   2 Distans

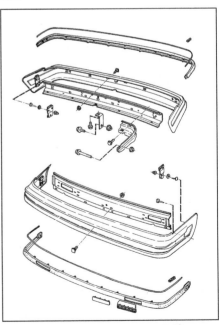

Fig. 11.13 Främre och bakre stötfångare för modeller fr o m 1986 (avsn 7)

Eluppvärmda/-manövrerade dörrbackspeglar – allmänt

2 Senare modeller kan ha dörrbackspeglar med eluppvärmda glas. De kan också vara elmanövrerade med en motor i spegelhuset. Strömställaren är placerad i mittkonsolen.

Dörrbackspeglar – demontering och montering

3 Demontera dörrklädseln (kapitel 9) och dra undan skyddsfolien så mycket som behövs för att spegelns elledningar ska kunna lossas.
4 Arbetet sker sedan enligt beskrivning i kapitel 9.

Spegelglas – demontering och montering

5 Använd en plastbit, bryt försiktigt ut glaset på ena sidan så att det lossar från plast-hållaren.
6 Lossa kabeln till värmeslingan.

7 Motorn kan skruvas bort från elspeglarna, ta bara bort skruvarna.
8 Montera i omvänd ordning, men smörj plasthållaren sparsamt för att underlätta monteringen. Om glaset är märkt beträffande montering, sätt det rätt.

8 Elsystem

Eluppvärmda dörrbackspeglar – allmänt

1 Senare modeller kan ha eluppvärmda dörrspegelglas. Glasen har då en inbyggd värmeslinga. Värmeslingorna är kopplade till kretsen för elbakruta och styrs av samma reglage (kapitel 10).
2 Se avsnitt 7 i detta kapitel beträffande demontering och montering av speglar och spegelglas.

Elmanövrerade dörrbackspeglar – allmänt

3 Senare modeller kan ha elmanövrerade dörrbackspeglar. En elmotor styrs då av strömställare på mittkonsolen.
4 Kretsen har två strömställare och får sin strömförsörjning, via tändningslås och tändningsrelä, från säkring nr 9.

Strömställare för dörrbackspeglar – demontering och montering

5 Följ beskrivning i kapitel 10, avsnitt 40.

Spegelmotor – demontering och montering

6 Demontera spegelglaset (avsnitt 7).
7 Ta bort fästskruvarna och sedan spegel-motorn, lossa kablarna. Går inte kablarna att ta bort, måste dörrklädseln demonteras (kapitel 9) så att ett annat kontaktstycke blir åtkomligt.
8 Montera i omvänd ordning. Är motorn märkt beträffande montering, sätt den rätt.

Noteringar

Teckenförklaring till kopplingsschema nr 1

A1 Strålkastare, hel-/halvljus
A2 Parkeringsljus
A3 Blinkers
A4 Strålkastare, hel-/halvljus
A5 Parkeringsljus
A6 Blinkers
A7 Signalhorn (högton)
A8 Signalhorn (lågton)
A9 Strålkastartorkarmotor (Norden)
B1 Spänningsregulator
B2 Vattenpump
B3 Mikrokontakt
B4 Fyrvägsventil
B5 Startmotor
B6 Kylvätsketempgivare/kontakt
B7 Frikopplingsventil
B8 Bromsljuskontakt
B9 Bromsvätskeflottör
B10 Tändspole
B11 Oljetryckgivare
B12 Generator
B13 Trevägsventil
B14 Pilotmunstycke
B15 Vindrutetorkarmotor
C1 Voltmeter
C2 Tempmätare
C3 Bränslemätare
C4 Varningslampa, kylvätsketemp
C5 Bränslereservlampa
C6 Varningslampa, vänster blinkers
C7 Parkeringsljus, varningslampa
C8 Handbroms, varningslampa
C9 Oljetryck, varningslampa
C10 Bromsvätskenivå, varningslampa
C11 Choke, varningslampa
C12 Säkerhetsbälte, varningslampa
C13 Varningsblinkers, varningslampa

C14 Helljus, varningslampa
C15 Dimbakljus, varningslampa
C16 Lågväxel, varningslampa
C17 Bakrutevärme, varningslampa
C18 Höger blinkers, varningslampa
C19 Omkopplare för helljus/halvljus
C20 Omkopplare för parkeringsljus
C21 Omkopplare för bakrutevärme
C22 Omkopplare för dimbakljus
C23 Innerbelysning dörrkontakt (vänster)
C24 Innerbelysning, passagerarutrymme
C25 Choke
C26 Blinkers, omkopplare
C27 Tändningslås
C28 Vindrutetorkare, omkopplare
C29 Kickdownkontakt
C30 Klocka
C31 Fläkt
C32 Fläktmotstånd
C33 Cigarettändare
C34 Omkopplare för handskfacksbelysning
C35 Belysning för handskfack
C36 Blinkers
C37 Lampa för instrumentbelysning
C38 Lampa för värmereglagebelysning
C39 Lampa för omkopplarbelysning, hel-/halvljus
C40 Lampa för belysning, parkeringsljuskontakt
C41 Lampa för kontaktbelysning, bakrutevärme
C42 Lampa för belysning, dimbakljuskontakt
C43 Lampa för belysning, cigarettändare
C44 Lampa för belysning, klocka (DL)
C45 Radio (ej standardutrustning)

D1 Växelväljarkontakt
D2 Lågväxelkontakt
D3 Omkopplare för varningsblinkers
D4 Säkerhetsbälte, kontakt (vänster fram)
D5 Säkerhetsbälte, kontakt (höger fram)
D6 Säte, kontakt (baksäte)
D7 Handbroms, kontakt
D8 Kontakt för växelväljarbelysning
E1 Bakrutevärme
E2 Bagageutrymmesbelysning, kontakt
E3 Bagageutrymmesbelysning
E4 Blinkers
E5 Bakljus/bromsljus
E6 Bakljus
E7 Dimbakljus
E8 Backljus
E9 Flottör
E10 Nummerskyltbelysning
E11 Backljus
E12 Dimbakljus
E13 Bakljus
E14 Bakljus/bromsljus
E15 Blinkers
E16 Innerbelysning, dörrkontakt (höger)

1.0 Batteri
2.0 Säkringsdosa
2.1 Blinkers
2.2 Varningsblinkers
2.3 Signalhorn, relä
2.4 Helljus/halvljus, relä
2.5 Belysning, relä
2.6 Startspärr, relä
2.7 Bakrutevärme, relä (DL)
2.8 Strålkastartorkare/-spolare, relä (Norden)

Färgmarkeringar

G Grå
DBL Mörkblå
DBR Mörkbrun
DGR Mörkgrön

GE Gul
GR/GE Grön/Gul
L Lila
LBL Ljusblå

LBR Ljusbrun
LGR Ljusgrön
OR Orange
R Röd

RS Skär
W Vit
ZW Svart

Nr 1 Kopplingsschema för tidiga 343 modeller

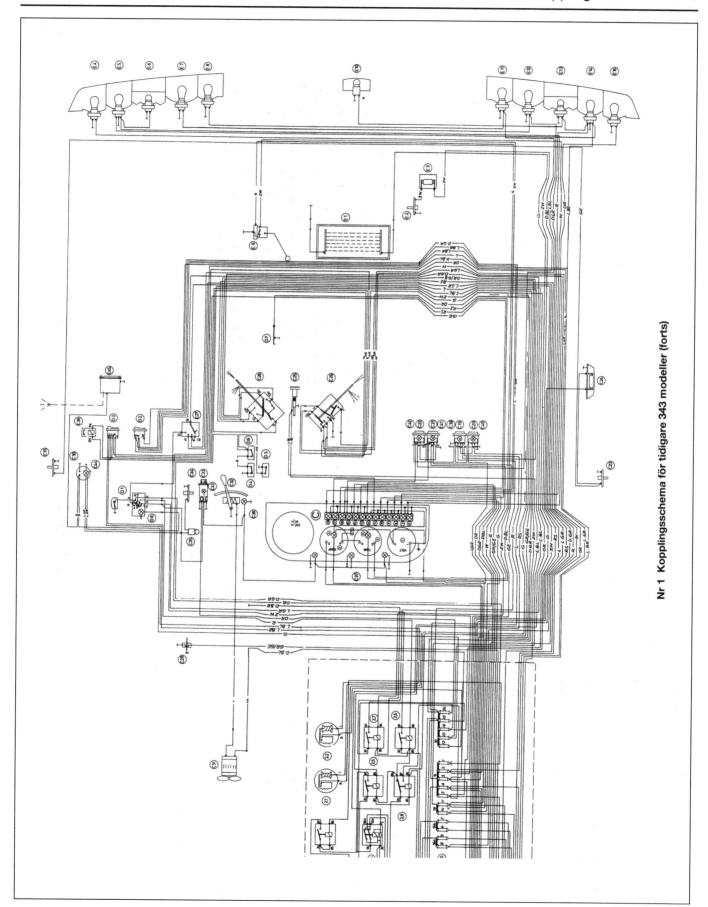

Nr 1 Kopplingsschema för tidigare 343 modeller (forts)

Teckenförklaring till kopplingsschema nr 2

1.0	Batteri
2.0	Central säkrings- och relädosa
2.3	Signalhorn, relä
2.4	Helljus/halvljus, relä
2.6	Startspärr, relä (CVT)
2.7	Bakrutevärme, relä
A1	Strålkastare, hel-/halvljus (vänster)
A2	Parkeringsljus (vänster)
A3	Blinkers (vänster)
A4	Strålkastare, hel-/halvljus (höger)
A5	Parkeringsljus (höger)
A6	Blinkers (höger)
A7	Signalhorn (högton)
A8	Signalhorn (lågton)
A9	Strålkastartorkarmotor (Norden) (vänster)
A10	Strålkastartorkarmotor (Norden) (höger)
B2	Spolarpump
B3	CVT vakuumstyrenhet (inklusive varvräknarrelä)
B4	Fyrvägsventil (CVT)
B5	Startmotor
B6	Kylvätsketempgivare/-kontakt
B7	Frikopplingsservo (CVT)
B8	Hydraulkontakt på huvudbromscylinder (CVT)
B9	Bromsvätskeflottör
B10	Tändspole
B11	Oljetryckgivare/kontakt
B12	Generator och spänningsregulator
B13	Trevägsventil
B14	Elektriskt pilotmunstycke
B15	Vindrutetorkarmotor
B16	Sidoblinkers (vänster)
B17	Sidoblinkers (höger)
C1	Klocka (DL)

C2	Tempmätare
C3	Bränslemätare
C4	Varningslampa, kylvätsketemperatur
C5	Bränslereserv, varningslampa
C6	Blinkers, varningslampa (vänster)
C7	Laddning, varningslampa
C8	Handbroms, varningslampa
C9	Choke, varningslampa
C10	Oljetryck, varningslampa
C11	Bromsvätskenivå, varningslampa
C12	Varningsblinkers, varningslampa
C13	Säkerhetsbälte, varningslampa
C14	Helljus, varningslampa
C15	Dimbakljus, varningslampa
C16	Lågväxel, varningslampa (CVT)
C17	Bakrutevärme, varningslampa
C18	Blinkers, varningslampa (höger)
C19	Varningssummer för tänd belysning (Norden)
C20	Belysning kontakt
C21	Omkopplare för bakrutevärme
C22	Dimbakljus kontakt
C23	Innerbelysning dörrkontakt (vänster)
C24	Innerbelysning
C25	Choke
C26	Blinkerskontakt
C27	Tändningslås
C28	Strömställare för vindrutetorkare/-spolare
C29	Kickdownkontakt (CVT)
C30	Parkeringsljus, varningslampa
C31	Fläktmotor
C32	Fläkt, kontakt
C33	Cigarettändare
C34	Omkopplare för handskfacksbelysning
C35	Handskfacksbelysning
C36	Blinkers-/varningsblinkersrelä

C37	Instrumentbelysning
C38	Fläktkontaktbelysning
C39	Signalhorn, kontakt (DL)
C40	Värmereglagebelysning
C41	Fläktmotstånd
C43	Cigarettändare, belysning
C44	Belysning, ljuskontakt
C45	Radio (ej standardutrustning)
C46	Bromsljuskontakt
C47	Pausrelä, vindrutetorkare
D1	Växelväljarkontakter (CVT)
D2	Lågväxelkontakt (CVT)
D3	Varningsblinkers, kontakt
D4	Säkerhetsbälte, kontakt (passagerarsida fram)
D5	Säkerhetsbälte, kontakt (förarsida)
D6	Säteskontakt fram, passagerarsida
D7	Handbromskontakt
D8	Växellägesbelysning (CVT)
D9	Stolvärmeslinga och termostat
D10	Stolvärmeslinga
D11	Backljus, kontakt (manuell växellåda)
E1	Bakrutevärme
E2	Bagageutrymmesbelysning, kontakt
E3	Bagageutrymmesbelysning
E4	Blinkers (höger)
E5	Bak-/bromsljus (höger)
E6	Bakljus (höger)
E7	Dimbakljus (höger)
E8	Backljus (höger)
E9	Bränsletank, flottör
E10	Nummerskyltbelysning
E11	Backljus (vänster)
E12	Dimbakljus (vänster)
E13	Bakljus (vänster)
E14	Bak-/bromsljus (vänster)
E15	Blinkers (vänster)
E16	Innerbelysning, dörrkontakt (höger)

Färgmarkeringar

dBl		Ljusblå	Gr	Grå	IGn	Ljusgrön	SB	Svart
dBr		Ljusbrun	L	Lila	OR	Orange	W	Vit
dGn		Ljusgrön	lBl	Ljusblå	P	Skär	Y	Gul
Gn/Y		Grön/gul	lBr	Ljusbrun	R	Röd		

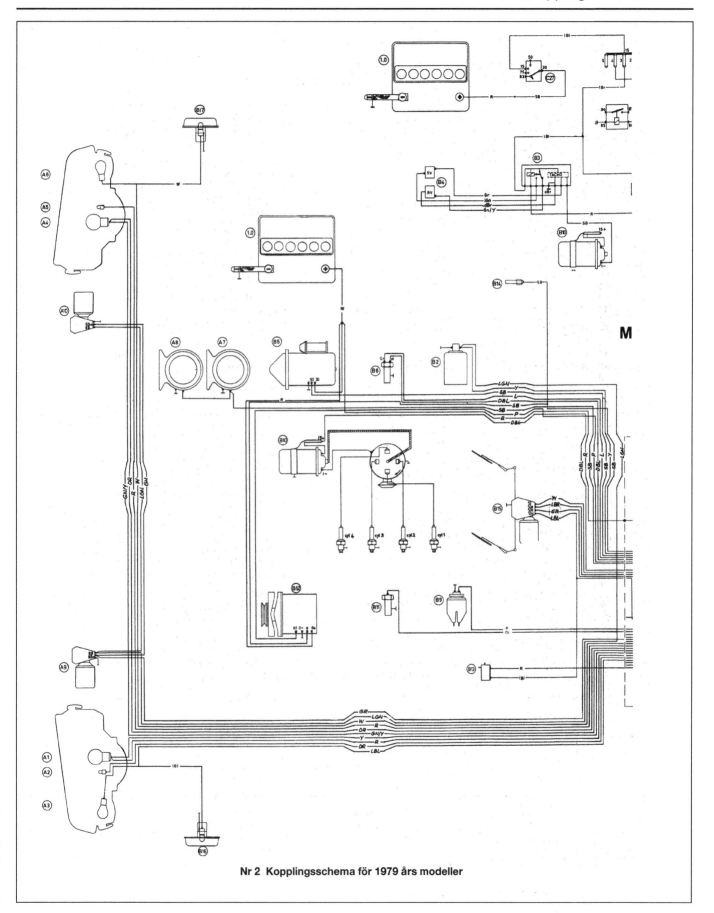

Nr 2 Kopplingsschema för 1979 års modeller

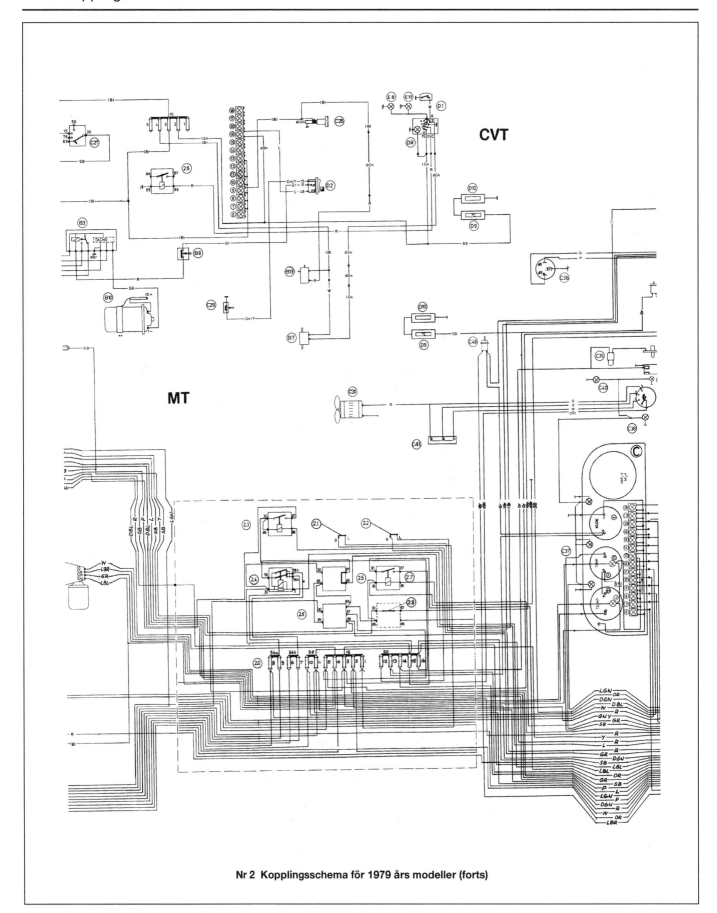

CVT

MT

Nr 2 Kopplingsschema för 1979 års modeller (forts)

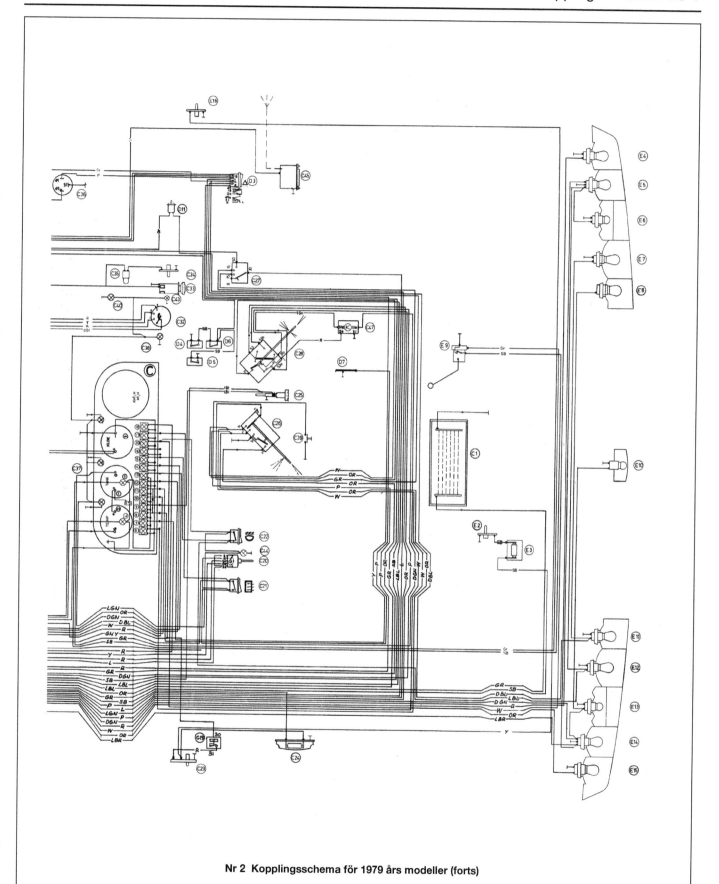

Nr 2 Kopplingsschema för 1979 års modeller (forts)

Teckenförklaring till kopplingsschema nr 3

		Koordinater
1.0	Batteri	3c
2.1	Central säkrings- och relädosa	7h
2.3	Signalhorn, relä	5h
2.4	Helljus/halvljus, relä	6h
2.6	Startspärr, relä (CVT)	1g
2.7	Bakrutevärme, relä	6i
A1	Strålkastare hel-/halvljus (vänster)	8a
A2	Parkeringsljus (vänster)	8a
A3	Blinkers (vänster)	9a
A4	Strålkastare hel-/halvljus (höger)	3a
A5	Parkeringsljus (höger)	3a
A6	Blinkers (höger)	2a
A7	Signalhorn (högton)	4c
A8	Signalhorn (lågton)	4b
A9	Strålkastartorkarmotor (Norden) (vänster)	7a
A10	Strålkastartorkarmotor (Norden) (höger)	4a
B2	Spolarpump	4e
B3	CVT vakuumstyrenhet (inklusive varvräknarrelä)	2f
B4	Fyrvägsventil (CVT)	2e
B5	Startmotor	4c
B6	Kylvätsketempgivare/-kontakt	4d
B7	Frikopplingsservo (CVT)	3h
B8	Hydraulkontakt på huvudbromscylinder (CVT)	2g
B9	Bromsvätskeflottör	7e
B10	Tändspole	5c
B11	Oljetryckgivare/kontakt	7d
B12	Generator och spänningsregulator	7c
B13	Trevägsventil	7e
B14	Elektriskt pilotmunstycke	3f
B15	Vindrutetorkarmotor	6g
B16	Sidoblinkers (vänster)	9b
B17	Sidoblinkers (höger)	2b
C1	Klocka (DL)	5m
C2	Tempmätare	6m

		Koordinater
C3	Bränslemätare	6m
C4	Varningslampa, kylvätske temperatur	6m
C5	Bränslereserv, varningslampa	6m
C6	Blinkers, varningslampa (vänster)	6m
C7	Laddning, varningslampa	6m
C8	Handbroms, varningslampa	6m
C9	Choke, varningslampa	6m
C10	Oljetryck, varningslampa	6m
C11	Bromsvätskenivå, varningslampa	6m
C12	Varningsblinkers, varningslampa	6m
C13	Säkerhetsbälte, varningslampa	6m
C14	Helljus, varningslampa	5m
C15	Dimbakljus, varningslampa	5m
C16	Lågväxel, varningslampa (CVT)	5m
C17	Bakrutevärme, varningslampa	5m
C18	Blinkers, varningslampa (höger)	5m
C19	Varningssummer för tänd belysning (Norden)	8m
C20	Belysning, kontakt	6n
C21	Omkopplare för bakrutevärme	7n
C22	Dimbakljus kontakt	6n
C23	Innerbelysning dörrkontakt (vänster)	9m
C24	Innerbelysning	8o
C25	Choke	5n
C26	Blinkers, kontakt	5n
C27	Tändningslås	3n
C28	Strömställare för vindrutetorkare/-spolare	4n
C29	Kickdownkontakt (CVT)	3h
C30	Parkeringsljus, varningslampa	5m
C31	Fläktmotor	4i
C32	Fläktkontakt	4m
C33	Cigarettändare	4m
C34	Omkopplare för handskfacksbelysning	3m
C35	Handskfacksbelysning	3m
C36	Blinkers-/varningsblinkersrelä	3k

		Koordinater
C37	Instrumentbelysning	5k
C38	Fläktkontaktbelysning	4m
C39	Signalhorn kontakt	5o
C40	Värmereglagebelysning	4m
C41	Fläktmotstånd	4j
C43	Cigarettändare, belysning	4m
C44	Belysning, ljuskontakt	6n
C45	Radio (ej standardutrustning)	2n
C46	Bromsljuskontakt	3j
C47	Pausrelä, vindrutetorkare	4o
D1	Växelväljarkontakter (CVT)	1j
D2	Lågväxelkontakt (CVT)	2i
D3	Varningsblinkers, kontakt	2n
D4	Säkerhetsbälte, kontakt (fram pass sida)	4m
D5	Säkerhetsbälte, kontakt (förarsida)	4m
D6	Säte, kontakt (fram passagerarsida)	4n
D7	Handbroms, kontakt	4o
D8	Växellägesindikator (CVT)	1j
D9	Stolvärmeslinga och termostat	3j
D10	Stolvärmeslinga	3j
D11	Backljus, kontakt (manuell växellåda)	3m
E1	Bakrutevärme	5p
E2	Bagageutrymmesbelysning kontakt	6q
E3	Bagageutrymmesbelysning	6q
E4	Blinkers (höger)	2r
E5	Bak-/bromsljus (höger)	2r
E6	Bakljus (höger)	3r
E7	Dimbakljus (höger)	3r
E8	Backljus (höger)	3r
E9	Bränsletank flottör	4p
E10	Nummerskyltbelysning	5r
E11	Backljus (vänster)	7r
E12	Dimbakljus (vänster)	7r
E13	Bakljus (vänster)	8r
E14	Bak-/bromsljus (vänster)	8r
E14	Blinkers (vänster)	8r
E16	Innerbelysning, dörrkontakt (höger)	2m

Färgmarkeringar

dBl	Mörkblå	Gr	Grå	IGn	Ljusgrön	SB	Svart
dBr	Mörkbrun	L	Lila	OR	Orange	W	Vit
dGn	Mörkgrön	lBl	Ljusblå	P	Skär	Y	Gul
Gn/Y	Grön/gul	lbr	Ljusbrun	R	Röd		

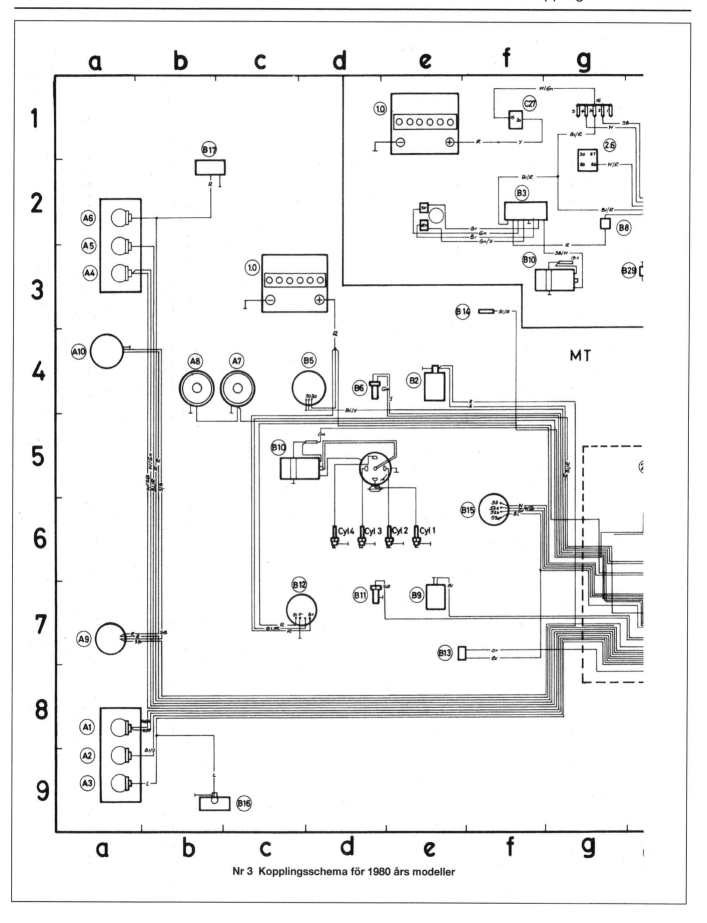

Nr 3 Kopplingsschema för 1980 års modeller

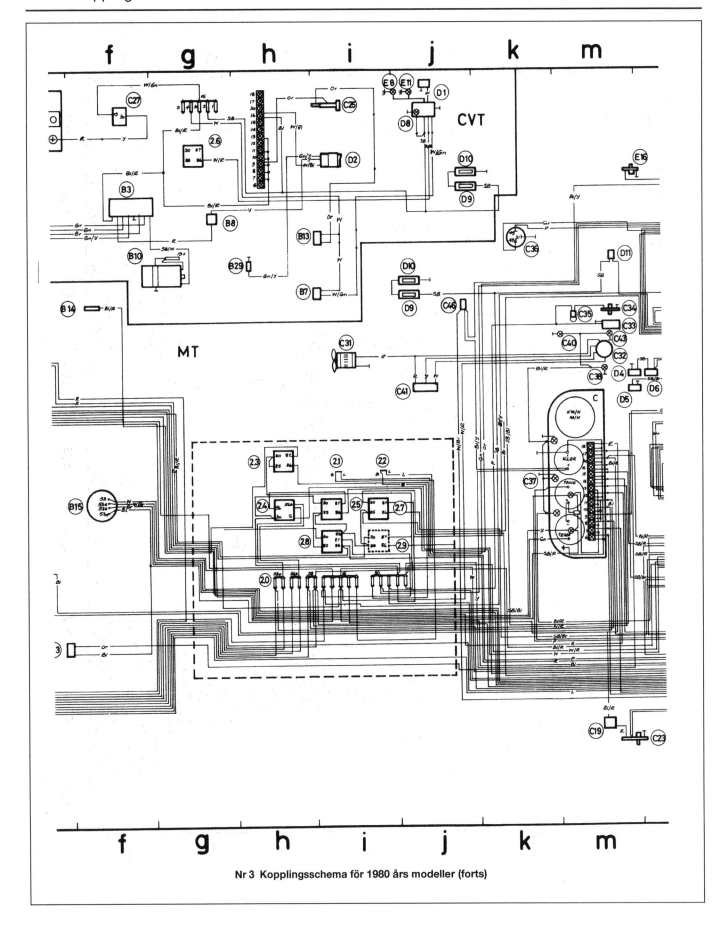

Nr 3 Kopplingsschema för 1980 års modeller (forts)

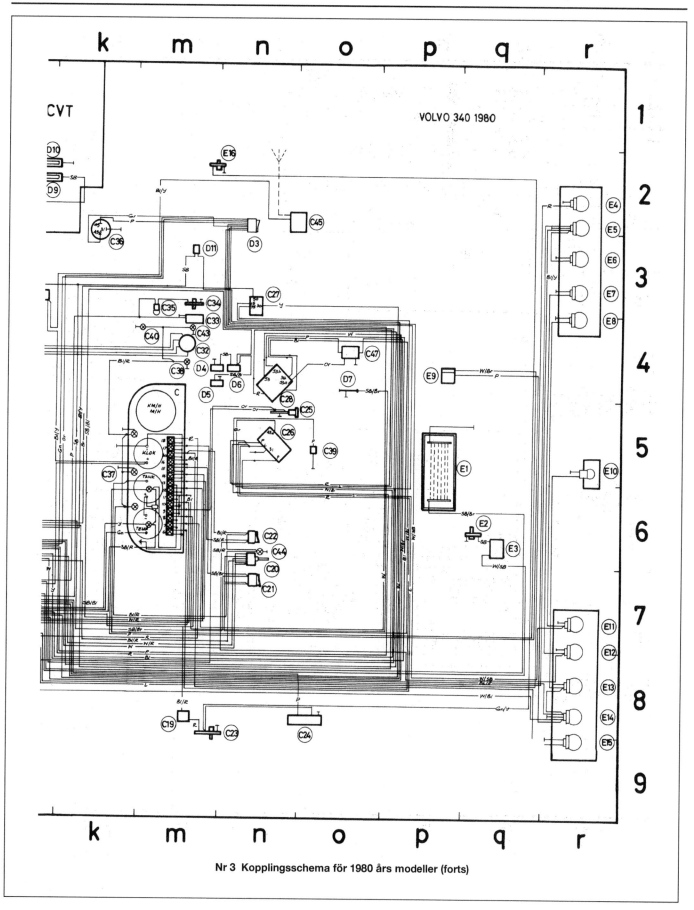

VOLVO 340 1980

Nr 3 Kopplingsschema för 1980 års modeller (forts)

Teckenförklaring till kopplingsschema nr 4

	Koordinater	
1.0	Batteri	1b
2.1	Fördelningsplint/säkringsdosa	2h
2.1	Helljus/halvljus, relä	4f
2.2	(Överbryggning)	4g
2.3	Startspärrelä (CVT)	4h
2.4	"X" kontakt, relä	4i
A1	Blinkers (höger)	2a
A2	Parkeringsljus (höger)	2a
A3	Strålkastare (höger)	2a
A4	Signalhorn (högton) (utom L, DL)	3b
A5	Strålkastartorkarmotor (höger) (Norden)	3a
A6	Strålkastartorkarmotor (vänster) (Norden)	7a
A7	Signalhorn (lågton)	7b
A8	Strålkastarlampa (vänster)	8a
A9	Parkeringsljus (vänster)	8a
A10	Blinkers (vänster)	9a
B1	Sidoblinkers (höger)	2d
B2	Vindrute-/strålkastarspolarpump	3d
B2	Gäller ej	
B3	Kylvätsketempgivare/-kontakt	4d
B3	Gäller ej	
B4	Elektriskt pilotmunstycke	4d
B5	Oljetryckgivare/-kontakt	5d
B6	Fyrvägsventil (CVT)	5g
B7	Generator och spänningsregulator	6b
B7	Gäller ej	
B8	Fördelare	6c
B9	Bromsvätskeflottör	6e
B10	CVT vakuumstyrenhet (inklusive varvräknarrelä)	6g
B11	Hydraulkontakt, huvudbromscylinder (CVT)	7e
B12	Tändspole	7g
B13	Trevägsventil (Sverige 1980)	7c
B14	Frikopplingsservo (CVT)	7d
B15	Vindrutetorkarmotor	8g
B16	Sidoblinkers (vänster)	9d
B17	Startmotor	4c
B18	Gäller ej	
B19	Gäller ej	

	Koordinater	
B20	Gäller ej	
B21	Gäller ej	
C1	Blinkerslampa (höger)	7i
C2	Bakrutevärme, varningslampa	7i
C3	Parkeringsljus, varningslampa	7i
C4	Lågväxel, varningslampa (CVT)	7i
C5	Dimbakljus, varningslampa	7i
C6	Helljus, varningslampa	7i
C7	Säkerhetsbälte, varningslampa	7i
C8	Varningsblinkers, varningslampa	7i
C9	Bromsvätskenivå, varningslampa	7i
C10	Oljetryck, varningslampa	7i
C11	Choke, varningslampa	8i
C12	Handbroms, varningslampa	8i
C13	Laddning, varningslampa	8i
C14	Blinkerslampa (vänster)	8i
C15	Lampor, instrumentbelysning	6i
C16	Bränslereserv, varningslampa	7i
C17	Varningslampa, kylvätsketemp	8i
C18	Klocka	7i
C19	Bränslemätare	7i
C20	Tempmätare	8i
C21	Gäller ej	
C22	Gäller ej	
D1	Omkopplare för handskfacksbelysning	3m
D2	Handskfacksbelysning	3m
D3	Värmereglagebelysning	5m
D4	Cigarettändare, belysning	5m
D5	Cigarettändare	5m
D6	Radio (ej standardutrustning)	5n
D7	Fläktkontaktbelysning	5m
D8	Fläktkontakt	5m
D9	Tändningslås	6m
D10	Strömställare för vindrutetorkare/-spolare	6m
D11	Choke	7m
D12	Signalhorn, kontakt	7o
D13	Blinkers, kontakt	7m
D14	Belysningskontakt	8m
D15	Lampa, belysningskontakt	9m
D16	Strömställare, bakrutevärme	9m
D17	Dimbakljus, kontakt	9m

	Koordinater	
E1	Kupéfläktmotor	5g
E2	Fläktmotstånd	5h
E3	Pausrelä, vindrutetorkare	6h
E4	Kickdownkontakt, CVT	6h
E5	Bromsljuskontakt	7h
E6	Blinkers-/varningsblinkersrelä	9h
E7	Relä, fläktkontakt	5h
F1	Innerbelysning, kontakt (höger dörr)	1m
F2	Innerbelysning, kontakt (vänster dörr)	9m
F3	Innerbelysning,	5o
G1	Säte, kontakt (fram passagerarsida)	3o
G2	Växelväljarpanel, kontakt och lampa (CVT)	3n
G2	Backljuskontakt (manuell växellåda)	3n
G3	Lågväxelkontakt (CVT)	4n
G4	Säkerhetsbälte, kontakt (fram pass sida)	5o
G5	Varningsblinkers, kontakt	5n
G6	Handbroms, kontakt	5o
G7	Säkerhetsbälte, kontakt (förarsida)	6o
G8	Stolvärmeslinga och termostat	6o
G9	Frikopplingsservo, kontakt (CVT)	4n
H1	Blinkers (höger bak)	2q
H2	Bak-/bromsljus (höger)	2q
H3	Bakljus (höger)	2q
H4	Dimbakljus (höger)	3q
H5	Backljus (höger)	3q
H6	Nummerskyltbelysning (höger)	5r
H7	Nummerskyltbelysning (vänster)	5r
H8	Backljus (vänster)	7q
H9	Dimbakljus (vänster)	8q
H10	Bakljus (vänster)	8q
H11	Bak-/bromsljus (vänster)	9q
H12	Blinkers (vänster bak)	9q
H13	Bagageutrymmesbelysning	2p
H14	Bränsletank flottör	4p
H15	Bakrutevärme	5p
H16	Bagageutrymmesbelysning, kontakt	8p
H17	Gasfjäder (vänster)	2p
H18	Gasfjäder (höger)	8p

Färgmarkeringar

dBl	Mörkblå	lBl	Ljusblå	Gr	Grå	SB	Svart
dBr	Mörkbrun	lBr	Ljusbrun	OR	Orange	W	Vit
dGn	Mörkgrön	lGn	Ljusgrön	P	Skär	Y	Gul
L	Lila	Gn/Y	Grön/gul	R	Röd		

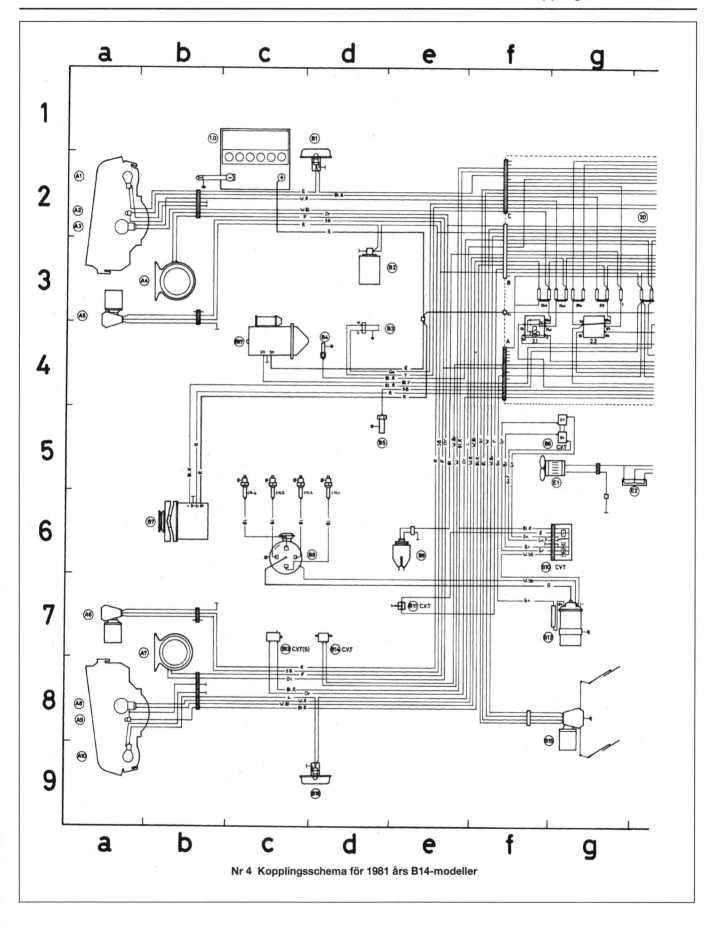

Nr 4 Kopplingsschema för 1981 års B14-modeller

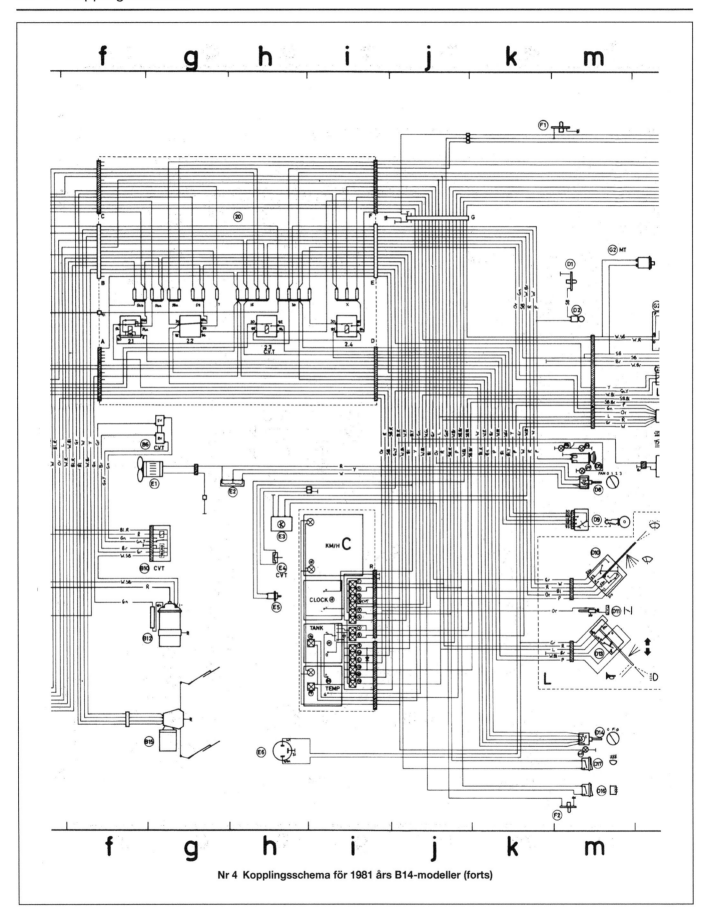

Nr 4 Kopplingsschema för 1981 års B14-modeller (forts)

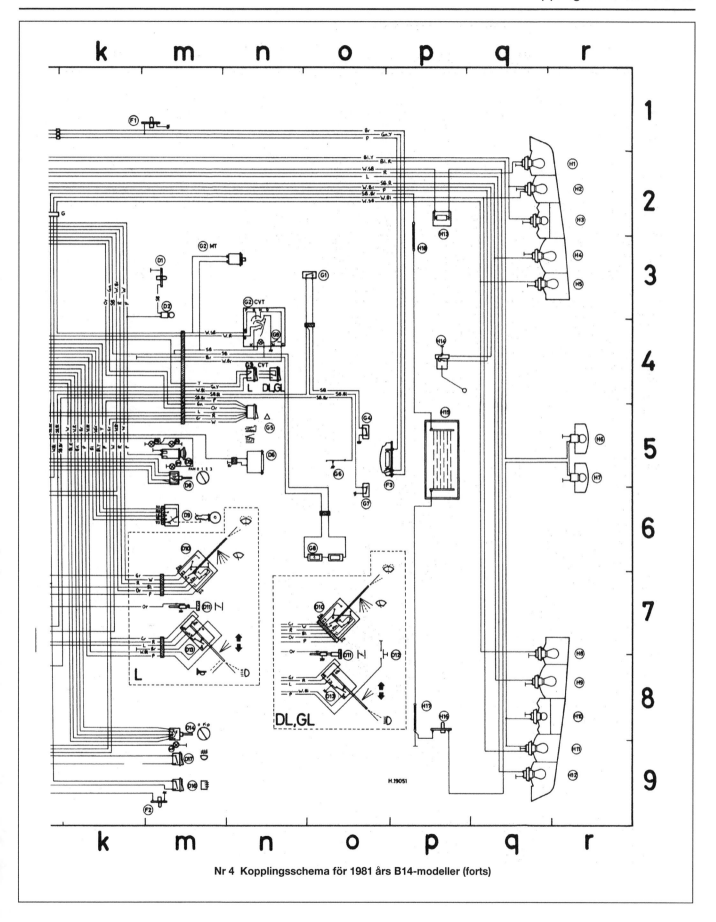

Nr 4 Kopplingsschema för 1981 års B14-modeller (forts)

Teckenförklaring till kopplingsschema nr 5

		Koordinater
1.0	Batteri	1b
2.1	Fördelningsplint/säkringsdosa	2h
2.1	Helljus/halvljus, relä	4f
2.2	(Överbryggning)	4g
2.3	Startspärrelä (CVT)	4h
2.4	"X" kontakt, relä	4i
A1	Blinkers, höger	2a
A2	Parkeringsljus, höger	2a
A3	Strålkastare, höger	2a
A4	Signalhorn högton (utom L, DL)	3b
A5	Strålkastartorkarmotor, höger (Norden)	3a
A6	Strålkastartorkarmotor, vänster (Norden)	7a
A7	Signalhorn, lågton	7b
A8	Strålkastarlampa, vänster	8a
A9	Parkeringsljus, vänster	8a
A10	Blinkers, vänster	9a
B1	Blinkerslampa, höger flygel	2d
B2	(B14) Vindrute-/strålkastarspolarpump	3d
B2	(B19) Vindrutespolarpump	3d
B3	(B14) Kylvätsketempgivare/-kontakt	4d
B3	(B19) Kylvätsketempgivare	4d
B4	Elektriskt pilotmunstycke	4d
B5	Oljetryckgivare/-kontakt	5d
B6	Fyrvägsventil, CVT	5g
B7	(B14) Generator och spänningsregulator	6b
B7	(B19) Generator	4b
B8	Fördelare	6c
B9	Bromsvätskeflottör	6e
B10	CVT vakuumstyrenhet (inklusive varvräknarrelä)	6g
B11	Hydraulkontakt, huvudbromscylinder CVT	7e
B12	Tändspole	7g
B13	Trevägsventil (Sverige 1980)	7c
B14	Frikopplingsservo, CVT	7d
B15	Vindrutetorkarmotor	8g
B16	Blinkerslampa, vänster flygel	9d
B17	Startmotor	4c
B18	Förkopplingsmotstånd (på tändspole) (B19)	7f

		Koordinater
B19	Strålkastarspolarpump (B19)	3d
B20	Ventil, flottörhusventilation (B19)	7e
B21	Spänningsregulator (B19)	2c
C1	Blinkerslampa, höger	7i
C2	Bakrutevärme, indikatorlampa	7i
C3	Parkeringsljus, indikatorlampa	7i
C4	Lågväxel, indikatorlampa, CVT	7i
C5	Dimbakljus, indikatorlampa	7i
C6	Helljus, indikatorlampa	7i
C7	Säkerhetsbälte, indikatorlampa	7i
C8	Varningsblinkers, indikatorlampa	7i
C9	Bromsvätskenivå, indikatorlampa	7i
C10	Oljetryck, indikatorlampa	7i
C11	Choke, indikatorlampa	8i
C12	Handbroms, indikatorlampa	8i
C13	Laddning, indikatorlampa	8i
C14	Blinkerslampa, vänster	8i
C15	Lampor, instrumentbelysning	6i
C16	Bränslereserv, indikatorlampa	7i
C17	Kylvätsketemperatur, indikatorlampa	8i
C18	Klocka	7i
C19	Bränslemätare	7i
C20	Tempmätare	8i
C21	Varvräknare (B19)	8i
C22	Halvljus, indikatorlampa (B19)	7i
D1	Omkopplare för handskfacksbelysning	3m
D2	Lampa, handskfacksbelysning	3m
D3	Lampa, värmereglage	5m
D4	Lampa, cigarettändare	5m
D5	Cigarettändare	5m
D6	Radio (ej standardutrustning)	5n
D7	Lampa, fläktkontakt	5m
D8	Fläktkontakt	5m
D9	Tändningslås	6m
D10	Strömställare, vindrutetorkare/-spolare	6m
D11	Choke	7m
D12	Signalhorn, kontakt	7o
D13	Blinkers, kontakt	7m
D14	Belysningskontakt	8m
D15	Lampa, belysningskontakt	9m
D16	Strömställare, bakrutevärme	9m
D17	Dimbakljus, kontakt	9m
E1	Kupéfläktmotor	5g

		Koordinater
E2	Fläktmotstånd	5h
E3	Pausrelä, vindrutetorkare	6h
E4	Kickdownkontakt, CVT	6h
E5	Bromsljuskontakt	7h
E6	Blinkers-/varningsblinkersrelä	9h
E7	Relä, fläktkontakt	5h
F1	Innerbelysning, kontakt, höger dörr	1m
F2	Innerbelysning, kontakt, vänster dörr	9m
F3	Innerbelysning,	5o
G1	Säte, kontakt, fram passagerarsida	3o
G2	(CVT) Växelväljarpanel, kontakt och lampa	3n
G2	Backljus kontakt (manuell växellåda)	3n
G3	Lågväxelkontakt, CVT	4n
G4	Säkerhetsbälte kontakt, fram pass sida	5o
G5	Varningsblinkers, kontakt	5o
G6	Handbroms, kontakt	5o
G7	Säkerhetsbälte kontakt, förarsida	6o
G8	Stolvärmeslingor och termostat	6o
G9	Frikopplingsservo, kontakt, CVT	4n
H1	Blinkers, (bak), höger	2q
H2	Bak-/bromsljus, höger	2q
H3	Bakljus, höger	2q
H4	Dimbakljus, höger	3q
H5	Backljus, höger	3q
H6	Nummerskyltbelysning, höger	5r
H7	Nummerskyltbelysning, vänster	5r
H8	Backljus, vänster	7q
H9	Dimbakljus, vänster	8q
H10	Bakljus, vänster	8q
H11	Bak-/bromsljus, vänster	9q
H12	Blinkers lampa (bak), vänster	9q
H13	Bagageutrymmesbelysning, lampa	2p
H14	Bränsletank flottör	4p
H15	Bakrutevärme	5p
H16	Bagageutrymmesbelysning, kontakt	8p
H17	Gasfjäder, vänster	8p
H18	Gasfjäder, höger	8p

Färgmarkeringar

Bl	Blå	Gr	Grå	P	Skär	W	Vit
Br	Brun	L	Lila	R	Röd	Y	Gul
Gn	Grön	OR	Orange	SB	Svart		

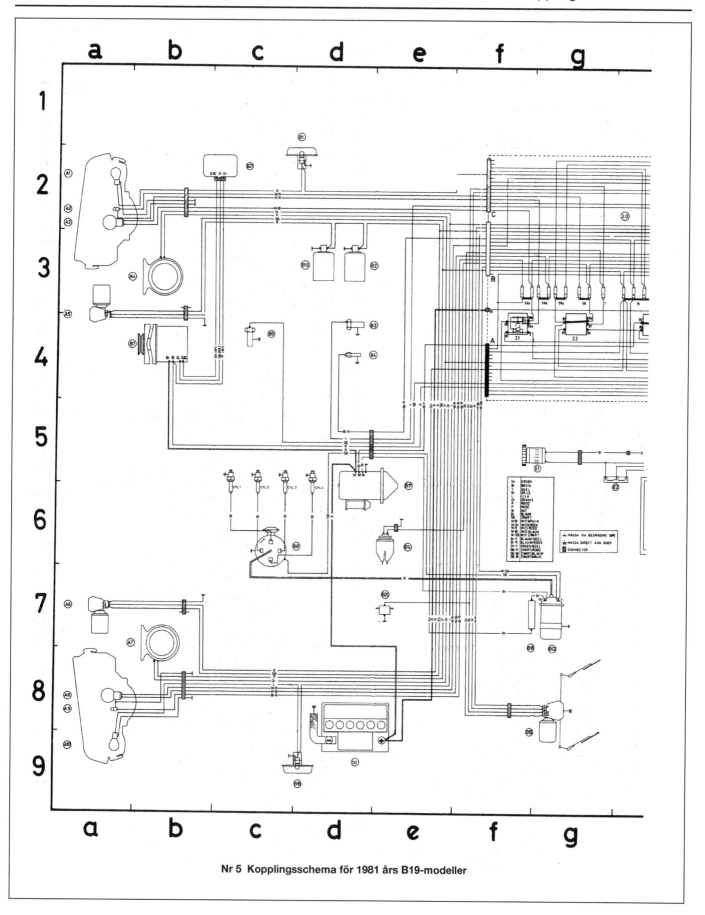

Nr 5 Kopplingsschema för 1981 års B19-modeller

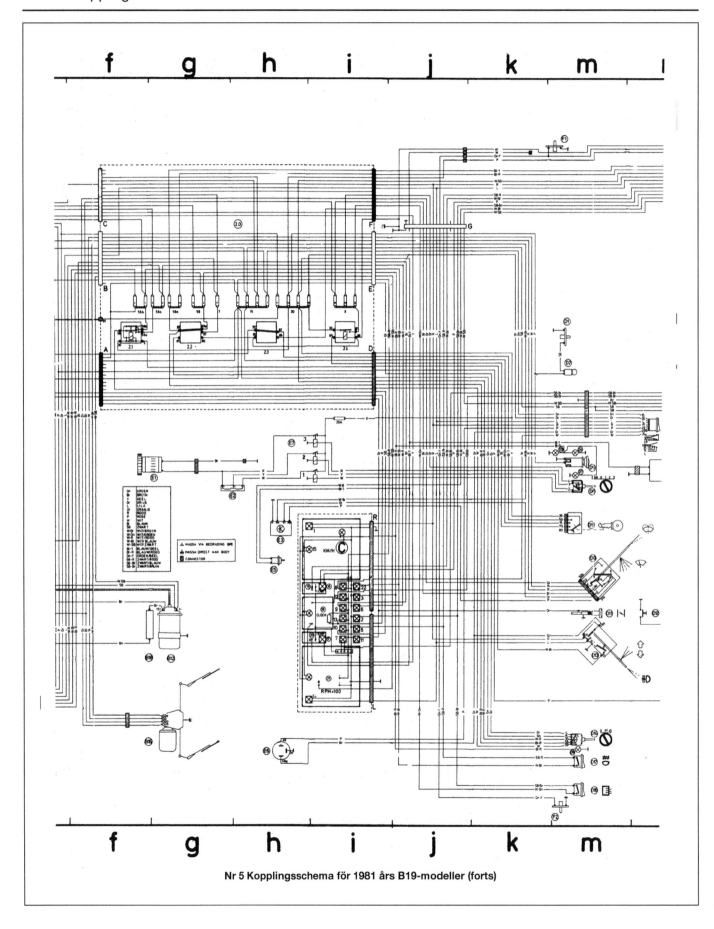

Nr 5 Kopplingsschema för 1981 års B19-modeller (forts)

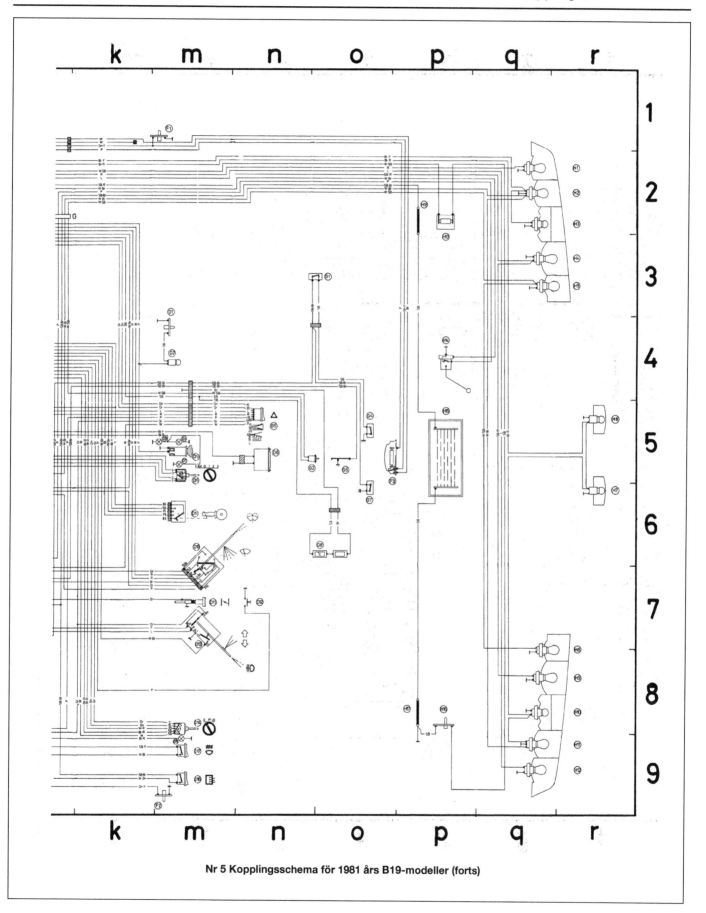

Nr 5 Kopplingsschema för 1981 års B19-modeller (forts)

Teckenförklaring till blockschema nr 6

Krets		Beteckning
1	Batteri	1.0
2	Signalhorn högton (utom L, DL)	A4
2	Signalhorn lågton	A7
2	Signalhorn kontakt	D12
3	Radio (ej standardutrustning)	D6
4	Klocka	C18
5	Bromsljuskontakt	E5
5	Bak-/bromsljus, höger	H2
5	Bak-/bromsljus, vänster	H11
6	Bagageutrymmesbelysning lampa	H13
6	Bagageutrymmesbelysning kontakt	H16
7	Omkopplare för handskfacksbelysning	D1
7	Lampa, handskfack	D2
8	Cigarettändare	D5
9	Innerbelysning, kontakt, höger dörr	F1
9	Innerbelysning, kontakt, vänster dörr	F2
9	Innerbelysning	F3
10	"X" kontakt, relä	2.4
10	Tändningslås	D9
11	Startmotor	B17
12	Tändspole	B12
12	(B19) Förkopplingsmotstånd (på tändspole)	B18
13	(B19) Varvräknare	C21
14	Fördelare	B8
15	Generator och spänningsregulator	B7
15	(B19*) Generator	B7
15	(B19*) Spänningsregulator	B21
15	Laddning, indikatorlampa	C13
16	Choke, indikatorlampa	C11
16	Choke	D11
17	Oljetryckgivare/-kontakt	B5
17	Oljetryck, indikatorlampa	C10
18	Bromsvätskeflottör	B9
18	Bromsvätskenivå, indikatorlampa	C9
19	Handbroms, indikatorlampa	C12
19	Handbroms kontakt	G6
20	(B14) Kylvätsketempgivare/-kontakt	B3
20	Kylvätsketemperatur, indikatorlampa	C17

Krets		Beteckning
20	Tempmätare	C20
21	Säkerhetsbälte, indikatorlampa	C7
21	Säte, kontakt, fram passagerarsida	G1
21	Säkerhetsbälte kontakt, fram pass sida	G4
21	Säkerhetsbälte kontakt, förarsida	G7
22	Bränslereserv, indikatorlampa	C16
22	Bränslemätare	C19
22	Bränsletank flottör	H14
23	Strålkastartorkarmotor, höger (Norden)	A5
24	(B14) Vindrute-/strålkastarspolarpump	B2
24	Strömställare för vindrutetorkare/-spolare	D10
25	Strålkastarspolarpump (B19)	B19
26	Strålkastartorkarmotor, vänster (Norden)	A6
27	Pausrelä, vindrutetorkare	E3
28	Vindrutetorkarmotor	B15
29	Ventil, flottörhusventilation (B19)	B20
30	Fläkt kontakt	D8
30	Kupéfläktmotor	E1
30	Fläktmotstånd	E2
31	Strömställare, bakrutevärme	D16
31	Bakrutevärme	H15
32	Bakrutevärme, indikatorlampa	C2
33	Elektriskt pilotmunstycke	B4
34	Backljus, kontakt (manuell växellåda)	G2
34	Backljus, höger	H5
34	Backljus, vänster	H8
35	Stolvärmeslingor och termostat	G8
36	Blinkers-/varningsblinkersrelä	E6
37	Blinkers, höger	A1
37	Blinkers, vänster	A10
37	Blinkerslampa, höger flygel	B1
37	Blinkerslampa, vänster flygel	B16
37	Blinkerslampa, höger	C1
37	Varningsblinkers, indikatorlampa	C8
37	Blinkerslampa, vänster	C14
37	Blinkers kontakt	D13

Krets		Beteckning
37	Varningsblinkers, kontakt	G5
37	Blinkers (bak), höger	H1
37	Blinkers (bak), vänster	H12
38	Bakljus, höger	H3
38	Nummerskyltbelysning, bak	H6
38	Nummerskyltbelysning, vänster	H7
38	Bakljus, vänster	H10
39	Parkeringsljus, bak	A2
39	Parkeringsljus, vänster	A9
39	Parkeringsljus, indikatorlampa	C3
39	Lampor, instrumentbelysning	C15
39	Lampa, värmereglage	D3
39	Lampa, cigarettändare	D4
39	Lampa, fläktkontakt	D7
39	Lampa, belysningskontakt	D15
40	Strålkastarlampa, vänster	A8
40	Halvljus, indikatorlampa (B19)	C22
41	Dimbakljus, indikatorlampa	C5
41	Dimbakljuskontakt	D17
41	Dimbakljus, höger	H4
41	Dimbakljus, vänster	H9
42	Strålkastare, höger	A3
42	Helljus, indikatorlampa	C6
43	Helljus/halvljus, relä	2.1
44	Tändningslås	D9
45	Belysningskontakt	D14
46	(B19) Kylvätsketempgivare	B3
47	Kickdownkontakt, CVT	E4
48	Lågväxelkontakt, CVT	G3
49	Lågväxel, indikatorlampa, CVT	C4
50	Hydraulkontakt, huvudbromscylinder, CVT	B11
51	Fyrvägsventil, CVT	B6
52	CVT vakuum styrenhet (inklusive varvräknarrelä)	B10
53	Frikopplingsservo kontakt, CVT	G9
54	Frikopplingsservo, CVT	B14
55	CVT växelväljarpanel kontakt och lampa	G2
56	Startspärrelä, CVT	2.3

*(B19 upp till chassinr 629517)

Färgmarkeringar

Bl	Blå	Gr	Grå	P	Skär	W	Vit
Br	Brun	L	Lila	R	Röd	Y	Gul
Gn	Grön	OR	Orange	SB	Svart		

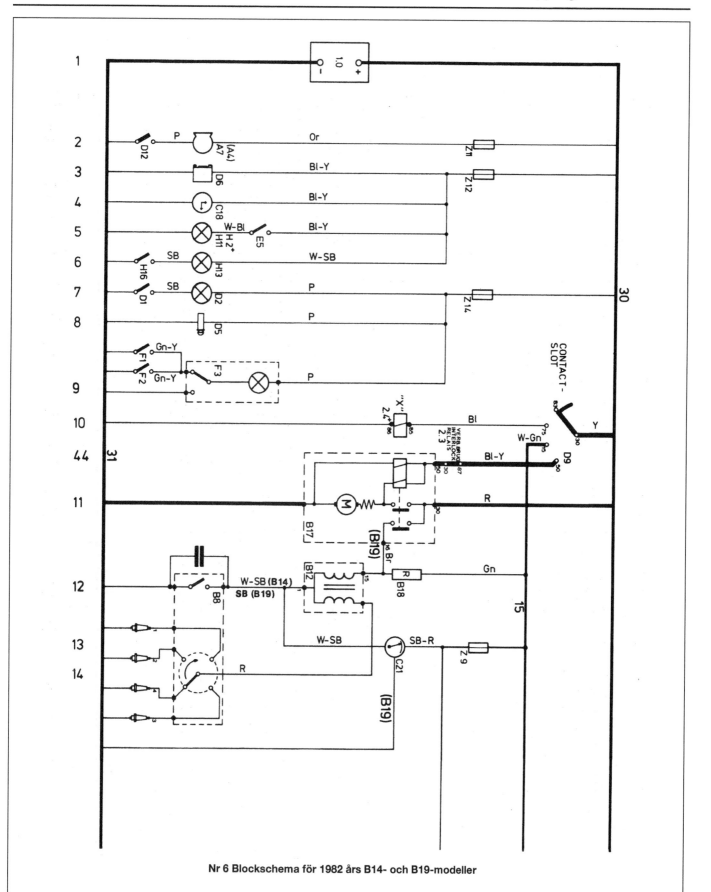

Nr 6 Blockschema för 1982 års B14- och B19-modeller

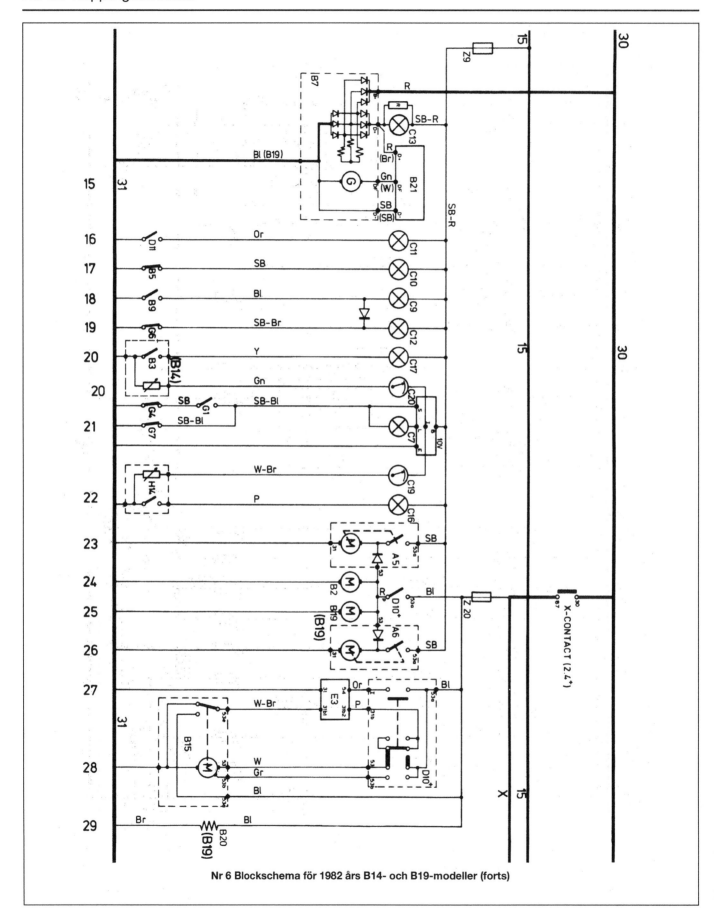

Nr 6 Blockschema för 1982 års B14- och B19-modeller (forts)

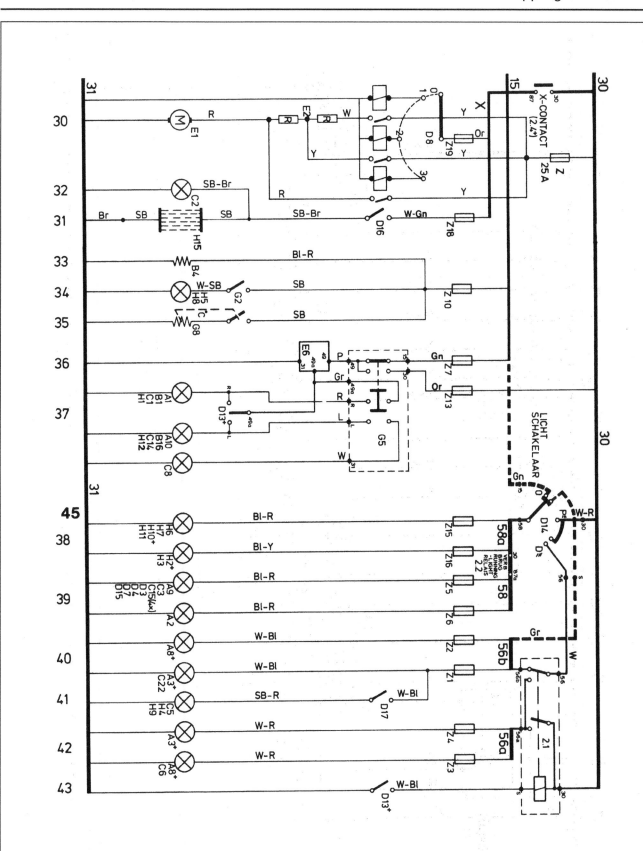

Nr 6 Blockschema för 1982 års B14- och B19-modeller (forts)

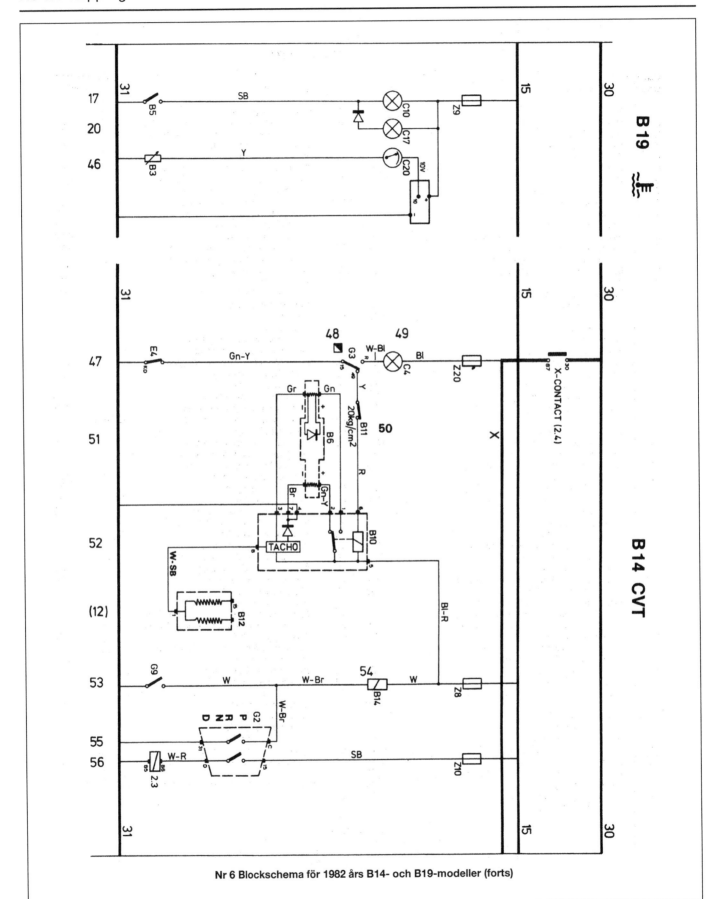

Nr 6 Blockschema för 1982 års B14- och B19-modeller (forts)

Teckenförklaring till blockschema nr 7, 8 och 9

Krets		Beteckning
1	Batteri	1.0
2	Signalhorn	A7
2	Signalhorn, kontakt	D12
3	Radioanslutning	D6
4	Cigarettändare	D5
5	Klocka	(D21) C18
6	Bromsljuskontakt	E5
6	Bak-/bromsljus, höger	H2
6	Bak-/bromsljus, vänster	H11
7	Bagageutrymmesbelysning, lampa	H13
7	Bagageutrymmesbelysning, kontakt	H16
8	Omkopplare för handskfacksbelysning	D1
8	Lampa, handskfack	D2
9	Innerbelysning, kontakt, höger dörr	F1
9	Innerbelysning, kontakt, vänster dörr	F2
9	Innerbelysning	F3
9	Lampa, tändningslåsbelysning	D22
10	Tändningslås	D9
10	"X" kontakt, relä	2.4
11	Startmotor	B17
12	Tändspole	B12
12	Förkopplingsmotstånd (på tändspole)	B19A B18
13	Varvräknare (360)	C21
14	Fördelare	B8
15	Generator och spänningsregulator	B7
15	Batteri, laddning, indikatorlampa	C13
16	Choke, indikatorlampa	C11
16	Choke	D11
17	Oljetryckgivare/-kontakt	B5
17	Oljetryck, indikatorlampa	C10
18	Bromsvätskeflottör	B9
18	Bromsvätskenivå, indikatorlampa	C9
19	Handbroms, indikatorlampa	C12
19	Handbromskontakt	G6
20	Bränslereserv, indikatorlampa	C16
20	Bränslemätare	C19
20	Bränsletank, flottör	H14
21	Kylvätsketempgivare	B3
21	Kylvätsketemperatur, indikatorlampa	C17
21	Tempmätare	C20

Krets		Beteckning
22	Säkerhetsbälte, indikatorlampa	C7
22	Säte, kontakt, fram passagerarsida	G1
22	Säkerhetsbälte kontakt, förarsida	G7
23	Instrumentpanel med flerfunktionsenhet	C7
24	Strålkastartorkarmotor, höger (Norden)	A5
24	Strålkastartorkarmotor, vänster (Norden)	A6
25	Vindrutespolarpump	B2
25	Strömställare, vindrutetorkare/-spolare	D10
26	Strålkastarspolarpump (Norden)	B19
27	Pausrelä, vindrutetorkare	E3
28	Vindrutetorkarmotor	B15
29	Ventil, flottörhusventilation (B19A)	B20
30	Fläktkontakt	D8
30	Kupéfläktmotor	E1
30	Fläktmotstånd	E2
31	Relä, kupéfläktmotor	E7
32	Strömställare, bakrutevärme	D16
32	Bakrutevärme	H15
32	Bakrutevärme, indikatorlampa	C2
33	Elektriskt pilotmunstycke	B4
34	Backljuskontakt (manuell växellåda)	G2
34	Backljus, höger	H5
34	Backljus, vänster	H8
35	Stolvärmeslingor och termostat	G8
36	Blinkers-/varningsblinkersrelä	E6
37	Blinkers, höger	A1
37	Blinkers, vänster	A10
37	Blinkerslampa, höger flygel	B1
37	Blinkerslampa, vänster flygel	B16
37	Blinkerslampa, höger	C1
37	Varningsblinkers, indikatorlampa	C8
37	Blinkerslampa, vänster	C14
37	Blinkers kontakt	D13
37	Varningsblinkers, kontakt	D19
37	Blinkers (bak), höger	H1
37	Blinkers (bak), vänster	H12
38	Belysningskontakt	D14
39	Bakljus, höger	H3
39	Nummerskyltbelysning, höger	H6
39	Nummerskyltbelysning, vänster	H7

Krets		Beteckning
39	Bakljus, vänster	H10
40	Parkeringsljus, vänster	A9
40	Parkeringsljus, indikatorlampa	C3
40	Lampor, instrumentbelysning	C15
40	Dimmer kontakt, instrumentbelysning	D18
40	Lampa, askkopp	D3
40	Lampa, cigarettändare	D4
40	Lampa, värmereglagebelysning	D7
40	Lampa, belysningskontakt	D15
40	Lampor, belysningsströmställare	D16, D17, D18
41	Parkeringsljus, höger	A2
42	Strålkastarlampa, vänster, halvljus	A8
42	Strålkastare, höger, halvljus	A3
42	Dimbakljus, indikatorlampa	C5
42	Dimbakljuskontakt	D17
42	Dimbakljus, höger	H4
42	Dimbakljus, vänster	H9
43	Strålkastarlampa, vänster, helljus	A8
43	Strålkastarlampa, höger, helljus	A3
43	Helljus, indikatorlampa	C6
43	Helljus/halvljus, relä	2.1
44	Elektronisk styrenhet, LE-Jetronic	J1
45	Styrrelä, LE-Jetronic	J12
46	Bränslepump, LE-Jetronic	J14
47	Kickdownkontakt, CVT	E4
48	Lågväxelkontakt, CVT	G3
49	Lågväxel, indikatorlampa, CVT	G3
50	Hydraulkontakt, huvudbromscyl, CVT	B11
51	Fyrvägsventil, CVT	B6
52	CVT vakuumstyrenhet (inklusive varvräknarrelä)	B10
53	Frikopplingsservo, kontakt, CVT	G9
54	Frikopplingsservo, CVT	B14
55	CVT växelväljarpanel, kontakt och lampa	G2
56	Startspärrelä, CVT	2.3
57	Dimljus (GLT)	-
58	Dimljus, relä (GLT)	-
59	Strömställare, dimljus (GLT)	G10
60	Tändarstyrning, B19E	B23
61	Hallgivare, tändning B19E	B23

Färgkoder

Bl	Blå	Gr	Grå	P	Skär	W	Vit
Br	Brun	L	Lila	R	Röd	Y	Gul
Gn	Grön	Or	Orange	SB	Svart		

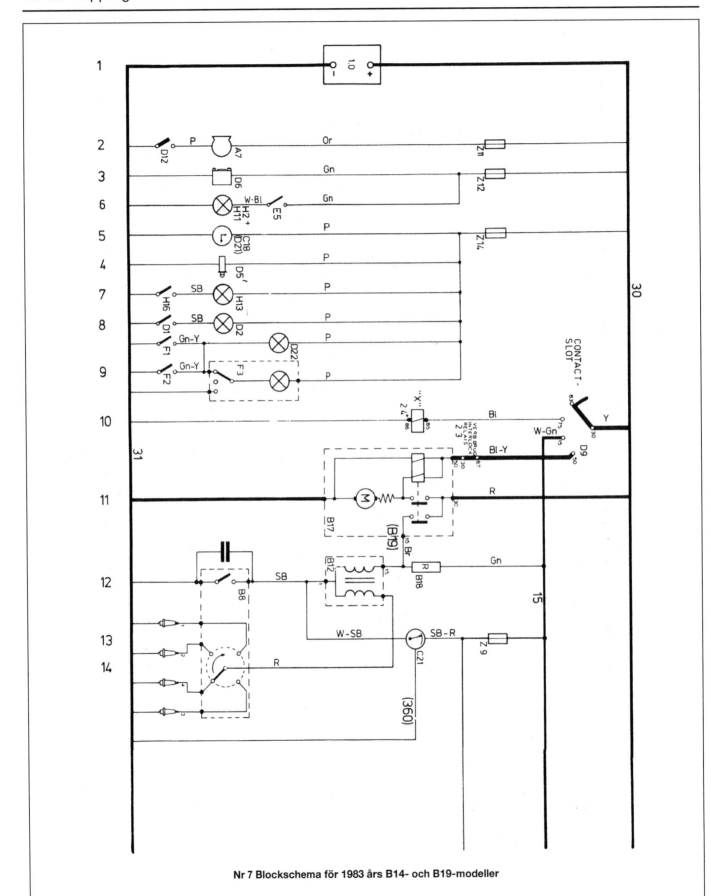

Nr 7 Blockschema för 1983 års B14- och B19-modeller

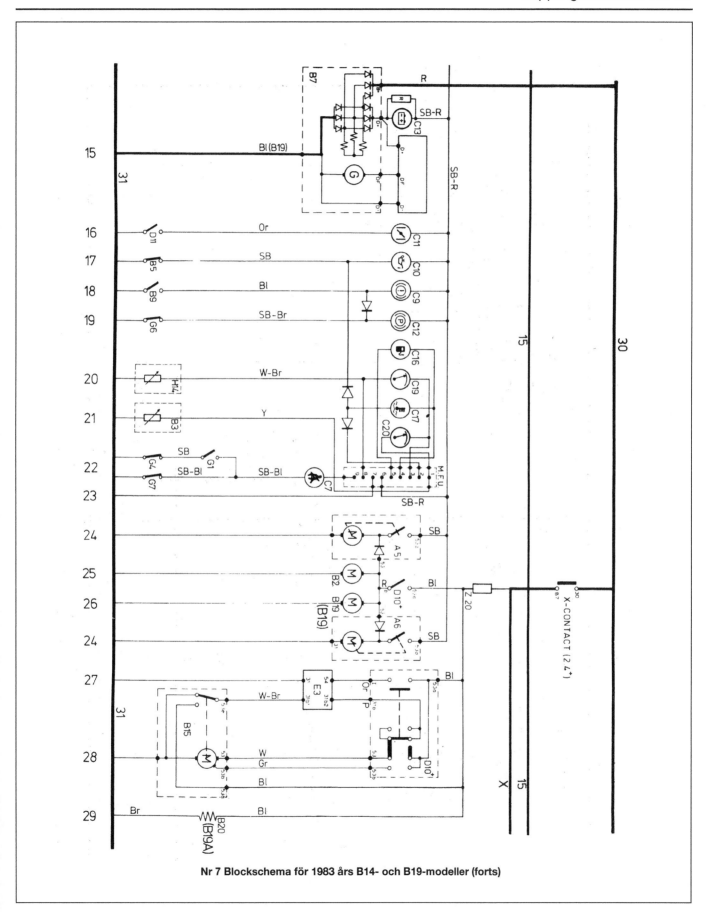

Nr 7 Blockschema för 1983 års B14- och B19-modeller (forts)

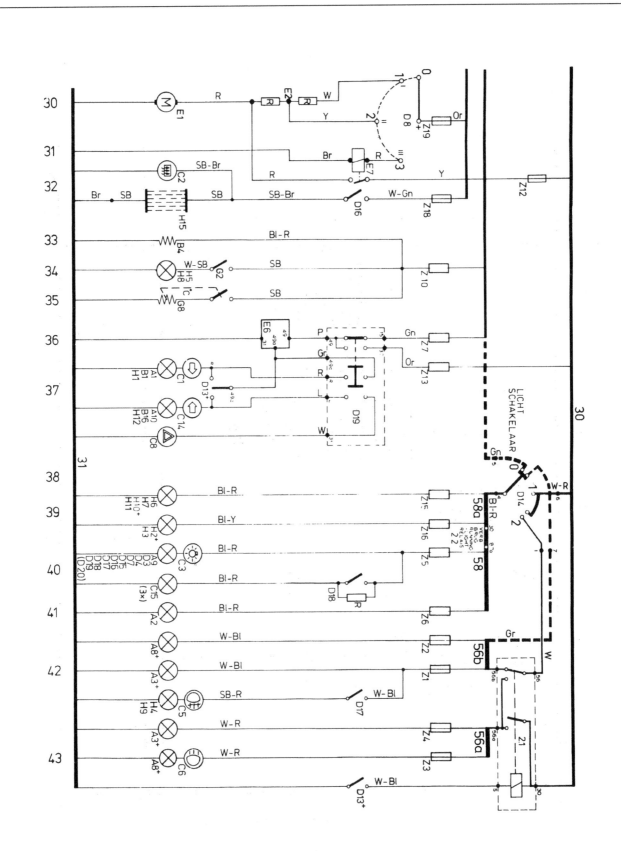

Nr 7 Blockschema för 1983 års B14- och B19-modeller (forts)

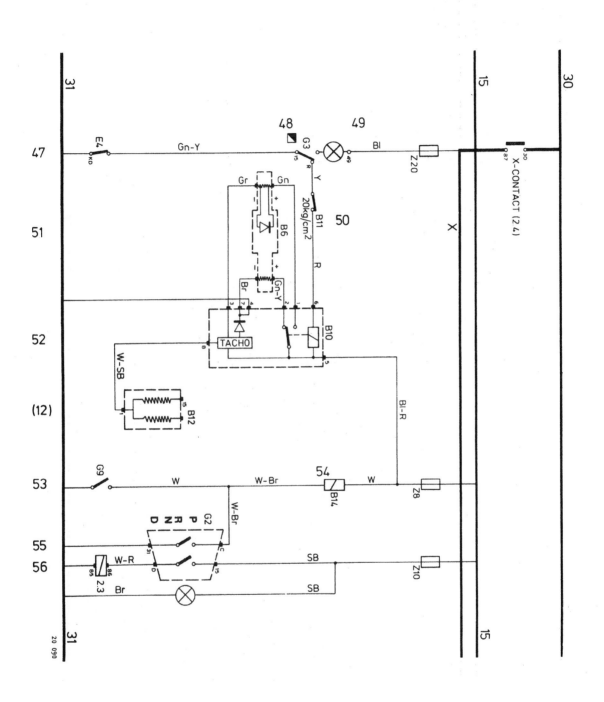

Nr 8 CVT supplement till blockschema för 1983 års B14- och B19-modeller

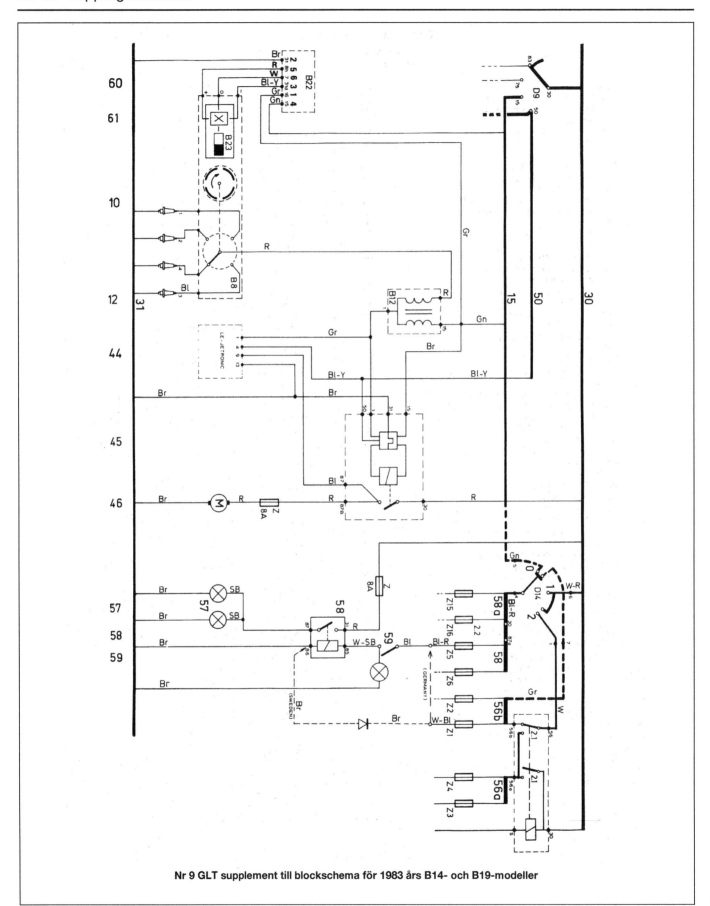

Nr 9 GLT supplement till blockschema för 1983 års B14- och B19-modeller

Teckenförklaring till kopplingsscheman nr 10, 11 och 12

Koordinater (endast B14)

1.0	Batteri	1b
2.0	Fördelningsplint/säkringsdosa	2h
2.1	Hel-/halvljus relä	4f
2.2	(Anslutningsbleck)	4g
2.3	Startspärrelä, CVT	4h
2.4	Relä, "X" kontakt	4i
A1	Blinkers, höger	2a
A2	Sidoljus, höger	2a
A3	Strålkastare, höger	2a
A5	Strålkastartorkarmotor, höger (Norden)	3a
A6	Strålkastartorkarmotor, vänster (Norden)	7a
A7	Signalhorn	7b
A8	Strålkastare, vänster	8a
A9	Sidoljus, vänster	8a
A10	Blinkers, vänster	9a
B1	Indikatorlampa, blinkers, höger flygel	2d
B2	Vindrutespolarpump	3d
B3	Kylvätsketempgivare	4d
B4	Elektriskt pilotmunstycke	4d
B5	Oljetryckgivare/-kontakt	5d
B6	Fyrvägsventil, CVT	5g
B7	Generator och spänningsregulator	6b
B8	Fördelare	6c
B9	Bromsvätskeflottör	6e
B10	CVT vakuumstyrenhet (inklusive varvräknarrelä)	6g
B11	Hydraulkontakt, huvudbromscylinder CVT	7e
B12	Elektronisk styrenhet (tändspole, B19E)	7g
B13	Lufttemperatursensor	7c
B14	Frikopplingsservo, CVT	7d
B15	Vindrutetorkarmotor	8g
B16	Indikatorlampa, blinkers, vänster flygel	9d
B17	Startmotor	4c
B19	Strålkastarspolarpump	3d
B20	Kylfläkt (kylare) B14	5a
B21	Kontakt, kylfläkt B14	5b
B22	Tändarstyrning, B19E	7q
B23	Hallgivare, tändsystem B19E	7m
B24	Varvtalsgivare, elektroniskt tändsystem	7f
C1	Indikatorlampa, blinkers, höger	6i
C2	Bakrutevärme, indikatorlampa	7i

Koordinater (endast B14)

C3	Parkeringsljus, indikatorlampa	7i
C5	Dimbakljus, indikatorlampa	7i
C6	Helljus, indikatorlampa	7i
C7	Säkerhetsbälte, indikatorlampa	7i
C8	Varningsblinkers, indikatorlampa	7i
C9	Bromsvätskenivå, indikatorlampa	7i
C10	Oljetryck, indikatorlampa	7i
C11	Choke, indikatorlampa	7i
C12	Handbroms, indikatorlampa	7i
C13	Laddning, indikatorlampa	7i
C14	Indikatorlampa, blinkers, vänster	7i
C15	Lampor, instrumentbelysning	7i
C16	Bränslereserv, indikatorlampa	8i
C17	Kylvätsketemperatur indikatorlampa	6i
C18	Klocka	7i
C19	Bränslemätare	8i
C20	Tempmätare	6i
C21	Varvräknare (ej standardutrustning)	7i
C22	Lufttempmätare (ej standardutrustning)	6i
D1	Kontakt för handskfacksbelysning	3m
D2	Lampa, handskfack	3m
D3	Lampa, askkoppsbelysning	5m
D4	Lampa, cigarettändare	5m
D5	Cigarettändare	5m
D6	Radio (ej standardutrustning)	5n
D7	Lampa, värmereglagebelysning	5m
D8	Fläktkontakt	5m
D9	Tändningslås	6m
D10	Strömställare för vindrutetorkare/-spolare	6m
D11	Choke	7m
D12	Signalhorn, kontakt	7n
D13	Blinkers kontakt	7m
D14	Belysningskontakt	8m
D15	Lampa, belysningskontakt	9m
D16	Belyst strömställare, bakrutevärme	9m
D17	Belyst strömställare, dimbakljus	9m
D18	Reostat (belyst), instrumentbelysning	8m
D19	Varningsblinkers, kontakt (belyst)	5n
D20	Lampa, klockbelysning (konsol)	5n
D21	Klocka i konsol (ej standardutrustning)	6n
D22	Lampa, tändningslåsbelysning	6m
E1	Kupéfläktmotor	5g
E2	Fläktmotstånd	5h
E3	Pausrelä, vindrutetorkare (L, DL)	6h

Koordinater (endast B14)

E4	Kickdownkontakt, CVT	6h
E5	Bromsljuskontakt	7h
E6	Blinkers-/varningsblinkersrelä	9h
E7	Relä fläktmotor läge 3	5i
E8	Tändningslås, relä	6m
E9	Intervallspolare/-torkare, relä (GL, -S, -E, -T)	6h
F1	Innerbelysning, kontakt, höger dörr	1m
F2	Innerbelysning, kontakt, vänster dörr	9m
F3	Innerbelysning	5p
F4	Kontakt, centrallås (förardörr)	8o
F5	Motor, centrallås, vänster bakdörr	8p
F6	Motor, centrallås, höger framdörr	2n
F7	Motor, centrallås, höger bakdörr	2o
F8	Elfönsterhisskontakt, höger dörr	7o
F9	Elfönsterhisskontakt, vänster dörr	7o
F10	Elfönsterhissmotor, vänster dörr	7o
F11	Elfönsterhissmotor, höger dörr	3o
G1	Säte, kontakt, fram passagerarsida	3o
G2	(CVT) kontakt och belysning, växelväljarpanel	3n
G2	Backljuskontakt (manuell växellåda)	3n
G3	Lågväxelkontakt, CVT	4n
G4	Säkerhetsbälte, kontakt, fram pass sida	5o
G6	Handbroms, kontakt	5o
G7	Säkerhetsbälte, kontakt, förarsida	6o
G8	Stolvärmeslingor och termostat	6o
G9	Frikopplingsservo, kontakt, CVT	4n
H1	Blinkers (bak), höger	2q
H2	Bak-/bromsljus, höger	2q
H3	Bakljus, höger	2q
H4	Dimbakljus, höger	3q
H5	Backljus, höger	3q
H6	Nummerskyltbelysning, höger	5r
H7	Nummerskyltbelysning, vänster	5r
H8	Backljus, vänster	8q
H9	Dimbakljus, vänster	8q
H10	Bakljus, vänster	8q
H11	Bak-/bromsljus, vänster	9q
H12	Blinkers (bak), vänster	9q
H13	Bagageutrymmesbelysning lampa	2p
H14	Bränsletank, flottör	4p
H15	Bakrutevärme	5p
H16	Bagageutrymmesbelysning, kontakt	2q

Färgkoder

Bl	Blå	Gr	Grå	P	Skär	W	Vit
Br	Brun	L	Lila	R	Röd	Y	Gul
Gn	Grön	Or	Orange	SB	Svart		

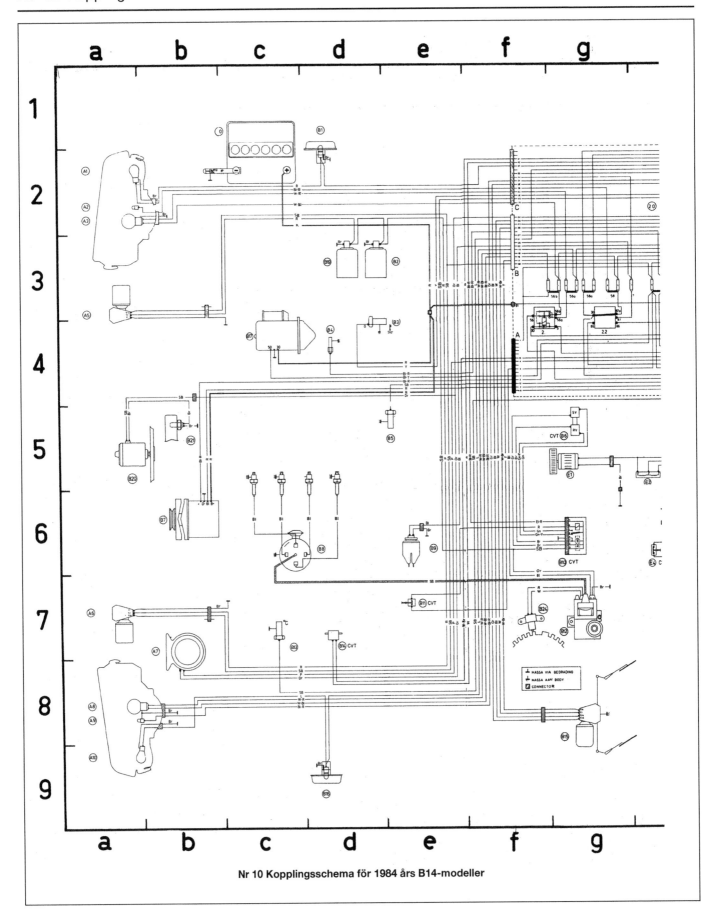

Nr 10 Kopplingsschema för 1984 års B14-modeller

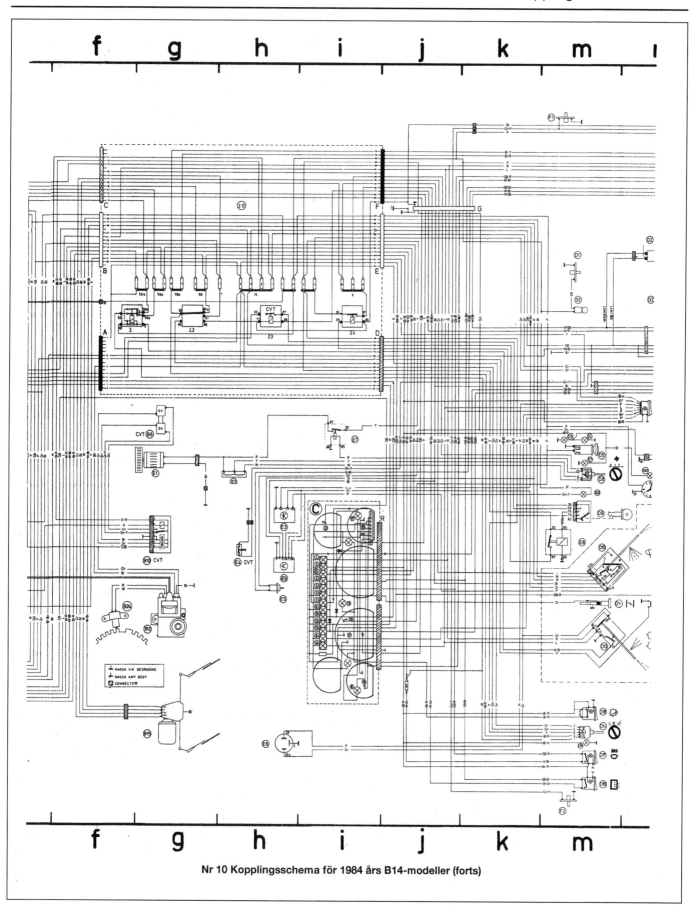

Nr 10 Kopplingsschema för 1984 års B14-modeller (forts)

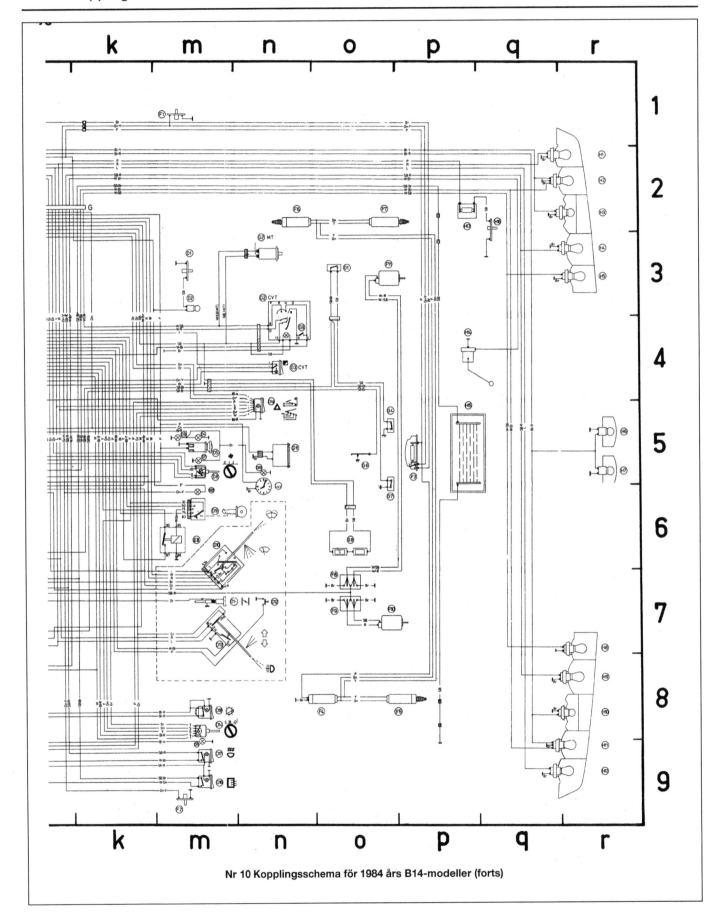

Nr 10 Kopplingsschema för 1984 års B14-modeller (forts)

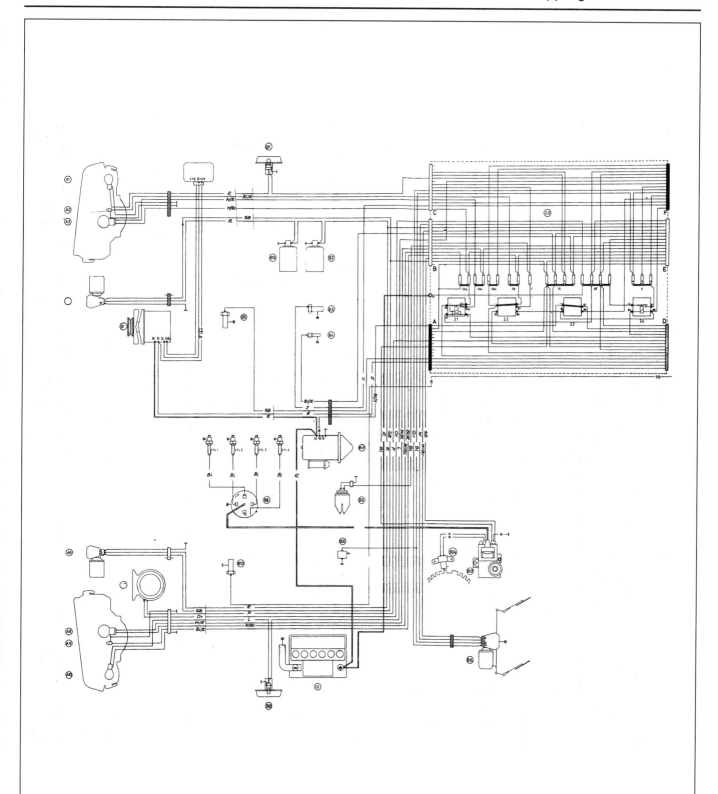

Nr 11 Kopplingsschema för 1984 års B19A-modeller

Använd som supplement till kopplingsschema nr 10

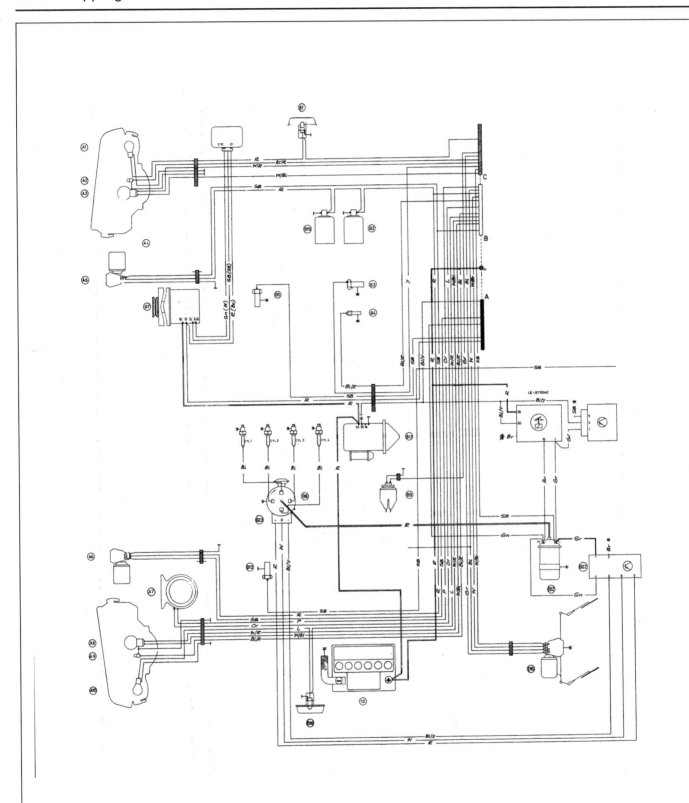

Nr 12 Kopplingsschema för 1984 års B19E-modeller

Använd som supplement till kopplingsschema nr 10

Teckenförklaring till kopplingsscheman nr 13 och 15

	Koordinater (endast B14)			Koordinater (endast B14)			Koordinater (endast B14)
1.0	Batteri	1c	B12	Elektronisk styrenhet	7g	C21	Varvräknare	7i
2.0	Fördelningsplint/säkringsdosa	2h	B13	Lufttemperatursensor	7c	C22	Lufttempmätare	6i
2.1	Hel-/halvljusrelä	4f	B14	Frikopplingsservo, CVT	7d	C23	Lampa, växlingsindikator (LED)	8i
2.2	(Överbryggning)	4g	B15	Vindrutetorkarmotor	8g	D1	Kontakt för handskfacksbelysning	3m
2.3	Startspärrelä, CVT	4h	B16	Blinkers, vänster flygel	9d	D2	Lampa, handskfack	3m
2.4	"X"-kontakt, relä	4f	B17	Startmotor	4c	D3	Lampa, askkopp	5m
			B19	Strålkastarspolarpump	3d	D4	Lampa, cigarettändare	5m
A1	Blinkers, höger	2a	B20	Kylfläkt (kylare), B14	5a	D5	Cigarettändare	5m
A2	Parkeringsljus, höger	2a	B21	Kontakt, kylfläkt B14	5b	D6	Radio (ej standardutrustning)	5n
A3	Strålkastare, höger	2a	B24	Varvtalsgivare, elektroniskt		D7	Lampa, värmereglagebelysning	5m
A5	Strålkastartorkarmotor, höger			tändsystem	7f	D8	Fläktkontakt	5m
	(Norden)	3a	C1	Blinkerslampa, höger	6i	D9	Tändningslås	6m
A6	Strålkastartorkarmotor, vänster		C2	Bakrutevärme, indikatorlampa	7i	D10	Strömställare för vindrutetorkare/-	
	(Norden)	7a	C3	Parkeringsljus, indikatorlampa	6i		spolare	6m
A7	Signalhorn	7b	C5	Dimbakljus, indikatorlampa	7i	D11	Choke, kontakt	7m
A8	Strålkastare, vänster	8a	C6	Helljus, indikatorlampa	7i	D12	Signalhorn, kontakt	7n
A9	Parkeringsljus, vänster	8a	C7	Säkerhetsbälte, indikatorlampa	7i	D13	Blinkers, kontakt	7m
A10	Blinkers, vänster	9a	C8	Varningsblinkers, indikatorlampa	7i	D14	Belysning, kontakt	8m
B1	Blinkers, höger flygel	2d	C9	Bromsvätskenivå, indikatorlampa	7i	D15	Lampa, belysningskontakt	8m
B2	Vindrutespolarpump	3d	C10	Oljetryck, indikatorlampa	7i	D16	Belyst strömställare, bakrutevärme	9m
B3	Kylvätsketempgivare	4d	C11	Choke, indikatorlampa		D17	Belyst strömställare, dimbakljus	9m
B4	Förgasare, pilotmunstycke			(förgasarmotorer)	7i	D18	Reostat (belyst),	
	(och förvärmning B200K)	4d	C12	Handbroms, indikatorlampa	7i		instrumentbelysning	8m
B5	Oljetryckgivare	5e	C13	Laddning, indikatorlampa	7i	D19	Varningsblinkers, kontakt (belyst)	5n
B6	Fyrvägsventil, CVT	5g	C14	Blinkerslampa, vänster	7i	D20	Lampa, klockbelysning	5n
B7	Generator och spänningsregulator	6b	C15	Lampor, instrumentbelysning	7i	D21	Klocka, konsol (ej	
B8	Fördelare	6c	C16	Bränslereserv, indikatorlampa (LED)	8i		standardutrustning)	6n
B9	Bromsvätskeflottör	6e	C17	Kylvätsketemperatur,		D22	Lampa, tändningslåsbelysning	6m
B10	Vakuumstyrenhet (inklusive			indikatorlampa (LED)	6i	E1	Kupéfläktmotor	5g
	varvräknarrelä) CVT	6g	C18	Klocka, instrumentpanel	7i	E2	Fläktmotstånd	5h
B11	Hydraulkontakt, huvudbroms-		C19	Bränslemätare	8i	E3	Pausrelä, vindrutetorkare (DL)	6h
	cylinder, CVT	7e	C20	Motor, tempmätare	6i	E4	Kickdownkontakt, CVT	6h

Teckenförklaring till kopplingsschema nr 13 och 15 (forts)

	Koordinater (endast B14)			Koordinater (endast B14)			Koordinater (endast B14)
E5	Bromsljuskontakt	7h	F9	Elfönsterhiss, kontakt, vänster dörr	7o	G9	Frikopplingsservo, kontakt, CVT 4n
E6	Blinkers-/varningsblinkersrelä	9h	F10	Elfönsterhissmotor, vänster dörr	7o	H1	Blinkers (bak), höger 2q
E7	Relä fläktmotor läge 3	5i	F11	Elfönsterhissmotor, höger dörr	3o	H2	Bak-/bromsljus, höger 2q
E8	Tändningslås, relä	6m	F12	Innerbelysning, kontakt, höger		H3	Bakljus, höger 2q
E9	Intervallspolare/-torkare, relä			bakdörr	1n	H4	Dimbakljus, höger 3q
	(GL, -S, -E, -T)	6h	F13	Innerbelysning, kontakt, vänster		H5	Backljus, höger 3q
E10	Huvudbelysning, relä	7m		bakdörr	9n	H6	Nummerskyltbelysning, höger 5r
E11	Dimbakljus, relä	8m	F14	Innerbelysning, höger bak	1o	H7	Nummerskyltbelysning, vänster 5r
E12	Fördröjningsrelä, innerbelysning		F15	Innerbelysning, vänster bak	9o	H8	Backljus, vänster 7q
	(GLE, GLT)	3m	G1	Säte, kontakt, fram passagerarsida	3o	H9	Dimbakljus, vänster 8q
F1	Innerbelysning kontakt, höger dörr	1m	G2	(CVT) Kontakt och belysning,		H10	Bakljus, vänster 8q
F2	Innerbelysning, kontakt, vänster			växelväljarpanel	3n	H11	Bak-/bromsljus, vänster 9q
	dörr	9m				H12	Blinkers (bak), vänster 9q
F3	Innerbelysning, fram	5p	G3	Lågväxelkontakt, CVT	4n	H13	Bagageutrymmesbelysning, lampa 2p
F4	Kontakt, centrallås (förarsidans		G4	Säkerhetsbälte, kontakt, fram		H14	Bränsletank, flottör 4p
	dörr)	8n		pass sida	5o	H15	Bakrutevärme 5p
F5	Motor, centrallås, vänster bakdörr	8o	G5	Högväxelkontakt, växlingsindikator	8i	H16	Bagageutrymmesbelysning,
F6	Motor, centrallås, höger framdörr	2n	G6	Handbroms, kontakt	5o		kontakt 2q
F7	Motor, centrallås, höger bakdörr	2o	G7	Säkerhetsbälte, kontakt, förarsida	6o	J1	Elektronisk styrenhet, LE-Jetronic 5r
F8	Elfönsterhiss, kontakt, höger dörr	7o	G8	Stolvärmeslingor och termostat	6o	J12	Styrrelä, LE-Jetronic 5q

Färgmarkeringar

Bl	Blå	Gr	Grå	SB	Svart	W-Bl	Vit/blå
Bl-R	Blå/röd	L	Lila	SB-BL	Svart/blå	W-Br	Vit/brun
Bl-Y	Blå/gul	OR	Orange	SB-Br	Svart/brun	W-Gn	Vit/grön
Br	Brun	P	Skär	SB-R	Svart/röd	W-R	Vit/röd
Gn-Y	Grön/gul	R	Röd	W	Vit	W-SB	Vit/svart
						Y	Gul

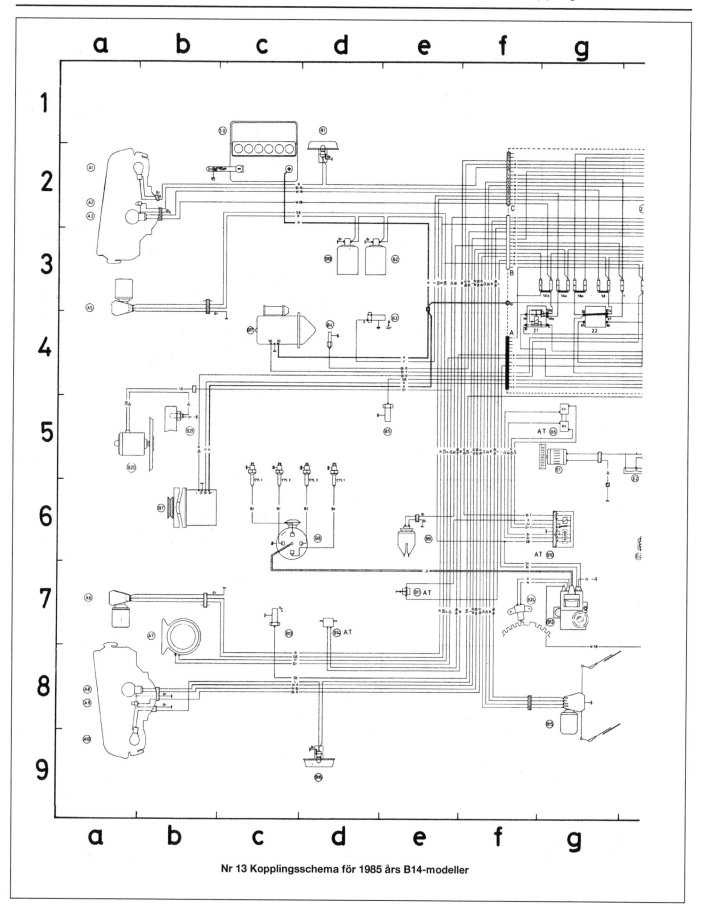

Nr 13 Kopplingsschema för 1985 års B14-modeller

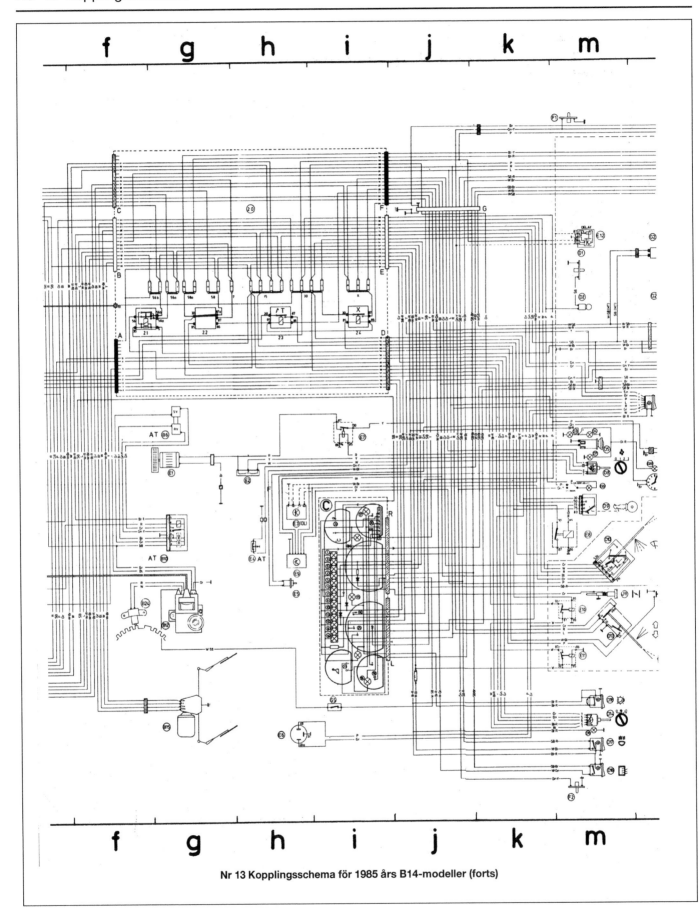

Nr 13 Kopplingsschema för 1985 års B14-modeller (forts)

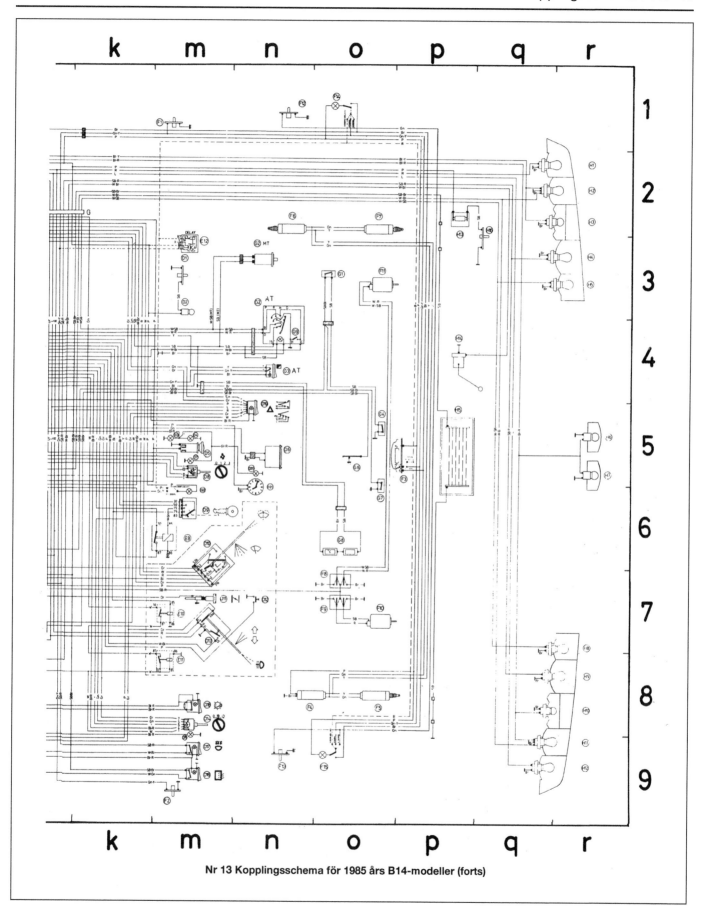

Nr 13 Kopplingsschema för 1985 års B14-modeller (forts)

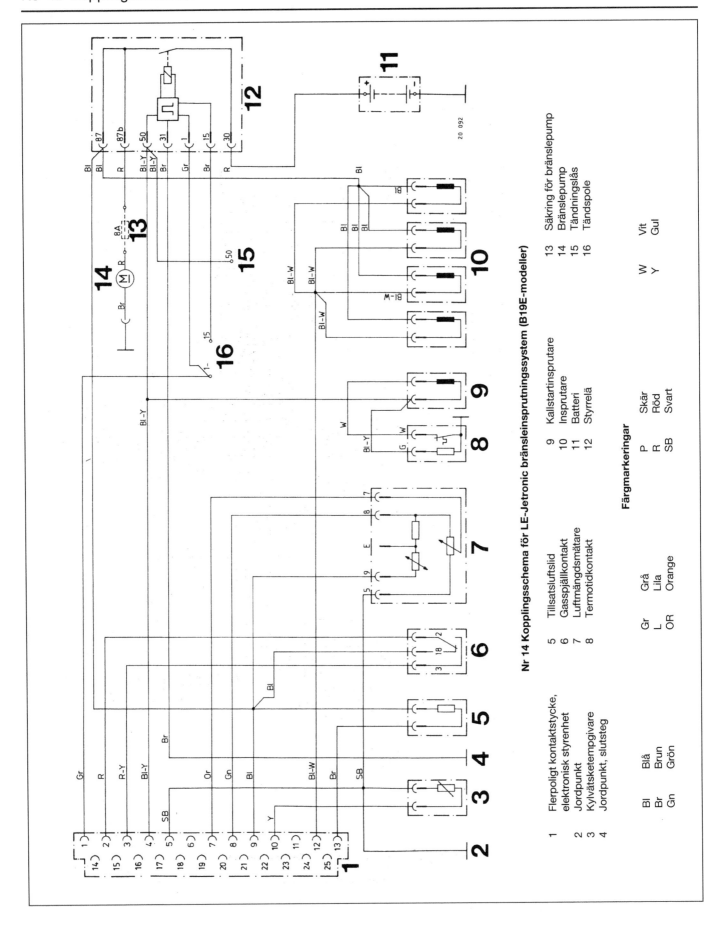

20 092

Nr 14 Kopplingsschema för LE-Jetronic bränsleinsprutningssystem (B19E-modeller)

1	Flerpoligt kontaktstycke, elektronisk styrenhet	5	Tillsatsluftslid	9	Kallstartinsprutare	13	Säkring för bränslepump
2	Jordpunkt	6	Gasspjällkontakt	10	Insprutare	14	Bränslepump
3	Kylvätsketempgivare	7	Luftmängdsmätare	11	Batteri	15	Tändningslås
4	Jordpunkt, slutsteg	8	Termotidkontakt	12	Styrrelä	16	Tändspole

Färgmarkeringar

Bl	Blå	Gr	Grå	P	Skär	W	Vit
Br	Brun	L	Lila	R	Röd	Y	Gul
Gn	Grön	OR	Orange	SB	Svart		

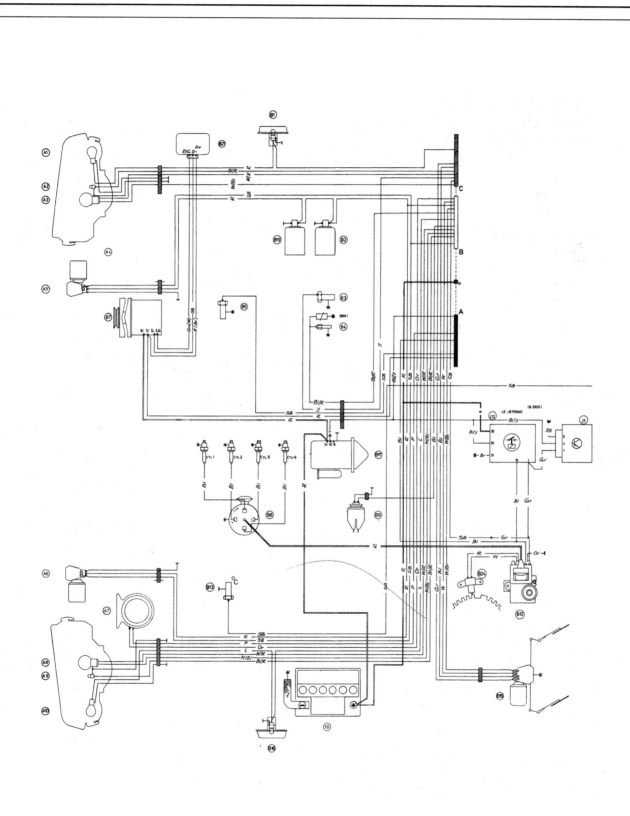

Nr 15 Kopplingsschema för 1985 års B200-modeller

Använd som supplement till kopplingsschema nr 13

Teckenförklaring till blockschema nr 16

Krets	Beteckning		Krets	Beteckning		Krets	Beteckning	
1	Batteri	1.0	23	Säkerhetsbälte, kontakt, förarsida	G7	39	Bak-/bromsljus, vänster	H11
2	Signalhorn	A7	24	Strålkastartorkarmotor, höger		39	Bak-/bromsljus, höger	H2
2	Sekundärt signalhorn (360)	A4		(Norden)	A5	39	Bakljus, höger	H3
2	Signalhorn, kontakt	D12	25	Vindrutespolarpump	B2	39	Nummerskyltbelysning, höger	H6
2a	Kylfläkt, kylare (340)	B20	26	Strålkastarspolarpump (Norden)	B19	40	Parkeringsljus, indikatorlampa	C3
2a	Termostatkontakt, kylfläkt (340)	B21	26a	Strålkastartorkarmotor, vänster		40	Parkeringsljus, vänster	A9
3	Radioanslutning	D6		(Norden)	A6	40	Lampa, askkoppsbelysning	D3
4	Cigarettändare	D5	27	Intervallspolar/-torkarrellä		40	Lampa, cigarettändare	D4
5	Klocka	C18, (D21)		(GL, -S, -E, -T)	E9	40	Lampa, värmereglagebelysning	D7
6	Bromsljuskontakt	E5	28	Pausrelä, vindrutetorkare (DL)	E3	40	Lampa, belysningskontakt	D15
6	Bak-/bromsljus, höger	H2	29	Strömställare för vindrutetorkare/-		40	Lampor, belysning av	
6	Bak-/bromsljus, vänster	H11		spolare	D10		strömställare	D16, D17, D18, D19
7	Bagageutrymmesbelysning,		29	Vindrutetorkarmotor	B15	40	Lampa, klockbelysning (konsol)	D20
	lampa	H13	30	Fläktkontakt	D8	40	Lampor, instrumentbelysning	C15
7	Bagageutrymmesbelysning,		30	Kupéfläktmotor	E1	40	Reostat, instrumentbelysning	D18
	kontakt	H16	30	Fläktmotstånd	E2	40a	Reostat, instrumentbelysning	
8	Kontakt för handskfacksbelysning	D1	31	Relä, fläktkontakt	E7		(340 basisk)	D23
8	Lampa, handskfack	D2	31a	Bakrutevärme (och dörrspeglar),		41	Parkeringsljus, höger	A2
9	Innerbelysning, kontakt, höger dörr	F1		indikatorlampa	C2	41a	Huvudbelysning, relä	E10
9	Innerbelysning, kontakt, vänster		31a	Dörrspegelvärme, vänster	F16	41a	Dimbakljus, relä	E11
	dörr	F2	31a	Dörrspegelvärme, höger	F17	41a	Tändningslås	D9
9	Innerbelysning	F3	32	Strömställare, bakrutevärme	D16	42	Säkring, dimbakljus (utom	
9	Lampa, tändningslåsbelysning	D22	32	Bakrutevärme	H15		Schweiz)	E13
9a	Kontakt, centrallås	F4	33	Förgasare pilotmunstycke,		42	Dimbakljuskontakt	D17
9a	Motorer, centrallås	F5, F6, F7		B200KS/KO	B4	42	Dimbakljus, indikatorlampa	C5
9c	Innerbelysning, pausrelä (B200E)	E12	33	Förgasare, förvärmning, B200KE	B27	42	Dimbakljus, höger	H4
10	Tändningslås	D9	33a	Elspegelmotor, vänster	F18	42	Dimbakljus, vänster	H9
10	"X" kontakt, relä	2.4	33a	Elspegelmotor, höger	F19	42	Strålkastare, vänster, halvljus	A8
10a	Tändningslås, relä	E8	33a	Elspegel, kontakt, vänster	G14	42	Strålkastare, höger, halvljus	A3
11	Startmotor	B17	33a	Elspegel, kontakt, höger	G15	43	Hel-/halvljusrelä	2.1
12	Elektronisk styrenhet	B12	33b	Bakrutetorkare/-spolare, kontakt		43	Strålkastare, vänster, helljus	A8
12a	Växlingsindikator	C23		(Storbritannien)	G16	43	Strålkastare, höger, helljus	A3
12a	Kontakt, växlingsindikator	G5	33b	Bakrutetorkarmotor		43	Helljus, indikatorlampa	C6
13	Varvräknare (360)	C21		(Storbritannien)	H17	43	Omkopplare, helljus	D13
14	Fördelare	B8	33b	Bakrutespolarpump		43	Helljus, indikatorlampa	C6
14a	Bränsleavstängning, relä	B28		(Storbritannien)	B30	43	Helljusblinkkontakt	D13
14a	Gasspjällkontakt	B29	34	Backljuskontakt (manuell		44	Elektronisk styrenhet,	
14b	Förgasare pilotmunstycke, B14E,			växellåda)	G2		LE-Jetronic	J1
	B200KE	B4	34	Backljus, höger	H5	45	Styrrelä, LE-Jetronic	J12
14c	Elfönsterhiss, strömställare	F8, F9	34	Backljus, vänster	H8	46	Bränslepump, LE-Jetronic	J14
14c	Elfönsterhissmotorer	F10, F11	35	Stolvärmeslingor och termostat,		46	Säkring, bränslepump,	
15	Generator och spänningsregulator	B7		förarsida	G8		LE-Jetronic	J13
15	Batteri, laddning, indikatorlampa	C13	35	Strömställare, stolvärme,		47	Kickdownkontakt	E4
16	Choke, indikatorlampa	C11		förarsida	G12	48	Lågväxelkontakt, CVT	G3
16	Chokekontakt	D11	35a	Stolvärmeslingor och termostat,		49	Lågväxel, indikatorlampa, CVT	G3
17	Oljetryckkontakt	B5		pass sida	G11	50	Hydraulkontakt, huvudbroms-	
17	Oljetryck, indikatorlampa	C10	35a	Strömställare, stolvärme,			cylinder, CVT	B11
18	Bromsvätskeflottör	B9		passagerarsida	G13	51	Fyrvägsventil, CVT	B6
18	Bromsvätskenivå, indikatorlampa	C9	36	Blinkers-/varningsblinkersrelä	E6	52	CVT vakuumstyrenhet (inkl	
19	Handbroms, indikatorlampa	C12	37	Blinkerslampa, vänster flygel	B16		varvräknarrelä)	B10
19	Handbroms, kontakt	G6	37	Blinkers (bak), vänster	H12	53	Frikopplingsservo, kontakt, CVT	G9
20	Bränslereserv, indikatorlampa	C16	37	Blinkerslampa, vänster	C14	54	Frikopplingsservo, CVT	B14
20	Bränslemätare	C19	37	Blinkers, höger	A1	55	CVT växelväljarpanel, kontakt och	
20	Bränsletank, flottör	H14	37	Blinkerslampa, höger flygel	B1		lampa	G2
21	Lufttemperatursensor	B13	37	Blinkers (bak), höger	H1	56	Startspärrelä, CVT	2.3
21	Lufttempmätare	C22	37	Blinkerslampa, höger	C1	57	Säkring, dimljus GLT, 360 GLE	B31
22	Kylvätsketempgivare	B3	37	Blinkers, vänster	A10	57	Dimljus GLT, 360 GLE, vänster	A11
22	Kylvätsketemperatur,		37	Omkopplare, blinkers	D13	58	Dimljus, relä GLT, 360 GLE	B32
	indikatorlampa	C17	37	Varningsblinkers, kontakt	D19	58	Strömställare, dimljus GLT, 360	
22	Kylvätsketempmätare	C20	37	Varningsblinkers, indikatorlampa	C8		GLE	G10
23	Säkerhetsbälte, indikatorlampa	C7	38	Belysningskontakt	D14	58	Dimljus styrrelä GLT, 360 GLE	
23	Säte, kontakt, fram passagerarsida	G1	39	Nummerskyltbelysning, vänster	H7		(utom Tyskland och Österrike)	E14
23	Säkerhetsbälte, kontakt, fram pass		39	Bakljus, vänster	H10	58	Dimljus GLT, 360 GLE, höger	A12
	sida	G4						

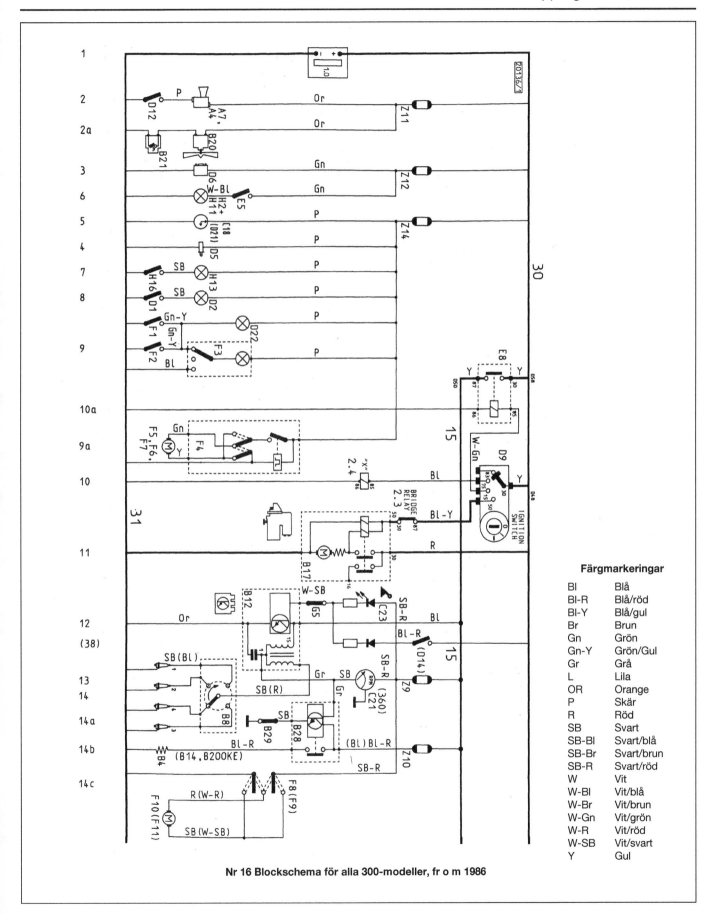

Nr 16 Blockschema för alla 300-modeller, fr o m 1986

Färgmarkeringar

Bl	Blå
Bl-R	Blå/röd
Bl-Y	Blå/gul
Br	Brun
Gn	Grön
Gn-Y	Grön/Gul
Gr	Grå
L	Lila
OR	Orange
P	Skär
R	Röd
SB	Svart
SB-Bl	Svart/blå
SB-Br	Svart/brun
SB-R	Svart/röd
W	Vit
W-Bl	Vit/blå
W-Br	Vit/brun
W-Gn	Vit/grön
W-R	Vit/röd
W-SB	Vit/svart
Y	Gul

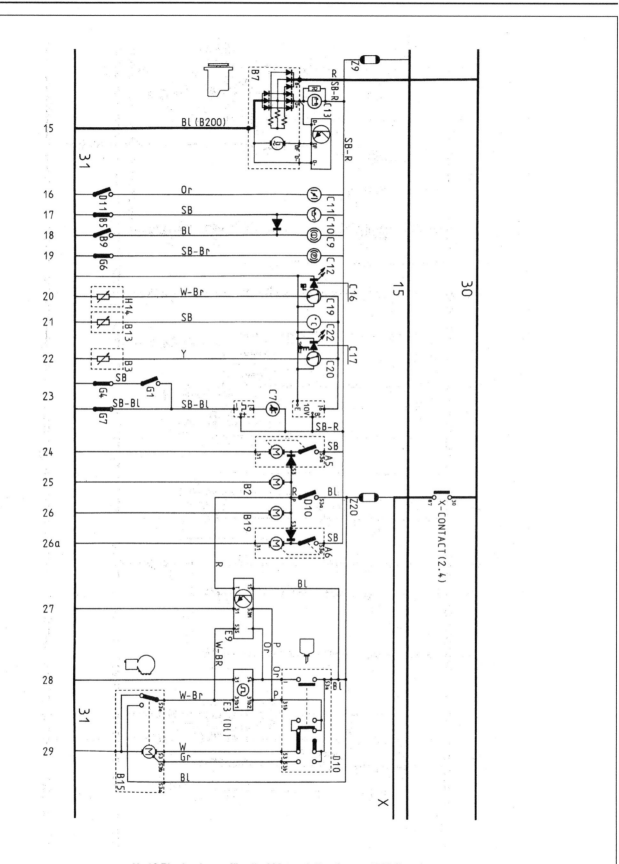

Nr 16 Blockschema för alla 300-modeller, fr o m 1986 (forts)

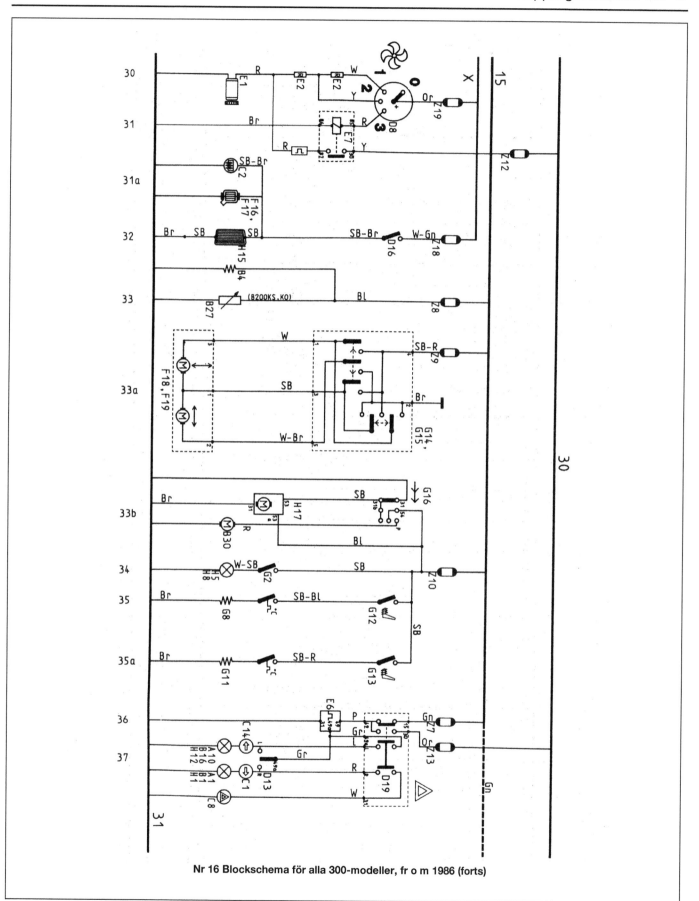

Nr 16 Blockschema för alla 300-modeller, fr o m 1986 (forts)

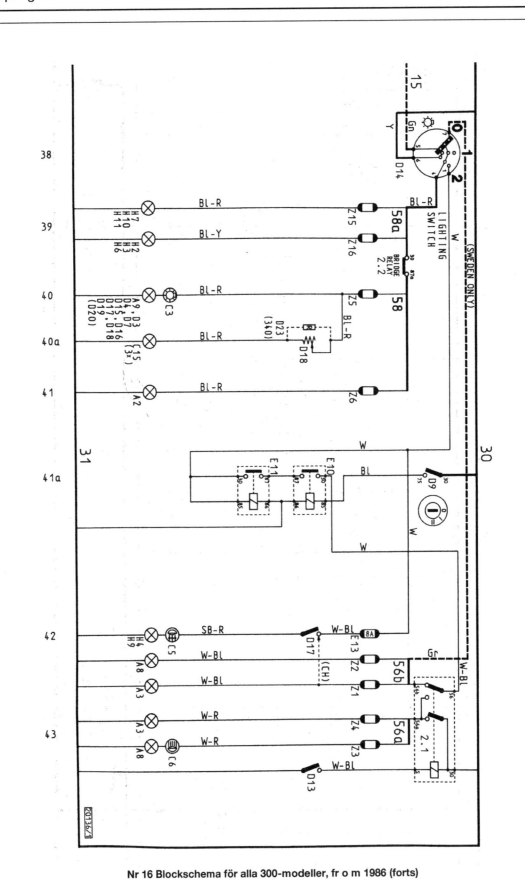

Nr 16 Blockschema för alla 300-modeller, fr o m 1986 (forts)

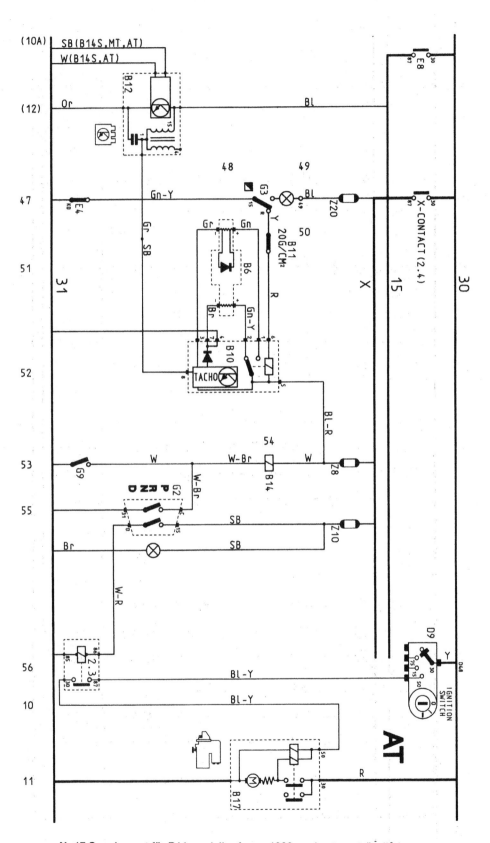

Nr 17 Supplement för B14-modeller fr o m 1986 med automatväxellåda

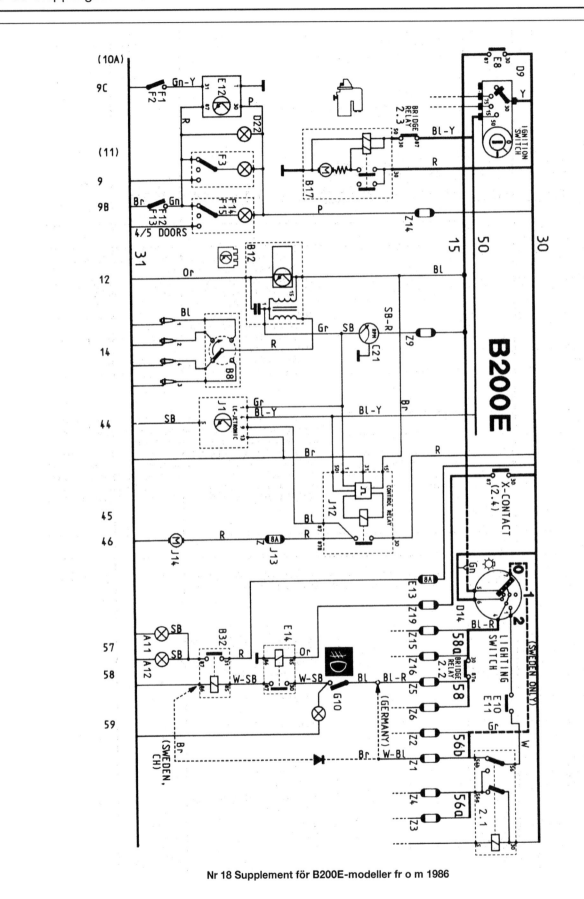

Nr 18 Supplement för B200E-modeller fr o m 1986

Register